绿色大学
建设理论与实践

张宏伟　张雪花　著

天津大学出版社
TIANJIN UNIVERSITY PRESS

内容提要

本书系统地提出了绿色大学建设指标与评价体系、绿色大学环境系统规划方法、绿色大学教育体系、绿色大学ISO 14000环境管理体系，开发和建立了绿色大学环境信息管理系统，系统地梳理了适于节约型校园建设的“水资源综合利用集成创新技术”和“清洁能源开发利用新技术”，并介绍了以上新理论与新技术在天津工业大学新校区建设中的应用情况和初期成果。

本书反映了目前我国绿色大学、节约型校园建设的前沿研究动态和最新研究成果，为我国开展绿色大学建设提供了理论和技术支持。

本书可作为高等学校师生的参考用书，也可作为城市管理和社区规划的指导用书。同时，它也是一本关于绿色技术应用于大学校园或城市社区的工具书。

图书在版编目(CIP)数据

绿色大学建设理论与实践/张宏伟，张雪花著.—天津：天津大学出版社，2011.1

ISBN 978-7-5618-3819-8

Ⅰ.①绿… Ⅱ.①张…②张… Ⅲ.①高等学校-教育建设-研究-中国 Ⅳ.①G649.2

中国版本图书馆CIP数据核字(2011)第000037号

出版发行 天津大学出版社
出 版 人 杨欢
地　　址 天津市卫津路92号天津大学内(邮编:300072)
电　　话 发行部:022-27403647　邮购部:022-27402742
网　　址 www.tjup.com
印　　刷 天津泰宇印务有限公司
经　　销 全国各地新华书店
开　　本 169mm×239mm
印　　张 17.5
字　　数 363千
版　　次 2011年1月第1版
印　　次 2011年1月第1次
印　　数 1-1 000
定　　价 38.00元

前　　言

走进大学校园，映入眼帘的是平展的道路、花草树木和风格建筑，以及朝气蓬勃的青年学子。他们在教学区、图书馆、体育中心和实验室流连，也在湖滨、花园、草地或静谧小路上留下如舞的足迹。现代大学已经发展成为功能齐全、景致宜人、集约高效的社会单元，以莫大的魅力吸引青年才俊于此学习和休憩。

现代大学大致经历了三个认识阶段，首先是以牛津和剑桥为代表的为贵族服务的精英式人才教育，而后德国大学把知识创造放在首要地位，再后来美国主张大学的首要任务是服务于社会发展。这三个认识叠加而来的功能定位积淀成现代大学精神，其核心可用“探求真理、追求科学、服务社会”来概括。

这其实与孔子的“在明明德”“在止于至善”是同义的表述。中国从汉朝起由中央政府举办“太学”，为的是培养“明德至善”的官员，以之治国；西方兴办现代大学，其目的从服务于某一社会阶层进步到服务整个社会。中国的太学最初只对贵族开放，发展到唐朝以后平民也能“科举”。现代中国更是引进西式大学制度，并使之成为中国社会不可或缺的重要单元。应该说，无论中外，大学都汇源于社会，服务于社会，不仅是社会发展的产物，更是引导社会发展的前进力量。

社会形态总是朝着丰富多彩的方向发展，而资源节约、环境友好的可持续发展社会将是基础色调。目前人们更多的是从概念的层面理解“可持续发展”及“两型社会”，这意味着还有很多实际工作要做。作为社会中坚力量的大学必须回答这个提问：在可持续发展社会建设中应不应该、能不能够承担起先行者的责任？

2008 年 3 月，教育部主持召开了“建设可持续发展校园研讨会”，会议认为：**建设节约型、可持续发展校园，是全球环境和资源问题对大学发展提出的必然要求。**2008 年 6 月，住房和城乡建设部、教育部联合下发了《关于推进高等学校节约型校园建设，进一步加强高等学校节能节水工作的意见》和《高等学校节约型校园建设管理技术导则》，对高校节约型校园建设提出了指导意见，建设绿色大学、节约型校园已势在必行。

关于绿色大学的探索与实践方兴未艾，由于国情不同，绿色大学在各国的发展也形式各异。国外，美国密歇根大学的绿色大学建设是以培养学生可持续发展理念为宗旨，倡导有利于保护环境的绿色生活方式；英国诺丁汉大学则注重节能绿色技术的开发与应用，强调学校自身发展的可持续性及科技示范作用；而美国华盛顿大学的创建行动涉及学校研究、服务、管理组织和基础设施等各个方面。国内，早在 1998 年清华大学就开始了“创建绿色大学示范工程”，提出按照“小城市”的概念去看待大学的功能组织、基础设施组织和规划管理组织。哈尔滨工业大学、南开大学、天津大学、北京师范大学、中山大学、同济大学、烟台大学等也相继开展了绿色大学建设的实践活动。

天津工业大学在新校区的谋划和概念设计阶段以及早期建设中，就把绿色大学作为思考和行动的重点，认为在借鉴国内外先进经验的基础上，运用自身的多学科优势，有能力在绿色大学实践中先行一步。从2004年起，学校就紧锣密鼓地开展舆论准备、思想动员和经验借鉴等工作，同时将一些重点项目提前安排预研。

所谓绿色大学，是希望在原有大学特质的基础上，添加绿色环保的时代特色。绿色大学，首先，应发挥大学的科研专长，在绿色科技的开发及应用上走在时代前列，以技术进步促进社会发展；其次，利用大学集约化的特点，在资源消耗上应力求节约，在校园形制上应与生态和谐，在运行管理上应与环境友好，以示范作用带动社会发展；再次，站在培育人才这一制高点上，综合打造绿色育人环境，向学生传递环保理念，传输环保知识，培育环保意识，使他们养成自觉环保行为。

这就需要调动一切可调动的积极因素，利用一切可利用的积极条件。面临的课题包括：如何构建绿色科技研发体系？如何整合节能节水技术？如何规划生态性校园？如何改革教育体系，渗入绿色教育成分？如何修正校园行为规范，塑造绿色人才？

科学的功用之一就是破解难题，实现愿望。2000年以来，在教育部和天津市的支持下，本课题组先后承担了**天津市科技开发计划项目**“高校节水综合示范工程研究”，将高校污水经膜法处理后达到中水要求用于冲厕和校园景观用水，建成了高校污水系统；**天津市高等学校人文社科研究项目**“天津市高等学校生态校园建设标准与规划方法研究”，提出了适于天津地区的高等学校生态校园建设标准，总结提炼了一套适于生态校园的规划方法，获得天津市哲学社会科学优秀成果一等奖；**天津市社会发展科技项目**“生态校园建设标准、模式及智能化管理信息系统研究”，在上一项目的研究基础上，此项目将生态校园建设标准的研究范围拓展至我国的不同地区，并针对不同地区的情况提出了不同的建设标准值，生态校园的规划方法部分则增加了建设效果后评估系统，同时，建立了校园智能化信息管理系统的概念模型和系统框架；**天津市高教学会科学研究项目**“面向环境素质教育的高校绿色教育体系设计”，该项目提出了高校绿色教育体系的基本框架；**天津市科技创新专项资金项目**“生态校园水资源综合利用成套技术示范工程”，此项目正在研究阶段，旨在将先进的水科学、水技术和水管理践行于节约型校园建设中，以期为全国节约型校园水系统建设提供先行样板；**教育部人文社会科学研究项目**“绿色大学建设标准与管理模式研究”，旨在将规划、建设、管理诸因素融于绿色大学建设，形成一套适于绿色大学建设的标准和管理模式。

课题组以系统科学为框架，运用资源与生态学技术、环境工程技术、建筑工程技术、市政工程技术、园林技术等，秉承系统化、生态化、科学化三原则，对绿色大学的建设、运行和管理进行了大量的研究和探索，取得了一些较为先进的成果，并先行先试于天津工业大学新校区建设。在以上认识与创新实践的基础上，形成本书，敬呈读者，以益探讨与交流。以下从大学育人、科技创新和社会示范三个方面，梗概介绍全书内容。

一、创造绿色育人环境

绿色科技在校园建设中的应用，可以使大学生接触到节能、环保、可持续发展的技术，使他们能够感受到这些技术的应用所带来的方便和宜人，使他们想知道“为什么绿色科技的应用既能满足生活、学习和工作需求，又能有利于资源节约和环境保护”；同时为大学生设计了解新技术的讲座、报告和课程，使他们的学习兴趣和领悟能力发挥极致；将节约和可持续发展的理念贯穿于人才培养的全过程，使他们通过感性认识和理性学习，了解和掌握这些基本的环保知识和技能，培养他们的可持续发展观念和自觉行动，形成注重人与自然和谐的科学的思维方式和有利于可持续发展的行为规范，使这种思维方式和行为规范体现于他们日常的学习和生活中，并融于他们未来的生活和工作、科学研究和技术创新活动中，使青年学生成为可持续发展思想坚定的实践者和传播者。培养具有可持续发展观念的绿色人才是国家的头等大事，当然也是学校的首要责任。有了高层次的“绿色人才”，就能创造出高水平的“绿色科技”成果，形成有利于资源环境永续利用的生活和工作范式，进而影响和带动整个社会的可持续发展。

本书在参考我国城市和社区建设标准规范的基础上，提出了一套较为完整的绿色大学指标体系，涉及“绿色景观、绿色技术、生态舒适、绿色管理和绿色文化”等绿色大学建设的5个方面，该指标体系包含了5个一级指标、17个二级指标和52个三级指标，给出了指标名称、指标含义、取值方法、标准值和达标等级，并开发了与之相应的评价方法。应用以上指标考评大学是否践行了应用绿色技术、建设绿色校园、推行绿色管理、培育绿色文化，在满足大学基本功能的同时，达到节水、节地、节能、节材、环保和生态宜人（“四节一环保一宜人”）的绿色大学建设要求。

二、推动绿色科技发展

绿色科技是指能够促进人类长远生存和可持续发展，有利于人与自然共存共生的科学技术，包括硬件（如先进的设备）和软件（如操作方式、运营环境与方法）两个方面。绿色科技往往不是某一单项技术的创新，而是以某一个或某几个单项技术的原始创新，带动建立一整套集成创新技术。这种创新技术具有高度的战略性，注重的是提高资源的利用效率和减少人类活动对自然环境的影响，因此它与可持续发展战略密不可分。从长远而言，绿色科技有利于人类的可持续发展，但是新技术的开发、推广与规模应用需要一个过程，初期应用需要具备一定的条件，并且需要承担风险决策的勇气。大学是高度集约化的功能单元，人口高度密集、管理统一有序、人群素质差距小且整体素质水平较高，资源能源需求量大、规律性强，所有这些使高校具备了应用绿色新技术的条件。

绿色新技术的应用风险源于两个方面:一是从短期单纯的经济角度来看,新技术的应用有可能增加投入成本,而由此带来的社会环境效益却无法以学校经济收入的形式得以体现,诸如绿色育人环境所发挥的人才培养作用,绿色校园所发挥的局域小气候调节作用,污染减排所产生的环境改善作用,以及可持续社区建设的全社会示范作用等;二是绿色原始创新技术和其他技术一样,初期应用会面临技术风险,需要在应用中不断完善、提高和发展,知识的原始创新是高校的基本功能,绿色创新技术在高校中的先试先用,可以使研究者在第一时间全方面了解新技术的应用情况和效果,使绿色技术在走出校门之前就能够培育完善,迅速成熟,利于为全社会所接受和推广。

出于以上考虑,本书系统地梳理了适于节约型校园建设的"水资源综合利用集成创新技术"和"清洁能源开发利用新技术",并介绍了其在天津工业大学新校区建设中的应用情况和初期成果。

三、建设可持续发展功能示范区

高校是一个功能较为完善的社区,可以认为是一个相对独立的环境单元。与其他类型的社区建设一样,大学校园建设涉及了规划、项目建设、运营管理、评估与改进多个环节,是一项复杂的系统工程,也是一个完整的谋划、建设和管理运营的过程。单打一式地针对某一局部问题,采取某一措施,解决某一问题,而对大学建设的其他方面并无贡献甚至产生负面影响的做法,不能起到社会示范作用。绿色大学建设所追求的不是简单的资源节约、污染低排,而是通过合理的规划与建设、先进技术的应用和科学高效的管理,最大限度地提高资源利用效率,进而节约资源,获得尽可能大的办学效益,身体力行,引领和促进社会的可持续发展。

显而易见,绿色大学建设是一项复杂的系统工程。于此,本书介绍了课题组的另一创新性成果——"系统分析—关键因素辨识—整体优化—要素优化—生态性评价"的绿色大学生态校园建设规划方法。此规划方法,紧密围绕绿色大学建设指标,充分考虑新技术的应用,针对绿色大学系统特征、功能要求、建设资金约束与土地约束,以全方面提高资源能源利用效率、实现最大社会功用为目标,进行校园建设整体规划和要素规划,充分体现节约型校园建设"四节一环保一宜人"的建设要求。绿色大学建设还需要一套规范、完备的管理标准和机制,为了满足此项要求,我们在 ISO 14001 的基础上,尝试性地建立了绿色大学环境管理体系。本课题组的这一研究成果也以首发的形式呈现于此书中,希望它的完善不仅可以为绿色大学环境管理系统建设提供指南,还可以被借鉴于我国社区环境管理系统建设中,使绿色大学建设从社区整体功能、绿色新技术的应用和绿色管理体系建设几个方面,都成为可持续发展社会建设的典范。

张宏伟教授负责本书结构框架的整体设计,理论、方法和技术研究的全面指导,张雪花教授负责统稿。本书执笔人员分工如下：前言，张宏伟、张雪花；第一章，赵鹏、包呈敏；第二章，王亮、王媛、张宏伟、雷鸣、马水英；第三章，张雪花、张宏伟、刘洪波、牛志广、瞿春健、雷喆、雷鸣；第四章，刘洪波、闫静静、刘波、郜志云；第五章，牛志广、陆仁强；第六章，张雪花、李娟、王巍、刘波；第七章，张雪花、王媛、李娟；第八章，王媛、郭庆斐、王亮；第九章，张宏伟、李克敏、张雪花、李建、雷鸣。

在本书的写作过程中，我们参考了前人的研究成果，已在参考文献中标出，在此，对所引成果的作者表示感谢！

本书的写作还得到了天津哲学社会科学规划办的杜鸿林教授，天津工业大学科技处孙涛副处长、基建处马术岭副处长和后勤处李文璋副处长的帮助，在此一并表示感谢！

在本书正式出版之际，我们向支持和帮助本书编撰出版的天津大学出版社表示感谢。

我们希望此书能成为我国高等学校绿色大学建设的方法指南，也希望它是一本关于绿色技术应用于大学校园建设的工具书，更希望通过本书的抛砖引玉，得到建设绿色大学势在必行的共鸣。

受水平和时间所限，书中难免有粗浅、纰漏和不足，欢迎批评指导。

作者

2010 年 9 月

目　　录

第一章 绿色大学建设理论与分析

绿色大学建设的理论是开展具体的绿色大学建设方法研究的基础。本章针对大学组织性强、高集约、高密度的系统特征和教育、科研、服务、文化引领四个方面的功能要求,应用系统科学的方法,分析了绿色大学的内涵和外延,从校园系统特征和绿色大学功能要求层面界定了绿色大学的基本概念,探讨了绿色大学建设应包含的基本内容。继而,进行了绿色大学建设的理论分析及绿色大学环境系统分析。

第一节 绿色大学的含义

一、校园环境建设和管理的发展演变

大学是一种独特的教育机构,它们有着共同的历史渊源,又深深地根植于各自所处的国家之中。在西方,创立于中世纪的大学目的在于传播知识并为少数关键性的行业提供训练,在19世纪,大学通过其基础性研究已经成为新知识最重要的创造者。现代大学处于社会的中心,作为创造和传播知识的复杂过程中最重要的机构,大学不仅是许多基础科学的发祥地,而且已经成为世界范围内交流知识的各类杂志、书籍和数据库的复杂系统的摇篮[1]。大学在为日益增多的各类专业提供训练方面发挥了关键性的作用。校园环境是大学教育的重要载体,其发展演变过程从一个侧面反映了教育理念的变化。

1. 国外大学的环境建设与管理发展演变过程

(1)传统大学的环境建设与管理

现代大学的前身——中世纪大学源于11世纪末的意大利,以博洛尼亚大学等为代表的意大利大学,标志着现代大学教育的开始[2,3]。创建于13世纪的法国巴黎大学,提倡以教授作为大学的中心,把自主权崇奉为学术气质的重要组成部分,成为传统大学的经典模式。这样的“大学”迅速扩展到欧洲其他地区,在接下来的一个世纪里,英国的牛津和剑桥大学、西班牙的萨拉曼卡大学、中欧的布拉格和克拉科瓦大学

以及德国的一系列大学相继建立[1,2]。而17世纪之后,欧洲的帝国主义国家又逐渐把“大学”传播到了它们的殖民地。

中世纪大学最初在欧洲出现时,并没有属于自身固有的空间,教师向学生传授知识的场所常常是街头和教师的住所等临时场所。如意大利的博洛尼亚大学和法国的巴黎大学分别发祥于博洛尼亚市老玛乔莱广场和塞纳河畔桥头广场的周边。另一方面,最早的高等教育大多是教会所创办的神学院,因此修道院的模式被沿用到大学校园中,形成英国学院制校园的基本模式。它把教师、学生的学习与生活都封闭在一个内向的、较亲密的空间内,与世隔绝。这种以牛津、剑桥为代表的,以方院为基本单元构成的校园,在空间与形象上达到了高度协调统一,对后来的美国和其他国家的大学校园的形式产生了很大的影响[4]。

18世纪后半期,法国率先完成近代高等教育的改革,设立专门学院,教授实用性技术课程[5]。19世纪初期,以柏林大学为代表的德国高等教育改革,提倡以科学研究为教授的职责[6]。改革后的德国大学建立了研究生教育和博士学位制度,并以此作为办学的重点,科学研究第一次成为大学职能的一个有机组成部分。于是,美国高等教育由以前单纯移植英国大学转而以德国大学为师,它们在为工农业服务和与工农业直接相结合的观念基础上进一步强调大学与社会的联系[1],使美国高等教育现代化的进程大大加速。

这一时期的大学校园开始出现了分散布局的形式。校园开始采用了功能区的概念,学生的学习和生活场所有了明显的分区。随着学生人数的增多,各专门学院也开始对各学科单独设楼[4]。另一方面,大学校园摒弃与世隔绝的方院式格局,开始与社会广泛接触以丰富师生的实践经验。追求校园城市化、开放性的美国大学广泛地应用了开放、壮观的美国学院派艺术校园规划形式。其中最著名的是由美国总统杰弗逊设计的弗吉尼亚大学校园[2—4],它的基本形式为:建筑群依照严格的轴线关系,围绕中心广场布置,并由广场四周的柱廊连接成一个整体。图书馆作为学术性的象征,占据主导位置,坐落于轴线一端,统率整个校园。

总的来说,这一时期大学办学理念和服务对象的特点决定了这一空间存在的特殊内涵。中世纪大学最初在欧洲出现时,大学并没有属于自身固有的空间。随后,在英国首先出现了中庭式“大学院落”。19世纪以后,大学转变成了体现国家权威与知识威严的“知识殿堂”,出现了像德国柏林大学和法国斯特拉斯堡大学那样的巴洛克宫殿形式的大学校园。综合来看,传统大学的教学场所和院落形式与当时大学教授的知识内容以及社会发展程度有直接的联系,其环境管理是初步的、松散的。

(2)二战后大学的环境建设与管理

第二次世界大战后,高等教育取得了显著的扩充。1975年马丁·特罗(Martin Trow)在一篇文章中提到,工业化国家是从精英教育到大众教育再到普及型高等教育的转变。在第二次世界大战刚刚结束的几年内,美国的高等教育系统就招收30%左右的适龄青年入学[1]。到了20世纪60年代,许多欧洲国家的高等院校招收适龄青年的比率也从战后的5%增长到15%。1970年瑞典的高等教育入学率为24%,法国为17%。与此同时,美国的适龄青年入学率提高到50%左右,接近普及型入学水平。战后,发展中国家的高等教育在规模极小和极为精英化的大学的基础上迅速扩充。在印度,在校生由1947年独立时的10万人增加到1990年的400多万人。在非洲,接受中学后教育的学生数从1960年的21 000人增加到1983年的437 000人。在菲律宾有三分之一的适龄人群接受中学后教育。

高等教育的扩充已经成为一个最重要的趋势[1]。就全球范围而言,适龄人群(20~24岁)中约有7%进入了中学后教育机构。高等教育的扩充,一个核心因素是现代社会和现代经济的日益复杂化,从而需要各方面发展的高素质人才。配合这一新的功能与定位,大学校园规划需要结合现代建筑理论,为校园内的师生营造更加舒适良好的学术环境。这一时期,校园规划的突出特点为空间的动态生长性[2]和开放式。

近30多年来,面对大学各种各样的功能变化,规划者重新认识到大学的规划是一个过程,大学在组织结构、课程设置等方面的发展变化不可能完全地被规划者预测。因此,校园的总体规划必须不断修改以适应新的要求,在规划中考虑未来发展,即空间的动态生长性规划,也成为校园规划设计者的共识。在规划布局方面,传统的线性布局和向心式布局也被赋予了新的意义。丹下健三规划的约旦雅莫克大学用“社会轴”和“学术轴”的形式,把传统意义的“大学”向“社会”开放[2]。新的教育理念促使了“开放式大学”和“大学城”等新形式的出现。这种“开放式”的模式涵盖面十分广泛,它因综合了“城市”与“大学”的特质而更为复杂[1]。

总的来说,这一时期的大学校园环境建设和管理开始结合城市环境建设和管理的部分思想。大学校园一改往日“封闭式”院落空间的特点,向城市和社会开放。校园的规划更符合学校各功能区域的分化,建筑布局符合大学的组织结构和课程设置特点。校园内的环境规划也更加注重向有利于学生身心健康,营造适合研究、学习和生活气氛的方向发展。

(3)绿色大学建设

20世纪,环境污染造成的八大公害事件震惊全球。全球气候变暖、臭氧层破坏、酸雨蔓延、生物多样性锐减等突出的全球环境问题日益引起人类的关注。在经济迅速增长之余,人们开始思考如何在人类健康和生活环境不受威胁的前提下,追求经济的发展。1992年联合国在巴西里约热内卢召开了规模空前的“环境与发展”首脑大会,通过了“里约宣言”和“21世纪议程”,为在全球、区域或各国范围内实现可持续发展制定了行动纲领,使可持续发展成为世界各国共同追求的目标。

2002年联合国在南非约翰内斯堡召开的“可持续发展世界峰会”(WSSD)上提出:如果高等教育“培养明天的领导”,这个部门便承担着创造一个可持续未来的责任。这是高等教育在可持续发展背景下所面临的挑战,它意味着每一个学科的毕业生都需要获得关于可持续发展的知识。但全球教育的现状并不符合可持续发展的要求。为此,世界各国需要在国家可持续发展战略框架中,考虑高等教育作用的发挥,并重新思考和改造大学水平的教育。

欧美国家从 20 世纪 50～60 年代起致力于生态规划的研究,并于 20 世纪 80 年代末开始将“生态”的概念引入学校建设中。欧洲环境教育基金会(FEEE)(现改名为 FEE)于 1994 年首次提出了一项全欧“生态学校计划”(Eco-Schools Programme),通过环境教育的基本理念和标准来指导学校的各项工作。这一项目在欧洲各国的称谓有所不同:如爱尔兰称“绿色学校”,德国称“环境学校”,葡萄牙称“生态学校”。但是,各国所谓“绿色学校”的内涵是基本一致的,即用环境教育的基本理念和标准来指导学校的各项工作,包括课程设置、课堂和课外教学、师生教育、学校管理、校园设施和文化建设等各个方面,也包括学校的计划、实施、评价等各个环节[7]。随着这个项目的推出,世界各国对生态思想在学校的应用开始给予较大关注,也取得了一些成果,但是许多建造较早的学校正面临设施老化的问题,校园中不可避免地出现室内空气差、设施落后、舒适度低等缺陷。新建的学校由于缺乏长期规划也逐渐暴露出问题:一些校园建筑对能源、资源的利用率低下,废物排放量大,对当地环境有着恶劣影响。

加拿大种子学校的种子计划是由加拿大种子基金会(全名为社会环境、能源、发展与学习基金会)推动的计划。该基金会编写了 96 个可以让学生展现活力、促成学校环境更绿色化的行动指南。有兴趣的学校有了自己的需求后,就选择其中的方案开展活动,然后将活动成果寄给基金会,基金会再颁发绿色奖品给它们。1994 年,乔治・华盛顿大学开始了一项重要行动,目标就是将学校建成环境优秀和可持续发展的样板——“绿色大学”。这个创建行动包括学校教育和培训等各个方面:学校引导的各种类型的研究,它所提供的健康关注和其他服务,它的管理组织和运行,它的设备、场地和基础设施等。

为了解决以上问题,国外生态校园的设计明显趋向于生态技术的研发使用。同时,使用相应的标准进一步规范生态校园中建筑物的工程建设。目前美洲、欧洲、澳洲的许多国家均参考美国绿色建筑委员会(U. S. Green Building Council)制定的绿色建筑等级系统(LEED)中的相关细则,编制了适用于本国的学校绿色建筑建设标准(或试行标准)[8]。

除生态技术以外,西方发达国家还十分重视生态教育的开展。国外的中小学校课业负担较轻,注重丰富学生的知识面,培养学生的综合素质和动手能力,鼓励学生的创新思维,这些为生态教育创造了有利条件。就现状而言,美国、欧洲各国、澳大利亚等国家的生态教育建设已经发展得较为成熟。FEEE 提出的“生态学校计划”旨在通过一项立足欧洲、面向全球的环境教育计划,用环境教育的基本理念和标准来指导学校的各项工作,鼓励和帮助学校建立起“生态学校”,找到一条改进学校和周围社区环境理想的途径,并促使青少年、学校教职工、家庭和当地的机构、非政府组织等形成良好的、有利于可持续发展的行为习惯[9]。

2. 国内大学的环境建设与管理发展演变过程

(1)传统大学环境建设与管理

书院是中国古代特有的一种教育机构和学术研究场所。始于唐,兴于宋,沿至清末,历时千余年,发展遍及全国,对我国封建社会的教育乃至现代大学教育,都有着巨大的影响。书院:在个别著名学者的领导下,积聚大量的图书,聚众授徒,教学和研究相结合。古代书院多以讲论经籍为主,学者专于研究,避居山林,书院院落布局也讲求风景与人文环境,多择山林胜地营建学舍,对外封闭,对内敞开。从唐代到清末,书院制度延续了千余年,到了光绪二十七年(1901 年),清政府实行书院改革,诏令废除书院,改为学堂,至此书院制度退出历史舞台。

中国的现代大学模式源于西方。清末国势衰败,国内外力量对比的巨大压力改变了中国人的教育思想,“晚清新政”倡导新式学堂建设,很快完成了中国现代学校取代旧式学校的进程,引进国外的教育制度,同时也派遣学生赴美国等地留学,学习国外办学经验。这一时期的办学,实际上是结合东西方文化的各种不同做法的尝试。与此同时,大量的外国人办学也对中国高等教育产生了很大影响。1949 年前,中国大学的办学理念及校园建设理念已经吸收了来自日、英、德、美等国家的大学模式,它们对于中国近代的大学观和大学的实际发展历程,具有相当大的影响力。新中国成立以后,苏联的大学模式在中国得到全面的推行——以培养“高级专门人才”为职能。而这一时期的校园设计也比较注重体现对称、庄重和严肃的主题[3]。

虽然,中国现代大学校园的规划设计受国外大学的规划风格影响很大,但是仍然具有鲜明的传统中国书院特色。如校园用地集中,校内功能分区严格,学校与城市边界分明,注重外部自然环境的选择,强调内在人文环境的经营,为学子们潜心学术、陶冶情操创造了清幽雅致的环境氛围等。孔子曰:“知者乐水,仁者乐山;知者动,仁者静;知者乐,仁者寿。”追求自然环境与人文环境的和谐共生,是始终贯穿于我国高校建筑文化发展历程中的设计观念[10]。这种环境观在大学校园规划中应该始终保持并传承下去,但是培养具有实践能力的综合性人才的现代大学不再是远离城市的封闭式书院。大学校园需要向城市敞开,与城市交流。因此校方除了要考虑校内规划,还需顾及与城市的协调配合问题。

(2)绿色大学理念的兴起

我国经过改革开放后的建设与发展,强劲的经济增长使国家的综合实力不断增强,人民生活水平显著提高。然而,粗放型的经济增长方式和相对落后的技术、管理水平使我们为取得上述成绩付出了巨大的生态环境代价。党和政府在总结我国建设的历史经验和吸取西方发达国家“先污染、后治理”的教训之后,逐步提出走可持续发展之路。1994 年国务院批准了世界上第一部国家级的“21 世纪议程”——《中国 21 世纪议程》,提出了可持续发展的战略、政策和行动措施。

实施可持续发展是一场深刻的变革,是人们世界观、价值观、道德观的变革,也是人们行为方式的变革。为了实现这种变革,必须要实施可持续发展教育与环境教育[11]。这种教育涉及生态环境、社会、经济、资源等综合学科，教育的对象除了广大公众之外，尤其主要的是各级决策者及高层次骨干人才。加强可持续发展教育和建立生态环境良性循环的示范校园将是贯彻环境保护基本国策和实施可持续发展战略的重要举措之一。因此，全国普通高校开展绿色大学建设，普及和实施环境伦理道德教育，已经成为十分重大和迫切的任务。

自1996年以来，在国家环保总局、中宣部、教育部的共同努力下，掀起了生态教育建设的热潮，推广以中小学校为主要对象的环境保护教育管理工作，并印发了《全国环境宣传教育行动纲要（1996—2010年）》，指出“绿色学校”的主要标志是：学生切实掌握各科教材中有关环境保护的内容；师生环境意识较高；积极参与面向社会的环境监督和宣传教育活动；校园清洁优美。2001年三部委再次联合下发了《2001年—2005年全国环境宣传教育工作纲要》，指出“绿色学校”是指为培养适应社会发展所需要的高素质人才为目的，以环境保护与可持续发展理论为导向，通过跨学科渗透环境教育及有计划地组织环境教育教学实践，提高学生的综合素质及创新能力；融环境教育、学校教学和管理为一体，逐步改善校园环境质量，创建具有当代校园文明时尚的学校。截至2005年8月29日，全国各级绿色学校共计15 961所。但是受到技术水平、可行的规划方法和经济条件的限制，国内生态校园建设尚处于探索阶段。

1998年6月，清华大学率先提出了建设“绿色大学”的目标，并计划在“绿色教育”、“绿色科技”和“绿色校园”建设等方面分阶段实施[11,12]，重点推动了符合校园环境特点的校园大气净化工程、校园水治理工程、园林景观建设工程等工作。自从1998年清华大学被批准创建“绿色大学”以来，又相继有一批大学积极创造条件，开始了“绿色大学”的创建工作。哈尔滨工业大学、北京师范大学、中山大学、南开大学、天津大学等高校先后提出创建“绿色大学”的目标并实施相关计划[13]。国内进行“绿色”实践的大学数目正在逐渐增多。

国内“绿色大学”创建工作经过了十多年的实施过程，取得了一些成绩，也逐渐暴露出一些新的问题。目前，现有的“绿色”校园建设例子很多，但具体建设方案千差万别，缺乏统一的标准和规范，且大都仅在局部上涉及生态概念，尚未见到有系统筹划的绿色大学建设先例。理论上也始终没有建立起一套完善、合理，具有可推广性的生态校园建设模式与管理方法。因而引起绿色大学的建设标准模糊、混乱，导致现有绿色大学建设中出现了规划内容不全面，没有为新型环保技术的使用留下必要的接口，以校园为宣传阵地的生态教育力度与广度不够，且缺乏系统的生态管理等问题[14]。真正的生态校园建设，需在建设之初的规划中即开始生态理念的全局部署，并在建设的工程项目之中和建设后的运营管理中运用生态理念建设和管理大学。

3. 发展演变趋势

纵观世界现代大学八百多年的发展历史，我们总结出：大学校园的环境建设和管理方式与世界科学技术发展的程度、各国的经济水平以及所处的政治环境和采取的政策有着密切的联系。大学的模式是随着不同的历史时期而有着不同的变化和发展的。现代大学的发展从它的办学规模看经历了从精英式教育到大众化再到普及化教育的过程；从教学内容看则经历了从单一的宗教或者文学的知识传授到各类基础学科的学习研究再到各种工程技术的学习、研究和创新的历程。大学教育既肩负着提高民族文化素质的任务，又需要为经济建设和社会发展提供人才、成果和技术。这一职能决定了它走过这样的发展历程。那么，现代大学又将怎样适应和服务于经济建设和社会发展？校园的环境建设和管理又怎样顺应时代的发展而变化呢？

(1)综合型校园

曾任伯克莱大学校长的田长霖博士谈到21世纪高等教育发展趋势时曾说：科技研究和高等教育的发展越来越重要，多元化、国际化的趋势促使科技研究及高等教育体系和社会互动愈加复杂，大学课程需要注重通才教育和人文教育[3]。

在社会资源正在进行全面重组的今天，知识以及信息的生产、分配和利用日益成为这一重组过程的核心，而创新能力的提高则是这一过程的根本目标。现代大学教育的趋势是要培养学生综合性的才能[2]，与之相适应地将教学、科研集于一体的综合建筑体，注重各个区域之间的紧密联系，利于中心区各个学科的交叉协作、渗透和发展。

(2)智能型校园

1992年9月在北京召开的亚洲国家和地区第二次教育设施国际讨论会上，日本文部省文教设施部代表吉泽晴行在报告中提出："智能型校园，这是建设21世纪校园的必由之路。"[3,10]另一位代表大崎顺彦又进一步将"智能型校园"的概念概括为以下三个方面：

①校园被赋予信息与交流的功能，这些功能可在教育、科研与管理诸方面被广泛地利用；

②校园既是舒适的教育场所，同时也是宽敞丰富的生活环境；

③实现终身教育，学校的设施可多用途、频繁地、高效率地利用。

(3)可持续发展的绿色校园

当今，环保节能的规划理念被运用到城市规划的各个环节。而作为城市高素质群体密集的特殊环境——大学校园，应该在城市的可持续规划中起到带头作用。现代大学校园规划应不仅仅考虑景观的优美，而更应该在校园建设中引入生态理念，考虑校园的可持续发展。例如在建筑设计中应尽可能利用可再生的材料与能源，减少资源和能源的耗费；采用科学的设计方法，尽可能减少建筑物的消费剩余物和实现废弃物的回收利用等。

二、绿色大学的概念

所谓绿色大学，是学校以面向可持续发展的环境教育的思想为指导，不断完善自我管理、改进教育手段、降低教育投入、提高办学效率和效益的过程，从而也是学校不断解决自身可持续发展问题的过程[7]。换言之,绿色大学的本质特征,就是在学校建设中体现可持续发展教育理念,具体可以从以下几方面来分析[7,15]。

①从办学的理念来看,绿色大学就是用可持续发展理念作指导,立足学校长远发展来组织和实施学校当前的各项工作,保证学校成为具有可持续发展潜力的大学。它强调学校运转要为现时社会以及参与教育的各方获取最大的利益,而且为学校进一步发展打下更扎实的基础。

②从办学过程来看,绿色大学就是具体实施可持续发展战略,通过不断自我否定进行连续可持续自我创新的过程。它强调办学过程使用绿色技术;强调经济效益和社会效益得到有机统一;考虑学生生命周期成本,尽量减少教学活动对教育资源的浪费;将教学对环境的污染降到最低,追求学校的各项工作达到相对学校办学条件而言的最优化。同时,绿色大学的办学工程中又强调不断探索新的最优教学和管理模式,改进现有教学和管理技术,开发更新的绿色教育管理手段、教学技术和教学模式,降低教学成本,保障更有效地实施可持续大学教育。此外,它还强调建立一支具有自我可持续发展能力的教学与管理队伍。

③从绿色大学所涉及的内容来看,它是科学教育与人文教育的统一,包括绿色科学与人文教育和绿色校园建设两部分。绿色科学与人文教育就是将可持续发展思想融入教育理念和教育内容当中,为学生提供必备的知识与技能;养成学生符合可持续发展思想的伦理观、价值观以及相应的学习态度与生活习惯;培养学生的探求精神、生态文明意识、生态管理意识和全球意识以及对人类可持续发展的责任心。所谓绿色大学就是采取先进的绿色科学技术和符合可持续发展理念的管理手段,对校园内的空气、噪声、废水排放、垃圾处理等各环境要素进行综合监测和治理,形成一个环境清洁优美、生态良性循环并具备绿色校园文化的校园环境。

④从绿色大学与其外部的关系来看,绿色大学会积极参与社会的可持续发展实践,利用自己的示范行为直接促进学校所在区域开展可持续发展实践,并通过自己研发的绿色技术,实践并传播可持续发展理念,推进全社会的可持续发展。绿色大学也只有通过主动参与社会可持续发展实践,才能真正实现自身的可持续发展。

三、绿色大学的特点

绿色大学不同于一般的传统大学的建设理念,具有鲜明的特征,具体如下[7]。

(1)绿色大学应当处处体现可持续发展理念

绿色大学应当在日常的教学与科研活动中,将可持续发展理念融入教学与科研的各个环节中。也就是说,学校的氛围,应当尽可能地体现"环境有益"的信息,这些信息必定会潜移默化地影响和培养学生的环境保护意识和可持续发展观念。

(2)绿色大学应当体现全体师生共同参与

全体教师、员工和学生的共同参与是绿色大学建设成功与否的关键。全员共同参与绿色大学建设,体现了可持续发展思想在学校建设与管理方面的要求。按照可持续发展的理念,学校中应当提倡公平、民主、节约、环保、可持续发展等观念,这些理念的传达也是现代环境教育(可持续发展教育)的重要方面。而师生员工共同合作,积极参与学校的管理过程无疑是传递这些理念的最好方法。

(3)绿色大学的师生应当更多地进行可持续发展实践活动

绿色大学的建设并不只是校园本身的建设,更包括学生与教师为促进校园与全社会实现可持续发展进行的一系列实践活动。绿色大学应经常组织一些学生绿色社团,开展形式多样的环保宣传活动或具备一定理论层次的交流活动;学生应当参与绿化校园建设的劳动;学生和教师利用所学的专业知识进行环境监测、环境规划、废物利用等实习、实践和科学研究活动;全体师生应积极参与社区或社会的环保活动。通过这些生动具体的参与、体验和研究,不仅教师通过科研成果促进全社会实践可持续发展,同时学生也可以有机会学以致用,培养了环保的实践能力。

(4)绿色大学应与所在社区相互促进,共同发展

学校应支持并组织学生参与学校所在地区的环保行动;通过这些活动可以培养学生的可持续发展责任感。社区与学校本来是相互依赖,相互支持的,而传统的教育观把学校和社区视为是对立的,相互隔绝的,学校成为对社区封闭的"象牙塔",这实际上是违背绿色大学建设理念的。现代环境教育愈来愈把学校看作是社区的一部分,应当为社区提供服务,对社区的环境负责;而社区也应成为学校开展环境教育的资源。绿色大学作为体现现代教育观念的场所,应当是一个开放性的系统。

四、绿色大学的功能

教学、科研和服务社会是现代大学的三项基本功能,它们不是大学的伴生产物,而是在大学活动范围不断扩大、大学的作用不断被人们认识的过程中逐步产生的。在现代大学基础上发展起来的绿色大学具有特定的系统结构,它一方面要顺应自然环境和社会环境;另一方面也在不断调整、变革的过程中,改造着周围的环境。因此,绿色大学应该具备以下四种主要的功能[16]。

(1)培育绿色人才

为社会培养和输送各类具备可持续发展理念与相关知识的绿色人才,这是绿色大学进行绿色科学与人文教育的必然结果,也是绿色大学最为重要的功能。它是绿色大学最主要的功能之一,也是区别于一般大学的一个最重要的特征。为造就更多更好的绿色人才,应当逐步改进与优化绿色教育的结构体系,进行必要的结构性调整;同时,也应逐步改进与优化其他的结构要素,以便更好地满足时代和社会对于绿色人才不断增长的需求。

(2)发展绿色科技

发展绿色科技及其相关产业,这是绿色大学进行环境保护科学研究的内在要求,也是绿色大学的系统功能之一。为了进一步发展绿色科技和绿色产业,应当改进并

优化绿色科技的结构要素，不断提高绿色科技群体的思想与业务素质，从而更好地服务于绿色大学的自身建设，同时也对全社会绿色科技产业的发展做出应有的贡献。

(3)展示绿色校园

向社会展示绿色校园，这是绿色大学进行绿色校园建设的重要体现，也是绿色大学的系统功能之一。为了更好地向社会展示绿色校区，应当适时改进与优化绿色大学校园的各环境要素，以便始终保持模范绿色校园，从而为全社会的绿色社区建设做出贡献。

(4)传播绿色文化

向社会传播绿色文化，其中包括绿色意识，这是绿色大学特有的绿色人群结构要素和输出具备可持续发展理念人才的重要体现，也是绿色大学的功能之一。为了更好地向社会传播绿色文化和绿色意识，应当不断提高和优化绿色人群的思想与业务素质，也要不断提高和强化所培养与输出的绿色人才的综合素质，从而更有效和优质地服务于全社会的绿色文化建设。

五、建设绿色大学的意义

1. 促进大学自身的可持续发展

(1)促进学生身心健康成长

生态校园强调校园环境质量的改善，重视校园建设的和谐与协调，有利于学生身心健康成长[17]。具体表现在：

①完善的体育活动区和体育运动设施为学生锻炼身体创造良好的条件；

②良好的环境质量为学生健康成长奠定了物质基础；

③高雅的文化氛围和文明的交际气氛有利于学生心理健康。

(2)形成良好的教育氛围

中国加入 WTO 以后，国际交流日益频繁，对劳动者和专业技术人才的要求也越来越高。如何培养能适应 21 世纪需要的、能顺应世界潮流、具有可持续发展战略观念的新型人才，必须通过良好的环境育人，使校园环境有利于实施养成教育。为此，必须加强生态校园建设，创建培养 21 世纪人才的教育基地。

(3)加强校园文化的中心辐射作用

校园文化对所在地区具有很明显的辐射作用。生态校园的建设不仅强化了这种辐射作用，拓展辐射作用的传播范围，同时也促进可持续发展观念的传播，带动周边地区的观念转变[17]，促进区域经济的可持续发展。

2. 发挥社会示范作用

(1)建设节约型社会的示范作用

把节约资源作为基本国策，加快建设资源节约型、环境友好型社会是党中央、国务院落实科学发展观，进一步实施可持续发展战略的重大决策，也是全面建设社会主义和谐社会的重要步骤。根据《教育部关于建设节约型学校的通知》，各高校应该认真贯彻落实党中央、国务院及教育部的文件精神，切实加强对建设节约型学校的领导，充分调动广大师生的积极性和主观能动性，努力营造建设节约型学校的良好氛围。全国各省市高校已经开展了类似“节水节电活动月”等活动，调动学校师生的积极性；并有许多高校用单位人均用水和单位人均用电的硬指标来落实节约型校园建设的具体工作[13]。建设节约型学校的举措必将对建设节约型社会的工作起到良好的示范作用。

（2）新型环保技术的示范应用

大学是新型科学技术产生的摇篮。加之近年来国家政策对各级环保工作的重视，国家财政对新型环保技术研发的投入，绿色大学将涌现出更多经济实用的环保产品和技术，从而逐渐被运用到社会生产的各个领域，推动环境保护产业的全面发展。例如，清华大学的太阳能集热管、太阳能节能灯、垃圾焚烧装置[11]，南京大学的可见光响应型水全分解光催化剂，南开大学的环保高分子材料 γ-聚谷氨酸，天津大学游泳馆的中水回用系统，厦门大学的“Fantastic 3”垃圾分类回收试点行动，天津工业大学 LED 照明和地热采暖技术的应用，等等。这些先进的环保产品和技术在大学校园试用并不断改良后必将为整个社会的环保工作提供经济有效的技术。

（3）“绿色大学”评价指标体系的应用

校园内景观绿化程度、垃圾回收利用方法、水电能源资源的利用率，这些都是评价大学“绿色”程度的指标。同时也是评价城市环境“绿色”程度的标尺。而目前，国内城市环境评价指标体系的建立还并不健全，从大学这个典型的区域环境做起，建立较完善的评价指标体系，是当前工作的重点之一。目前，较成功的案例有：台湾地区大学根据自身特点建立的“绿色大学”评价指标体系[18]；浙江大学学生宿舍管理和服务 ISO 14000 质量管理和环境管理体系[7]；东北大学的绿色大学建设中的生态足迹分析[19]；天津工业大学提出的包含了“绿色景观、生态适宜、绿色技术、绿色管理和绿色文化”等五个方面的绿色大学建设标准与评估体系。这些成功的例子对城市环境，甚至更大范围区域环境评价指标体系的建立，起到了先行先试的作用。

第二节　绿色大学的理论基础

一、可持续发展理论

1. 可持续发展的思想渊源与发展历程

千百年来，大自然对于人类仅仅是被征服与被控制的对象。人类对自己征服自然而得到的文明和发展的成就津津乐道。直到 20 世纪，环境污染造成的八大公害事件震惊全球。1962 年，蕾切尔·卡逊在《寂静的春天》中第一次对这一人类意识的绝对正确性提出了质疑,它引发了公众对环境问题的注意,促使环境保护问题被提到了各国政府面前,各种环境保护组织纷纷成立。1972 年联合国在斯德哥尔摩召开第一次人类环境会议,专门成立了环境规划署,并由各国签署了“人类环境宣言”,开始了环境保护事业。1987 年,由时任挪威首相的布伦特兰夫人领导的世界环境和发展委员会(WECD)发表的《我们共同的未来》的报告中,第一次明确地给出可持续发展的定义:既满足当代人的需求,又不对后代人满足其需求的能力构成危害的发展。这个定义鲜明地表达了两个基本观点:一是人类要发展;二是发展有限度,不能危及后代人的发展。1992 年,联合国在巴西里约热内卢召开了规模空前的“环境与发展”首脑大会,通过了《里约宣言》和《21 世纪议程》,为在全球、区域或各国范围内实现可持续发展制订了行动纲领,使可持续发展成为世界各国共同追求的目标。随即,各国根据本国的经济发展水平和环境污染状况纷纷制订了符合各国现状的可持续发展相关规定和计划。

2. 可持续发展的基本原则

(1)公平性原则

可持续发展所追求的公平性原则包括三层意思。一是当代人之间的公平,要给世界上所有国家和人民以公平分配和公平发展的权利,把消除贫困作为可持续发展进程中特别优先的问题来考虑。二是代际之间的公平,当代人不能因为自己的发展需求而损害人类世世代代满足其发展需求的条件,给世世代代以公平利用自然资源的权利。三是公平分配有限资源,目前的现实是,占全球人口 26% 的发达国家消耗了占全球 80% 的能源、钢铁和纸张等。这种富国在利用地球资源上的优势限制了发展中国家经济增长的机会。

(2)持续性原则

可持续性是指生态系统受到某种干扰时能保持其生产率的能力。可持续发展要求人们根据可持续性的条件调整自己的生活方式,在生态可能的范围内确定自己的消耗标准。布伦特兰夫人在论述可持续发展“需求”内涵的同时,还论述了可持续发展的“限制”因素。因为,没有限制就不可能持续。“人类对自然资源的耗竭速率应考虑资源的临界性”,“可持续发展不应损害支持地球生命的自然系统:大气、水、土壤、生物……”“发展”一旦破坏了人类生存的物质基础,“发展”本身也就衰退了[20]。可持续性原则的核心指的是人类的经济和社会发展不能超越资源与环境的承载能力。

(3)共同性原则

可持续发展作为全球发展的总目标,所体现的公平性和可持续性原则,则是共同的。并且,实现这一总目标,必须采取全球共同的联合行动。布伦特兰在《我们共同的未来》的报告的前言中写道,“今天我们最紧迫的任务也许是要说服各国认识回到多边主义的必要性”,“进一步发展共同的认识和共同的责任感,这是这个分裂的世界十分需要的”。共同性原则同样反映在《里约宣言》之中:“致力于达成既尊重所有各方的利益，又保护全球环境与发展体系的国际协定，认识到我们的家园——地球的整体性和相互依存性。”可见，从广义上说，可持续发展的战略就是要促进人类之间以及人类与自然之间的和谐[20]。

3. 可持续发展理论在绿色大学建设中的应用

(1)可持续发展概念在绿色大学建设中的指导作用

可持续发展是既满足当代人的需求，又不对后代人满足其需求的能力构成危害的发展。可持续发展战略的实施必须依靠科技进步和教育普及，只有依靠科学技术发展与进步，才能在促进经济增长的同时，做到能充分利用自然资源、减少环境污染和改善生态环境。因此，加强可持续发展教育和建立生态环境良性循环的示范校园必将是贯彻环境保护基本国策和实施可持续发展战略的重要举措之一。

(2)可持续发展的持续性原则在绿色大学建设中的应用

可持续发展要求人们根据可持续性的条件调整自己的生活方式，在生态条件可能的范围内确定自己的消耗标准。人类的经济和社会发展不能超越资源与环境的承载能力。在我国绿色大学建设的实例中已经体现了可持续发展的持续性原则，如清华大学[11]、烟台大学[13]、西南交通大学[19]、南昌航空工业学院[21]、天津大学、天津工业大学等，在建设绿色大学的规划中分别以提高热效率、缩减燃煤量、节约型校园建设、建设校园中水回用系统、采用环境无害化技术建立垃圾收集系统等方式来减少资源的浪费和减轻环境的压力。

二、生态学理论

1. 复合生态系统的基本理论

1984 年，我国著名生态学家马世骏先生提出了复合生态系统概念：人类社会不同于生物种群，它是一类以人的行为为主导，自然环境为依托，资源流动为命脉，社会体制为经络的人工生态系统，即“社会—经济—自然”复合生态系统。换言之，社会—经济—自然复合系统是在地球表层的一定地域范围内的经济系统、社会系统和自然生态系统相互结合而成的具有一定结构和功能的有机整体。

(1)复合生态系统的基本结构

马世骏先生把复合生态系统各分系统的结构耦合关系描述为：自然子系统由土(土壤、土地和景观)、金(矿物质和营养物)、火(能和光、大气和气候)、水(水资源和水环境)、木(植物、动物和微生物)等五行相生相克的基本关系所组成，并由生物地球化学循环过程和以太阳能为基础的能量转换过程所主导。经济子系统由生产者、流通者、消费者、还原者和调控者五类功能实体间相辅相成的基本关系耦合而成，并由商品流和价值流所主导。社会子系统由社会的知识网、体制网和文化网三类功能网络间错综复杂的系统关系所组成，并由体制网和信息流所主导。三个子系统间通过生态流、生态场在一定的时空尺度上耦合，形成一定的生态格局和生态秩序。复合生态系统内部各要素之间、各部分之间的相互作用是通过物流、能流、价值流和信息流的形式实现的。

(2)复合生态系统的基本功能

马世骏先生和王如松先生把复合生态系统的功能用八面体来表示,其六个顶点分别表示系统的生产加工、生活消费、资源供给、环境接纳、人工控制和自然缓冲功能,它们相生相克,构成了错综复杂的人类生态关系,包括人与自然之间的促进、抑制、适应、改造关系;人对资源的开发利用、储存、扬弃关系以及人类生产、生活活动中的竞争、共生、隶属、互补关系。在人类生产和生活活动后面,还有一只看不见的手即生态服务功能在起作用,包括资源的持续供给能力、环境的持续容纳能力、自然的持续缓冲能力及人类的自组织自调节活力。正是由于这种服务功能,经济得以持续、社会得以安定、自然得以平衡。

(3)复合生态系统的特点

①复合生态系统的运行需要不断增强的人工能流的投入。复合生态系统是一个能量物质流通量很大、贮藏与转换时间较短、流动速度很快的系统。该系统自身消耗的能量大大超过其自身捕获、转化的太阳辐射能,而靠消耗岩石圈中储存的太阳能及其他非初级生产的能量来维持。由此大量能量和物质需要其他系统提供,使人控复合生态系统永远离不开自然生态系统而独立存在,即依赖性很强。

②复合生态系统具有不断发展的开放性。复合生态系统的开放性最初并不强,随着人口增长,经济活动规模扩大,商品经济和市场经济的发展、系统的开放性越来越明显,到今天已经达到前所未有的程度。复合生态系统的高产出和高消耗的性质,加剧了物质循环的不平衡性,这种不平衡不能由系统内自行补偿,人工能量和物资的投入是必需的,为此,不同层次的复合系统之间寻求开放互补,以维持系统的运行。

2. 复合生态系统理论在绿色大学建设中的应用

(1)符合复合生态系统基本结构的规划思想

把校园作为城市生态系统的一个子系统进行规划,是目前绿色大学校园规划比较普遍被认同的策略思想。大学校园是一个由社会—经济—自然三要素组成的复合生态系统,三个子系统间通过生态流、生态场在一定的时空尺度上耦合,形成一定的生态格局和生态秩序。遵循复合生态系统的特点进行绿色大学校园建设规划,才能保持校园内的生态秩序和生态平衡。

(2)复合生态系统基本功能的实现

节约资源、合理利用各种能源资源是绿色大学建设中的重头戏。规划中要注意资源与环境的消费、时间与空间的耗费、信息以及人的心灵和感情的耗费的比例关系,还要重视资源的持续供给能力、环境的持续容纳能力、自然的持续缓冲能力及人类的自组织自调节活力等生态服务功能的协调配合[22]。

(3)复合生态系统循环发展连续性特征的应用

人的活动会改变社会—经济—自然复合生态系统;反过来,社会—经济—自然复合生态系统也改变人。历史上每一代人的生态、经济和社会状况,都是其上一辈留给他们的,而这一代发展经济和改善社会系统对生态的影响及所带来的改变又会留给他们的子孙后代,影响到后代人的生存环境与状态。同样,大学校园这个复合系统的校园环境、文化特色、学术气氛也都是一代又一代师生传承到今天,并将继续流传到未来。因此,在绿色大学规划中提倡考虑校园的未来发展,作弹性的校园规划是一项非常必要的举措[23]。而这种复合系统循环发展的连续性特点,要求在发展经济、社会和治理生态环境时,既要考虑当代人的眼前利益,又要考虑子孙后代的长远利益,这也恰好与可持续发展的思想不谋而合。

三、系统工程理论

20 世纪,由于生产力的巨大发展,出现了许多大型、复杂的工程技术和社会经济问题,它们都要求从整体上加以优化解决。由于这种社会需要的巨大推动,系统科学应运而生,系统科学的研究成果在实际工程实践中开始得以应用。在 20 世纪 40 年代,美国、丹麦等国家的电信部门,为了完成规模庞大的复杂工程和科研、生产任务,开始运用系统科学的观点和方法来处理问题。英国贝尔电话公司在发展微波通信网时,首先提出了"系统工程"这个名词。从此,系统科学理论开始在多个领域被应用,系统工程学科逐步形成[24]。

1. 系统工程的概念与原则

系统工程以系统科学理论作为理论基础,强调在改造客观世界方面的作用与效果,是一门方法性的应用学科。系统工程还是一门跨越多个学科领域的横断性学科,一方面是因为这套思想与方法适用于许多领域,而每个领域都有一些带有整体、全局性的问题需要综合处理;另一方面,系统工程所使用的方法与工具又多取自各门学科,并把它们综合起来加以运用。因此,系统工程是一门纵览全局、着眼整体,综合利用各学科的思想与方法,从不同方法和视角处理系统各部分的配合与协调,借助于数学方法与计算机工具,规划和设计、组建、运行整个系统,使系统的技术、经济、社会效果达到最优的方法性学科[25,26]。

系统工程作为一门方法性学科,特别强调研究处理问题的原则和概念,认为这是首要的,而一些数学方法与工具只是为这些原则、概念服务的。系统工程强调的系统具有目的性、整体性、综合性、动态性,通过协调优化与自适应实现系统的功能目标。

(1)目的性原则

系统工程是人类社会的实践活动,必定有它的目的。只有目的正确,有科学根据,符合客观实际,才能建立和运转具有预期效果的系统。因此,尽管实施的方案或道路是多种多样的,但必须达到同一目的,也就是异因同果、殊途同归。反过来说,如果目的不正确,方法手段措施愈好,系统的发展结果就会离理想状态愈远。

(2)整体性原则

系统工程理论要求处理问题首先要着眼于系统整体,不要见木不见林,而要先见林,后见木。值得一提的是,系统各部分组成整体之后,呈现出整体才具有的功能。

而且,系统的整体功能要高于各部分功能的总和,系统工程首先就要着重这种整体功能。处理问题时,总是先看整体,后看部分;先看全局,再看局部;从宏观到微观,并把部分与局部放在整体与全局之中来考察。

(3)综合性原则

这个原则有两方面的含义:一是指系统的属性和目的是多方面的、相互关联的、带有综合特点的;二是指解决同一个问题可以有不同的方案、方法和途径,而各种方法和技术如果能加以综合,取长补短,会得到意想不到的效果。系统工程强调综合性原则,是指上述两方面都需要加以考虑,这样才能避免顾此失彼、因小失大,而且还会在综合中得到新的成果。

(4)动态性原则

系统工程强调在运动和变化的过程中来掌握事物。专注于系统的过程,而不仅仅注意系统的某一状态。系统的平衡有时是静态的,而更多时候是动态平衡,至于平衡的破坏和不断的转化更是经常发生的。所以,系统工程十分重视系统中物质流、能流和信息流的运动。

(5)协调与优化原则

客观世界中的系统是复杂多变的,组成的部分为数众多、互相制约。使整个系统在协调的情况下运行是系统工程在处理复杂系统时所要考虑的。此外,在建立或改造一个系统、运转一个系统时,总希望它在约定的条件下达到最优的效果,即系统工程强调系统的优化。当然,由于目标的多元化,优劣标准也是多样化的,所以优化也是要协调兼顾的。

(6)适应性原则

任何系统都有其外界环境,都在一定的环境中存在和发展,所以它必须适应环境。系统工程不仅重视系统内部要素之间的关系,而且也要考虑系统与环境的关系。现实中的系统都是开放系统,与环境之间有物质、能量和信息的交换。当外界环境发生变化时,系统必须相应地调整自己以适应这种变化,否则,系统就会丧失生存的条件。很多系统都有自组织性,设计与建立高水平的复杂系统时,应该考虑使系统具备自组织性,以达到适应环境的目的。

2. 系统工程的主要理论

从系统工程的定义可以看出,系统工程是一门跨学科的边缘性交叉学科,包括自然、社会和工程设计分析等方面的知识,是由一般系统论、运筹学、控制论等学科相互渗透、交叉发展而形成的[27]。

(1)一般系统论

一般系统论是研究复杂系统一般规律的学科,又称普通系统论。一般系统论是通过对各种不同系统进行科学理论研究而形成的关于适用于一切种类系统的学说。其主要的创始人是美国理论生物学家 L. V. 贝塔朗菲,1945 年他在《德国哲学周刊》第 18 期上发表《关于一般系统论》。从此,一般系统论在多位学者的共同努力下逐渐发展壮大,而后美国和欧洲的很多大学里出现各种各样的"系统科学"系。一般系统论的主题是阐述和推导一般适用于"系统"的各种原理,其任务是"确立适用于系统的一般原则",并对系统的共性作出一定的概括,如系统的整体性、关联性、动态性、有序性、终极性(目的性)等。一般系统论的研究内容可以概括为关于系统的科学、数学系统论、系统技术、系统哲学等。耗散理论、协同学原理、突变理论、系统动力学等是一般系统论的主要组成部分。

(2)运筹学

运筹学是系统工程中应用最为广泛的系统优化技术之一,几乎所有的系统工程问题都要建立相应的运筹学模型。运筹学是应用数学的方法研究系统最优化问题的学科,通常它是应用分析、试验、量化的方法,对经济管理系统中的人、财、物等有限资源进行统筹安排,为决策者提供有依据的最优方案,以实现对系统的最有效的管理。

运筹学往往运用模型化的方法,将一个已确定研究范围的现实问题,按提出的预期目标,把现实问题中的主要因素及各种限制条件之间的因果关系和逻辑关系建立成数学模型,通过模型来寻求达到目标的最优方案。运筹学涉及的分支很多,主要包括线性规划、动态规划、网络计划、排队论、对策论、存储论、模型论、决策论等。

(3)控制论

控制论的创始人是美国的维纳(N. Wiener,1894—1964)。他把控制论定义为"关于在动物和机器中控制和通信的科学"。从系统科学发展来说,控制论的诞生和发展有特别重大的意义,因为控制论提炼出了包括生物系统和人工系统极为广泛的一大类系统的共性和规律,这一大类的系统实质上也是系统科学研究的主要对象。控制论提炼出的基本概念,诸如目的、行为、通信、信息、输入、输出、反馈、控制以及在这些概念基础上的控制论系统模型,即输入—输出反馈控制模型,具有广泛的普适意义,并且紧密联系着基础理论和应用技术两头。因此,系统科学的发展在总体上是与控制论的发展紧密相关的。

第三节 绿色大学校园建设系统分析

系统工程依据其基本原理,形成了它自己特有的思考和解决问题的方法,一般称为系统分析或系统方法。这种方法的基本思路是从系统总体协调观点出发,通过整体规划和设计,优选方案确定措施,达到建立系统的目的。

一、校园建设系统分析的主要内容

系统分析包括两个核心内容:一个是系统的模型化,另一个是系统的最优化。所谓模型化,就是对所研究的问题或系统用一系列有机组合的数学方程对实际系统进行科学的描述和概括,并作为优化决策的基础[28]。主要内容如下。

(1)目标

系统的目标就是系统存在的目的,它是系统目的的具体化,目标对于系统是总体性的。一般来说,在进行系统分析前应该对系统目标有一个明确的定义,并且要求经过系统分析后,必须明确说明确定的目标是必要的、有根据的、可行的。

(2)方案

方案是实现系统目标可以采取的实施策略,它是系统进行优选的前提,没有足够数量的方案就没有优化。只有具有在性能、费用、效益、时间等指标上互有长短并能进行对比的备选方案,才能对各方案进行分析与比较。方案的分析与比较一般要通过定量和定性的方法加以论证,同时还要提供每一方案执行后的预期效果。

(3)指标

指标是系统目标的具体体现,它是对系统方案进行分析与评价的基本出发点。反映目标的指标主要是从技术性能与技术适应性、费用与效益、时间等方面进行考虑的。技术性能和技术适应性是技术论证的主要方面;费用与效益是经济论证的标志;时间是一种价值因素;进度和周期是其具体表现。由于达到目标的各个方案在资源消耗、产生的效益及其时间方面的不同,因此借助于评价指标的评判将更有利于方案的合理选择。

(4)模型

模型是进行系统分析的基本工具,因为系统进行优选的前提是必须建立反映系统目标的适当模型,模型也是对系统指标的具体衡量方法。模型是方案分析和比较的基础,模型优化和评价的结果是方案选优的判断依据。

(5)标准

方案预期效果的优劣需要有相应的评价尺度,标准就是一种对各指标值的衡量尺度。为此,要求标准必须具有明确性、可计量性和敏感性。依据标准可对方案指标进行综合评价。同时可按不同准则排出方案的优先顺序,主要的标准包括费用效益比、性能周期比、费用周期比等。

(6)决策

在不同准则下的方案优先顺序确定之后,决策者就可根据分析结果的不同侧面、个人的经验判断和各种决策原则进行综合的整体的考虑,最后做出抉择,选择一个综合效益最优的方案。一些基本的决策原则有当前和长远利益相结合、局部和整体利益相结合、内部和外部条件相结合以及定量和定性方法相结合。

二、校园建设系统分析的工作步骤

系统分析一般包括五个工作步骤:

①确立系统的目标,明确建立该系统的目的及欲达到的目标;

②搜集、分析和研究各种信息和资料,拟订各种可行方案;

③建立数学模型,使之满意地反映拟订的方案;

④以数学模型为手段,对各种可行方案分析确定有关的数量与质量指标;
⑤经过分析比较,筛选出最优方案,为以后的工作提供科学的依据。

参考文献

[1] 王歆. 大学校园的有机生长[D]. 杭州:浙江大学,2004.
[2] 严勐. 大学校园教学中心区空间形态的整体设计研究[D]. 重庆:重庆大学,2003.
[3] 冯刚. 中国当代大学校园规划设计分析[D]. 天津:天津大学,2005.
[4] 张健. 欧美大学校园规划历程初探[D]. 重庆:重庆大学,2004.
[5] 黄福涛. 法国近代高等教育模式的演变与特征[J]. 厦门大学学报,1996,4:68-73.
[6] 贺国庆. 近代德国大学跻身世界一流的成因[J]. 河北大学学报,1997,22(3):68-75.
[7] 王东华. 绿色大学环境管理体系的建立实施与审计[D]. 天津:天津财经学院,2000.
[8] 美国绿色建筑委员会,美国绿色建筑网 http://www. usgbc. org,2005,5
[9] 欧洲环境教育基金会,http://www. eco – schools. org/
[10] 陈曦. 大学校园特色传承设计研究[D]. 哈尔滨:哈尔滨工业大学,2007.
[11] 王大中. 创建"绿色大学"实现可持续发展[J]. 清华大学教育研究,1998,(4):5-9.
[12] 王志华,郑燕康. 清华大学创建"绿色大学"的探索与实践[J]. 清华大学教育研究,2001(1):83-86.
[13] 刘猛,龙惟定. 国内外"绿色"大学简介[J]. 智能建筑与城市信息,2007,4:37-40.
[14] 杜惟玮. 生态校园的建设流派、建设模式与系统管理方法[D]. 天津:天津大学,2005.
[15] 张运增. 绿色大学的涵义[J]. 浙江万里学院学报,2001,3 (1):70.
[16] 叶峻. 关于绿色教育的生态化进程[J]. 太原师范学院学报:社会科学版,2006,9(5):160-163.
[17] 陈岳堂. 生态校园规划设计研究与应用[D]. 长沙:湖南农业大学,2003.
[18] 李冬梅. 我国关于"绿色大学"的研究热点及进展[J]. 高教研究,2007,(2 月号上旬刊):21-22.
[19] 顾晓薇,李广军,王青. 绿色大学建设中的生态足迹[J]. 环境科学,2005,26(4):200-204.
[20] 刘俊杰. 大庆油田可持续发展战略研究[D]. 哈尔滨:哈尔滨工程大学,2000.
[21] 张秋根,魏洽. 绿色大学建设研究[J]. 南昌航空工业学院学报,2002,12(4):132-134.
[22] 郝欣,秦书生. 复合生态系统的复杂性与可持续发展[J]. 系统辩证学学报,2003,10(4):23-26.
[23] 刘志强. 大学校园生态规划理念初探[J]. 山西建筑,2005,31(23):9-10.
[24] 林益. 一般系统论研究的过去、现在和未来[J]. 空军工程大学学报:自然科学版,2001, 2(6):1-6.
[25] 王众托. 系统工程引论[M]. 北京:电子工业出版社,2006.
[26] 袁双喜. 数字化工厂中的单元分析与仿真[D]. 上海:同济大学,2008.
[27] 白思俊. 系统工程[M]. 北京:电子工业出版社,2006.
[28] 赵全升,李悦,谢新民,等. 环境系统分析原理[M]. 北京:地质出版社,2006.

第二章　绿色大学指标体系的建立与评价方法

绿色大学指标体系及其评价模型的构建是推进绿色大学建设的基础工作。本章针对校园系统特征，根据绿色大学功能需求，建立定量衡量绿色大学建设等级、模式和均衡程度的指标与评价体系，为快速识别制约绿色大学理念实现的关键因素提供了一个实用工具，也为校园“硬件”方面的进一步建设规划和“软件”方面管理制度的建立和完善提供了基础保证。

第一节　绿色大学指标体系的依据

一、构建绿色大学指标体系的目的与原则

1. 建立绿色大学指标体系的意义和目的

目前，有关绿色大学的指标体系研究还不成熟，尚未形成一套完善的指标体系。在进行绿色大学评估和规划时，用什么样的标准来衡量和评价绿色大学建设？达到什么样的目标才称得上建成了绿色大学？在绿色大学建设实践中如何运用这些标准来指导和推动绿色大学建设？这些都是我们必须面对和解决的问题。

为了全面、合理地评价绿色大学的现状和未来，结合绿色大学的定义，即“应用循环经济和生态学的基本原理与方法建立绿色景观美好、生态技术优良、绿色文化健康、绿色管理完善、生态适宜度高的新型校园”，对绿色大学内的各项指标进行定量或半定量的测定和预测，对绿色大学的发展做出科学规划，实行准确的控制、调整与反馈，制定一套能科学地反映学校环境质量、绿色管理、绿色技术等各方面的指标体系是非常必要的[1]。

2. 相关指标体系的研究进展

(1) 可持续发展指标体系的研究进展

国际可持续发展指标体系有多种提法，可以归纳为以下几种主要类型[2]。

①单个指标。单个指标系列侧重于对评价系统基本情况的描述，以指标的大型

列表或菜单为特性,每个指标对数据的综合程度较低,指标数量较多。如联合国可持续发展委员会(UNCSD)于1996年提出的可持续发展指标体系,该体系包括四类134个指标,其中社会指标41个,经济指标23个,环境指标55个,机构指标15个,每类指标都包括了驱动力指标、状态指标和响应指标3种[3]。单个指标的优点是涉及面比较广,针对性比较强,但因指标数量过多,不易于归纳和提取有关信息,在环境管理和决策上有许多不便之处。

②专题指标。有些国家选择具有代表性的专题领域制定相应的指标,这些国家主要是根据可持续发展或主要环境问题建立小型的专题指标系列,如荷兰、加拿大和北欧一些国家。其中,荷兰的环境政策指标包括气候变化、臭氧层耗竭、环境的酸化、环境的富营养化、有毒物质的扩散、固体废物的处置、对地方环境的干扰和部门指标8个方面的内容;加拿大的指标用集合程度很高的系统方法来分类,包括生命支持系统、人体保健和福利、自然资源可持续性、影响因素4个方面;北欧国家指标系列中包括气候变化等11个方面,城市环境质量采用交通作为唯一的压力指标表示[4]。专题指标的优点是重点突出、针对性强、便于环境管理,但因指标集合程度较高,突出了重点,可能会忽略一些次要的问题。

③系统性指标。系统性指标是在一个确定的研究框架中,对大量有关信息加以综合和集成,从而形成一个具有明确含义的指标。它对于信息的集合程度最高,类似于指数,其中最具代表性的是世界银行推荐使用的真实储蓄。世界银行认为财富包括产品资本、自然资源、健全的生态系统和人力资源4个部分,实现可持续发展在本质上是一个创造并保持财富的过程。真实储蓄是在考虑了自然资源的枯竭和环境污染的损害之后,一个国家实际财富的增减情况[5]。真实储蓄是传统意义上的净储蓄减去资源损耗和环境退化的价值。真实储蓄持续为正,表明财富在增加;持续为负,表明财富在减少,最终导致福利的下降。真实储蓄提供了一个桥梁,可以将宏观的经济因素、资源环境和教育等方面的政策直接联系起来,是系统评价可持续发展的一个很好的指标,但也会忽略很多次要问题[6,7]。

(2)生态县、市、省指标体系研究进展

为了指导生态县、生态市和生态省建设工作,国家环境保护总局在2003年3月14日和3月21日的《中国环境报》上公布了《生态县、生态市、生态省建设指标(试行)》,号召社会各界参与该项建设工作。国家环境保护总局提出的生态省建设指标体系包括经济发展、环境保护和社会进步3个方面22项指标,并对东、中部地区和西部地区提出了不同的标准。

(3)生态社区标准研究进展

《环境标志产品技术要求 生态住宅(住区)》是国家环保总局于2007年11月正式发布实施的,标准按照规划设计和验收两个阶段规定了生态住宅(住区)的基本要求、技术内容及其检验方法。

生态住宅(住区)是指在建筑全生命周期的各环节充分体现节约资源与能源、减少环境负荷和创造健康舒适的居住环境，与周围生态环境相协调的住宅（住区）。其中包括场地环境规划设计、节能与能源利用、室内环境质量、住区水环境、材料与资源5个方面，且具体规定了一些硬性标准。

（4）“绿色学校”核心评估标准研究进展

2003年国家环保总局宣教中心结合国家表彰“绿色学校”活动，提出了“绿色学校”核心评估标准，该标准用定性的方法从管理、环境教育、环保宣传、绿化美化校园等方面提出了10条标准。这10条标准的提出加深了以往对绿色校园的认识，扩展了绿色校园的含义。

3. 建立绿色大学指标体系的指导原则与相关依据

（1）指导原则

①整体性原则：绿色大学指标体系要求指标完整全面，既要有反映绿色大学规划体系时需要的能流、物流和环境指标，又要包括生态文化、生态管理等各方面的指标，并由此构成一个完整的环境规划指标体系。

②科学性原则：要通过科学性的方法建立绿色大学指标体系，只有科学的指标才能进行科学的规划，才能最终实现规划的目标。

③规范性原则：绿色大学指标是一个由多项指标构成的体系，由于这些指标的性质和特点不尽相同，这就需要对各项规划指标进行分类和规范化处理，使各类指标的含义、范围、量纲和计算方法等具有同一性，而且要在较长时间内保持不变，以保证绿色大学指标的精确性和可比性。

④可行性原则：绿色大学指标必须要根据环境规划的要求来设置，根据具体的规划内容确定相应的规划指标体系，在设计和实施规划方案时具有可行性。

⑤适应性原则：绿色大学指标体系既要适应绿色大学规划的要求，也要适应环境统计工作的要求。在尽量满足绿色大学规划的同时，也要考虑到实际可能的条件。如果只片面地强调指标的完整无缺，势必会增加指标统计的工作量，超过统计部门的人力、财力、物力的可能，就会给建立绿色大学指标体系带来不利的影响。

⑥选择性原则：绿色大学指标体系要注意选择那些具有现实性、独立性和必要性的指标，并注意代表性和可比性，真正体现区域环境综合整治水平并可以得到客观准确评价。

⑦操作性原则：结合绿色大学的具体特点，采用定性和定量结合的方法，确保制定的指标体系简易、实用，便于操作[8]。

（2）相关依据

绿色大学指标体系的建立以下列已颁布的指标、标准与评估规范为参考。

①《国家生态省建设标准》2003. 3

②《国家生态市建设标准》2003. 3

③《国家生态园林城市标准》2004. 9

④《环境空气质量标准》(GB 3095—1996)
⑤《地表水环境质量标准》(GB 3838—2002)
⑥《污水综合排放标准》(GB 8978—96)
⑦《城市区域环境噪声标准》(GB 3096—93)
⑧《民用建筑隔声设计规范》(GBJ 118—88)
⑨《建筑采光设计标准》(GB 50033—2001)
⑩《绿色建筑评价标准》(GB/T 50378—2006)
⑪《城市用地分类与规划建设用地标准》(GBJ 137—90)
⑫《公园设计规范》(CJJ 48—92)
⑬《城市绿化规划建设指标的规定》1993. 11
⑭《普通高等学校基本办学条件指标(试行)》教发[2004]2 号
⑮《城市绿色生态住宅小区环境性能评价体系》
⑯《城市道路交通管理评价指标体系》(2005 年版)

二、绿色大学建设评价方法概述

目前,国内外有关绿色大学的理论和建设还处于探索阶段,尚未形成一套成熟、详细的评价体系可供参考。关于绿色大学的研究主要集中在生态校园理念、内涵方面的理论阐述以及一些具体校园内环保技术、景观建设、环境教育课程和环保实践活动方面的个案介绍,其研究对象宽泛,包括小学、中学和大学,研究方法多为定性的、思辨的、总结性的,而定量方法较少。国家及各级政府颁布的一些绿色学校的标准和评估办法以及有关绿色大学评价体系的研究成果在指标、标准的确定方面仍不全面,需要细化,存在过多定性的考核和评分方法。已有的一些有关绿色建筑、生态城市的评价体系和评价准则,也未针对学校的特点拟定。因此,为了突出绿色大学建设理念在当前大学校园建设中的地位和作用,研究一套专为大学校园规划设计而制定的准则和评价工具是非常必要的。

1. 国内外相关领域的研究进展

绿色大学是一个较为完整的功能区,具有明确的行政属性和独立的功能属性,有教学区、宿舍区、服务区等功能区划,类似于城市中的工业区、居民区、商业区。在这个意义上可以说接近生态城市、生态县的概念,但其又没有明显的生产功能。大学以社会服务和人才培养为主,一般从属于城市,范围相对较小,主要以满足师生工作和学习为主,特别是在规划建设阶段,绿色大学的生态校园概念非常接近绿色建筑的概念。关于生态城市和绿色建筑的评价体系的研究,目前已经取得了初步进展,并且国家也颁布了一系列标准和评价体系。生态校园从空间尺度上介于两者之间,且有自身独特的功能特性。建立关于生态校园的评价体系必然要参考有关生态城市和绿色建筑的指标和评价体系。

(1)绿色建筑的评价体系研究

1)BREEAM(Building Research Establishment Environmental Assessment Method)评价体系

该评价体系由英国的建筑研究组织(BRE)制定,依据绿色建筑指标的得分情况,划分评分范围,将结果限定在四个主要级别,分别是通过、好、很好和优秀[9]。

2)LEED (Leadership in Energy and Environmental Design)评价体系

该评价体系由美国绿色建筑协会制定,共分五个方面。每个方面首先列有必须满足的前提条件,满足了前提条件,才能进入项目评分。在对目标进行评价时,仅用简单的打分求和计算最终结果,易于操作,所以被其他的国家所参考。根据分数范围为参评目标设置了五个级别:“不合格”、“合格认证”、“银质认证”、“金质认证”与“铂金认证”[10]。

3)绿色奥运建筑评价体系

该评价体系由清华大学制定,主要在借鉴了 LEED 评价体系的基础上,在具体评分时把评价指标分为 Q 和 L 两类:Q(Quality)指建筑环境质量和为使用者提供服务的水平;L(Load)指能源、资源和环境负荷的付出。所谓绿色建筑,就是环境效益(Q/L)高的建筑,依据 Q、L 的分值,按符合绿色建筑标准的程度从高到低分为 A、B、C、D、E 五类[11,12]。

4)国家颁布的《绿色建筑评价标准》中绿色建筑评价与等级划分

该标准由中国建筑科学研究院等单位编制,它将每类指标分为控制项、一般项与优选项。按满足一般项数和优选项数的程度,将绿色建筑从低到高分为一星级、二星级、三星级三个等级[13]。

(2)生态城市的评价研究

2003 年,国家环保局颁布了《生态县、生态市、生态省建设指标》[14],但并没有颁布相应的评估体系,即只是制定了考核指标体系,并没有对生态城市的级别进行规定。

目前有关生态城市的评估或者评价的方法一般分为两类[15—21]。

①采用多指标加权评价模型进行综合评价。评价的有效性取决于指标的选取、评价模型和指标的权重。其中,常用到的评价模型有模糊数学法、灰色评价法、人工神经网络法、物元分析法等。这些模型的基本思想都是先计算各个指标与标准的相关程度,然后利用德尔菲法或层次分析法确定指标的权重,最后进行加权计算,根据生态化综合指数确定生态城市的级别。

②采用多指标换算成统一单位的物质流、能量流或货币价值进行综合评价。例如生态足迹、能值分析的方法等。

由于各个城市具体情况的差异性,这种结合多指标综合的定量评价方法只是停留在研究层面上,评价级别的划分也没有统一的规范。

(3)生态校园的评价研究

目前,对于生态校园的评价研究多采用生态城市研究中常用的多指标综合评价方法。根据学校具体功能特点制定了指标体系后,采用德尔菲法或层次分析法确定指标的权重后进行加权求和得到最后的综合指数值,根据生态化指数的范围确定评价的级别。同样也因为指标权重确定的主观性,很难制定统一、规范的评价体系。

2. 现有评价模型评述

(1)多指标综合评价模型

这类模型是应用系统工程的理论与方法进行评价。主要的问题在于数据的处理和指标的综合。主要组成部分包括指标体系、指标权重、计算方法。

1)指标体系

指标将复杂的现象进行简化处理,使交流更简单、更频繁,也使问题量化成为可能。使用指标衡量和监测一个区域的生态化程度、绿色程度、可持续发展程度已经被许多国家政府和国家组织所采用。

2)指标权重

针对指标体系中的各类指标,如何确定合理指标权重将影响最终评估的结果,最常用的方法是德尔菲法或层次分析法。

3)计算方法

无论采用哪种计算方法,数据进行计算之前必须进行标准化处理。将多个指标进行综合的计算方法主要包括模糊数学法、人工神经网络法、灰色评价法和物元分析法。

(2)生物物理量评价模型

这类模型以加拿大生态学教授里斯(Willian E. Rees)于20世纪90年代初提出的“生态足迹”模型为代表。生态足迹也称生态占用,它显示在现有技术条件下,指定的人口单位内(一个人、一个城市、一个国家或全人类)需要多少具备生物生产力的土地(biological productive land)和水域,来生产所需资源和吸纳所衍生的废物。

除了采用上述“生态足迹”的方法将评价的实物指标换算成土地面积之外,还可以将实物指标转化为统一的能量指标、信息熵指标或是货币指标进行定量评价。

(3)评价方法的综合评述

从系统工程的角度来看,绿色大学建设涉及景观、技术、管理等多个系统。对于这样的复杂系统进行全面和深入的研究还比较缺乏,方法学上还不够成熟,各子系统之间的关联尚未了解清楚,机理性的研究不够,使得当前关于绿色大学评价模型的开发还存在很多困难。

多指标综合评价模型是目前进行复杂系统综合评价的比较成熟的方法。虽然具体应用的数学计算方法不同,但基本思路是一致的,都是衡量指标的实际测量值或统计值与最优标准(或最满意标准)之间的距离,并通过加权的方法进行综合评价。该类模型的优点是涵盖面广,评价的内容丰富;缺点是缺乏机理方面的研究,只是将待评价对象看做是一个灰色或黑色的系统。

生物物理量评价模型实际应用面临的最重要问题是确定实物指标与待评价对象的生物物理量之间的转换系数。该类模型的主要优点是在一定程度上反映了生物物理方面的机理研究成果,缺点是该类模型一方面主要评价的是"硬件"方面的指标,对于校园这类没有明显的生产功能,而社会和文化方面效益突出的实体,在评价方面比较欠缺;另一方面,该类模型主要评价的是最终结果,对于达到最终结果的过程变量反映不够。

因此,研究者应综合考虑两类模型的优缺点,并考虑到评价体系的实用性。对于绿色大学建设的评价,借鉴多指标综合评价模型的基本思想;而在绿色大学校园规划部分采用能值分析的方法进行研究。在标准等级的确定、衡量距标准等级相对距离的计算方法、权重的确定方面,应结合校园建设的具体特点,制定详细的评价方案,力求评价方法简便、实用,评价结论客观、可靠,易被决策者和公众理解,这对于绿色大学的建设工作具有实际指导意义。

第二节　绿色大学指标体系的构成

一、绿色大学评价指标基本框架

绿色大学指标体系分为三级。其中,一级指标包括"绿色景观"、"生态适宜"、"绿色技术"、"绿色管理"和"绿色文化"5 类;二级指标包括绿地景观、水域景观等 17 个指标;三级指标包括"校园绿地率"、"绿化覆盖率"等 52 个指标。

评价等级分为 A、B、C 三级,其中 A 代表优秀生态校园,B 代表基本达标生态校园,C 代表不达标生态校园。

本指标体系适用于全国普通高等学校进行绿色大学的规划、建设、改造、管理和验收等各项工作。

二、绿色大学评价指标体系(表2-1)

表2-1　绿色大学评价指标体系

一级指标	二级指标	序号	代号	三级指标	计算单位	指标值/要求 A	指标值/要求 B	指标值/要求 C
绿色景观	绿地景观	1	A1	校园绿地率	%	≥35	30~35	<30
		2	A2	校园绿化覆盖率	%	≥40(1) ≥38(2)	35~40(1) 33~38(2)	<35(1) <33(2)
		3	A3	人均绿当量		≥8.75	6.25~8.75	<6.25
		4	A4	树种多样性		≥2.5	1.5~2.5	<1.5
	水域景观	5	A5	水体水质指标		/	达标(3)	不达标(3)
		6	A6	校区水面覆盖率	%	≥7	5~7	<5
	建筑景观	7	A7	道路绿化	%	≥25(4) ≥20(5)	20~25(4) 15~20(5)	<20(4) <15(5)
		8	A8	道路面积率	%	15~20(6)	8~15	≥20或<8
		9	A9	建筑物覆盖率	%	26~32	20~26	≥32或<20
生态适宜	校区环境质量	10	B1	空气质量		/	达标(7)	不达标(7)
		11	B2	噪声达标区覆盖率	%	≥95	≥90	<90
		12	B3	卫生环境质量		/	达标(8)	不达标(8)
	室内环境适宜	13	B4	室内空气质量		/	达标(9)	不达标(9)
		14	B5	室内声环境	dB	≤50	≤55	>55
		15	B6	室内温度	℃	25~28(10) 20~24(11)	22~25(10) 16~20(11)	≥28或<22(10) ≥24或<16(11)
	资源配置	16	B7	建筑容积率	%	0.65~1	0.45~0.65	≥1或<0.45
		17	B8	生均绿地面积	m^2	≥7	5~7	<5
	师生满意度	18	B9	空气环境质量满意度	%	≥95	90~95	<90
		19	B10	水环境质量满意度	%			
		20	B11	声环境质量满意度	%			
		21	B12	卫生环境质量满意度	%			
		22	B13	基础设施满意度	%			
		23	B14	校园绿地景观满意度	%			
		24	B15	校园水域景观满意度	%			
		25	B16	校园建筑景观满意度	%			

续表

一级指标	二级指标	序号	代号	三级指标	计算单位	指标值/要求		
						A	B	C
绿色技术	水生态技术	26	C1	水污染物排放总量是否达标			是[12]	否[12]
		27	C2	再生水使用率	%	≥35	25~35	<25
		28	C3	实验室有毒废液有无回收处理		/	有	无
	气生态技术	29	C4	实验室有毒废气有无回收处理		/	有	无
	固废生态技术	30	C5	生活垃圾分类收集系统		/	有	无
	危险品生态技术	31	C6	实验室危险品有无安全存储、使用及回收处理		/	有	无
	节能与能源综合利用技术	32	C7	节水器具使用率	%	≥95	90~95	<90
		33	C8	节电器具使用率	%	≥80	70~80	<70
		34	C9	自然采光建筑面积比率	%	≥95	90~95	<90
		35	C10	可再生能源使用比例	%	≥20	10~20	<10
绿色管理	能源消耗	36	D1	当量生均消耗水量	m^3/当量生	≤50	50~80	>80
		37	D2	当量生均消耗电量	千瓦时/当量生	≤400	400~800	>800
		38	D3	单位科研经费消耗水量	m^3/万元	≤25	25~60	>60
		39	D4	单位科研经费消耗电量	千瓦时/万元	≤150	150~400	>400
	资源占有	40	D5	生均建筑面积	m^2/人	≥38[13]	25~38[13]	<25[13]
						≥32[14]	19~32[14]	<19[14]
						≥44[15]	34~44[15]	<34[15]
		41	D6	单位建筑面积投资	万元/m^2	≥2 500	1 800~2 500	<1 800
	管理体系	42	D7	学校通过ISO 14001环境管理体系认证		/	是	否
		43	D8	生态管理机构建设		/	有	无
		44	D9	校园环境管理制度		/	有	无
		45	D10	信息平台完善度		/	是	否
		46	D11	公众参与情况		/	有	无

续表

一级指标	二级指标	序号	代号	三级指标	计算单位	指标值/要求		
						A	B	C
绿色文化	生态教育实施	47	E1	生态教育计划		/	有	无
		48	E2	修环境教育课程学生比率	%	≥80	60～80	<60
		49	E3	参与环保讲座与培训学生比率	%	≥50	30～50	<30
		50	E4	参与环保活动学生比率	%	≥50	30～50	<30
	生态教育成果	51	E5	生态意识普及率	%	≥95	75～95	<75
		52	E6	获环保专项奖励		注(16)		

注：(1)秦岭—淮河以南地区的高校应该满足(1)相应的要求；

(2)秦岭—淮河以北地区的高校应该满足(2)相应的要求；

(3)指是否达到《景观娱乐用水水质标准》中的C级；

(4)主干道是指宽度在25～35 m之间的道路；

(5)次干道是指宽度在12～25 m之间的道路；

(6)在本标准中所有"～"表示区间取值时，左边取≤，右边取<；

(7)指是否达到《环境空气质量标准》中的Ⅱ级要求；

(8)指是否达到《学校卫生工作条例》中的规定；

(9)指是否达到《室内空气质量标准》中的要求；

(10)指夏季室内温度应该满足(10)中的相应要求；

(11)指冬季室内温度应该满足(11)中的相应要求；

(12)指学校年排放污染物总量(在本标准中污染物指COD和氨氮)是否小于或等于各地区规划中所允许排放的污染物总量；

(13)指综合大学、工科院校、师范院校、农业院校、林业院校和医学院校应该满足(13)中相应的要求；

(14)指政法院校、财经院校和外语院校应该满足(14)中相应的要求；

(15)指体育院校应该满足(15)中相应的要求；

(16)指学校获得国家、省、市的文明、绿化、环境教育等先进单位称号，环保课题研究或环保科研成果获国家、省级三等奖以上的：获得先进单位，每项国家级加2分、省级加1分、市级加0.5分；环境科研项目：获国家级奖励加5分、获自治区级奖励加3分；教师、学生以环境为主题的论文、报道、调查报告、征文获国家、省级二等奖以上的：获国家级一等奖加3分、二等奖加2分，获省级一等奖加2分、二等奖加1分；师生在各类环境活动中获得国家、省级奖励的：每获一项加1分。但总分不能超过10分。(获得国家级奖励加一个A，获得省、市级奖励加一个B)

三、指标体系所需数据的采集和计算方法

1. 数据的采集

(1)常见指标数据采集

常见指标的数据采集和计算方法以校园统计年鉴、环境保护统计年鉴相应的指标数据和计算方法为准。数据来源还包括地方园林绿化部门、规划部门以及现场问

卷调查等[22]。

(2)定量指标数据采集

环境类指标的采样和监测按照国家环境保护标准监测方法执行,非环境类指标的数据采用校园统计年鉴数据。

(3)当量生

将校园内的各类学生按统一方法折合成本科生后的总和称之为当量生。以当量生作为生均数据统计的基数。折算当量计算方法:1 进修生(干训生)=1.5 本科生,1 硕士研究生 =2.0 本科生,1 博士研究生 =3.0 本科生,1 留学生 =3.0 本科生,1 专科生 =0.8 本科生,1 函授生 =0.025 本科生,1 夜大学生 =0.05 本科生。

2. 指标解释及计算方法

(1)校园绿地率

指标解释:校园内各类绿地总面积占校园总面积的比率。

计算公式:

$$校园绿地率(\%)=\frac{校园绿地面积(m^2)}{校园总面积(m^2)}\times 100\% \tag{2-1}$$

注:绿地率应大于35%,一般以40%~60%较好。

(2)校园绿化覆盖率

指标解释:校园绿化覆盖面积占校园总面积的比率。

计算公式:

$$校园绿化覆盖率(\%)=\frac{校园内全部绿化种植垂直投影面积(m^2)}{校园总面积(m^2)}\times 100\% \tag{2-2}$$

(3)人均绿当量

指标解释:校园内人均占有的绿当量。

注:①校内总人数包括学生和教师总人数。

②根据表 2-2 进行当量换算。

③指标值为调研结果。

表 2-2　各种植被的绿当量

植被类型	单位	绿当量
茂密草地	m^2	1
大灌木和小乔木	株	1.5

(4)树种多样性[23,24]

指标解释:在一定的生态系统中,各种树种的数量和分布频率及其丰富程度,通常采用 Shannon-Wiener 指数反映绿化树种丰富多彩的程度,是树种丰富度和各树种均匀程度的综合反映。

计算公式：

$$D = 313\,219 \times \left(\lg N - \frac{\sum_{i=1}^{S} n_i \lg n_i}{N} \right) \tag{2-3}$$

式中：D 为 Shannon-Wiener 多样性指数；S 为树种数；N 为树种个体总数；n_i 为第 i 个树种的个体数。D 值越大，树种多样性越高。

注：Shannon-Wiener 多样性指数 D 通常为 1.5～3.5，很少能超过 4.5，一般来说 100 个树种的 $D \approx 3$，需 105 个树种才能达到 $D > 5$。

(5)水体水质指标

指标解释：校园内水体水质各项指标，应符合一般景观娱乐水体的水质要求。

注：该标准中的任何一项指标均应达到景观娱乐用水水质标准的规定，方可认为达标。

(6)校区水面覆盖率

指标解释：校园内水面面积与校园总面积的比值。

计算公式：

$$\text{校区水面覆盖率}(100\%) = \frac{\sum_{i=1}^{n} w_i}{S} \times 100\% \tag{2-4}$$

式中：w_i 为第 i 种水体的水面面积；S 为校园总面积。

注：校园内水体包括人工湖、河流等。指标值为调研结果。

(7)道路绿化

指标解释：常用道路绿化横断面长度与道路横断面总长度之比。

计算公式：

$$\text{道路绿化}(100\%) = \frac{\text{道路绿化横断面长度}}{\text{道路横断面总长度}} \times 100\% \tag{2-5}$$

(8)道路面积率

指标解释：建成区内道路用地总面积与建成区总面积的比值。

计算公式：

$$\text{道路面积率}(100\%) = \frac{\text{校园内道路用地总面积}(km^2)}{\text{校园总面积}(km^2)} \times 100\% \tag{2-6}$$

(9)建筑物覆盖率

指标解释：校园内所有建筑物的建筑基底面积之和与校园总建设用地面积的比值。

计算公式：

$$建筑物覆盖率(100\%)=\frac{校园内建筑基底面积之和(km^2)}{校园总建设用地面积(km^2)}\times 100\% \quad (2\text{-}7)$$

(10)空气质量

指标解释:校园室外空气质量。

注:绿色大学属于环境空气质量功能区分类中的二类区,根据其标准分级执行二类标准。该标准中的任何一项指标均应达到环境空气质量标准中的二类标准的规定,方可认为达标。

(11)噪声达标区覆盖率

指标解释:校园室外噪声情况。

计算公式:

$$噪声达标区覆盖率=\frac{噪声达标区面积(m^2)}{校区总面积(m^2)}\times 100\% \quad (2\text{-}8)$$

注:应达到城市区域环境噪声标准的规定,方可认为达标。

(12)卫生环境质量

指标解释:校园的环境卫生、教室卫生、宿舍卫生和食堂卫生等。

(13)室内空气质量

指标解释:室内空气中与人体健康有关的物理、化学、生物和放射性参数。

(14)室内声环境

指标解释:校园室内噪声情况。

注:①特殊安静要求的教室(语言教室、录音室、阅览室等)执行一级标准。

②一般教室(普通教室、史地教室、合班教室、自然教室、音乐教室、琴房、视听教室、美术教室等)执行二级标准。

③无特殊安静要求的教室(以操作为主的实验室、教师休息室等)执行二级标准。

(15)室内温度

指标解释:在采暖和制冷设备的影响下教室内空气的温度。

注:根据室内环境质量标准,室内温度在夏季控制在22~28 ℃,冬季采暖条件下控制在16~24 ℃范围内。

(16)建筑容积率

指标解释:项目规划建设用地范围内全部建筑面积与规划建设用地面积之比。

计算公式:

$$建筑容积率=\frac{总建筑面积(m^2)}{规划建设用地面积(m^2)} \quad (2\text{-}9)$$

注:附属建筑物也计算在内,但应注明不计算面积的附属建筑物除外。指标值为调研结果。

(17)生均绿地面积

指标解释:学校内师生获得的人均开阔绿地面积。

计算公式:

$$生均绿地面积 = \frac{学校总绿地覆盖面积(m^2)}{学校师生总数(人)} \quad (2\text{-}10)$$

注:①生均绿地面积要大于9 m^2,规划人均建设用地指标为I级的城市,其规划人均绿地指标可适当降低,但不能小于5 m^2。

②I级城市是指直辖市、特别行政区或GDP大于1 600亿且市区人口大于200万的城市。

(18～25)师生满意度

指标解释:参加调查问卷中对于所调查事项满意的人数占参加调查问卷总人数的比例。

计算公式:

$$师生满意度 = \frac{满意人数(人)}{参加调查总人数(人)} \times 100\% \quad (2\text{-}11)$$

注:采用调查问卷的形式确定师生满意度。

(26)水污染物排放总量是否达标

指标解释:学校排放的污水、再生水污染物排放总量是否符合国家"十一五"规划关于污染物总量控制标准。

注:再生水污染物这里指COD和氨氮。

(27)再生水使用率

指标解释:学校再生水使用量(主要用于绿地浇灌、景观水体补充、厕所冲洗等)占学校用水总量的百分比。

计算公式:

$$再生水使用率(\%) = \frac{再生水使用量(m^3)}{学校用水总量(m^3)} \times 100\% \quad (2\text{-}12)$$

注:根据南、北方地区水资源的差异,将再生水使用率分为A、B、C三级,绿色大学必须达到B级要求,北方学校的再生水使用率应该高于南方学校。

(28)实验室有毒废液有无回收处理

指标解释:实验室在使用过程中所产生的有毒废液是否全部回收、运送到相关的处理部门进行无害化处理。如果不是100%回收处理,则该指标不符合绿色大学的标准。

(29)实验室有毒废气有无回收处理

指标解释:实验室在使用过程中所产生的有毒废气在排放前是否经过100%无害化处理,实验室是否装有相应的气体交换装置。

(30)生活垃圾分类收集系统

指标解释:在整个学校范围内每隔一定距离应设有生活垃圾分类收集系统,以将可回收垃圾和不可回收垃圾区分开,达到垃圾减量化和资源再利用的目的。

(31)实验室危险品有无安全存储、使用及回收处理

指标解释:学校由于科研和教学的需要,购买的实验室药品器材中的危险品,包括易燃、易爆品以及使用过程中能对人造成伤害的有毒物品,是否做到安全存储和使用,残留物质是否已回收处理。

(32)节水器具使用率

指标解释:整个学校用水器具(包括冲便器、浴室喷头、水龙头等)的总量中节水器具使用量所占的百分比。

计算公式:

$$节水器具使用率(\%)=\frac{节水器具使用量(个)}{用水器具总量(个)}\times 100\% \tag{2-13}$$

注:节水器具要求管材、阀门、卫生器具、水表、流量计、水箱等必须按照《建筑给水排水设计规范》(GB 50015—2003)的规定进行设计安装;节水型便器用水量为:小便器最大用水量不超过3升,坐便器最大用水量不超过6升,蹲便器最大用水量不超过8升;节水水龙头选择陶瓷阀芯节水龙头、充气水龙头、延时自闭式水龙头和光电控制式水龙头;公共浴室采用IC卡淋浴设备、淋浴节水喷头或脚踏淋浴器。

(33)节电器具使用率

指标解释:整个学校用电器具使用总量中高效节电器具使用量所占的百分比。

计算公式:

$$节电器具使用率(\%)=\frac{高效节电器具使用量(个)}{学校用电器具使用总量(个)}\times 100\% \tag{2-14}$$

注:节电器具要求节能空调应该满足最佳能耗比2.6,节能灯具主要指荧光灯、太阳能灯。指标值为调研结果。

(34)自然采光建筑面积比率

指标解释:在白天正常时候不需要灯光照明的建筑物面积占学校建筑物总面积的百分比。

计算公式:

$$自然采光建筑面积比率(\%)=\frac{自然采光建筑物面积(m^2)}{学校建筑物总面积(m^2)}\times 100\% \tag{2-15}$$

(35)可再生能源使用比例

指标解释:学校使用可再生能源(包括太阳能、风能、地热能等)的量在整个学校消耗的能源总量中所占的比例。

计算公式:

$$可再生能源使用比例(\%)=\frac{可再生能源使用量(kJ)}{学校能耗总量(kJ)}\times 100\% \tag{2-16}$$

(36)当量生均消耗水量

指标解释:当量生每年消耗的总水量(单位:吨/(人·年))。

计算公式:

$$当量生均消耗水量=\frac{校园年消耗总水量(吨)}{在校学生总当量(人·年)} \tag{2-17}$$

注：指标值为调研结果。

(37)当量生均消耗电量

指标解释：当量学生每年消耗的总电量(单位：千瓦时/(人·年))。

计算公式：

$$当量生均消耗电量=\frac{校园年消耗总电量(千瓦时)}{在校学生总当量(人·年)} \tag{2-18}$$

注：指标值为调研结果。

(38)单位科研经费消耗水量

指标解释：校园年消耗的总水量与当年学校总科研经费的比值(单位：吨/万元)。

计算公式：

$$单位科研经费消耗水量=\frac{校园年消耗总水量(吨)}{学校年总科研经费(万元)} \tag{2-19}$$

注：指标值为调研结果。

(39)单位科研经费消耗电量

指标解释：校园年消耗的总电量与当年学校总科研经费的比值(单位：千瓦时/万元)。

计算公式：

$$单位科研经费消耗电量=\frac{校园年消耗总电量(千瓦时)}{学校年总科研经费(万元)} \tag{2-20}$$

注：指标值为调研结果。

(40)生均建筑面积

指标解释：学校全日制在校生每人平均占有建筑面积(单位：m^2/人)。

计算公式：

$$生均建筑面积=\frac{校园建筑总面积(m^2)}{在校生总人数(人)} \tag{2-21}$$

注：全日制在校生数＝普通本、专科(高职)生数＋研究生数＋留学生数＋预科生数＋成人脱产班学生数＋进修生数。指标值为调研结果。

(41)单位建筑面积投资

指标解释：校园建筑总投资与校园总的建筑面积的比值。

计算公式：

$$单位建筑面积投资=\frac{校园建筑总投资(万元)}{校园建筑总面积(m^2)} \tag{2-22}$$

注：指标值为调研结果。

(42)学校通过 ISO 14001 环境管理体系认证

指标解释:学校是否通过 ISO 14001 环境管理体系的认证。

(43)生态管理机构建设

指标解释:为校园生态环境建设、管理、服务而设置的机构的建设。主要考核机构(管理决策机构、环境监测机构、环保设施维护监管机构、数据统计管理机构、生态事故应急处理及资源调度机构、信息管理机构等)是否设置健全,是否专人专管。

(44)校园环境管理制度

指标解释:校园环境监测及管理制度是否健全,是否制定了校园生活饮用水水质标准、景观绿化及其他再生水水质标准、室内外空气质量指标及相关排污标准,是否建立了环境应急预案。

(45)信息平台完善度

指标解释:校园内信息平台建设的完善程度。主要考核是否创建局域网;是否定期在局域网和校园内主要网站上发布校园环境质量情况,校园污染物排放、处理情况,可利用废物产生、供需和流向信息;是否在局域网上有校园企业(工厂)清洁生产技术信息(包括原材料选择、节水、节能等)及校园企业(工厂)生态行为公告三个方面。

(46)公众参与情况

指标解释:公众(受校园影响的师生及居民等)参与校园生态环境的管理、服务、监督和建议。主要考核公众是否积极举报、投诉、信访校园存在的生态环境问题,是否为校园生态环境建设积极建言,是否主动参与校园环境保护三个方面[25]。

(47)生态教育计划[26]

指标解释:用可持续发展理念制定的学校可持续发展的远、中、近期规划。

(48)修环境教育课程学生比率

指标解释:环境教育课程指学校设置的与生态环境保护、可持续发展直接相关的生态课程及其教学大纲培养目标中规定的可持续发展内容。修环境教育课程学生比率是指修环境教育课程学生数占全校学生总人数的比率。

计算公式:

$$修环境教育课程学生比率 = \frac{修环境教育课程学生数}{全校学生总人数} \times 100\% \qquad (2\text{-}23)$$

注:修环境教育课程学生比率应大于 60%,一般以大于 80% 较好。指标值为调研结果。

(49)参与环保讲座与培训学生比率

指标解释:环保讲座与培训指学校经常或定期开展的环境教育与可持续发展教育的专题讲座或专题讨论。参与环保讲座与培训学生比率是指参与环保讲座与培训学生数占全校学生总人数的比率。

计算公式:

$$参与环保讲座与培训学生比率=\frac{参与环保讲座与培训学生数}{全校学生总人数}\times 100\% \quad (2\text{-}24)$$

注:参与环保讲座与培训学生比率应大于30%,一般以大于50%较好。指标值为调研结果。

(50)参与环保活动学生比率

指标解释:环保活动是指学校的环保活动小组、团队或协会有计划开展的环境保护与教育活动,例如板报宣传、演讲比赛、校园广播、电池回收等。参与环保活动学生比率是指参与环保活动学生数占全校学生总人数的比率。

计算公式:

$$参与环保活动学生比率=\frac{参与环保活动学生数}{全校学生总人数}\times 100\% \quad (2\text{-}25)$$

注:参与环保活动学生比率应大于30%,一般以大于50%较好。指标值为调研结果。

(51)生态意识普及率

指标解释:师生环境知识、环境意识程度的高低。对全校师生,以当面发放问卷和网络问卷的形式进行问卷调查,调查人数超过全校总人数的50%[27]。

计算公式:

$$生态意识普及率=\frac{问卷调查合格的人数}{问卷调查总人数}\times 100\% \quad (2\text{-}26)$$

注:问卷调查分数超过90分为合格,生态意识普及率应大于75%,一般以大于95%较好。指标值为调研结果。

(52)获环保专项奖励

指标解释:师生积极参加各类环境竞赛,包括团体或个人获奖。

第三节 绿色大学建设评价的方法

一、评价的目的

1. 识别绿色大学建设中的关键问题

绿色大学的建设理念已被国内外各高校普遍接受,并将其应用于实际的校园规划与建设工作中。评价体系将为快速识别制约绿色大学理念实现的关键问题提供一个实用工具。

2. 定量监测和衡量绿色大学的建设

一个校园是否朝着绿色校园或生态校园的方向发展需要一个尺度来衡量,如果不能定量地衡量绿色大学建设的等级和模式，将难以识别绿色大学建设中存在的问题，难以确定大学今后发展的方向，绿色大学指标体系及其评价模型是推进绿色大学建设的基础工作。

3. 为校园规划和管理决策提供信息支持

管理决策的科学化是以掌握充足信息为基础的，监测和衡量校园的生态化程度，可以为校园规划者、管理者提供辅助的信息支持，为校园“硬件”方面的进一步建设规划和“软件”方面管理制度的建立和完善提供基础保证。

二、评价的原则

基于目前关于绿色大学及其相关领域评价体系的制定和评价研究的现状，结合目前研究已经制定的指标体系，贯彻实用、客观的原则。一方面避免采用过于复杂的数学评价模型，使评价方案易于被决策者和公众理解，便于实际操作；另一方面尽量采用定量的、规范的评估方法，避免主观随意性，使评价方法具有统一性、规范化，保证精确性和可比性。其编制原则如下。

1. 结合学校的具体特点借鉴国内外相关领域的评价体系

结合学校自身的特点，确定评价标准。凡已有国家标准或国际标准的尽量采用规定的标准值；在没有已颁布标准的情况下，参考国外生态环境良好的校园的现状值以及国内建设较好的校园现状值，作趋势外推确定标准值。

2. 定性与定量相结合

运用生态学、环境科学的理论和方法，对校园生态结构、功能和协调度进行综合分析评价，定性地确定该系统的发展水平、发展潜力和制约因素等。同时，根据现有的环境与社会、经济协调发展的理论，力求将标准定量化，对目前统计数据不完整但指标体系中很重要的指标，在缺乏有关指标统计情况下，暂用类似指标替代，并在管理和建设中补充该项指标的统计资料。

3. 简单实用和易于操作

选择评价方法的时候，要注意方法对绿色大学建设的评价的适用性，方法应简单、实用，易于操作。

4. 规范化及精确性和可比性的保证

鉴于专家评价法的科学性、统一性，评价指标权重的估计采用专家评价法，这样不仅可以保证方法的精确性，也具有一定的可比性，同时，在选用定量指标评估时，应采用相近的原则。

三、评价方案

根据上述评价原则，为了达到实用、规范的目的，制定绿色大学建设的评价方案。

1. 绿色大学建设等级评价

(1) 指标数据的收集和处理[28]

数据主要来自于待评价校园的相关管理部门的调研数据和该校园所在城市的环

境质量报告书。在指标设计过程中应注意指标的精简性和数据的可获取性,绝大多数的指标都能够找到相应的数据。对于个别指标数据缺失的情况,可以通过均值法或成果参照法评价。

指标体系中涉及的定量和定性指标大多具有不同的属性和计算单位,各个指标间没有统一的度量标准,难以进行比较。根据各个指标的特性,本评价体系参考模糊数学中计算隶属度的方法,设计各个指标的定量化评价依据。其计算方法如下。

1)定量指标的依据

定量指标评价中根据指标和考核标准的特点,在相关国家标准或相应设计规范中,一般收益类指标属于越大越好的指标,只给出最低限值,一般成本类指标属于越小越好的指标,只给出最高限值,对于有适宜范围的指标会同时给出最低和最高的限值。因此,应将各个指标分为越大越好的指标、越小越好的指标和有适宜范围的指标,分别计算待评价校园的实际数据与标准间的相对差距,根据相对差距的大小进行定量化评价。

对于越大越好的指标评价,

$$C_i=\begin{cases}1 & x_i\geqslant S_{\mathrm{A}}\\ \dfrac{x_i}{S_{\mathrm{A}}} & S_{\mathrm{B}}\leqslant x_i<S_{\mathrm{A}}\\ 0 & x_i<S_{\mathrm{B}}\end{cases}\tag{2-27}$$

对于越小越好的指标评价,

$$C_i=\begin{cases}1 & x_i\leqslant S_{\mathrm{A}}\\ \dfrac{S_{\mathrm{B}}}{x_i} & S_{\mathrm{A}}<x_i\leqslant S_{\mathrm{B}}\\ 0 & x_i>S_{\mathrm{B}}\end{cases}\tag{2-28}$$

对于有适宜范围的指标评价,

$$C_i=\begin{cases}1 & S_{\mathrm{A下限}}\leqslant x_i\leqslant S_{\mathrm{A上限}}\\ \dfrac{S_{\mathrm{A上限}}}{x_i} & S_{\mathrm{A上限}}<x_i\leqslant S_{\mathrm{B上限}}\\ \dfrac{x_i}{S_{\mathrm{A下限}}} & S_{\mathrm{B下限}}\leqslant x_i<S_{\mathrm{A下限}}\\ 0 & x>S_{\mathrm{B上限}}\text{或}\ x_i<S_{\mathrm{B下限}}\end{cases}\tag{2-29}$$

其中:C_i为第 i 类指标的评价指数;x_i为第 i 类指标数据;S_{A}、S_{B}、$S_{\mathrm{A上限}}$、$S_{\mathrm{A下限}}$、$S_{\mathrm{B上限}}$、$S_{\mathrm{B下限}}$分别为第 i 类指标对应的 A、B 标准限值。

2)定性指标的依据

本评价体系所依据的定性指标分为两类:一类是环境质量类指标,标准分为达标或不达标；另一类是生态校园管理类指标，主要考察是否有相应的机构、计划、规章制度等，标准分为有或没有。针对定性指标的这种特点，采用如下方式作为评价依据。

$$C_i=\begin{cases}1 & \text{达标或有}\\0 & \text{不达标或没有}\end{cases} \tag{2-30}$$

（2）权重系数的确定

权重的大小直接影响着综合评估的结果，权重值的变动可能引起被评价对象优劣顺序的改变，因而科学地确定指标权重系数在多指标综合评价中地位非常重要。权重系数的确定既有理论问题，又有方法问题。综合评价中的权重系数根据其来源一般可分为主观权重和信息量权重系数两类。前者是从评估者的角度认定各评价因素的重要程度而确定的权重系数，后者是从评价指标包含被评价对象分辨信息多少来确定的一种权重系数；前者多采用召集专家、领导对指标体系中指标的重要性进行比较，为了在纷繁的指标中更为客观地反映评估人对于指标重要性的看法，常采用层次分析法进行两两比较判断赋值，后者根据信息量决定权重的方法，需要有大量的数据支持，并且需要对信息之间的关系有比较明确的认识。目前的研究大都是直接给出某种计算方法，而对其合理性、适用性、不确定性等探讨较少。

绿色大学指标体系由生态景观、生态适宜、生态技术、生态管理和生态文化五类指标组成，通过专家打分和层次分析法来确定各指标的权重，但选择权重的前提是这些指标在绿色大学建设过程中的作用能够被清楚地了解，已有的研究结论可以支持不相同的权重。绿色大学实践还处于一种探索阶段，不同指标的贡献还未有科学上的一致认识，很难进行专家赋值法，所以为了保证评价体系的统一性、规范化、精确性和可比性，权重的选取暂不考虑，即在本评价体系中各个指标的综合采用等值权重的方法。

（3）等级评价

1）等级分数的确定

按照上述方法计算各个指标的评价指数，将各个指标求和，计算生态景观（9 项指标）、生态适宜（16 项指标）、生态技术（10 项指标）、生态管理（11 项指标）和生态文化（6 项指标）的指数值。计算公式如下。

$$\begin{aligned}C_{\text{景观}}&=C_{\mathrm{A1}}+C_{\mathrm{A2}}+\cdots+C_{\mathrm{A9}}\\C_{\text{适宜}}&=C_{\mathrm{B1}}+C_{\mathrm{B2}}+\cdots+C_{\mathrm{B16}}\\C_{\text{技术}}&=C_{\mathrm{C1}}+C_{\mathrm{C2}}+\cdots+C_{\mathrm{C10}}\\C_{\text{管理}}&=C_{\mathrm{D1}}+C_{\mathrm{D2}}+\cdots+C_{\mathrm{D11}}\\C_{\text{文化}}&=C_{\mathrm{E1}}+C_{\mathrm{E2}}+\cdots+C_{\mathrm{E6}}\end{aligned} \tag{2-31}$$

然后根据每类评价指数的得分情况确定等级分数，计算公式为

$$F_j=C_j/C_{0j}\times 100 \tag{2-32}$$

其中：F_j为第 j 类指标的等级分数；C_j为第 j 类指标的综合评价指数；C_{0j}为第 j 类指标

综合评价指数的满分值(例如,生态景观9项指标全部达到标准时,综合评价指数满分值为9分),j为1、2、…、5,分别对应生态景观、生态适宜、生态技术、生态管理、生态文化五类指标。

2)综合等级的确定

根据上述五类指标计算得到的等级分数计算平均值得到综合等级分数。计算公式为

$$F_{\text{综合}} = \sum_{j=1}^{5} F_j /5 \tag{2-33}$$

其中:$F_{\text{综合}}$为综合等级分数。

根据综合等级分数的范围将生态校园的级别分为优秀、良好、及格和不及格四级,具体分级方案如下:

优秀,$90 \leqslant F_j \leqslant 100$

良好,$80 \leqslant F_j < 90$

及格,$60 \leqslant F_j < 80$

不及格,$F_j < 60$

2. 建设模式的评价

(1) 三种建设模式和指标体系的对应关系

各院校的类型、所在区域和建设条件存在差异,在绿色大学建设过程中可以根据自身特点发展自己的特色建设模式。根据对中外绿色大学建设个案的归类统计,目前生态校园的三种建设模式分别为"景观设计型"、"技术应用型"和"管理教育型"。

生态景观、生态适宜、生态技术、生态管理和生态文化五类指标中生态适宜型指标是其他四类指标的最终结果,即校园内的师生对上述四类建设指标结果的主观感受,本评估方案采用除生态适宜外的其他四类指标,确定待评估校园当前的建设模式,其四类指标与建设模式的对应关系如表2-3所示。

表2-3　生态校园建设模式与指标的对应关系

建设模式	景观设计型	技术应用型	管理教育型
指标类别	生态景观	生态技术	生态管理,生态文化

(2)建设模式评价方法

根据等级分数F_j进行评分。当与建设模式对应的指标类别的$F_j \geqslant 80$时,确定待评价校园所属的建设模式,例如,当待评价校园生态景观类的等级分数$F_j \geqslant 80$时,确定该校园当前所属建设模式为景观设计型;当待评价校园生态技术类的等级分数$F_j \geqslant 80$时,确定该校园当前所属建设模式为技术应用型。对于管理教育型建设模式对应的两类指标类别,以两类的平均值作为判定其建设模式的依据。

待评价校园所属类型不一定只属于表中三种建设模式中的一种,还可能是综合型,综合其中两到三种类型,例如,某院校生态景观类和管理教育类的等级分数同时

大于 80 分，则该院校为偏景观设计型和管理教育型的综合型生态校园。

待评价校园还可能出现每一种建设模式的等级分数都小于 80 分的情况，表示该校园还没有形成自己的建设模式，还需要加强建设。

3. 建设均衡性的评价

(1)多边形综合图示法简介

指标的处理与综合方法可采用全排列多边形综合图示法[20,29]。即设共有 n 个指标（标准化后的值），以这些指标的上限值为半径构成一个中心 n 边形，各指标值的连线构成一个不规则中心 n 边形，这个不规则中心 n 边形的顶点是 n 个指标首尾相接的一个全排列，n 个指标总共可以构成 $(n-1)!/2$ 个不同的不规则中心 n 边形，综合指数定义为所有这些不规则多边形面积的均值与中心多边形面积的比值。

李锋等[21]以江苏大丰市为例，建立了生态市建设的指标体系，包括经济发展、生态建设、环境保护和社会进步四类 58 项指标，采用全排列多边形综合图示法评价生态市在各个不同时段的建设成效。欧金明等[30]采用多边形综合图示法预先设定了三种情景，分析不同土地管理和利用方式对京东地区未来发展的经济和生态影响。陈亮等[31]在借鉴可持续发展和宜居城市等评价方法的基础上，建立了一套社会—经济—自然复合生态系统生态位评价的指标体系，复合生态系统综合生态位包括资源、环境、经济和社会四个子系统生态位，而各子系统的生态位又包含若干单项评价指标。他们运用了全排列多边形综合指数方法计算四个子系统的生态位和复合生态系统综合生态位，并对 2003 年中国 31 个省、自治区、直辖市的复合生态系统生态位做出了定量评价。胡艳琳等[32]运用森林生态系统生态服务功能评价的方法，依据社会—经济—自然复合生态系统理论和生态规划原则及昆山市森林生态系统规划的要求，对昆山市森林覆盖率、人均森林面积、人均公共森林面积、公益林所占比例、森林均匀度、综合生态价值六个指标分阶段进行了分析，并采用多边形综合指标法评价了昆山市森林生态系统生态服务功能，提出了提高生态服务功能的建议。蔡邦成等[33]提出了基于生态环境绩效和社会效益的经济可持续发展的定义，并引入多边形综合指标法，根据经济发展、资源能源消耗、生态环境压力、社会效益四个方面对江苏省 1990—2003 年经济可持续发展状态进行了定量评价和分析。

(2)多边形综合指标法评价绿色大学建设的均衡性

在绿色大学建设均衡性的评价中，为了保证生态校园“硬件”和“软件”的发展均衡，在进行结果分析时，要分别计算各类的等级分数，并采用多变形图示法加以分析，具体方法是以五类指标等级分数满分值为半径构成一个中心等边五边形，各类指标等级分数连线构成一个不规则的五边形，如图 2-1 所示。

1)评价方法

①数据标准化方法。数据的收集和标准化采用建设等级评价中的定量指标评价方法，参见本节建设等级评价部分。

②全排列多边形综合指数方法。利用 n 个指标可以作出一个中心正 n 边形，n

边形的 n 个顶点分别为这 n 个指标标准化后的最大值，中心点为这 n 个指标标准化后的最小值，中心点到顶点的线段为各指标标准化值所在的区间（图 2-2）。

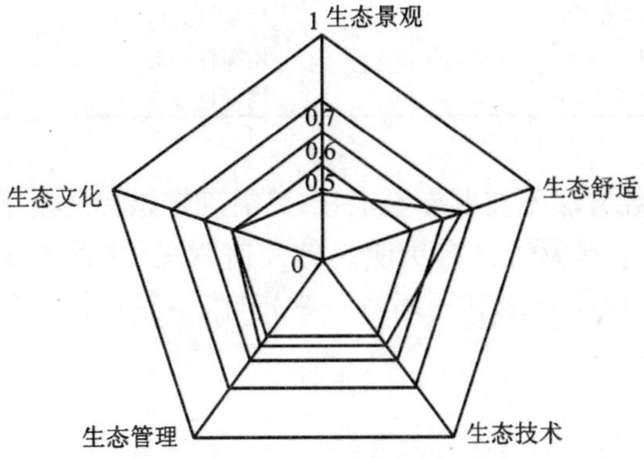

图 2-1　多边形图示法示例

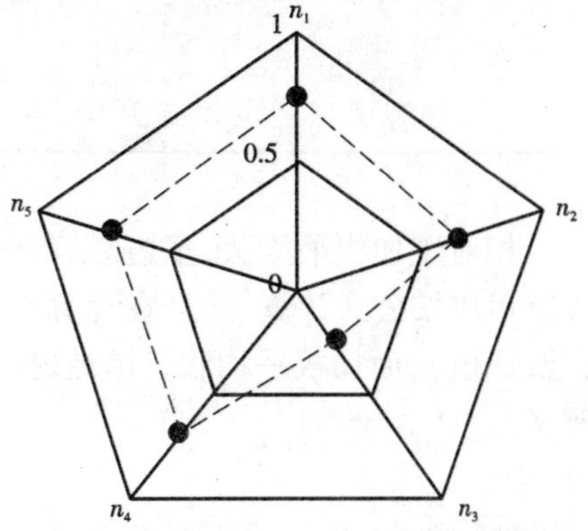

图 2-2　多边形综合指标示意图

从图 2-2 中既可以看出各单项指标的大小及其与最大和最小值之间的差距和随时间的动态变化，又可以从各指标两两组成的 $n(n-1)/2$ 个三角形中计算其综合指标值。下面简单介绍全排列多边形综合指数的计算方法。

n 个指标可以构成的以多边形中心为顶点的不同的三角形个数为 $n(n-1)/2$，其面积之和为

$$S' = 0.5 \cdot \sin\left(\frac{2\pi}{n}\right) \sum_{i>j}^{i,j} S_i \times S_j \tag{2-34}$$

式中：S_i 为分项指标 i 的值。

相应的 $n(n-1)/2$ 个规则中心多边形面积为（多边形的边长为 1）

$$S'' = 0.5 \cdot 1 \cdot 1 \cdot \frac{n(n-1)}{2} \cdot \sin\frac{2\pi}{n} \tag{2-35}$$

两者比值即为全排列多边形综合指数，为

$$S = \frac{2 \cdot \sum_{i>j}^{i,j} S_i \times S_j}{n(n-1)} \tag{2-36}$$

式中：$\sum_{i>j}^{i,j} S_i \times S_j$ 为各指标所有可能两两组合乘积的总和；S 为综合指标。

将各级指标逐级标准化后建立多边形图，求出绿色大学建设均衡指标值。

2）指标分析

对绿色大学建设均衡指标值进行分级（分级情况见表 2-4），判断绿色大学建设的均衡性，也可以通过分析五边形的形状确定待评价校园支持生态校园建设的五类指标中哪类相对不足，促进院校发现自身生态校园建设方面的缺陷，有的放矢地确定进一步的建设方案。

表 2-4 绿色大学建设均衡性分级标准

等级(Grade)	指标值(Value)	定性评价(Qualitative Evaluation)
I	> 0.75	均衡性优良
II	0.5 ~0.75	均衡性较好
III	0.25 ~0.5	均衡性一般
IV	< 0.25	均衡性较差

相对于加权平均法,多边形综合指数方法不需要专家定权,只需确定指标的上下界就可以按公式计算,并且在计算综合指标值时具有更明确的几何意义(多边形面积及比值),而加权平均法仅单纯地将多维指标求和压缩成一维指标,不具任何几何意义。

参考文献

[1] 郭怀成,尚金城等. 环境规划学[M]. 北京:高等教育出版社,2001.

[2] 张明明. 可持续发展规划实施的评估方法研究——以安吉为例[D]. 杭州:浙江大学,2010.

[3] 朱文娇,李波,王传胜. 区域生态环境建设战略的理论和实践探讨——以烟台市为例[J]. 生态经济,2006(12):111-114.

[4] 《可持续发展指标体系》课题组. 中国城市环境可持续发展指标体系研究手册——以三明市、烟台市为案例[M]. 北京:中国环境科学出版社,1999.

[5] J. 迪克逊. 扩展衡量财富的手段——环境可持续发展的指标[M]. 张坤民,等,译. 北京:中国环境科学出版社,1998.

[6] 关琰珠. 区域生态环境建设的理论与实践研究——以福建省为例[D]. 福州:福建师范大学,2003.

[7] 关琰珠. 生态省建设的指标体系研究—以福建省为例[J]. 福建师范大报, 2002,18(4):100-104.

[8] 崔萌. 生态校园的指标体系、评价方法及环境教育的研究[D]. 天津:天津大学,2007.

[9] 王静,王凌. 英国生态家园评估体系评价[J]. 世界建筑,2006(7):88-91.

[10] 黄宁. 建筑环境评估体系及比较[J]. 建筑学报,2005(1):24-26.

[11] 秦佑国. 国外生态住宅评估体系[J]. 中国环保产业,2004(4):39-41.

[12] 秦佑国,林波荣,朱颖心. 中国绿色建筑评估体系研究[J]. 建筑学报,2007(3):68-71.

[13] 中国建筑科学研究院. 绿色建筑评价标准[M]. 北京:中国建筑工业出版社,2006.

[14] 国家环境保护总局.《生态县、生态市、生态省建设指标》[EB/OL]. http://www.zhb.gov.cn/natu/stxhq/ghyzb/200305/t20030523_91080.htm.

[15] 申玉铭,张云. 北京市生态城市建设能力的机理与综合评价——基于城市化与生态化视角[J]. 人文地理,2006(3):19-23,103.

[16] 张小军,董锁成. 黄土高原丘陵沟壑区生态城市指标体系与评价研究——以甘肃省陇西县为例[J]. 生态经济,2005(3):50-55.

[17]　陈军飞,王慧敏. 生态城市建设指标体系与综合评价研究[J]. 环境保护,2005(9):52-55.
[18]　胡建渊,黄鹍. 生态城市模糊综合评价及其决策支持系统[J]. 现代管理科学, 2006(2):69-72.
[19]　唐永顺,张二勋. 生态城市评价模型研究——以河南省为例[J]. 生态经济,2004,S1:251-255.
[20]　吴琼,王如松,李宏卿,徐晓波. 生态城市指标体系与评价方法[J]. 生态学报,2005,25(8):2090-2095.
[21]　李锋,刘旭升,胡聃,王如松. 生态市评价指标体系与方法——以江苏大丰市为例[J]. 应用生态学报,2007,18(9):2006-2012.
[22]　张瑛. 陕西环境保护公众参与度的实证研究[D]. 西安:西北大学,2007.
[23]　陈秋波. 桉树人工林生物多样性标准与指标体系研究[J]. 热带作物学报,2002,23(1):96-112.
[24]　王永. 城市绿化树种组成结构数量指标初探[J]. 河南林业科技,1997,17(3):36-37.
[25]　王凤. 公众参与环保行为的影响因素及其作用机理研究[D]. 西安:西北大学,2007.
[26]　李贵德. 西部生态重建中农户生态行为研究[D]. 西安:西北农林科技大学,2008.
[27]　韩甜. 地方政府在农村环境治理中的责任及实现机制研究[D]. 杭州:浙江大学,2009.
[28]　王媛,徐友浩. 生态校园评估体系研究[J]. 内蒙古农业大学学报,2008,10(3):134-135.
[29]　王如松,徐洪喜. 扬州生态市建设规划方法研究[M]. 北京:中国科学技术出版社,2004.
[30]　欧金明,王如松,阳文锐,李锋. 基于 CA 的城市形态扩展多解模拟——以北京市东部平原区情景分析为例[J]. 城市环境与城市生态,2007,20(1):5-9.
[31]　陈亮,王如松,王志理. 2003 年中国省域社会—经济—自然复合生态系统生态位评价[J]. 应用生态学报,2007,18(8):1794-1800.
[32]　胡艳琳,戚仁海,由文辉,等. 城市森林生态系统生态服务功能的评价[J]. 南京林业大学学报,2005,29(3):111-114.
[33]　蔡邦成,陆根法,韩尚富,陈克亮,宋莉娟. 江苏省经济的可持续发展评价[J]. 中国环境科学,2006,26(4):496-499.

第三章　绿色大学环境系统规划

绿色大学建设是一项复杂的系统工程，科学规划是高水平和高效率建设的基础。科学合理的绿色大学环境系统规划是实现绿色大学建设目标即培育绿色人才，创新绿色科技，示范社区生态环境功能的关键性工作。本章阐述了绿色大学环境系统规划的基本问题，包括绿色大学环境系统规划的基本概念、基本要求、基本任务和基本程序；在分析总结现有环境规划方法的基础上，针对大学环境系统特征，提出了“系统分析—关键因素辨识—整体优化—要素优化—生态性评估”的绿色大学生态校园建设规划方法。此规划方法，紧密围绕绿色大学建设指标，充分考虑新技术的应用，针对绿色大学的系统特征、功能要求、建设资金约束与土地约束，以全方位提高资源和能源利用效率、实现最大社会功用为目标，进行校园建设整体规划和要素规划，充分体现节约型校园建设“四节一环保一宜人”的建设需求。

第一节　绿色大学环境系统规划的基本问题

所谓规划，就是对规划对象系统的远景发展的科学规定和论证，它是通过人们能动地认识和协调系统运动，将某一系统的运动纳入有目的、有秩序、有规律活动的轨道上的一种过程或手段。当系统的总体发展战略确定以后，规划实际上是为实现总体战略目标并控制系统按照整体发展战略而做出的推演和安排。

广义而言，规划是指人类基于对研究对象变化规律的认识，根据现存条件，对未来活动有意识、有系统的安排，也可以理解为是指向未来的一系列思考、步骤与措施。狭义的理解，规划是指制订或实施某种计划的过程。

根据规划对象的不同，规划内容、规划方法和规划程序会有所差异，但规划的总体目标是一致的，即通过选择适合策略，调配有限资源，采取必要行动，改善对象系统的整体功能。

一、绿色大学环境系统规划的基本概念

环境规划是环境决策在时间和空间上的具体安排。绿色大学环境系统规划的研究对象是大学“社会—生态”复合系统,是关于大学环境系统建设的相关决策在时间和空间上的具体安排。具体而言就是指为使教育与环境协调发展,依据社会经济规律、生态规律和地理原理,在大学环境系统发展变化趋势研究的基础上,适时适宜有计划地调控大学“社会—生态”复合系统内的人类行为,有效配置资源环境,以谋求系统最佳发展。

绿色大学环境系统规划的目的在于提高资源、能源的利用效率,减少污染排放,减少大学活动对城市生态环境所产生的压力,并且使大学的育人功能、创新科技功能和社会示范功能都得以充分发挥并协调一致。

绿色大学环境系统规划是大学建设与发展规划的重要组成部分,是一个多层次、多时段的有关大学在资源开发利用方面、生态环境建设方面和环境保护方面的专项规划的总称。为了实现发展教育与保护环境的协调一致,环境系统规划所确定的主要任务和建设方案应纳入学校的总体发展与建设规划中,同步规划、同步实施、同步发展。

二、绿色大学环境系统特征分析

1. 子系统划分及相互作用关系分析

绿色大学的建设目的是创造绿色育人环境,推动绿色科技发展,建设可持续发展功能示范区。绿色大学环境系统是实现以上目标最重要的载体之一,同时它与绿色大学“社会—生态”复合系统中的其他子系统相互作用、相互影响,共同构成一个有机整体,培育人才和引领社会进步。因此,绿色大学环境系统分析要置于绿色大学系统分析的整体构架之下。

根据绿色大学物流、能流和信息流的传递与转换关系,可将绿色大学环境系统划分为五个子系统,即人口子系统、教学科研子系统、服务子系统、资源子系统和生态环境子系统。

(1)人口子系统

学校师生及其他工作人员构成绿色大学人口子系统,绿色大学“社会—生态”复合系统以人为主体,以培育人才为主要功能。同时校园系统中人口的规模和人的生活工作质量也会受到系统内其他因素的影响,诸如资源供给能力的制约,环境建设水平的影响,服务能力和服务水平的影响,教学科研条件的影响,等等。校园人口大致可分为两类:一是教师和其他工作人员,他们一般住在校园之外;二是在校学生,包括专科生、本科生、硕士研究生和博士研究生等。

(2)教学科研子系统

大学的首要目的就是教书育人,教学对于学校来说是非常重要的一个方面。同

时高校也承担着科技创新的重任。在教学科研过程中会消耗能源，排放废物，尤其是实验室排放的废水、废气等会对周围环境造成污染。同时，科研也会创造一定的效益，包括引领社会进步、服务区域经济发展等。

(3)服务子系统

校园服务子系统主要包括餐饮服务、洗浴、医疗等。作为校园系统的一部分，服务子系统与其他几个子系统是相互联系的。首先，服务子系统需要一定的资金支持及固定资产；再者，服务子系统在为人们提供必要的服务的同时，还要占用校园的土地，消耗水、电、能，产生环境污染物。

(4)资源子系统

资源子系统包括土地、水、能源等要素。水是维持人的生命不可或缺的重要资源，消耗新鲜水的同时会产生一定量的污水，而污水的排放会影响生态环境，因此需要投入一定的资金解决污染防治问题。另外，校园绿化维护也需要耗水。

校园内能源主要用于满足人们对生活、教学和科研的需要，如照明、夏季制冷、冬季采暖、生活热水、科研设备耗能等。常规校园能源以火电能为主，随着科技的发展，一些学校充分利用地区优势辅以清洁能源的使用，如太阳能、地热能、风能等。

土地是人口、建筑、环境等的承载体。土地的合理开发利用可使校园井然有序，为师生营造一个良好的学习、工作和生活环境。

(5)生态环境子系统

校园的生态环境子系统包括水、大气、土地、景观等要素。这些要素之间相互作用、相互影响，并与其他子系统和校园外的环境有着大量的物质和能量的交换。如，给人以足够美感的绿化和景观需占用一定的土地，还需要足够的水量维持正常的功能；教学、科研、生活和服务业排放的污水，会影响校园和周围的环境；学校的大气环境不可避免地受到所在区域大气环境质量的影响，同时也影响着大学周围的大气环境，等等。

以上五个子系统相互关联、相互影响，共同构成了校园的整体结构。绿色大学环境系统内各要素间的相互关系如图 3-1 所示，图中粗线框表示校园内的主要状态变量。

3. 绿色大学环境系统特征

大学环境系统与城市社会—经济—生态复合系统中的其他环境单元一样，也是一个以人为中心的“社会—生态”复合系统，具有复杂性、多目标性与目标矛盾性、动态性与不确定性等复杂系统的基本特征。同时，大学还有别于城市中其他类型的环境功能区，它人口高度密集、整体素质较高、可塑性强。

(1)复杂性

绿色大学环境系统由人口子系统、教学科研子系统、服务子系统、资源子系统和生态环境子系统构成，这些子系统内部又包含诸多要素。子系统之间及系统内要素之间相互影响，形成非线性的多重反馈作用关系，是一个复杂系统。同时，大学环境

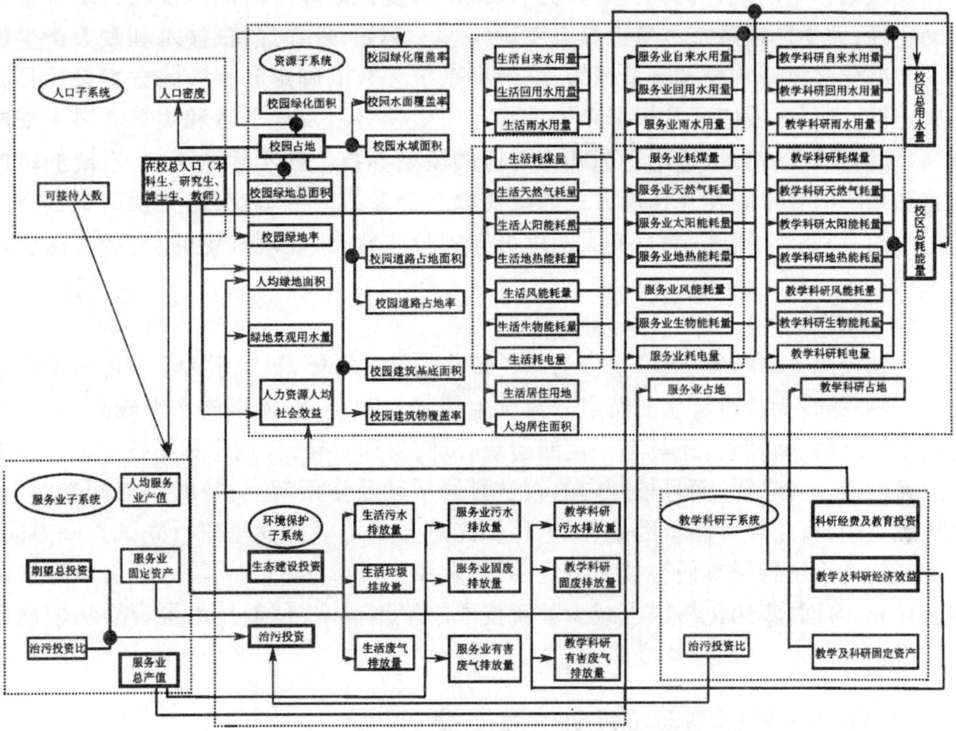

图 3-1　校园环境系统内各要素间相互关系图

系统是个开放系统，它是城市系统的一个子系统，与城市社会—经济—环境复合系统之间有着物质、能量、信息的交换，受到外界政策、经济水平、技术条件和社会需求的影响，这些外部环境的作用，使系统内要素间相互作用关系更加复杂。开放性本身也增加了系统的复杂性。

(2)多目标与目标矛盾性

绿色大学环境系统是一个复杂系统，不同子系统、不同要素有着各自的目标。例如，我们希望校园能承载尽可能多的人口，以集约利用土地；同时又希望水资源、能源的消耗量尽可能小，污染物排放量尽可能少，以体现资源节约、环境友好的绿色特征，减少大学活动对城市生态环境所产生的压力；还希望投入的建设成本、运营成本尽可能少，而收获的社会、经济、环境效益尽可能大。这就是系统的多目标性与目标矛盾性，如何协调各目标并使绿色大学环境系统整体处于最佳状态，是规划需要解决的关键问题。

(3)动态性与不确定性

绿色大学环境系统规划一般为中长期规划，时间跨度较大，少则 5～10 年，多则 20 年，甚至更长的时间。在规划期内，技术、经济、资源等条件以及有关规章制度都可能发生变化。因此，为获得现实有效的规划优化方案，从模型构造、求解、结果的解译以及规划方案的设计，都必须考虑到系统的时变性。除了时间跨度较大所带来的不确定性，大学环境系统本身也具有不确定性。例如，外界经济、技术和政策产生的波动和变化必将影响校园环境系统，这使得系统参数的确定和相应的方案设计具有不确定性。再如，我们通常根据系统现状和历史趋势以及规划者和决策者对未来的判断，预测系统的输入、输出行为和相对应的模型参数。在实际系统中，系统的结构变化和系统内要素间相互作用方式的改变都会对参数产生影响，这些模型参数在一定时期内有其波动范围，而且并无明确可知的分布状态，表现一定的灰色性，这也是系统的不确定性。

(4)高度集约化

大学校园人群密集，大学生作为一类特殊的社会群体，置身于大学校园这个特定空间，他们的行为具有鲜明的特点。大学生年龄差距小，整体素质水平较高，他们容易接受新事物、新理念，还具有一定的趋众心理，善加引导，新理念和新技术很容易为校园人群接受和掌握，而且校园内的教学科研活动及生活起居，在时间上和空间上，都比较集中，有规律可循。因此，绿色环保先进技术可以在这里先行先试。一方面，高度集约的系统特征方便科技人员观察、记录和分析新技术的应用效果，并及时加以改进；另一方面，集约化特征也减少了新技术的应用成本，使新技术更容易从理论走向实践。

三、绿色大学环境系统规划的基本原则

绿色大学环境系统具有多层次、多目标、动态性、不确定性和高度集约化的特征。面对这样的一个开放的复杂系统，需要用系统的观点和科学的方法进行规划与建设。绿色大学环境系统规划需要遵循以下三个基本原则。

1. 系统性原则

绿色大学环境系统规划的研究对象是大学“社会—生态”复杂系统，它由教育科研子系统、管理子系统、服务子系统、生活子系统和资源环境子系统构成，这几个子系统之间相互关联、相互作用，共同完成培育人才、创新科技和引领社会文明的功能。而大学“社会—生态”复合系统又处于城市“社会—经济—环境”复合系统之中，对于这样一个多层次结构、多子系统的复杂系统，需要用系统学的方法，将其作为一个整体进行研究，以保证大学环境系统规划目标与大学整体发展目标相协调，与生态城市建设目标相一致。“城市社会—经济—环境”复合系统、大学“社会—生态”复合系统与大学环境系统的层次结构如图 3-2 所示。

绿色大学环境系统规划涉及土地开发、建设项目管理、大学运营管理、建设效果预评价等多个环节，因此，在规划之初就需要考虑如何将以上各环节有机衔接，以使绿色大学建设形成一个有机体，表现为一个完整的过程，而不是单打一式地针对某一局部问题，采取某一局部措施，解决某一局部问题。具体而言，绿色大学环境系统规划所追求的不是简单的资源低消耗、污染低排放，而是希望通过科学合理的环境系统

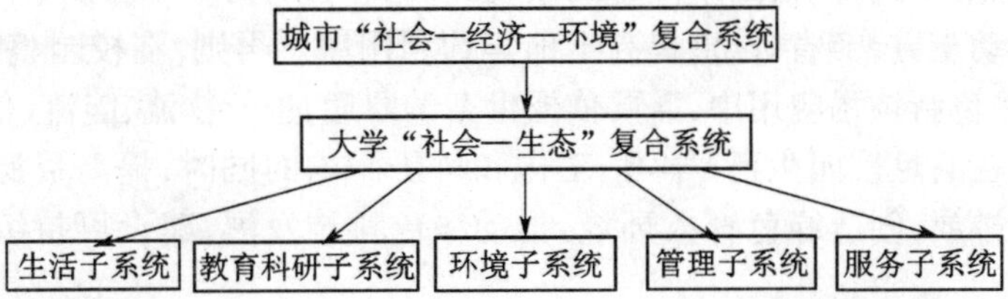

图 3-2　城市、大学复合系统与大学环境系统的层次结构图

规划与建设，创造绿色育人环境，推广绿色科技，建设可持续发展功能示范区，实现系统的整体协调和最大效益。

2. 科学性原则

绿色大学环境系统规划的科学性体现在两个方面：一是绿色科技的创新与先试先行；二是运用定性与定量相结合的方法科学地规划大学环境系统。

所谓绿色大学，是希望在原有大学特质的基础上，添加绿色环保的时代特色。绿色大学应发挥它的科研专长，在绿色科技的开发及应用上走在时代前列，以技术进步促进社会发展。从长远来看，绿色科技利于人类的可持续发展，但是新技术的开发、推广与规模应用需要一个过程，初期应用需要具备一定的实施条件、技术条件、管理条件，可能还存在风险。大学是高度集约化的环境功能单元，人口高度密集、管理统一有序、人群素质高、资源能源需求量大、规律性强，所有这些使高校具备了应用绿色新技术的条件。绿色新技术先行先试于大学环境系统，有助于绿色技术的培育完善、迅速成熟并推向全社会。

绿色大学环境系统规划需要定性方法与定量方法的结合。定性研究运用理论和逻辑分析，通过综合、分类、比较及归纳与演绎等方法，可以回答性质上“是什么”、“属于什么”的问题，但无法回答“如何做更好”的问题；定量研究通过研究事物的数量（包括大小、多少、规模、时间、空间、强度、变化程度等），依据数学的方法，发现其分布特征并计算出具有概括性的统计数字，使人们从杂乱无章的资料中取得有意义的信息，以便对不同的总体进行比较，给出“如何做更好”的结论。绿色大学规划与建设是一个复杂的系统工程，系统内所包含的要素多，相互关系复杂，单纯的定性研究和经验判断，无法给出科学可行的多要素、多目标、多时段的系统优化方案。而单纯的定量研究有可能由于太过机械地依赖自然科学的方法，而忽略了社会生态复合系统与纯粹的自然系统之间的差异，得出与实际偏差较大的结论。因此，为了发挥两种方法的优点，相互弥补其不足，需要定性与定量研究相结合。

3. 生态性原则

大学校园是一个特殊的生态系统，绿色大学校园应该是自然植被、建筑群、人工园林以及校园中的人所组成的一种人与自然相和谐的生态环境。这就要求我们在大学校园规划与建设中遵循生态规律，如，在校园土地开发利用过程中，应尽量减少人为因素对自然的干扰，以校园中固有的山坡、凹地、河湖、树草等自然景观作为环境格局的构架，少动土方，节省资金，提高土地集约利用率。再则，在校园整体布局、工程项目组合和绿色新技术应用中，需要依据生态学原理，进行物流、能流、信息流的科学规划与设计，在满足校园生活、学习、工作和科研需求的同时，提高资源能源利用效率，减少污染排放，创造绿色育人环境，推动绿色科技发展，建设可持续发展功能示范区。

四、绿色大学环境系统规划的基本任务

绿色大学环境系统规划的基本任务可以概括为以下几个方面。

1. 编制大学发展规划纲要

绿色大学环境系统规划是大学建设的重要内容。根据系统性原则，绿色大学环境系统规划的首要工作是系统分析，在全面掌握大学社会、教育、环境等方面资料的基础上，系统了解与整体把握大学的发展需要和发展构想。绿色大学环境系统规划要与绿色大学整体建设规划相协调。如果尚无整体规划，则需要编制大学发展规划纲要，以保证将绿色大学环境系统规划置于大学发展规划的框架之内。

2. 编制大学环境系统整体规划

综合考虑建设绿色景观、创造宜居生态环境、高效利用资源、推行绿色管理、建设绿色文化的需要，编制绿色大学环境系统整体规划，其目的是保持和维护大学“社会—生态”复合系统的健康，使之成为城市生态环境建设的典范。

3. 编制大学环境系统要素规划

在大学环境系统整体规划的指导下，以提高资源环境利用效率为宗旨，编制大学环境系统要素规划。综合考虑资金条件、绿色技术的应用条件和所处区域的自然条件，进行科研开发与技术创新，研究推广新技术的可行途径。大学固体废物以生活垃圾为主，经分类收集后由城市垃圾处理站统一处理。分类收集系统的建立归于环境管理体系建设中，一般不再进行要素规划。噪声与道路及绿化情况相关，噪声管理也可归于环境管理体系建设中，一般也不再进行要素规划。因此，绿色大学环境系统要素规划以水要素规划和能源要素规划为主。

4. 编制大学环境管理体系规划

大学环境管理体系规划涉及绿色大学环境管理机构的组织、各职责部门的管理责任和权限、部门之间的沟通与协调等内容，是制定绿色大学环境管理方案的依据，也是绿色大学环境系统整体规划与要素规划得以实施的保证。编制大学环境管理体系规划，是规范管理行为、提高管理效率的基础性工作。环境管理体系规划与建设密不可分，这部分内容将在本书的第七章给予介绍。

五、绿色大学环境系统规划的基本程序

绿色大学环境系统规划的基本程序如图 3-3 所示。

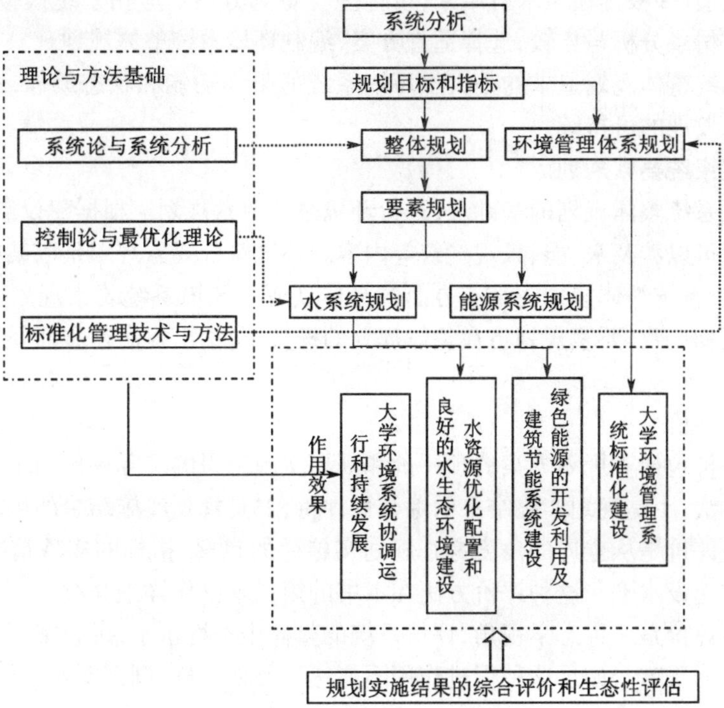

图 3-3　绿色大学环境系统规划的基本程序图

1. 系统分析

在现状调研的基础上，进行绿色大学环境系统分析，划分子系统，分析各子系统之间以及系统内各要素间的相互作用与反馈关系以及它们对系统整体功能的影响，绘制系统流程图，编写要素间相互关系的数学表达式。

根据现状资料和历史资料，评价系统发展现状，回顾系统历史趋势，核查数学表达式结构，确定数学表达式中的相关参数，写出规范的数学方程，建立系统模拟模型。

2. 确定规划目标和指标

在系统分析与现状评价的基础上，综合考虑绿色大学建设需要和现实可行性，确定规划目标和指标。

3. 影响系统整体功能的关键因素辨识

在系统分析与系统模拟的基础上，结合规划目标和指标，分析影响系统功能的关键因素（包括敏感因素、发展约束与可调控因素），以此为核心，进行环境系统整体规划。

4. 环境系统整体规划

围绕上述关键因素，建立环境系统整体规划的优化模型。以可调控因素为模型的决策变量，以发展约束为模型的约束，以敏感因素为模型主要观察的状态值，建立系统优化模型,并根据模型求解结果,设计多种备选方案。应用系统模拟模型,对备选方案进行情景分析与比较,选择适宜方案,编制环境系统整体规划。

环境系统整体规划追求的是大学环境系统的整体功能和状态最佳,表现整体结构的协调与发展的可持续。

5. 环境系统要素规划

在环境系统整体规划的基础上,进行环境系统要素规划。根据建设需要,环境系统要素规划可以涉及水、能、景观建筑等内容。环境系统要素规划是以某单一要素为核心,是环境系统整体规划在某一方面的具体展开。环境系统要素规划要与环境系统整体规划相一致,要素规划将在整体规划的框架下,给出提高这方面要素效率的可行方案。

6. 规划评价

规划评价包括对规划方案的预评价和规划实施结果的实际评价两个方面。通常采用两种方法:一是规划实施结果的综合性评价,二是规划实施结果的生态性评价。

综合性评价是从全局的角度考查规划实施后的目标、指标的实现情况以及绿色大学的整体建设水平。这种评价方法在本书的第二章已作详细介绍。

生态性评价是从生态学视角,评价系统的整体生态性水平,考查规划对促进系统可持续发展的贡献。如果这种促进作用不能达到预期目标,则需要对规划进行调整。

第二节　绿色大学环境系统规划的技术与方法

环境系统规划技术可以分为定性分析和定量分析两类。定性分析以经验判断为基础,定量分析则是运用一定的计算公式及判断标准(参数),通过数量演算得出结论。定性分析是定量分析的基础,而定量分析又是为了得出定性的结论,因此在实际应用中二者没有截然的分界线。常用的定性方法有德尔菲法和联测法;常用的定量方法有数学优化法和模拟比选法。绿色大学环境系统规划方法体系正是以上规划技术的有机整合。

一、德尔菲法

德尔菲(Delphi)法是由美国兰德公司提出的一种综合多名专家经验与主观判断的方法[1],它是一种向专家进行反复匿名函询的调查法。德尔菲法的实施需邀请经验丰富、业务精通的专家组成专家小组,人数一般在10人以上,采用不记名通信的方式回答主持机构所提出的问题。一般由组织者就拟定的问题设计调查表,通过函件分别向选定的专家组成员征询调查。按照规定程序,专家组成员通过组织者的反馈材料匿名地交流意见。通过几轮咨询和反馈，专家们的意见逐渐集中，最后获得具有统计意义的专家集体判断结果。国内外大量的应用实践表明，德尔菲法能够充分利用专家的知识、经验和智慧，成为解决非结构化问题的有效手段，对于实现决策科学化、民主化具有重要价值[2]。

本书在整体规划及要素规划中，运用德尔菲法辅助设计环境系统规划目标和指标，确定系统的关键要素。

二、联测法

联测法是指以某一环境单元的子单元调查资料或某一环境单元的抽样调查资料为基础，进行分析、判断、联测，从而预测某一功能单元的行为规律或行为属性。

在许多情况下，由于主观和客观条件的限制，调查者无法对整个功能单元进行全面普查，只能是局部普查或抽样调查。运用局部普查资料或抽样调查资料，经过分析、判断，对整个功能单元进行联测，这是一种客观需要。联测法的关键在于局部普查资料应具有典型性，抽样调查的样本应是总体的缩影，即能反映总体的面貌。

本书在要素规划中，运用联测法辅助确定人均耗水和耗能系数。

三、数学优化法

在期望目标下，寻找实现目标的最优途径，就要靠优化技术。优化是专门用于解决"期望这样，应该怎样"一类问题的有效方法。数学优化法依据变量和约束的幂次，可分为线性规划和非线性规划；根据目标函数的个数，可分为单目标规划和多目标规划；根据一个最优化问题的决策变量是不是时间的函数，又可分为静态规划和动态规划。

1. 线性规划

线性规划是运筹学的一个重要分支，它是研究线性约束条件下，线性目标函数的极值问题的数学理论和方法，英文缩写 LP。线性规划的基本表达式为

$$\begin{cases} \min z = \boldsymbol{CX} \\ s.t.\ \boldsymbol{AX} = \boldsymbol{b} \\ \boldsymbol{X} \geqslant 0 \end{cases} \tag{3-1}$$

式中，$\boldsymbol{A} = (a_{ij})_{m \times n}$，$\boldsymbol{A}$ 是线性规划问题的 m 个约束条件中关于决策变量的系数组成的矩阵；一般 $m < n$，且 $m, n > 0$；$\boldsymbol{X} = (x_1, x_2, \cdots, x_n)^{\mathrm{T}}$，$\boldsymbol{X}$ 称为决策变量向量，是由 n 个决策变量 x_i 构成的向量，即规划问题的备选方案；$\boldsymbol{C} = (c_1, c_2, \cdots, c_n)^{\mathrm{T}}$，$\boldsymbol{C}$ 称为价值向量，是由目标函数中决策变量的系数构成的向量；$\boldsymbol{b} = (b_1, b_2, \cdots, b_m)^{\mathrm{T}}$，$\boldsymbol{b}$ 称为资源向量，且满足 $\boldsymbol{b} \geqslant 0$。

线性规划方法原理简单、应用广泛，是其他规划方法的基础。

2. 非线性规划

非线性规划是计算数学和运筹学交叉的学科，它可以更为精确地描述并解决实际的社会—经济—环境复杂系统的问题，在最优设计、管理科学、系统控制等领域得到了广泛应用。在环境系统规划问题中，如果规划模型的目标函数或约束条件至少存在一个关于决策变量的非线性函数，则称此规划模型为非线性规划模型。非线性规划的基本表达式为

$$\begin{cases} \min f(\boldsymbol{x}) \\ s.t.\ g_i(\boldsymbol{x}) \leqslant 0, \quad i = 1,2,\cdots,p \\ \qquad h_j(\boldsymbol{x}) = 0, \quad j=1,2,\cdots,m \\ \boldsymbol{x} \in \boldsymbol{X} \subset \mathbf{R}^n \end{cases} \tag{3-2}$$

式中，$\boldsymbol{x}=(x_1,x_2,\cdots,x_n)^{\mathrm{T}}$，为未知数向量；$f(\boldsymbol{x})$ 为目标函数；$g_i(\boldsymbol{x})\leqslant 0$ 为第 i 个不等式约束条件，共有 p 个不等式约束条件；$h_j(\boldsymbol{x})=0$ 为第 j 个等式约束条件，共有 m 个等式约束条件。

关于非线性规划问题的求解还比较困难，目前还没有一种类似于解线性规划问题的单纯形法的通用解法可以用来求解非线性规划问题。只有在一些特殊的情况下，可通过比较简单的方法得到非线性规划的最优解。通常情况下，需要借助计算机软件（如 matlab）来完成求解。

本书运用非线性规划构建水资源配置优化模型。

3. 多目标规划

多目标规划通常是对每个目标指定一个希望的目标值，然后建立各个目标的目标函数，再寻求使得这些目标函数与目标值的偏差之和达到极小的可行解。多目标规划的一般表达式为

$$\begin{cases} \max\ [f_1(\boldsymbol{x}), f_2(\boldsymbol{x}), \cdots, f_m(\boldsymbol{x})] \\ s.t.\ g_j(\boldsymbol{x}) \leqslant 0, \quad j = 1,2,\cdots,p \end{cases} \tag{3-3}$$

式中，$\boldsymbol{x}=(x_1,x_2,\cdots,x_n)^{\mathrm{T}}$，为 n 维决策变量；$f_i(\boldsymbol{x})\ (i=1,2,\cdots,m)$ 为目标函数；$g_j(\boldsymbol{x})\leqslant 0\ (j=1,2,\cdots,p)$ 为模型的约束条件。

多目标规划模型根据具体问题的不同，可细分为灰色多目标、动态多目标、多目标群体决策和大系统分解协调多目标规划等。多目标规划的每种类型都有其相应的数学模型及求解方法。

本书在整体规划和能源要求规划中，运用多目标规划构建优化模型。

4. 动态规划

动态规划的研究对象是具有串联结构的确定型或随机型、连续型或离散型、线性或非线性系统[3]。其主要特点是把整体优化问题分解成多阶段串联系统来处理，全部问题的最优化是从后阶段向前阶段推移来求解。其基本思想是把研究的问题划分为多个阶段，每个阶段都要做出决策，前一阶段的决策会影响后一阶段的决策，所有

阶段的决策构成的决策序列称为策略。动态规划可以提供多个可以选择的策略,是解决多阶段决策的有力工具。动态规划建模的基本步骤:划分过程段(一般根据时间和空间划分);正确选择状态变量 λ_k,使它既能描述过程,又满足无后效性[4];确定决策变量 x_k 及每个阶段的允许决策集合 $X_k(\lambda_k)$;写出状态转移方程:$\lambda_{k+1} = T_k(\lambda_k, x_k)$;写出指标函数 V_k。

V_k 是定义在全过程及所有后部子过程上的数量函数,它满足递推关系:

$$V_k(\lambda_k, x_k, \lambda_{k+1}, x_{k+1}, \cdots) = \psi_k[\lambda_k, x_k, V_k(\lambda_{k+1}, x_{k+1}, \cdots)] \tag{3-4}$$

其中,$\psi_k(\lambda_k, x_k, V_{k+1})$ 对于其变量 V_{k+1} 严格单调。

通常指标函数的形式为

$$V_k = \sum_{j=k}^{n-1} v_j(\lambda_j, x_j) \tag{3-5}$$

其中,$v_j(\lambda_j, x_j)$ 表示第 j 阶段的指标,它显然满足上述三个性质,递推关系可以写成如下形式:

$$V_k = v_k(\lambda_k, x_k) + V_{k+1} \tag{3-6}$$

如果初始状态给定且过程策略也确定,则指标函数值也随之确定,即指标函数的初始状态和策略的函数记为 $V_k[\lambda_k, p_k(\lambda_k)]$。由此,式(3-6)可以表示为

$$V_k[\lambda_k, p_k(\lambda_k)] = v_k(\lambda_k, x_k) + V_{k+1}[\lambda_{k+1}, p_{k+1}(\lambda_{k+1})] \tag{3-7}$$

子策略 $p_k(\lambda_k)$ 可以写成由 $x_k(\lambda_k)$ 和 $p_{k+1}(\lambda_{k+1})$ 组合而成,即

$$p_k(\lambda_k) = \{x_k(\lambda_k), p_{k+1}(\lambda_{k+1})\} \tag{3-8}$$

如果用 $p_k^*(\lambda_k)$ 表示初始状态为 λ_k 的后部子过程所有子策略中最优子策略,则最优值函数为

$$g_k(\lambda_k) = V_k[\lambda_k, p_k^*(\lambda_k)] = \underset{p_k}{\mathrm{opt}} V_k[\lambda_k, p_k(\lambda_k)] \tag{3-9}$$

而

$$\begin{aligned}\underset{p_k}{\mathrm{opt}} V_k[\lambda_k, p_k(\lambda_k)] &= \underset{\{x_k, p_{k+1}\}}{\mathrm{opt}} [v_k(\lambda_k, x_k) + V_{k+1}(\lambda_{k+1}, p_{k+1}(\lambda_{k+1}))] \\ &= \underset{x_k}{\mathrm{opt}}[v_k(\lambda_k, x_k) + \underset{p_{k+1}}{\mathrm{opt}} V_{k+1}]\end{aligned} \tag{3-10}$$

但

$$g_{k+1}(\lambda_{k+1}) = \underset{p_{k+1}}{\mathrm{opt}} V_{k+1} \tag{3-11}$$

由此

$$\begin{cases} g_k(\lambda_k) = \underset{x_k \in X_k(\lambda_k)}{\mathrm{opt}} [v_k(\lambda_k, x_k) + g_{k+1}(\lambda_{k+1})], (k = 1, 2, \cdots, n-1) \\ g_n(\lambda_n) = 0 \end{cases} \tag{3-12}$$

式(3-12)就是动态规划逆序解法的基本方程。

对于顺序解法,如果阶段序数和状态变量 λ_k 的定义不变,第 k 阶段的允许决策集合 $X_k^r(\lambda_{k+1})$ 定义为

$$X_k^r(\lambda_{k+1}) = \{x_k \mid x_k \in X_k^r(\lambda_k), T_k(\lambda_k, x_k) = \lambda_{k+1}\} \tag{3-13}$$

或

$$x_k(\lambda_{k+1}) = \lambda_k \tag{3-14}$$

这时一般的状态转移方程不是由 λ_k、x_k确定 λ_{k+1}，而是由 λ_{k+1}、x_k确定 λ_k，即

$$\lambda_k = T_x^r(\lambda_{k+1}, x_k) \tag{3-15}$$

由此，顺序解法的基本方程为

$$\begin{cases} g_k(\lambda_k) = \underset{x_{k-1} \in X_{k-1}(\lambda_k)}{\text{opt}} [v_{k-1}(\lambda_k, x_{k-1}) + g_{k-1}(\lambda_{k-1})], (k = 1,2, \cdots, n) \\ g_0(\lambda_0) = 0 \end{cases} \tag{3-16}$$

本书在整体规划及能源规划中，运用动态规划构建优化模型。

5. 不确定方法

因为事物的演变是有规律的，但这种规律性有时太复杂，人们难以把握，这就是说事物不是完全不可知，但却是难以预料的[5]。在数学上，一般认为存在四种不确定：随机、模糊、灰色和未确知。由于条件提供的不充分和偶然因素的干扰，使几种人们已经知道的确定结果的出现呈现偶然性，在实践或试验中不能预知哪一个结果发生，这种不确定性即为“随机性”；由于事物的复杂性，使得事物的界线不分明，导致对其不能给出确定的概念描述和确切的评定标准，这种不确定性即为“模糊性”；由于事物的复杂性和噪声的干扰，加之认知系统能力（含人的辨识能力）的限制，人们只能确定系统的部分信息或信息量所呈现的大致范围，这种部分已知、部分未知的不确定性即称为“灰色性”；纯主观上的、认识上的不确定性称为“未确知性”，与其他几种不确定性相比，未确知性属于弱不确定性，未确知性问题中具有较多的已知信息，譬如信息量的取值范围以及所求量在该区间的分布状态，等等。

对于各种不确定问题，目前已有相应的数学方法对其进行处理。处理随机性的数学方法是随机理论与概率统计，处理模糊性的数学方法是模糊数学，处理灰色性的数学方法是灰色数学，处理未确知性的数学方法是未确知数学。在各个领域的实际应用过程中，往往会遇到多种不确定性共同存在的情况，这时需要将几种数学方法结合使用[6]。

本书运用不确定方法构建环境系统整体规划的优化模型。

四、模拟比选法

模拟方法就是对事物运动特征和发展方向的仿真。理论上讲，只要研究对象可以用数学方程描述，就可以对其进行模拟。规划者可以对决策者和专家提出的各种方案进行详细的数学描述后演绎分析，模拟不同方案实施后的效果和环境影响，进而分析其经济效益和费用，择优作为规划方案，这就是模拟比选。系统动力学法与能值分析法是两类较为典型的模拟方法。

1. 系统动力学法

系统动力学是一门沟通自然科学与社会科学的交叉学科,是系统科学和管理科学方法的综合。它综合系统理论、控制论、信息反馈理论、决策理论、系统力学、运筹学等学科的理论和方法,以计算机仿真技术为手段,定量地研究社会经济环境复杂系统。应用系统动力学建立系统模型、解决系统问题是一个逐步深化、多次反复、逐渐趋向预定目标的螺旋式上升过程。具体步骤如下:应用系统动力学相关理论及方法对研究对象进行系统分析;对研究对象进行结构分析,划分子系统及其层次结构,确定系统的反馈机制;建立规范的数学模型;检验并评价模型的有效性;应用系统动力学模型进行真实系统不同情景下的运行状态的模拟,并根据模拟运行结果对各个备选方案进行分析。

系统动力学法在最优方案的选取过程中会遇到一些困难,这是由于系统动力学模型以物流分析为基础,模拟模型内的多个状态变量的量纲并不一致,不同方案的模拟运行结果之间很难进行全局性的比较。例如: A 和 B 都是系统的主要状态变量,在甲方案中 A 状态指标优,而在乙方案中 B 状态指标优,这种情况下就很难确定哪一个方案更好。为了进行全局比较,往往需要给几个主要状态指标设置权重,这就使得方案评价受主观因素影响较大。不同的人评价尺度不一样,因此,在诸多模拟方案中,最优方案的选择结果也就不一致。但总体来说,系统动力学法能定性和定量地分析研究系统,以结构—功能模拟为其突出点,一反过去常用的功能模拟(也称黑箱模拟法),而从系统的微观入手建模,构造系统的基本结构,进而模拟与分析系统的动态行为。以它为工具研究复杂系统随时间变化的问题是十分有效的。

本书运用系统动力学法进行绿色大学环境系统分析、功能状态模拟和关键要素辨识。

2. 能值分析法

应用能值分析法进行系统分析和模拟,可以将不同状态变量的量值都转换成同一量纲与单位,方便进行系统整体状态与功能优劣的比较。

能值分析理论是由美国著名生态学家 H. T. Odum 于 20 世纪 80 年代中期提出的,它以对能量的系统分析为核心,以太阳能值作为能值研究的标准尺度,把任何资源、产品或劳务的价值用其在形成过程中所需直接和间接消耗的太阳能之量来衡量,单位为太阳能焦耳(solar energy joules,sej)。能值分析法通过能值转换率,将生态系统与经济系统中的诸要素转换为同一的太阳能值,实现了不同质量的能量的同一评价,架起了区域生态系统与经济系统的耦合作用桥梁,为定量分析社会经济发展状况和生态环境之间的关系提供了可行工具[7]。

能值分析理论主要涉及能值、能值转换率及能值货币比率三个基本概念。H. T. Odum(1987)将能值定义为:任何流动或储存的能量所包含另一种类别能量的数量,称为该能量的能值[8]。

能值实质上就是任何资源、产品或劳务所包含的能量,对地球而言,任何形式的能量均来自于太阳能,故将太阳能作为衡量各种能量的标准能值。能值转换率是指每单位某种类别的能量或物体所含能值的量,它等于每单位某种类别的能量(单位焦耳)或物质(单位克)所含能值的量。

能值转换率是衡量不同类别能量所包含的能值的标尺,与系统的能量等级密切相关。某种能量的能值转换率越高,表明该能量的能值越高,也就是说在能量系统中的等级阶层越高。在实际应用中通常使用的是太阳能值转换率(solar transformative),即单位能量或物质所含太阳能值之量,单位为太阳能焦/焦耳或太阳能焦/克,即 sej/J 或 sej/g 。

能值货币比率是指一个国家的单位货币所相当的能值,等于该国全年能值投入总量除以当年货币循环量(通常用国内生产总值)。

能值分析法通过计算各方案仿真运行过程中所消耗的能值量,衡量资源和环境的价值,再通过能值货币比率将能值量转换为货币量,从而对各方案的运行结果进行评定。能值分析法应用能值这一概念作为度量单位,使不同的物质和能量之间可以相互转化。能值为衡量自然资源、经济产品、人力资源提供了一个共同的量纲,为评价不同方案的仿真运行结果提供了同一的度量标准,解决了系统动力学模拟比选法关于最优方案难于选择的问题。

本书在绿色大学环境系统特征分析的基础上,开发了基于输入输出比较分析的简化的能值分析方法[9],进行绿色大学环境系统关键要素辨识与规划实施结果的生态性评价。

五、模拟比选法与数学优化法的结合

模拟比选法能有效地处理高阶次、非线性、多反馈复杂时变系统的问题,可以定量地分析各类复杂系统的结构与功能的内在关系,因此对于解决庞大的生态系统问题是比较有效的。如北京、天津和秦皇岛,在 20 世纪 80 年代就曾运用系统动力学法进行城市社会经济发展战略研究,并取得了较好的效果。

作为一种规划方法,模拟比选法也有它自身的缺陷。用模拟比选法解决问题的过程实质上也是比较选优过程,这种方法本身并不产生方案,只是将人工设计的方案代入模型中,通过对各种方案仿真运行结果的评价和比较,从中选出较优的规划方案。对于有经验的工作者,求得较优的规划方案是可以实现的,但工作量比较大,所需时间也比较长,而且所得到的优化方案也只是所设计的诸多方案中的最优方案,并非系统运行的最优方案。

大学"社会—生态"复合系统是一个多层次、多要素、多反馈的复杂系统,要得到这样一个复杂系统的全局优化解,单纯通过仿真模型的反复运行是低效的。

我们可以很保守地假设这个系统只有 50 个变量,即 $E=\{N_i\}$,其中 $i=1,2,3,\cdots,50$, 若第一个变量 N_1 的取值有 m_1 种可能,第二个变量 N_2 有 m_2 种可能,第 N_i 个

变量有 m_i 种可能,则系统模拟可以设计出的方案种类共计有:$T = m_1 \cdot m_2 \cdot m_3 \cdot \cdots \cdot m_{50}$ 种。如果其中一个变量的取值 $m_i \to \infty$,则 $T \to \infty$。在复杂系统中,通常不止一个变量具有无数多种取值可能,因此复杂系统的模拟运行方案,只能趋近于最优。以上所描述的情况可用图 3-4 简单示意。

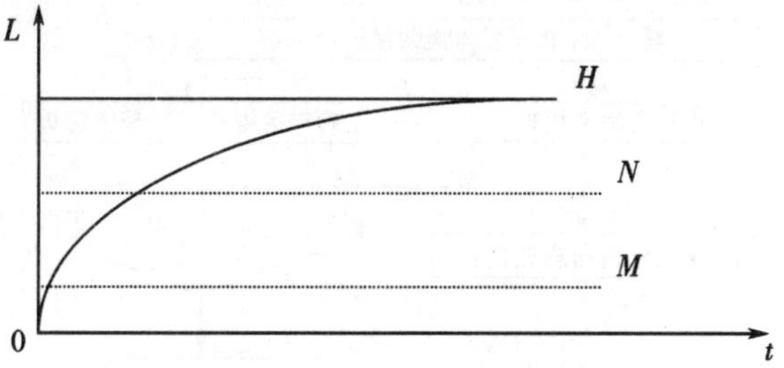

图 3-4　方案优化程度趋势图

图中 H 为系统发展所能达到的"最佳"水平线,t 为模拟运行次数,模拟方案的可设计种类数在 $0 \sim T$ 之间。从上图中可以看出,模拟运行的次数越多,从中所选出的最佳方案越趋近于系统运行的最优方案,其发展趋势是一条渐近线。有经验的规划者所设计的备选方案的起点就比较高,假设一开始的起点为 M 线处,则可以通过较少的备选方案的比较,选出较为理想的规划方案,但工作量仍非常的大。规划具有时效性要求,在有限的时间内,想要穷尽几乎无限的设计方案,以寻求最佳的系统优化方案是不可能的,所以我们只能努力使优化方案结果尽可能好,但最终规划方案优化到了什么程度,却难于验证。

如果有一种方法能够求得各个决策点的最佳值,并最终得到全局"最优"的解,将是非常理想的。多目标规划方法可以实现对各个决策点的求解。本书在系统动力学模型和多目标规划模型的基础上,提出将两种模型相结合的规划模型——系统动力学—多目标规划(System Dynamics-Multi Objective Programme,SD-MOP)整合模型[10,11],以此为工具,进行备选方案设计和规划方案优选。

我们有办法通过 SD 模型的灵敏度分析确定系统中的关键参数和变量,我们还有能力确定系统单一目标的最佳希望值和系统发展的约束条件。如果我们把系统所有的关键参数和变量的单目标集合起来,在不超出其约束条件的前提下,应用运筹学中的多目标规划方法,求取各目标的协调解,以此推出 SD 模型中所需要的各决策变量的值,设计备选方案,这样就可以保证所设计方案具有较高的优化水平。SD-MOP 模型的整合程序如图 3-5 所示,基本步骤如下。

(1)在系统分析的基础上建立系统动态仿真模型

明确目的,收集资料和信息,进行系统分析和描述,确定模型的边界和变量集,进行模型子系统的划分,设计系统流程图,建立 SD 模型,进行模型的有效性检验。若检验结果表明 SD 模型具有较好的强壮性,则进行下一步;否则,进一步调整模型结

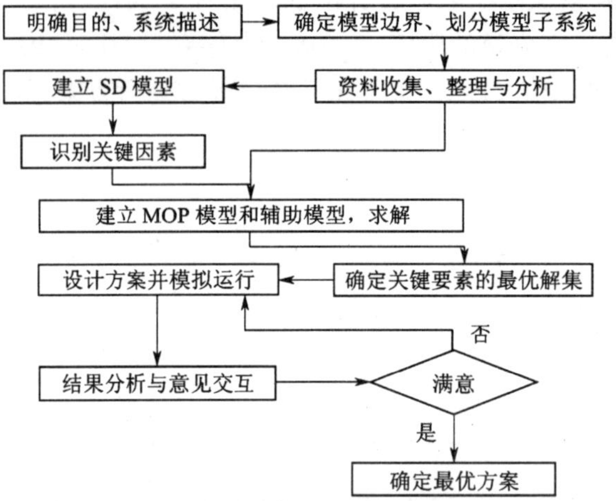

图 3-5 SD-MOP 模型整合程序图

构和参数,直至经检验确认模型有效,基本能够反映系统的真实情况。

(2)辨识对系统发展影响较大的因素

通过 SD 模型的原始模拟运行(模拟系统在政策不发生重大调整的情况下的发展趋势)和灵敏度分析,辨析出对系统发展影响较大的关键因素,将它们定义为关键参变量,简记为 IPV(Important Parameter Variable)。

(3)以 IPV 为核心构建多目标规划模型(MOP)

IPV 中包括了可调控与不可调控因素两种类型,不可调控因素可能成为系统发展的瓶颈,为 MOP(Multi-Objective-Programme)模型的约束右端项;对于可调控因素,善加调控可开发区域发展潜力、增强区域优势,其可成为 MOP 模型中主要的求解目标——自变量(也是决策变量);受 IPV 影响较大的 SD 模型中的状态变量则成为 MOP 模型中的极值化目标。

(4)求解 MOP 设计模拟方案

构建辅助模型,用基于容忍偏离水平的方法求解 MOP 模型,求取 IPV 最优解集。根据 IPV 求解结果,设计备选方案,进行方案模拟运行,对运行结果进行比较和分析,广泛征询意见和建议,选出优化方案。

六、投入产出法

投入产出法又称为投入产出分析,由美国经济学家瓦西里·列昂惕夫(Wassily Leontief)于 1936 年提出,是通过编制投入产出表并建立相应的反映部门间联系的平衡关系式(方程组),用以反映经济系统各部门间直接联系与间接联系的数量关系的一种方法。投入是指经济活动过程中的各种投入(包括中间投入和最初投入)及其来源;产出是指经济活动的成果(如得到一定数量的某种产品和劳务)及其使用去向

(包括中间使用和最终使用)[12]。

投入产出法由两个部分组成:投入产出数学模型和投入产出表。

列昂惕夫投入产出法的基本数学模型可以用下面两个公式表示:

$$\boldsymbol{X}=\boldsymbol{AX}+\boldsymbol{Y} \tag{3-17}$$

$$a_{ij}=\frac{x_{ij}}{X_j} \quad (i=1,2,\cdots,n;j=1,2,\cdots,n) \tag{3-18}$$

式中,$\boldsymbol{X}=(X_1,X_2,\cdots,X_n)$为产出向量;$\boldsymbol{Y}=(Y_1,Y_2,\cdots,Y_n)$为最终需求向量;$\boldsymbol{A}=(a_{ij})_{n\times n}$为直接消耗系数矩阵;$x_{ij}$为$j$部门生产过程中所投入的$i$部门产品的数量。

本书应用投入产出分析法,进行绿色大学物流分析,并以此为桥梁,将系统动力学方法与能值分析方法相结合,应用于绿色大学环境系统规划。

七、情景分析法

情景分析法是一种定性与定量相结合的分析方法,具体有目标展开法、空隙填补法和未来分析法等。情景分析方法的核心是对研究对象情景的设定和选择。所谓情景指的是对未来情况及事情程序的描绘,是人们对未来的各种不同环境的认识。新技术的快速开发与大学自身的快速发展,使得绿色大学环境系统建设面临许多不确定因素,发展过程可以是个多情景的选择。本书将情景分析方法应用于绿色大学环境系统规划中。不同情景下的方案实施结果评价、比较和优选,也作为规划方案确定的依据之一。

八、绿色大学环境系统规划方法体系

本书针对高校特点,应用已有的环境规划技术,集成创新,提出了适于绿色大学环境系统特征的规划方法体系(图3-6),即:物流分析—能值分析—关键要素辨识—整体规划—要素规划—生态性评价。规划目标是建立生态景观美好、绿色技术优良、绿色文化健康、绿色管理完善的节约型、高效率、生态宜人的绿色校园,以创造绿色育人环境,推动绿色科技发展,建设可持续发展功能示范区。

首先,应用系统学方法进行校园物流系统分析。应用系统模拟技术,建立系统动力学(System Dynamics, SD)仿真模型,辨识出对绿色大学环境系统建设影响较大的关键因素(Important Parameter Variable of Material Flow, IPVM)集。

之后,以物流分析为基础,应用投入产出分析技术和能值分析技术,从能值利用率的角度,进行校园系统输入输出的比较和分析,去除不同发展模式下的无差异因素,确定能值输入要素集(Important Parameter Variable of Energy Input Flow,IPVEI)和能值输出要素集(Important Parameter Variable of Energy Output Flow,IPVEO),建立基于输入输出比较分析的简化的能值分析(Energy Analysis, EA)模型,进行校园系统能值分析。

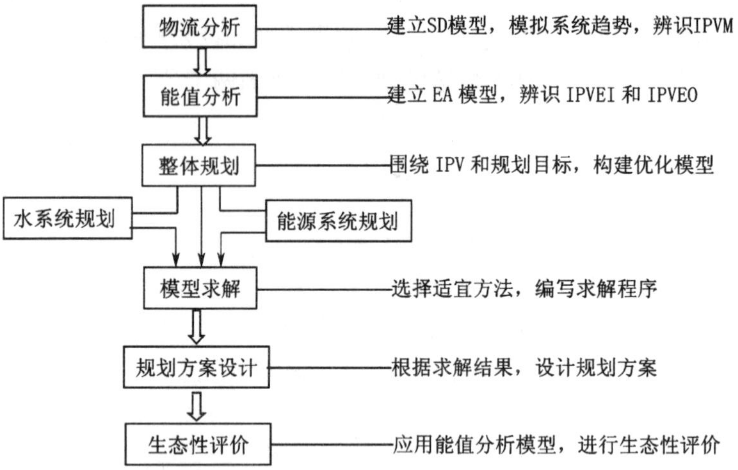

图 3-6　绿色大学环境系统规划方法体系示意图

再后，围绕 IPV，应用动态、不确定、非线性等规划技术，建立校园整体系统优化模型以及（能源系统和水系统的）要素优化模型，求解模型，根据优化模型求解结果，设计生态校园建设规划方案。

最后，应用已建立的简化的能值分析模型，进行规划方案的生态性评价。

第三节　绿色大学环境系统整体规划

一、绿色大学环境系统物流分析

搜集相关信息和资料，应用系统动力学方法，进行大学“生态—社会”复合系统物流分析。

1. 绘制系统物质流程图

大学“生态—社会”复杂系统中包括了人口、教学科研、资源环境和服务等几个子系统。分析系统结构以及子系统间和系统内诸要素间的相互作用关系，绘制绿色大学环境系统物质流程图，如 3-7 所示。

该流程图对于表示指标体系间的物质和信息流动以及系统要素间的相互作用都很有帮助。在流程图，“▭”为状态变量，表示系统的初始状态及系统运动变化所产生的结果；“⧖”为速率变量，表示系统运动变化的速度；“☁”为源或库，表示蓄存状态的来源；流程图中的辅助变量不用特殊符号，直接用文字表示；带箭头的实线表示参数及变量间的相互联系，箭头所指向的变量值由箭头发出端的几个参变量的数值决定。

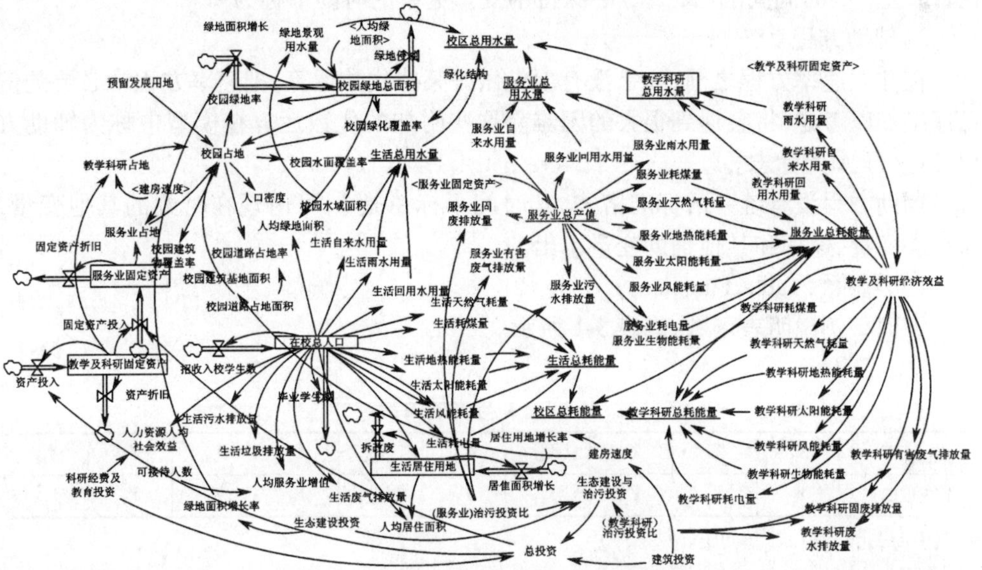

图 3-7　绿色大学环境系统物质流程图

2. 编写 SD 方程

为了量化指标体系，需要将流程图中的信息表达为规范的数学模型。因此，接下来是建立系统动力学模型，然后应用软件包（如 VINSIM 、THINK 和 STELLEA ）进行定量分析。

(1)数量的基本分类

在系统动力学模型中，所有数量可以划分为三类。一是常数，它的值在模拟的全过程中保持不变；二是参数，它的值在某一次的模拟过程中是固定的；三是变量，它的值是变化的。

(2)SD 基本方程

在模型中，凡是变量都带有时间下标 k, j, kl 或 jk。常数和参数都不带时间下标。系统动力学方程就是用来描述系统内变量、参数和常数之间的关系。系统动力学主要的基本方程形式如下。

1)状态变量方程

凡是能对输入和输出变量（或其中之一）进行积累的变量称为状态变量。计算状态变量（或称积累变量）的方程称状态变量方程，以 L 为标志写在第一列。

2)速率（变化率）方程

在状态变量方程中代表输入与输出的变量称为速率，它由速率方程求出。在模型中速率方程以 R 为标志。

速率方程没有一定格式，因此建立速率方程式比较费工夫。

速率的值在 DT 时间内是不变的。进一步说，速率方程是在 k 时刻进行计算，而在自 k 至 l 的时间间隔（即 DT）中保持不变。速率的时间下标为 kl。

3）辅助方程

在建立速率方程之前，如果没有事先做好某些代数运算，把速率方程中必要的信息仔细加以考虑，将会遇到很大的困难。这些附加的代数运算在模型中称为辅助方程，以字母 A 为标志。

辅助方程没有统一的标准格式，其时间下标总是 k，可由现在时刻的其他变量，如状态变量、速率和其他辅助变量求出。

4）表函数（Table Functions）

下面举例说明表函数，如表 3-1 所示。

表 3-1　X 与 Y 的关系

X(LFO)	X_1	X_2	X_3	X_4	X_5	X_6	X_7	X_8	X_9	X_{10}
Y(ELBC)	Y_1	Y_2	Y_3	Y_4	Y_5	Y_6	Y_7	Y_8	Y_9	Y_{10}

注：其中的 $X_1, X_2, \cdots, X_{10}$ 等间距。

X 和 Y 之间的关系，用系统动力学表函数表示为

A　$ELBC.K = TABLE\ (TELBC, LFO.K, X_1, X_{10}, X_2 - X_1)$

T　$TELBC = Y_1/Y_2/Y_3/Y_4/Y_5/Y_6/Y_7/Y_8/Y_9/Y_{10}$

其他的 Y 值可用插补法求出。表函数可用下列通用格式给出：

A　$VAR.K = TABLE$（表名，输入变量，最小的 X 值 X_m，最大的 X 值 X_M，X 的增量 ΔX）

T　表名 $= Y_1/Y_2/Y_3/\cdots Y_n$；$Y_1, Y_2, Y_3, \cdots, Y_n$ 为特定点 n 的 Y 坐标值

5）N 方程

N 方程的主要用途是为状态变量方程赋予初始值。在模型中，N 方程通常紧跟着状态方程。所有模型中的状态变量方程必须赋予初始变量，故每一个 L 方程必须随之以 N 方程，N 方程中的字符不能出现时间下标。

（3）大学环境系统动力学方程

在大学环境系统分析的基础上，应用系统动力学方法，建立 SD 模拟模型。系统动力学的各个基本方程用来描述系统各变量、常数之间的关系，通常用专用模拟语言“DYNAMO”完成。大学环境系统主要 SD 方程如下：

1）人口子系统

L　$P_k = P_j + DT \times MB_{jk}$

k 时的常住人口 $=j$ 时的常住人口 + 时间间隔（年）×从 j 到 k 阶段的机械变动人口（人/年）

A　$CP_k = P_k + FP_k$

k 时的校区总人口 = k 时的常住人口 + k 时的流动人口(人/年)

R $MB_k = TM_k + NIM_k$

k 时的机械变动人口(人/年) = k 时的可接待人口(人/ 年) + k 时的净迁入人口(人/年)

2)服务子系统

$A \quad ETIN_k = OTIN_k + DOIN_k + TROIN_k + PCIN_k$

期望总投资(万元/年) = 期望外来投资(万元/年) + 扩大再生产自身投资(万元/年) + 教学及科研再投资(万元/年) + 治污投资(万元/年)

L $SC_k = SC_j + DT \times (SCID_{jk} - SCD_{jk})$

k 时的服务行业固定资产(万元) = j 时的服务行业固定资产(万元) + 时间常数(年) ×(服务行业投资延迟(万元/年) - 服务行业固定资产折旧率(万元/年))

R $SCID_{jk} = DELAY1(SIR, SCIDT)$

服务行业投资延迟(万元/年) = 一阶指数物质延迟(服务业投资(万元),服务行业投资延迟时间常数(年))

R $SIR_{jk} = TIN_k \times FIOASO$

服务业投资(万元) = 实际总投资 × 服务行业投资比

R $SCD_{jk} = SC_k \times 1/ALSCO$

服务行业固定资产折旧率(万元/年) = 服务业固定资产(万元) ×1/服务行业固定资产平均使用寿命(年)

A $SOIN_k = SO_k \times SON$

服务业扩大再生产投资(万元/年) = 服务行业产值(万元) × 服务业产值中再投资比

A $SO_k = SC_k \times SCORO$

服务行业产值(万元) = 服务行业固定资产(万元) × 服务行业产出率

3)教学及科研子系统

L $TRC_k = TRC_j + DT \times (TRCIRD_{jk} - TRCDR_{jk})$

k 时的教学及科研固定资产(万元) = j 时的教学及科研固定资产(万元) + 时间常数(年) ×(教学及科研投资延迟(万元/年) - 教学及科研固定资产折旧率)

R $TRCIRD_{jk} = DELAY1(TRCIR_{jk}, TRCIDT)$

教学及科研投资延迟(万元/年) = 一阶指数物质延迟(教学及科研投资(万元),教学及科研投资延迟时间常数(年))

R $TRCIR_{jk} = FIOATR \times TIN_k$

教学及科研投资(万元/年) = 教学及科研投资比 × 实际总投资(万元)

R $TRCDR_{jk} = TRC_k \times 1/ALTRC$

教学及科研固定资产折旧率 = 教学及科研固定资产(万元) ×1/教学及科研固定资产平均使用寿命(年)

A $TRO_k = TRC_k \times TRCOR_k$

教学及科研经济效益值(万元/年)=教学及科研固定资产(万元)×教学及科研产出率

A $TROPC_k = TRO_k / P_k$

人均教学及科研经济效益值(万元/(人·年))=教学及科研经济效益值(万元/年)/常住人口(人)

A $TROIN_k = TRO_k \times TRON$

教学及科研再投资(万元/年)=教学及科研经济效益值(万元/年)×教学及科研经济效益值用于扩大再生产投资比

4)资源子系统

土地:

A $NL_k = SL_k + OL + RL_k + GL_k + TRL_k$

用地需求量(km^2)=服务业用地(km^2)+其他用地(km^2)+宿舍用地+(km^2)+绿地面积(km^2)+教学及科研用地(km^2)

L $L_k = LI_j + DT \times LB_{jk}$

校园占地(km^2)=校园占地初值(km^2)+ 时间常数(a)×校园占地增加量(km^2/a)

A $SDL_k = SDC_k \times SDLN$

服务业用地(km^2)=服务业固定资产(万元)×服务业万元固定资产占地率(km^2/万元)

A $TRL_k = TRC_k \times TRLN$

教学及科研占地(km^2)=教学及科研固定资产(万元)×教学及科研万元固定资产占地率(km^2/万元)

A $SL_k = SC_k \times SLN$

服务业用地(km^2)=服务业固定资产(万元)×服务业万元固定资产占地率(km^2/万元)

A $RL_k = RA_k / RALN$

宿舍用地(km^2)=宿舍面积(km^2)/宿舍占地率

L $RA_k = RA_j + DT \times (RABD_{jk} - RAD_{jk})$

k 时的宿舍面积(km^2)=j 时的宿舍面积(km^2)+时间(a)×(建房速度延迟(km^2/a)-住房折旧(km^2/a))

R $RABD_{jk} = DELAY1(RAB_{jk}, RABDT)$

建房速度延迟(km^2/a)=一阶指数物质延迟(建房速度(km^2/a),建房速度延迟常数(a))

A $RAPC_k = RA_k / P_k$

人均宿舍面积(m^2/人)=宿舍面积(km^2)/常住人口(人)

R　$RAD_{jk} = RA_k \times RADN$

宿舍住房折旧(km^2/a)=宿舍面积(km^2)×宿舍住房折旧系数

水：

A　$W_k = LW_k + TRW_k + SW_k + GSW_k + RW_k$

校区总的用水量(万 m^3/a)=生活用水量(万 m^3/a)+教学及科研用水量(万 m^3/a)+服务业用水量(万 m^3/a)+ 绿地景观用水(万 m^3/a)+其他用水(万 m^3/a)

A　$LW_k = P_k \times LWM$

生活用水量(万 m^3/a)=常住人口(人)×人均生活用水量(万 m^3/(人·年))

A　$TRW_k = TRO_k \times TRWM$

教学及科研用水量(万 m^3/a)=教学及科研经济效益值(万元/a)×教学及科研万元经济效益用水量(万 m^3/万元)

A　$SW_k = SEW_k + BW_k + THW_k$

服务业用水量(万 m^3/a)=游泳馆用水量(万 m^3/a)+淋浴用水量(万 m^3/a)+餐饮用水量(万 m^3/a)

A　$GSW_k = RWP \times RW_k$

其他用水量 RW_k 取总用水量的15%，它包括消防用水、漏失和不可预见用水。

A　$RW_k = RWC \times (PDW_k + LW_k + TRW_k)$

回用水量(万 m^3/a)=回用水系数(%)×(服务业用水量(万 m^3/a)+生活用水量(万 m^3/a)+教学及科研用水量(万 m^3/a))

电：

A　$TEC_k = LEC_k + \quad + SEC_k + TREC_k + OEC_k$

校区总的用电量(万 kW·h/a) =生活耗电量(万 kW·h/a)+服务业耗电量(万 kW·h/a)+教学及科研耗电量(万 kW·h/a)+其他耗电量(万 kW·h/a)

A　$LEC_k = P_k \times LECM$

生活耗电量(万 kW·h/a)=常住人口(人)×人均生活耗电量(万 kW·h/(a·人))

其他能源：

A　$OC_k = M_k \times MTE_k + NGC_k \times NGTE_k + SE_k$

总能耗(kJ/a)=总耗煤量(t/a)×燃煤热效率(kJ/t)+天然气耗量(万 m^3/a)×天然气热效率(kJ/m^3)+太阳能耗量(kJ/a)

A　$M_k = HM_k + SM_k$

总耗煤量(t/a)=采暖耗煤量(t/a)+淋浴耗煤量(t/a)

人力资源：

A　$MPRV_k = PT_k \times MIT_k \times DR_1 + PUG_k \times MIPUG_k \times DR_2 + PGC_k \times MIPGC_k \times DR_3$

人力资源价值量(万元)=教师人数(人)×教师人均年收入(万元/年)×贴现率$_1$+本科生人数(人)×本科生人均年收入(万元/年)×贴现率$_2$+专科生人数(人)×专科生人均年收入(万元/年)×贴现率$_3$

A　$MMPRV = MPRV_k / P_k$

人均人力资源价值量(万元/人)=人力资源价值量(万元)/常住人口(人)

5)环境保护子系统

生态建设:

L　$GL_k = GL_j + DT \times (GLB_{jk} - GLD_{jk})$

k 时的绿地面积(km^2)=j 时的绿地面积(km^2)+时间常数(a)×(绿地建设速度(km^2/a)-绿地损坏速度(km^2/a))

A　$DGLPC_k = EGLPC_k - GLPC_k$

人均绿地面积差距(km^2)=期望人均绿地面积(km^2/人)-人均绿地面积(km^2/人)

污染防治:

L　$PC_k = PC_j + DT \times (PCIRD_{jk} - PCDR_{jk})$

k 时的治污固定资产(万元)=j 时的治污固定资产(万元)+时间常数(年)×(治污投资延迟(万元/年)-治污固定资产折旧(万元/年))

R　$PCIRD_{jk} = DELAY1(PCIR_{jk}, PCIRDT)$

治污投资延迟(万元/年)=一阶指数物质延迟(治污固定资产投资(万元/年),治污投资延迟时间常数(年))

R　$PCIR_{jk} = FIOAP \times TIN_k$

治污固定资产投资(万元/年)=污染防治投资比×实际总投资(万元/年)

R　$PCDR_{jk} = PC_k \times / ALPC$

治污固定资产折旧(万元/年)=治污固定资产(万元)/治污固定资产平均使用寿命(年)

A　$POLT_k = PCTR_k / PC_k$

污染治理率(年)=单位污染治理投资成本(万元·年)/治污固定资产(万元)

3.模型有效性检验及关键要素(IPVM)辨识

SD模型应用于现实系统模拟的先决条件是它能通过模型的有效性检验。有效性检验包括三个部分:直观检验、运行检验和灵敏度分析。直观检验需要检验三个方面内容:第一,模型诸方程中变量的量纲是否一致、是否合理、是否符合实际情况;第二,模型界限是否合适,模型所包含的变量和反馈回路是否能充分描述所面对的问题;第三,模型的参数估值是否正确。

运行检验是通过观测运行结果来判断模型的合理性,也包括三个方面的检验内容:第一,要求模型行为不是明显地难以相信;第二,要求模型中每一个方程式,在极端情况下运行仍然有意义;第三,要求模型行为能重现实际系统的显著性的行为特征，即模型的状态变量仿真值与历史记录数据的拟合程度（即历史检验）较高。

灵敏度分析是模型有效性检验的最后一步。一个强壮性好的模型要求系统中的主要状态变量对大多数参数具有较低的灵敏度，这要通过灵敏度分析检验来确认。要检验的参数通常为两类：一类是受政策影响较大，人为可调控的参数；另一类是所获得的相关信息较少，难于确定其精确值的参数。最基本的灵敏度分析公式为[13]

$$S_Q = \left| \frac{\Delta Q_{(t)}}{Q_{(t)}} \quad \frac{X_{(t)}}{\Delta X_{(t)}} \right| \tag{3-19}$$

式中：t 为时间；$Q_{(t)}$ 为状态 Q 在时刻 t 的值；$X_{(t)}$ 为参数 X 在 t 时刻的值；S_Q 为状态变量 Q 对参数 X 的敏感度；$\Delta Q_{(t)}$ 和 $\Delta X_{(t)}$ 分别为状态变量 Q 和参数 X 在 t 时刻的增长量。

对于从 1 到 n 的状态变量（$Q_1, Q_2, \cdots, Q_n$），灵敏度平均值可表示为

$$S = \frac{1}{n} \sum_{i=1}^{n} S_{Q_i} \tag{3-20}$$

式中，n 为状态变量数；S_{Q_i} 为 Q_i 的灵敏度；S 为参数 X 的平均灵敏度。

本课题组以天津大学和天津工业大学为例，建立校园环境系统 SD 模型，在模型通过直观检验和运行检验后，进行灵敏度检验与分析。

经过系统分析和 DELPHI 调查，确定需要检验的 10 个参数，考察其对 9 个主要状态变量（总人口、校园占地、绿地面积、生活居住用地、总用水量、总能耗、总投资、总固定资产、总的废物排放量）的影响。检验 9 个主要状态变量对 10 个参数（人口增长率、绿地面积增长率、居住用地增长率、人均耗水量、总用水量增长率、人均能耗量、能耗增长率、天然气消耗增长率、总投资增长率和人均废物排放量）的变化灵敏度，以反映这些参数的变化对整个系统的影响[9]。

检验方法：自 2007～2020 年使每个参数逐年变化 10%，考察这些参数对 9 个变量的影响。首先依据式(3-19)检验某一特定变量对某一特定参数的灵敏度；之后，再依据式(3-20)计算出 9 个变量对某个特定参数的平均灵敏度，共可以得到 10 个数值，灵敏度分析结果如图 3-8 和 3-9 所示。

由图 3-8 和 3-9 可知，两个学校的灵敏度分析结果基本一致，即除人均耗水量、人均能耗量和人均废物排放量的灵敏度值超过 0.1（10%）以外，其余几项参数的灵敏度都低于 0.05（5%），这说明除人均耗水量、人均能耗量和人均废物排放量对校园的系统运行有较大影响外，校园系统的整体发展状况对其他参数的变化是不敏感的。由此可以得出如下结论：①所构建的 SD 模型具有较好的强壮性，可以用于绿色大学环境系统物流分析；②三个灵敏度值较高的参数“人均耗水量、人均能耗量和人均废物排放量”为对大学环境系统影响较大的关键参数，与之关系密切的变量则是关键变量，以上参数和变量共同构成物流分析中的关键参变量（IPVM），IPVM 是大学环境系统规划与建设需要重点考虑的内容。

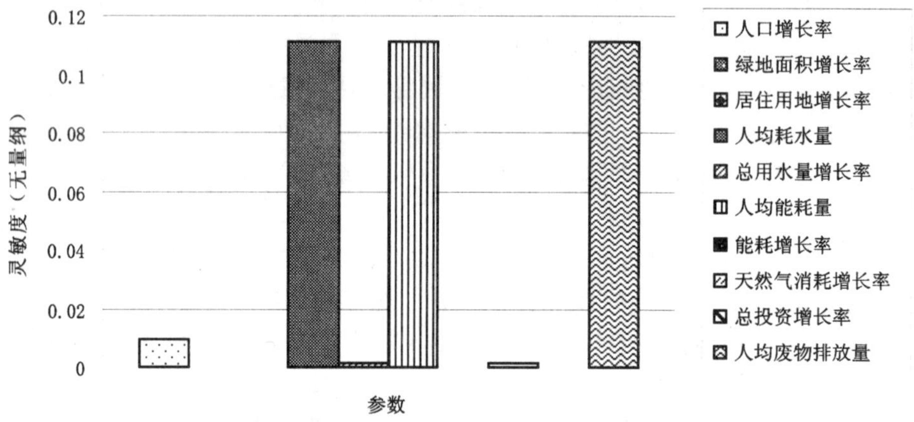

图 3-8　天津工业大学 SD 模型灵敏度分析结果

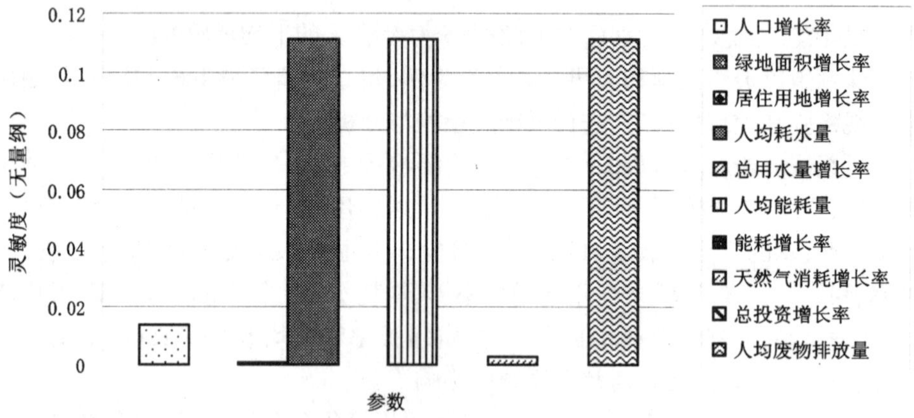

图 3-9　天津大学 SD 模型灵敏度分析结果

二、绿色大学环境系统能值分析

能值分析为“社会—生态”复杂系统开辟了定量分析研究的新方法，成为衡量和比较各种生态流的共同尺度和综合分析的有效工具。应用能值分析可衡量自然环境资源与人类社会经济活动的价值以及它们之间的关系，使得以社会服务为主的校园整体价值能够用同一量纲“能值”表现出来，以使不同策略模式下的校园建设效果能够被客观地衡量和比较。衡量和比较的原则是在不降低生活舒适度的前提下，能值的输入与输出之差越小则说明系统的能值利用效率越高。或者换个角度考虑，就是在输出相同的情况下，能值的输入越小越好。

以上是基于输入输出要素选择的简化的能值分析的基本原理，在具体的规划实践中，可略去政策不可调控因素（或称之为政策不可调控参数），这些因素没有太大的调整空间，在不同策略模式下的取值差别不大，因此在具体能值换算和计算中可略去这部分因素的统计和计算，这种简化并不影响能值分析结论的正确性，却大大降低了工作量，使能值分析更具时效性。根据以上原则，辨析确定大学环境系统能值输入要素（IPVEI）集和能值输出要素（IPVEO）集，这些要素既是规划的重点，也是生态性评价的重点。

1. 能值分析理论的概念与原理

能值分析理论应用于生态系统自组织过程行为及功能研究，其核心是以能值作为基准，将研究系统中不同种类、不可比较的能量转换成同一标准进行比较。能值分析常用太阳能值（sej）衡量某一能量的能值大小。任何流动的或贮存状态的能量所包含的太阳能的量，即为该能量的太阳能值。经过能值转换率，能量或物质与能值之间的转换关系可表示为：能值（sej）= 能值转换率（sej/J 或 sej/g）× 能量或物质的量（J 或 g）。

能值分析理论的提出为衡量和比较不同类别、不同等级层次上的能量提供了理论和方法，使传统的能量分析中不同能量的不可加性和不可比性问题得到解决[14]。能值分析不仅使得不同类别的能量可以转化为同一客观标准的能值，进行定量分析，也可以对传统上难以作综合分析的“社会—生态”复合系统进行有效的生态性评价，为科学决策提供依据。

2. 能值输入要素（IPVEI）与能值输出要素（IPVEO）的辨析

围绕物流分析所得到的关键因素（IPVM），选择大学环境系统的能值输入要素与能值输出要素。能值要素的选择要能够充分体现 IPVM 对系统的影响，同时还要考虑大学环境系统能值构成与流动的特点。

从社会资源和自然资源两个方面，选择能值输入要素。自然要素包括各种形态的水和能，社会资源包括资金的投入、人力资源的投入和进入校园时学生所具有的初始能值。

从对环境影响和对社会贡献两个方面，选择能值输出要素。对环境的影响，主要考查校园系统废水和固体废物的输出量。对社会的贡献，则主要考查学生通过学校学习，毕业后作为人才流向社会时所具有的终端能值。

在物流分析中，通过 SD 模型的灵敏度分析可知，对大学环境系统建设影响比较大的关键要素（IPVM）为人均耗水量、人均能耗量、人均废物排放量。这些要素与校园中的某些因素直接相关，相关关系如下。

人均耗水量：与校园中日常所用自来水量直接相关。

人均能耗量：与天然气、地热能和电量的使用量直接相关。

人均废物排放量：与校园排放的废水量、废固量直接相关。

并且，以上三个关键要素与学生和教职员工的人数直接相关。

根据以上分析，构建大学环境系统能值输入要素（IPVEI）集和能值输出要素（IPVEO）集。

能值输入要素有太阳能、雨水能、地热能、天然气、中水、自来水、电能、设备运行和管理费、生活花费、新书货币数、劳务工资、科研经费等能值以及学生入学前能值和员工知识能值。

能值输出要素有毕业生能值、大学环境系统排放的废水和固体废物的能值以及科技成果能值。

根据以上能值输入与输出要素的选择情况，建立大学环境系统能值分析表 3-2。

表 3-2　大学环境系统能值输入与输出要素分析表

指标		单位
土地	校园占地	m^2
水	自来水使用量	$10^4\ m^3/a$
	年再生水使用量	$10^4\ m^3/a$
	废水量	$10^4\ m^3/a$
人员	在校生总数	人
	①全校大专生数	人
	②全校本科生数	人
	③全校硕士生数	人
	④全校博士生数	人
	毕业总人数	人
	①毕业大专生数	人
	②毕业本科生数	人
	③毕业研究生数	人
	④毕业博士生数	人
	一年的培训人数	人
	教职员工总人数	人
	教职员工的平均工资	元/a
固废	固废量	$10^4 t/a$
投资	总投资	10^4元
	建筑总投资	10^4元
	固定资产	10^4元
	设备运行维修费	10^4元
	电能使用量	$10^3 W \cdot h/a$
能源	天然气使用量	$10^4\ m^3/a$

此外，在具体的能值换算与计算中，还需要搜集以下基础数据：①研究对象所在

地区的太阳光平均辐射量(kcal/hm^2);②研究对象所在地区的年平均降雨量(mm);③规划基准年研究对象所在地区的能值与货币比率(sej/$)。

三、绿色大学环境系统规划模型的构建

绿色大学环境系统规划,涉及社会人才培养、资源高效利用、适于居住的生态环境建设与环境保护等诸多方面,是个多目标问题。建设需要分阶段进行,而且是在不断的持续改进过程中进行,因此又是一个多阶段的动态规划问题。同时,在大学环境系统建设中,一些决策变量可以在连续范围内选择适宜数值,同时还会面临“0－1”选择(例如,用或不用,建或不建)的问题,这又涉及混合整数规划。鉴于以上分析,选择不确定多目标动态混合整数规划方法,根据 IPVM 和 IPVE 的辨析结果,确定决策变量,构建大学系统整体规划的优化模型。

1. 决策变量

根据 IPVM 和 IPVE 的辨析与确定,选择以下变量为绿色大学环境系统整体规划的决策变量。

第 k 阶段学生总数 PE_k;第 k 阶段人均年生活新鲜水使用量 FR_WAT_k;第 k 阶段人均年冲厕再生水使用量 FLU_WAT_k;第 k 阶段新鲜水冲厕所占比例 FLU_{1k};第 k 阶段再生水冲厕所占比例 FLU_{2k};第 k 阶段绿化面积 GRE_ARE_k;第 k 阶段用再生水绿化面积比例 GRE_{2k};第 k 阶段用新鲜水绿化面积比例 GRE_{1k};第 k 阶段人均年产生垃圾量 PE_GAR_k;第 k 阶段能源 i 年消耗量 EN_{ik};第 k 阶段能源 i 扩展规模 EN_EXP_{ik};第 k 阶段能源 i 规模扩展的投入资金 EN_FUND_{ik};第 k 阶段再生水规模扩展投入资金 WAT_FUND_k(目前,校园一般采取自建再生水处理设备或向外面买再生水,若两者均有则此变量应拆分为第 k 阶段自建再生水规模与购买再生水规模);0－1 整数变量 YW_k,YI_{ik}。

通过对上述决策变量调整,实现大学环境系统整体和谐,结构稳定,功能最佳,利于大学的可持续发展。

2. 目标函数

(1)新鲜水用量最小化目标

$$\min F_1^{\pm} = \sum_{k=1}^{3}\left\{\begin{bmatrix} FR\_WAT_k^{\pm} \times PE_k + FLU_{\eta_1} \times PE_k \cdot FLU\_WAT_k^{\pm} + \\ GRE_{\eta_1}^{\pm} \times GRE\_ARE_k^{\pm} \times GRE\_WAT \\ \\ \end{bmatrix} \times NY_k\right\} \tag{3-21}$$

第 k 阶段新鲜水用量表示为

$$\begin{aligned} FR_k^{\pm} = {} & FR\_WAT_k^{\pm} \times PE_k + FLU_{\eta_1} \times PE_k \times FLU\_WAT_k^{\pm} \\ & + GRE_{\eta_1}^{\pm} \times GRE\_ARE_k^{\pm} \times GRE\_WAT \end{aligned} \tag{3-22}$$

第 k 阶段再生水用量表示为

$$RE_k^{\pm} = FLU_{2k} \times FLU\_WAT_k^{\pm} \times PE_k + GRE\_WAT \times GRE_{2k}^{\pm} \times GRA\_ARE_k \tag{3-23}$$

(2)COD 排量最小化目标

$$\min F_2^{\pm} = \sum_{k=1}^{3} (\mathrm{PE_k} \times \mathrm{FR\_WAT}^{\pm} + \mathrm{FLU\_WAT}_k^{\pm} \times \mathrm{PE_k} \times \mathrm{FLU}_{1k}^{\pm} - \mathrm{GER}_{2k}^{\pm} \times \mathrm{GRE\_WAT} \times \mathrm{GRE\_ARE}_k^{\pm}) \times \mathrm{COD_k} \times \mathrm{NY_k} \tag{3-24}$$

(3)生活垃圾产生最小化目标

$$\min F_3^{\pm} = \sum_{k=1}^{3} PE\_GAR_k^{\pm} \times PE_k \times NY_k \tag{3-25}$$

(4)经济效益最大化目标

$$\max F_4^{\pm} = \sum_{i=1}^{5} [EN_{ik}^{\pm} \times (EN\_COST_{ik} - EN\_COST_{1k}) \times TY_i - EN\_EXP_{ik}^{\pm} \times EN\_FUND_{ik}^{\pm} \times YI_{ik}] + \sum_{k=1}^{3} \{(FR\_COST_k - RE\_COST_k) \times [FLU_{2k} \times FLU\_WAT_k \times PE_k + GRE\_WAT \times GRE_{2k} \times GRA\_ARE_k] \times TY_{\mathrm{WAT},k} - WAT\_FUND_k^{\pm} \times WAT\_EXP_k^{\pm} \times YW_k\} \tag{3-26}$$

(5)新能源使用量最大化目标

$$\max F_5^{\pm} = \sum_{k=1}^{3} \sum_{i=1}^{5} EN_{ik}^{\pm} \times NY_k \tag{3-27}$$

3. 约束条件

(1)资金约束

大学环境系统建设必须花费一定的资金,但在一定阶段内,可利用资金是有限的,因此设置资金约束。

$$\sum_{i=1}^{5} EN\_EXP_{ik}^{\pm} \times EN\_FUND_{ik}^{\pm} \times YI_{ik} + WAT\_FUND_k^{\pm} \times WAT\_EXP_k^{\pm} \times YW_k \leqslant AVA\_FUND_k^{\pm} \tag{3-28}$$

(2)新鲜水约束

一定阶段校园对新鲜水的需求量应小于市政向校园的供水能力,同时应能够满足师生员工对新鲜水的基本生活需求。

$$AVA\_WAT_k^{\pm} \geqslant FR_k^{\pm} \geqslant LOW\_WAT_k \times PE_k \tag{3-29}$$

(3)绿化约束

在规划期末,校园应达到绿色大学建设标准要求。

$$GRE\_ARE_3 \geqslant 37\% \times CAM\_ARE_3 \quad \text{秦岭—淮河以北} \tag{3-30}$$

$$GRE\_ARE_3 \geqslant 39\% \times CAM\_ARE_3 \quad \text{秦岭—淮河以南} \tag{3-31}$$

(4)再生水约束

再生水的原水为校园生活污水。经济校园生活用水的排水系数约为 0.8。同时，再生水可供应量应大于等于再生水需求量，而且在规划期末，再生水使用率应达到绿色大学建设标准(25%，参见第二章)。

$$RE_k^{\pm} \leqslant 0.8(FR_{k}\_WAT_k^{\pm} + FLU\_WAT_k^{\pm} \times \frac{FLU_{1k}^{\pm} + FLU_{2k}^{\pm}}{FLU_{2k}^{\pm}}) \times PE_k \tag{3-32}$$

$$WAT\_EXP_k^{\pm} + RE_{k-1} \geqslant RE_k^{\pm} \tag{3-33}$$

$$RE_3^{\pm} \geqslant 25\%(RE_3^{\pm} + FR_3^{\pm}) \tag{3-34}$$

(5)COD 排量约束

COD 作为污水排放指标之一，在一定程度上可以用于度量污水排放对水环境所造成的污染。COD 年排放量应不超过最大允许排放量。

$$(FR\_WAT_k^{\pm} \times PE_k + FLU_{1k}^{\pm} \times PE_k \times FLU\_WAT_k^{\pm} - GRE_{2k}^{\pm} \times GRE\_ARE_k^{\pm} \times GRE\_WAT) \times COD_k \leqslant PERM\_COD_k \tag{3-35}$$

(6)垃圾产生量约束

学校生活垃圾产生量应得到有效的控制，而且学校教学、实验等产生的有害垃圾更应得到重视。但鉴于有害垃圾产生量一般不大，且要求全部无害化处理，在此仅考虑生活垃圾。

$$PE\_GAR_k \times PE_k \leqslant PERM\_GAR_k \tag{3-36}$$

(7)能源约束

能源主要考虑用于照明、空调制冷、采暖、科研等。

$$\sum_{i=1}^{5}(EN\_EXP_{ik}^{\pm} \times YI_{ik} + PRE\_EN_{ik}) \geqslant NEED\_EN_k^{\pm} \tag{3-37}$$

(8)技术及其他约束

YI_{ik}、YW_k均为 0－1 整数变量。当 YI_{ik}等于 0 时，表示方案在第 k 阶段 i 能源不进行规模扩建；当等于 1 时，表示方案在第 k 阶段 i 能源进行规模扩建。YW_k也具有类似的意义。

第 k 阶段新鲜水冲厕所占比例 FLU_{1k}与再生水冲厕所占比例 FLU_{2k}之和，等于 100%；第 k 阶段再生水绿化面积比例 GRE_{2k}与新鲜水绿化面积比例 GRE_{1k}之和，等于 100%。

$$FLU_{1k} + FLU_{2k} = 100\% \tag{3-38}$$

$$GRE_{1k} + GRE_{2k} = 100\% \tag{3-39}$$

$$YW_k \leqslant 1, YI_{ik} \leqslant 1 \tag{3-40}$$

式中：

NY_k为第 k 阶段长度，年；

PE_k为第 k 阶段学生总数，人；

FR_k为第 k 阶段新鲜水使用量，t/(人·年)；

FR_WAT_k为第 k 阶段人均年生活新鲜水使用量(除冲厕用水)，t/(人·年)；

FLU_WAT_k为第 k 阶段人均年冲厕再生水使用量，t/(人·年)；

FLU_{1k}为第 k 阶段新鲜水冲厕所占比例,%；

FLU_{2k}为第 k 阶段再生水冲厕所占比例,%；

LOW_WAT_k为第 k 阶段生活需要的基本新鲜水人均年需求量,t/(人·年)；

GRE_WAT为单位面积绿化年用水量,t/ m^2；

GRE_{2k}为第 k 阶段用再生水绿化面积比例,%；

GRE_{1k}为第 k 阶段用新鲜水绿化面积比例,%；

GRE_ARE_k为第 k 阶段绿化面积,m^2；

CAM_ARE_k为第 k 阶段校园占地面积,m^2；

COD_k为第 k 阶段校园生活污水 COD 平均浓度,kg/m^3；

PE_GAR_k为第 k 阶段人均年产生垃圾量,kg/(人·年)；

EN_{ik}为第 k 阶段能源第 i 年消耗量,千瓦时/年；

EN_COST_{ik}为第 k 阶段能源 i 单价,万元/千瓦时；

EN_EXP_{ik}为第 k 阶段能源 i 扩展规模,千瓦时；

EN_FUND_{ik}为第 k 阶段能源 i 规模扩展的投入资金,万元/千瓦时；

TY_{ik}为第 k 阶段能源 i 扩展设备使用年限,年；

$TY_{\mathrm{WAT},k}$为第 k 阶段水处理设备使用年限,年；

FR_COST_k为第 k 阶段新鲜水单价,万元/吨；

RE_COST_k为第 k 阶段再生水单价,万元/吨；

RE_k为第 k 阶段再生水生产规模,万 t /年；

WAT_FUND_k为第 k 阶段再生水规模扩展投入资金,万元/t；

WAT_EXP_k为第 k 阶段再生水扩展规模,t；

YW_k和 YI_{ik}为 0－1 整数变量；

AVA_FUND_k为第 k 阶段资金约束,万元；

AVA_WAT_k为第 k 阶段可供应的新鲜水量,t/年；

$PERM_COD_k$为第 k 阶段允许排放的 COD 量,kg/年；

$PERM_GAR_k$为第 k 阶段允许产生的垃圾量,kg/年；

PRE_EN_{ik}为第 k 阶段初能源 i 规模,千瓦时；

$NEED_EN_k$为第 k 阶段能源需求量,千瓦时。

上述模型应用于绿色大学环境系统规划时,可根据规划需要进行适当的调整,以使模型结构和求解过程简化。

4. 绿色大学环境系统规划模型求解及方案设计

大学环境系统是一个相对范围较小的区域,对其中的不确定信息可以做出较为准确的上、下限的估计。而且,这类规划也需要给出较为具体的方案,以增强规划的可操作性。鉴于此,本书将多目标模型求解方法与不确定模型的求解方法有机结合,求解所建立的不确定多目标规划模型。

(1)不确定多目标规划模型的基本结构

多目标问题的求解过程一般可分为三个步骤。首先将目标数量化,但不要求都用公度单位进行表示;之后列出等效替代方案的数学表达式,得出一组技术上有效的非劣的规划方案;最后由决策者和分析人员合作,比较和评定已导出的各种目标数值的非劣规划方案。

大学"社会—生态"复合系统是一个包含了不确定信息和随机因素的复杂系统,第一步工作就很难完成。因此,传统的 MOP 方法很难解决这类系统的优化问题,需要引入能够处理系统不确定信息的规划(Inexact Programming,IP)方法和反映系统随机性的机会约束规划(Chance Constrained Programming,CCP)方法,建立不确定多目标优化模型。不确定多目标规划(IMOP)模型的一般形式表达为

$$
\begin{aligned}
\text{目标:} & \min f_h^{\pm}(\boldsymbol{x}^{\pm}) = C_h^{\pm}\boldsymbol{X}^{\pm} && h=1,2,\cdots,p \\
& \max f_l^{\pm}(\boldsymbol{x}^{\pm}) = C_l^{\pm}\boldsymbol{X}^{\pm} && l=p+1,p+2,\cdots,q \\
\text{约束:} & A_i^{\pm} \leqslant b_i(s)^{(Pi)} && \\
& A_i^{\pm} \in \boldsymbol{A}^{\pm} && i=1,2,\cdots,m \\
& A_j^{\pm} \leqslant b_j(s)^{(Pj)} && \\
& A_j^{\pm} \in \boldsymbol{A}^{\pm} && j=1,2,\cdots,n \\
& X \geqslant 0 &&
\end{aligned}
\tag{3-41}
$$

式中:h 为极小值目标的个数,l 为极大目标函数的个数,$\boldsymbol{X}$ 是决策变量集;k 为目标函数的个数;$\boldsymbol{A}^{\pm} \in \{\mathbf{R}^{\pm}\}^{m\times n}$,$\boldsymbol{B} \in \{\mathbf{R}^{\pm}\}^{m\times l}$,$\boldsymbol{C} \in \{\mathbf{R}^{\pm}\}^{l\times n}$,$\boldsymbol{X}^{\pm} \in \{\mathbf{R}^{\pm}\}^{n\times l}$,$\mathbf{R}^{\pm}$代表一个区间集。

设$\beta^{\pm}$为有确定上下限但不知道分布规律的数集,β^{-}和β^{+}分别代表$\beta^{\pm}$的下限和上限,即$\beta^{\pm}=[\beta^{-},\beta^{+}]=\{t\in\beta \mid \beta^{-}\leqslant t\leqslant\beta^{+}\}$;当$\beta^{-}=\beta^{+}$时,$\beta^{\pm}$为一确定数。$\boldsymbol{B}(s)^{(P)}=\{b_i(s)^{(p_i)} \mid i=1,2,\cdots,m\}$。

当 $\boldsymbol{A}$ 中元素确定,$\boldsymbol{B}$ 中元素随机时

$$A_i\boldsymbol{X} \leqslant b_i(s)^{(p_i)},\ \forall i \tag{3-42}$$

式中:$b_i(s)^{(p_i)}=F_i^{-1}(p_i)$,$b_i$(即 $F_i(b_i)$)为给定累积分布,p_i表示系统行为超出约束的可能性。

(2)基于容忍偏离的不确定多目标规划模型的求解

对于单目标不确定随机规划模型,可以用两阶段方法进行求解[15]。基本做法是,首先构建f^{+}子模型,然后再构建f^{-}子模型。在模型(3-41)中,对于每个给定的p_i值 n,其间距系数 $c_j\pm=(j=1,2,\cdots,n)$,如果其中的 k_1是正值,k_2是负值,设 k_1以前的数都为正,即 $c_j\pm\geqslant 0(j=1,2,\cdots,k_1)$;$k_2$以后的数都为负,即 $c_j\pm<0(j=k_1+1,k_1+2,\cdots,n)$;其中 $k_1+k_2=n$。f^{+}子模型形式为

$$\text{目标:} \max f^{+} = \sum_{f=1}^{k_1} c_j^{+}x_j^{+} + \sum_{j=k+1}^{n} c_j^{+}x_j^{-}$$

$$约束:\sum_{j=1}^{k_1} + a_{ij}Sign(a_{ij}^-) + \sum_{j=k_1+1}^{n} | a_{ij} |^+ Sign(a_{ij}^+)x_j \leqslant b_i(t)^{(p_i)} \tag{3-43}$$

$$x_j^{\pm} \geqslant 0 \qquad j = 1,2,\cdots,n$$

式中:$|a_{ij}|^+$ 和 $|a_{ij}|^-$ 分别代表 $a_{ij}^{\pm}$ 绝对值的上限和下限;$a_{ij}^{\pm} \in A\pm$;$Sign(a_{ij}^+)$ 和 $Sign(a_{ij}^-)$ 分别为 a_{ij}^+ 和 a_{ij}^- 的正负标识号。求解模型(3-43)可获得 $x_{j\,opt}{}^+(j=1, 2, \cdots, k_1)$ 和 $x_{j\,opt}^{\pm}(j=k_1+1, k_1+2, \cdots, n)$ 的值。f^- 子模型形式为

$$目标:\max f^- = \sum_{j=1}^{k_1} c_j^- x_j^- + \sum_{j=k+1}^{n} c_j^- x_j^+$$

$$约束:\sum_{j=1}^{k_1} | a_{ij} |^{\pm} Sign(a_{ij}^+)x_j^- + \sum_{j=k_1+1}^{n} | a_{ij} | Sign(a_i^- j)x_j^+ \leqslant b_i(t)^{(p_j)}$$

$$x_j^{\pm} \geqslant 0 \qquad j = 1,2,\cdots,n$$

$$x_j^- \leqslant x_{jopt}^+ \qquad j = 1,2,\cdots,k_1$$

$$x_j^+ \geqslant x_{jopt}^- \qquad j = k_1+1,k_1+2,\cdots,n \tag{3-44}$$

求解模型(3-44)可得到 $f_{opt}^-, x_{j\,opt}^+(j=k_1+1, k_1+2, \cdots, n)$ 和 $x_{j\,opt}^-(j=1, 2, \cdots, k_1)$,由此可获得模型(3-41)中每一个单目标的区间解 $x_{jopt}^{\pm}=[x_{jopt}^-, x_{jopt}^+]$ 和 $x_{opt}^{\pm}[x_{opt}^-, x_{opt}^+]$。

以上为单目标不确定随机问题的两阶段求解方法,求解多目标模型(3-41),还需要用交互式不确定多目标规划求解方法[16],将模型(3-41)转化为单目标问题。

可以认为模型(3-41)中,对应于每一个单目标问题的最佳可能水平值为 f_h^- 和 f_l^+,非劣解中的容忍限值为 f_h^+ 和 $f_l^{\pm}$。这样模型(3-41)中决策变量的最终取值,将在最佳可能水平值和容忍限值之间。设 $\lambda_1^{\pm}$ 和 $\lambda_2^{\pm}$ 为最小算子[16],在与各类群体代表充分交互的基础上,构建辅模型(3-45)。用构建 payoff 表[17]的方法求解每个单目标,得到最佳的可能水平值和容忍限值。b_i^+、b_j^+ 和 b_i^-、b_j^- 分别为(3-45d)和(3-45e)的约束上下限。

$$目标:\max\ (\lambda_1^{\pm} + \lambda_2^{\pm}) \tag{3-45a}$$

$$约束:f_h^{\pm}(X^{\pm}) \leqslant f_h^- - \lambda_1^{\pm}(f_h^+ - f_h^-) \qquad h=1,2,\cdots,p \tag{3-45b}$$

$$f_l^{\pm}(X^{\pm}) \geqslant f_l^- - \lambda_2^{\pm}(f_l^+ - f_l^-) \qquad l=p+1,p+2,\cdots,q \tag{3-45c}$$

$$A_i^{\pm}X^{\pm} \leqslant b_i^+ - \lambda_1^{\pm}\cdot(b_i^+ - b_i^-) \qquad i=1,2,\cdots,m \tag{3-45d}$$

$$A_j^{\pm}X^{\pm} \leqslant b_j^- + \lambda_2^{\pm}\cdot(b_j^+ - b_j^-) \qquad j=m+1,m+2,\cdots,n \tag{3-45e}$$

$$X^{\pm} \geqslant 0 \tag{3-45f}$$

$$0 \leqslant \lambda_1^{\pm} \leqslant 1 \tag{3-45g}$$

$$0 \leqslant \lambda_2^{\pm} \leqslant 1 \tag{3-45h}$$

显然,模型(3-45)已转换为一个单目标问题,可以用上述单目标不确定随机规划两阶段方法进行求解。

(3)规划方案设计

不确定多目标规划模型的决策变量的求解结果并非一个固定值,而是区间解。在区间范围内选择决策变量的值,进行合理组合,便形成了具有较高优化度的备选设计方案。

而后,应用情景分析方法选出较为满意的规划方案。基本步骤如下:①将以上备选方案代入已建立的系统动力学(SD)模型进行模拟运行;②利用能值分析(EA)模型,进行生态性评价;③比较分析运行和评价结果,从中选出较为满意的规划方案。

第四节　绿色大学环境系统要素规划

一、绿色大学能源要素规划

1. 能源要素规划的基本原则

我国正处于经济高速发展时期,对能源需求量很大,而煤、石油、天然气等非再生能源经过多年的开发利用已日渐减少。能源短缺制约着经济的发展,能源消耗所产生的环境污染也成为一大社会问题。节约能耗、减少污染已成为人们的共识。据2005 年高等教育统计公报,2005 年全国各类高等教育总规模超过 2 300 万人,普通高等学校 1 792 所。全国高校已成为一个庞大的集体,高校建筑能源消耗量非常大,具有很大的节能潜力。对于一个复杂的校园能源系统,如何对它进行管理、设计、改造和发展,实现能耗最小,能源结构最优的目标是能源要素规划(或者称之为能源系统规划更能反映规划的内容与目标)所要解决的问题。

校园能源系统主要包括建筑、耗能设备(灯具、空调、采暖设施、其他电器等)、供电设施、其他能源供应设施、处于其中的人以及费用等。能源系统规划是通过对系统各要素协调优化,达到既定的规划目标。能源系统规划应遵循以下原则。

(1)满足基本用能需求的原则

首先要保证学校能源供给能够满足学校师生学习、工作和生活的正常用能需求。

(2)整体性原则

科学合理的能源系统规划应当从整体出发考虑规划的目标,把能源系统作为一个整体,同时也应考虑到校园的整体规划和发展。

(3)长期性原则

能源系统规划应以中长期规划为主。能源系统内的有些要素建设周期长,生命周期也长,所以必须根据中长期的能源战略、能源需求和技术水平等,安排不同阶段的项目建设。

(4)可行性原则

能源系统规划中的技术和方法应该具有实际可操作性,如要采用某种新能源,在该地区这种新能源应该有利用条件,包括自然条件、技术条件和应用推广条件。

(5)提高清洁能源使用比例的原则

利用先进的科学技术,开发利用清洁能源,提高总能耗中清洁能源的使用比例,缓解能源紧缺,减少环境污染。

(6)开源与节能并重的原则

为了实现可持续发展,在改善能源结构、开发新能源的同时,还必须坚持节能的方针。因此要倡导节能型的生活方式,应用节能技术,通过提高能源的利用效率,减少对能源的需求。

(6)最优化原则

科学合理的能源系统规划应该是最优的方案,应该尽可能地研究各种可行方案,并从中选择最佳方案。

2. 建筑能源要素规划的主要内容

建筑能源要素规划的主要内容包括能源平衡、能源预测和能源优化。

能源平衡即能源供求之间达到平衡,同时还应在能源品种和时间方面达到供求平衡。能源预测的基本任务是分析校园建筑对能源需求的变化以及能源系统能否满足这些要求,前者可称为需求预测,后者则为供应预测。能源系统规划的目的是确定校园能源系统的发展方向,合理调整能源结构,制定出符合校园发展的战略措施及相关政策,因此进行能源优化是能源规划的重要内容之一。

校园的能源消耗主要用于照明、实验仪器运转、空调制冷、采暖、生活热水及一些动力设施等。据调查,对于一般大学校园,教学科研用电量占校园用电总量的30%左右,学生宿舍消耗电量所占比例为25%~32%。针对这方面的能源消耗,可通过加强管理和采用先进的设施、设备降低能源消耗。而照明、空调、采暖、生活热水等作为能源消耗的另一个大项,与建筑物关系紧密,这些能源消耗量也受建筑影响,例如,隔热保温性能好的建筑物,它的空调和采暖方面能耗会相对较低;良好的建筑采光设计,也能减少照明能耗。这些措施都可以与建筑设计相结合考虑,如此看来,校园能源系统规划可大致通过对建筑能源的规划来体现。

能源系统中的要素相互影响、相互制约、相互促进,处于其中的人是系统的主体,系统因为人的需求而存在,并且因人的要求改变而变化。建筑物是能源消耗的场所,建筑物与外界所进行能量交换也要消耗一部分能源。耗能设备是能源消耗、转化的载体,它的好坏也决定着能源利用效率的高低。供电设施和其他能源供应设施将能源输送到耗能设备,它们的优劣也影响到能源的消耗情况。而节能建筑、供能设施与设备以及用能,均要花费一定的费用。在一定时期内,可使用的费用往往是有限制的,并且经济性也应该是系统规划所必须考虑的一个问题。

校园能源要素规划的目的是协调系统各要素,使系统在一定条件下,发挥最佳效能,取得最好效益。结合校园节能措施,校园建筑能源优化可从以下方面着手。对于拟建建筑,可通过使用节能灯具、采用高效采暖和空调设施、进行节能建筑设计、采用隔热保温墙体和屋顶、合理选择开发清洁能源、科学管理和培养节能意识等措施来实现;对于已建的非节能建筑,则可通过更换节能灯具、改用高效采暖和空调设施的方法进行建筑节能改造,采用合理开发新能源、更换陈旧设备设施、加强管理、进行节能宣传和教育等方法来优化能源使用。

3. 能源系统优化模型

针对校园能源系统特征,选择动态多目标规划方法构建能源系统优化模型。将规划期分三个阶段,第一阶段为 2010 ~2012 年,第二阶段为 2013 ~2015 年,第三阶段为 2016 ~2018 年。

(1)决策变量

模型选取阶段 k 节能灯具的比例 X_k,阶段 k 新能源 i 使用量 EN_{ik},阶段 k 节能建筑面积 BU_ARE_k,阶段 k 节能建筑投资 BU_COST_k 等作为决策变量。一方面,这些决策变量中,节能灯具可减少能源的消耗量,新能源的使用可减少常规能源的用量,并减轻能源需求压力。另一方面,采用建筑节能设计或节能改造则能减少空调制冷和冬季采暖的能源需求量,节能建筑面积的大小和节能建筑单位面积投资也决定着建筑节能效果的好坏,这也直接与可用资金相关。通过找出最优决策变量值可使校园能源系统结构优化,降低系统能源消耗,并获得最佳经济收益。

(2)目标函数

1)经济效益最大化目标

$$\max F_1 = \sum_{k=1}^{3}\left\{ (LE_k \times X_k \times \eta_1 \times EN\_COST_{1k} \times LE\_Y_k - LE_k \times X_k \times LE\_COST_k) \frac{3(3-k+1)}{LE\_Y_k}\right\} + \sum_{k=1}^{3}\{BU\_ARE_k \times \eta_2 \times HEAT\_COST_k \times BU\_Y_k - BU\_ARE_k \times BU\_COST_k\} + \sum_{k=1}^{3}\sum_{i=2}^{5}\{EN\_COST_{ik} \times EN_{ik} \times EN\_Y_{ik} - EN\_EXP_{ik} \times EN\_INV_{ik}\} \tag{3-46}$$

2)新能源所占比例最大化

$$\max F_2 = \sum_{i=2}^{5} EN_{ik} / \sum_{i=1}^{5} EN_{ik} \quad \text{其中 } k=3 \tag{3-47}$$

(3)约束条件

1)资金约束

$$LE_k \times X_k \times LE\_COST_k + BU\_ARE_k \times BU\_COST_k + \sum_{i=1}^{5} EN\_EXP_{ik} \times EN\_INV_{ik} \leqslant AVA\_FUND_k \tag{3-48}$$

2)能源可供应量约束

$$EN\_EXP_{ik} \leqslant \min\{AVA\_EN_{ik}, EN\_NEED_i\} \tag{3-49}$$

$$EN_{ik} \leqslant \min\{AVA\_EN_{ik}, EN\_NEED_i\} \tag{3-50}$$

3)其他约束

$$\sum_{k=1}^{3} X_{ik} \leqslant 100\% \qquad i=1,2 \tag{3-51}$$

$$\sum_{k=1}^{3} BU\_ARE_k \leqslant BU \tag{3-52}$$

式中：

$k=1,2,3$ 分别对应于规划期的第一、二、三阶段；

$i=1$ 表示电能，$i=2,3,4,5$ 表示不同种类的清洁能源；

LE_k为第 k 阶段灯具总功率，kW；

X_k为第 k 阶段节能灯具比例，%；

EN_COST_{ik}为第 k 阶段能源 i 用于生产单位产品与常规生产方法相比节省的费用，万元/千瓦时；

EN_NEED_i为规划期末校园对能源 i 的需求量；

LE_Y_k为第 k 阶段节能灯具使用时长，按一年 300 天，教室、办公室等一天 8 小时，宿舍按一天 6 小时折算成年，a；

LE_COST_k为第 k 阶段节能灯具单价(折合)，万元/kW；

BU_ARE_k为第 k 阶段节能建筑面积，m^2；

BU 为规划期内建筑总面积，m^2；

$HEAT_COST_k$为第 k 阶段采暖单价，万元/ m^2；

BU_Y_k为第 k 阶段节能建筑使用年限，a；

BU_COST_k为第 k 阶段节能建筑投资，万元/ m^2；

EN_{ik}为第 k 阶段能源 i 生产规模；

EN_Y_{ik}为第 k 阶段能源 i 可使用年限，a；

EN_EXP_{ik}为第 k 阶段能源 i 扩建规模；

EN_INV_{ik}为第 k 阶段能源 i 扩建投资，万元/千瓦时；

AVA_FUND_k为第 k 阶段资金约束，万元；

AVA_EN_{ik}为第 k 阶段能源 i 可供应量；

η_1为节能灯具节能效率，%；

η_2为节能建筑的采暖节能效率，%；

$\min\{AVA\_EN, EN\_NEED_i\}$ 表示取两者中较小值。

(4)模型求解及规划方案设计

应用基于容忍偏离的方法[18]求解上述优化模型，可以得到不同阶段学校节能灯具使用所占比例、不同种类的新能源使用量、节能建筑面积和节能建筑投资等决策信息。不同群体和决策者的偏好，可以体现在多目标优化模型求解的辅助模型设计过程中。

根据求解结果，可以进行能源规划方案设计。

不同群体的偏好不同，辅助模型中不同目标的容忍偏离水平值的取值就会有所差异，模型求解结果及与之相对应的备选方案设计也就不同。在与各群体充分交互的基础上，对以上备选方案的实施结果进行比较和分析，选出满意的规划方案。

二、绿色大学水要素规划

校园水循环由自然循环和社会循环组成。自然循环是指降水—形成径流—蒸发—再降水的过程。社会循环则是指在水的自然循环过程中，进入学校的自来水供师生学习生活或科研使用，产生的污水部分通过污水管网进入城市污水处理厂，部分经过学校再生水处理站处理后回用。当然，如果有条件，可以建设一个类似于成都活水公园的兼具人工与自然的场所，在处理污水的同时，增色景观，将水的自然循环和社会循环交织在一起的，使水的社会循环依赖于自然循环，并对水的自然循环产生良性影响。

校园作为一个小区域，它的水循环具有以下特点：第一，校园供水由其所在城市市政给水管网提供，如果把校园看成一个系统，那么自来水水源则由外部提供；第二，校园日常排放的污水，在常规建设模式中，一般不进行校内处理，而是排入城市排水管网中，由城市污水处理厂进行处理；第三，校园人口密度较大，师生文化素质较高，用水具有较强的规律性，为污水资源化利用提供了较为有利的条件；第四，校园对水环境的要求较高，一定的景观水域面积和绿地面积，不仅为学子们提供了习作间小憩之所，还有利于改善区域环境。

1. 水要素规划的基本原则

绿色大学水要素规划的基本原则如下。

(1) 满足基本用水需求的原则

首先要保证学校水的供给能够满足学校师生学习、工作和生活的正常用水需求。

(2) 整体性原则

科学合理的水资源规划应当从整体出发，考虑规划的目标，把水系统作为一个整体考察，同时也应考虑到校园的整体规划和发展。

(3) 提高再生水使用比例的原则

利用先进的科学技术，开发利用再生水，提高再生水使用比例，缓解水资源紧缺的危机，减少水环境污染。

(4) 开源与节能并重的原则

为了实现可持续发展，开发利用再生水、提高再生水使用比例的同时，还需要注重节水。因此应倡导节水生活方式，应用节水技术，通过提高水利用效率，减少对水资源的需求。

(5) 最优化原则

科学合理的水规划应该是最优的方案，应该尽可能地研究各种可行方案，并从中选择最佳方案。

2. 水要素规划的主要内容

(1)供水方式的选择

对于高校来说,水按用途主要分为四类,即生活饮用水、生活杂用水、科研用水、生态用水。

我国属于缺水国家,人均水资源占有量只有世界平均水平的1/4,大学是用水量大且用水时段密集的特殊社区,有必要对有限的水资源进行合理规划与科学利用,实行分质按量供水,以缓解城市新鲜水可用量有限与用水量不断增加的矛盾。建造再生水处理和供给系统,提高水循环再利用率,需要一定的资本投入,但高校用水集中,且规律性强,为污水的收集处理与再生水的开发利用提供了有利条件,也为分质供水提供了有利条件。顾名思义,分质供水是指按不同的水质需求供给不同品质的水。对于高校而言,从水质上分析,生活饮用水和科研用水对水质要求高,应采用市政给水作为水源;生活杂用水和生态用水对水质要求较低,可采用再生水作为水源。对于长期而言,采用分质供水,提高高校再生水使用比例,不仅有利于降低城市新鲜水供应的压力,减少校园污水排放,还可以降低高校运营成本。

(2)排水方式的选择

排水系统的体制,主要分为分流制和合流制两种类型。其中,分流制系统可细分为完全分流排水系统、不完全分流排水系统和半分流排水系统;合流制排水系统是将排水地区的生活污水、工业废水和天然降水,用一套管道进行收集、输送和排放。

分流制是污水与雨水分开收集,污水通过污水管道输送至污水处理厂,雨水则通过雨水管道或管渠直接排入水体。分流制排水的优点:一是减少了对受纳水体的污染;二是污水处理设施规模较小,雨水泵站只在需要时启动,节能节地。分流制排水的缺点是需铺设两种类型的管道,造价较高。

在我国,很多高校都具有数十年甚至上百年的历史,所以很多高校在排水方式上都是采用合流制。根据国家十一五规划关于污染物排放总量控制的要求,各企事业单位水污染物排放总量都有一定的控制指标(主要是COD、氨氮),高校污染物排放总量也要控制在排污指标范围内。一方面,如果高校污水不进行处理直接排放,将对环境和受纳水体造成污染,有可能超出污染物排放总量控制指标;另一方面,学校生活污水的水质较为单一,处理成为达标的再生水用于生态和生活杂用,难度并不高,而且,提高再生水使用比例,还可以缓解城市供水压力,减少高校自来水费用。近年来,为了解决水资源日益紧张和污染加重的问题,很多城市在规划改造过程中,把原来的合流制排水体制逐渐改为分流制排水体制,很多老校区排水管网改造和新校区的规划过程中都开始采用分流制排水体制。

(3)雨水资源化

校园内降雨形成的地表径流水质比较好,如果不进行资源化处理,只是通过合流制管网排放,这些水资源便白白流失,还会增加城市排水系统的压力。高校在土地开发与建设过程中应增大地表径流系数,如果不采取恰当的雨水资源化措施,增大的雨水径流量在汛期所产生的泄洪量,将对学校自身以及周围地区产生水涝威胁。雨水大规模的集中收集、蓄存费用巨大,采用自然资源化和人工资源化相结合的方式,可提高雨水资源的利用效率、降低资源化成本。自然资源化是指尽量减少对原有地貌的人为干扰,提高绿化率,降低地表径流系数。人工资源化的主要方法有:进行雨水渗透设施建设,降低径流系数;扩大景观水域面积,积蓄雨水。

在雨水资源化过程中需要重视对初期雨水的处置。城市化发展导致了雨水径流污染程度加重,校园内也不例外。雨水污染多集中在初期径流中,严重时径流中的污染物浓度高,色度大,主要为溶解性 COD。洁净的、符合利用要求的雨水是雨水资源化的基础,因此,无论是从控制水环境污染还是从雨水资源化利用的角度出发,初期雨水的处置都是必须的。

此外,选择科学合理的初期雨水处置方案也很重要。从环境保护的角度出发,截流的初期雨水,应与生活污水和工业废水一起输送至污水处理厂集中处理后再排放。但是,这种方式极大地增加了污水处理厂的处理负荷与日常处理费用。高校雨水规划过程中应该从环境保护、雨水资源化利用、投资和运行成本几个方面综合衡量,经过多方比较,确定初期雨水的处置方案[19]。

(4)再生水利用

为了解决用水量的日益增加与水资源紧缺之间的矛盾,需要提高水资源的循环利用率,污水处理后回用越来越受到重视。再生水系统对所需回用的生活废水和雨水可分别收集处理,处理后的再生水可用作水景,喷洒道路、花草、树木等。再生水的利用需要考虑再生水原水水源、再生水出水水质和再生水处理站的选址等问题。

考虑到人们的习惯和心理上的要求,应优先考虑优质杂排水为再生水水源。校园内可供选择的再生水水源有高校教学办公建筑物杂排水,学生居住区生活污水,校园内的雨水,可利用的天然水体(河、塘、湖等),等等。

根据再生水回用去向的不同,再生水出水水质标准不同。例如,回用于景观环境用水时,对列入水功能区划分范围的水域,执行《地表水环境质量标准》(GB 3838—2002)中与划定的功能区相一致的水质标准,对没有列入水功能区划分范围的水域,在不对相邻的水功能区域水体产生影响的情况下,推荐执行《城市污水再生利用景观环境用水水质》(GB/T 18921—2002)。回用于工业冷却时,推荐执行《污水再生利用工程设计规范》(GB/T 50335—2002)相关规定。回用于城市杂用时,推荐执行《城市污水再生利用城市杂用水水质》(GB/T 18920—2002)。校园内再生水通常只考虑用作生态用水和冲厕,所以其水质标准应符合《生活杂用水水质标准》和《城市污水再生利用景观环境用水水质》(GB/T 18921—2002)。一般情况下,对于以优质杂排水及生活污水作为原水的再生水系统,采用生物处理工艺或物化处理工艺都能达到预期的处理效果。

再生水处理站位置应根据学校的整体规划、再生水原水水源、再生水用水点的分布、环境卫生以及管理维护要求等因素确定。

(5)绿化景观水体用水

目前,很多高校都在建设中都加大了绿地和景观水体的建设面积。一方面,这些绿地和水域景观改善了学校的生态环境,使之更适于师生学习和工作;另一方面,大面积的绿地和水域景观,需要不断地补充水量才能维持其生机。由于水资源短缺,城市水价存在上升的势头,高校的生态用水费用也在增长。所以,在绿色大学水要素规划中,不仅需要考虑绿地和水域景观的面积,还要考虑绿地景观维护的用水需求。绿地和水域景观设计必须要向水域景观和水质处理系统相结合方向发展,即向水域景观生态设计方向发展。

(6)水生态环境修复与保持

随着人民生活水平的提高及生态环境的改善,亲水性生活环境成为一大需求,高校也不例外。如果不进行合理规划,对水景的追求也会带来一些问题,例如,补充水源成本高,水质保持成本高,后期维护成本高,等等。对景观水体的处理重视不够,就会造成藻类疯长,水体发绿甚至发臭等现象。传统的物化法和生化法,虽然通过优化设计可以高效处理受污染的水体,却与自然景观水景不相融合。目前国内对人工湖的治理主要有引水换水、循环过滤、微生物方法、生态净水等方法。引水换水由于要消耗大量的水资源,因此这种方法仅适用于小型水体。在水生态环境修复与保持的技术方法中,基于生态方法的水体修复技术,具有处理效果好、工程造价相对较低,运行成本低廉、不会形成二次污染等优点。此外,它还可以用来改善景观和配合城市地区进行休闲场所的建设。自然本身对河湖就有着一种净化能力,应用生态方法保持水质的技术就是对这种净化能力的强化,是人们遵循生态规律的一种尝试。常用的生态修复技术有生物浮床、生物膜法、生物操纵技术、生态护岸、土地处理技术和人工绿地污水处理技术等。

(7)校园水系统的环境容量

水环境容量是指以环境目标和水体稀释自净规律为依据,在给定水域范围和水文条件、规定排污方式和水质目标的前提下,单位时间内该水域最大的允许纳污量。水环境容量大小与水体特征、水质目标及污染物特性有关。同时水环境容量还与污染物的排放方式及排放的时空分布有关。高校景观水体主要是人工湖、水体缓流或静流,在计算环境容量时可以参考水库环境容量的计算,近似为按保持《地表水环境质量标准》(GB 3838—2002)的污染物排放量,并取枯水期水体容量为安全容积。计算公式为

$$W=(C_s-C_0)V+365KVC_s \tag{3-53}$$

式中:W 为水环境容量,g/a;

C_s为高校水体的水环境控制目标浓度,mg/L;

C_0为背景浓度值,mg/L;

K 为高校水体污染物的自然衰减系数,1/d;

V 为最枯蓄水量,m^3。

由于学校水体流动性很差，根据文献可设定 NH_3-N 污染物自然衰减系数 $K_{NH_4-N}=0.08\ 1/d$[20,21]，COD 污染物自然衰减系数 $K_{COD}=0.1\ 1/d$。污染物的控制目标值，需要根据功能区的水质要求并结合功能区的水质现状确定。

（8）校园节水

高校节水潜能分析是水资源优化配置研究的基础。高校节水可以从两个层面进行考虑：①在不降低师生生活适宜度的前提下，减少需水量，这种节水需要通过提高人的节水意识、推广节水器具、加强水计量和水管理来实现；②分质供水，合理配置水资源，降低新鲜水消耗量。

3. 学校总用水量预测

校园可用水资源主要有自来水、再生水、雨水和地下水等。自来水由城市市政给水管网提供，在用水量上可认为是无限制的。再生水可以从城市再生水处理厂购买，也可以由学校自建再生水处理站供应。如果由城市再生水处理厂提供，可认为在用量上不受限制；如果学校自建再生水处理站，供水量由学校用水总量和再生水处理站的处理规模来决定。雨水是指天然降水过程中，学校区域面积内汇集的雨水，这部分水源受气候、年份、季节和学校所在地区等因素的影响，水量可根据学校当地多年降水平均值进行估计。如果学校所在地水资源非常缺乏，可以考虑采用地下水进行用水补充，但允许开采量很少，一般不予考虑。

校园水资源需求主要来源于以下几个方面：学校师生生活用水，教学科研用水，生态用水以及其他用水。

（1）师生综合生活需水量预测

设规划期内高校的学生总人数和教师总人数分别为 N_1 人和 N_2 人；学生人均综合生活用水量为 q_1 L/（人·天），教师办公人均日用水量为 q_2 L/（人·天）；师生学习办公用水天数为 T_2 天/年。则生活用水总量 Q_h 的计算公式为

$$Q_h=q_1N_1T_2+q_2N_2T_2 \tag{3-54}$$

（2）科研需水量预测

学校科研用水跟学校总的科研经费紧密相关，在本规划中将科研用水看成是科研经费的线性函数，设学校总科研经费为 E_1 万元/每年，单位科研经费耗水量为 q_3 吨自来水/万元科研经费。则科研需水量 Q_k 的计算公式为

$$Q_k=E_1q_3 \tag{3-55}$$

（3）生态需水量预测

生态需水量包括景观水体补水和绿地浇灌用水，生态需水量的计算公式为：

$$Q_t=Q_b+Q_j \tag{3-56}$$

式中：Q_t 为生态用水量；Q_b 为景观水体补水量；Q_j 为绿地浇灌用水量。

1）景观水体补水量预测

景观水体补水量为蒸发水量与渗透水量之和。

设规划区域年蒸发系数为 U_1 mm/（m^2·a），水域面积为 A_s，则年蒸发需水量 Q_f

为：

$$Q_f = A_s U_1 \tag{3-57}$$

一般来说，河湖渗透需水量是当河湖水位高于地下水位时，通过河湖底部渗透和岸边侧渗渗入地下的水量。在饱和水分土壤中，渗透性可按照达西公式[22]计算如下：

$$V = r_1 I \tag{3-58}$$

$$I = \frac{H}{L} \tag{3-59}$$

则时间 t 内，渗透过一定截面积 A(cm^2)的水量 Q_s可用下式计算：

$$Q_s = VAt = KIAt \tag{3-60}$$

式中：V 为渗透速度，每秒钟通过 1 cm^2 土壤断面的水的流量，cm/s；r_1 为渗透系数在单位水压梯度($I=1$)下，单位时间内通过单位截面积的流量，mL/($cm^2 \cdot s$)；I 为水力梯度，即渗透层中单位距离内的水压降；H 为水面水位和地下水位的高差，即静水压力，m；L 为发生水分渗透作用的土层的厚度，即渗透路程，m。

由以上推导可知，景观水体补水量 Q_b的计算公式为

$$Q_b = Q_s + Q_f \tag{3-61}$$

2)绿地浇灌需水量预测

设绿地浇灌系数为 U_2 $m^3/(m^2 \cdot d)$，绿地面积为 A_L m^2，绿地浇灌需水量 Q_j计算公式为

$$Q_j = U_2 A_L \tag{3-62}$$

(4)其他需水量预测

其他需水量包括包含漏失水量、消防用水及其他不可预见用水等。设其他需水量占总需水量的比例为 R_1，则其他需水量 Q_q为

$$Q_q = R_1(Q_h + Q_k + Q_t) \tag{3-63}$$

(5)学校需水总量预测

由以上分析可知，学校需水总量 Q 为

$$Q = Q_h + Q_k + Q_t + Q_q \tag{3-64}$$

4. 水资源优化配置模型

针对校园水系统特征，采用非线性多目标规划方法构建水资源优化配置模型。

(1)决策变量

该模型的决策变量为自来水、购买再生水和自产再生水在学校总用水量中所占比例 R_L、R_{z1}、R_{z2}。

(2)目标函数

综合考虑水资源优化配置过程中的各关键因素，模型设计三个目标函数：高校的总用水费用最小，水系统工程投资最小，高校的 COD 排放量最小。

1）年水费用最小化

$$F_1 = \min\left[QR_L P_1 + QR_{z1} P_2 + QR_{z2} P_{2c}\right] \quad (3\text{-}65)$$

2）水设施建设费用最小化

$$F_2 = \min\{0.812(R_{z2}Q/R_{z2}Q/300)^{0.91} + 0.0413\,8(R_L Q/R_L Q/300)^{1.26} \\ (R_{z1} + R_{z2})Q/300]^{1.26}\} \quad (3\text{-}66)$$

3）COD 排放量最少化

$$F_3 = \min\left[(Q_w - R_{z2}Q)C_{cod}\right] \quad (3\text{-}67)$$

（3）约束条件

模型主要考虑自来水使用比例约束、再生水供水能力约束、生态相关约束、环境约束以及技术约束。

1）自来水使用比例约束

$$R_{Lmin} \leqslant R_L \leqslant 1 \quad (3\text{-}68)$$

2）再生水处理能力约束

$$0 \leqslant R_{z2} \leqslant R_{z2max} \quad (3\text{-}69)$$

3）再生水购买量约束

$$0 \leqslant R_{z1} \leqslant 1 - R_{Lmin} \quad (3\text{-}70)$$

4）环境约束（COD 排放总量和氨氮排放总量的约束）

$$(Q_w - R_{z2}Q)C_{cod} \leqslant COD_{max} \quad (3\text{-}71)$$

$$(Q_w - R_{z2} \times Q)C_{NH_4-N} \leqslant NH_4 - N_{max} \quad (3\text{-}72)$$

5）技术约束

$$R_L + R_{z1} + R_{z2} = 1 \quad (3\text{-}73)$$

水资源优化配置模型中的变量参数含义如表 3-3 所示，决策变量如表 3-4 所示。

表 3-3　水资源优化配置模型变量参数表

序　号	符　号	意　义	单　位
1	Q_y	年雨水量	万 t/a
2	Q_x	可进入景观水体的雨水量	万 t/a
3	Q_d	地热用水量	万 t/a
4	Q_h	师生综合生活用水量	万 t/a
5	Q_k	科研用水量	万 t/a
6	Q_b	景观水体补水量	万 t/a
7	Q_j	绿地浇灌用水量	万 t/a
8	Q_t	生态需水量	万 t/a
9	Q_q	其他用水量	万 t/a
10	Q	实际需要使用总用水量	万 t/a

续表

序　号	符　号	意　义	单　位
11	Q_{zmax}	最大再生水使用量	万 t/a
12	η_{max}	潜在最大再生水使用率	%
13	Q_w	污水排放量	万 t/a
14	Q_{smax}	再生水最大生产量	万 t/a
15	η_{smax}	潜在最大再生水生产率	%
16	P_1	自来水价格	元/t
17	P_2	再生水价格	元/t
18	P_{2c}	再生水成本	元/t
19	C_{cod}	学校排放污水 COD 平均浓度	mg/L
20	C_{NH_4-N}	学校排放污水 NH_4-N 平均浓度	mg/L
21	K_j	平均径流系数	无
22	R_{av}	年均降水量	mm
23	A_h	区域汇水面积	m^2
24	q_1	学生人均综合生活用水量	L/(人·d)
25	q_2	教师办公日均生活用水	L/(人·d)
26	q_3	自来水/万元科研经费	t/万元
27	q_4	学生人均每天洗浴用水量	L/(人·d)
28	N_1	学校学生总人数	人
29	N_2	教职员工人数	人
30	A_s	水域面积	m^2
31	A_L	绿地面积	m^2
32	T_2	学校师生学习办公用水天数	d
33	U_1	年蒸发系数	$mm/(m^2 \cdot a)$
34	U_2	绿地浇灌系数	$m^3/(km^2 \cdot d)$
35	COD_{max}	学校年允许排放 COD 总量	t/a
36	NH_4-N_{max}	学校年允许排放 NH_4-N 总量	t/a
37	K_{NH_4-N}	NH_4-N 污染物自然衰减系数	1/d
38	C_{0cod}	COD 背景浓度值	mg/L
39	K_{COD}	COD 污染物自然衰减系数	1/d
40	E_5	学校总科研经费	万元/a
41	η_z	再生水转化率	%
42	η_h	生活污水排放系数	%
43	η_k	科研废水排放系数	%

续表

序号	符号	意义	单位
44	C_{sCOD}	水环境 COD 控制目标浓度	mg/L
45	C_{sNH_4-N}	水环境 NH_4 – N 控制目标浓度	mg/L
46	W_{cod}	COD 环境容量	t/a
47	W_{NH_4-N}	NH_4 – N 环境容量	t/a

表 3-4　水资源优化配置模型决策变量表

序号	符号	意义	单位
1	R_L	自来水占总用水量比例	%
2	R_{z1}	购买再生水占总用水量比例	%
3	R_{z2}	处理再生水占总用水量比例	%

(4)模型求解与规划方案设计

应用 matlab 软件求解上述优化模型,可以得到高校水资源配置中自来水、自产再生水和购买再生水在学校总用水量中所占的比例。不同群体和决策者的偏好,可以体现在模型参数设计中。

根据求解结果,可以进行水资源规划方案设计。不同群体的偏好不同,模型参数设计就不同,模型求解结果及与之相对应的备选方案设计也有差异。在与各群体充分交互的基础上,对以上备选方案的实施结果进行预评价、比较和分析,选出满意的规划方案。

第五节　绿色大学环境系统规划的生态性评价

在绿色大学环境系统规划编制以及规划方案执行的过程中,都需要采用适宜的方法对规划实施结果进行评价。规划编制过程中的实施结果预评价可以辅助方案优选,规划实施过程中的生态性评价是规划修正的依据。

生态性评价的主要方法有层次分析法、生态足迹法、熵分析法、生态位理论分析法和能值分析法等。根据绿色大学环境系统特征,本书提出了基于输入输出比较分析的简化的能值分析方法,进行绿色大学环境系统规划的生态性评价。

一、生态性评价的基本方法

1. 层次分析法

层次分析法(Analytical Hierarchy Process,简称 AHP)是美国运筹学家 Saaty 于 20 世纪 70 年代提出的一种多目标决策分析方法。这种分析方法的主要特点是定性方法与定量方法相结合,将分析人员的经验判断给予量化。

AHP 方法是通过分析复杂问题所包含的因素及其相互关系,将问题分解为不同的要素,并将这些要素归并为不同的层次,从而形成多层次结构。每一层次可按某一规定准则对该层元素进行逐对比较,建立判断矩阵。通过计算判断矩阵的最大特征值及对应的正交化特征向量,得出该层要素对于准则的权重[23]。层次分析大体上可分为下面四个步骤:建立递阶层次结构模型,构造出各层次中的所有判断矩阵,层次单排序及一致性检验,层次总排序及一致性检验。层次分析法流程如图 3-10 所示。

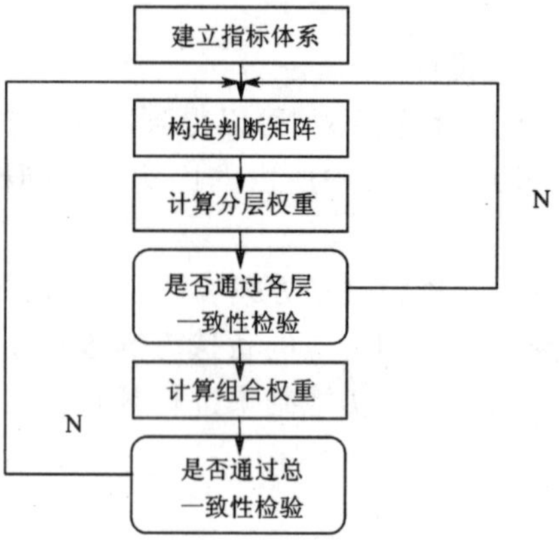

图 3-10　层次分析法流程图

层次分析法在区域生态性评价方面应用较为广泛,如龙伟等[24]探讨了构建重庆生态城市综合评价指标体系,并利用层次分析法和加权指数法对重庆 1998—2004 年的城市生态系统建设状况进行综合评价;范平等[25]采用层次分析法建立了一套符合我国国情的、定性与定量结合的生态社区评价指标体系。层次分析法也已应用于校园生态性研究,例如,本课题组[26]根据校园生态化的水平,建立了包含三个层次的校园生态化的评价体系,并应用层次分析法得到体系中各个因素指标的相对组合权重;刘丹平[27]则从绿色办学、绿色管理、绿色校园、绿色科研、绿色人才等方面,构建了绿色大学评价指标体系及层次结构模型,运用层次分析法计算指标权重和排序;王晓蕾等[28]基于五律协同与可持续发展理论,从自然、环境、技术、社会、经济五方面出发构建大学校园环境评价指标体系,并运用层次分析法、归一化、定量转化和加权综合等方法建立评价模型。

总体来说,层次分析方法简便易懂,便于掌握,条理、逻辑性较强,具有一定的可信度。但是,目前层次分析法应用于绿色大学的生态性评价还存在一些不足,主要表现在:①对绿色大学建设的认识仍停留在模糊的、表象的、感性的层次上,评价指标体系的指标内容涉及多个方面,对指标体系中应包含的分指标的确定具有较强的主观性;②对于各分指标权重的确定也具有较强的主观性,在参考国内外相关标准对各因子进行打分时,也显得过于粗略。

2. 生态足迹分析方法

20 世纪 90 年代初,William Rees 及其博士生 Mathis Wackernagel[29] 提出了生态足迹理论模型。它是一组基于土地面积的量化指标,指特定区域能够持续地提供资源或消纳废弃物的具有生物生产力的地域空间。其理论基础是将人类的各种消费和活动转换成所需要的土地面积及其相对应的初级净生产力,同时将区域内的各种类的土地也转换成初级净生产力,再进行生态占用与生态承载能力的比较。

生态足迹分析主要包括生态足迹需求计算、生态承载力(生态足迹供给)计算、生态盈亏分析和生态效率分析等。

(1)生态足迹分析模型

在生态足迹分析模型中,生态足迹需求的计算基于以下两个假设:其一是人类可以确定自身消费的绝大多数资源及其所产生的废弃物的数量;其二是这些资源和废弃物能转换成相应的生物生产面积[30]。生态足迹需求计算公式为:

$$EF_d = Nef_d = N\sum_{i=1}^{n}\frac{c_i}{ep_i}r_i = N\sum_{i=1}^{n}\frac{P_i + I_i - E_i}{ep_i}r_i \qquad i = 1,\ 2,\cdots,6 \tag{3-74}$$

式中:EF_d为生态足迹需求;N 为总人口数;ef_d为人均生态足迹需求;c_i为第 i 种土地生产资源的净消费量;ep_i为第 i 种土地生产资源的全球平均生态生产力;P_i为第 i 种土地生产资源的生产量;I_i为第 i 种土地生产资源的进口量;E_i为第 i 种土地生产资源的出口量;r_i为第 i 类土地的均衡因子;i 表示生态生产性土地类型,包括耕地、林地、草地、化石能源地、建筑用地和水域 6 种类型。

在生态足迹分析模型中,生态承载力是指一个地区所能提供给人类的食物生产性土地面积的综合,其计算公式为

$$EF_s = Nef_s = N\sum_{i=1}^{n}\left(EF_i = r_i\,y_i\,\frac{A_i}{N}\right) \qquad i = 1,\ 2,\ \cdots,6 \tag{3-78}$$

式中:EF_s为生态足迹总供给;N 为总人口数;ef_s为人均生态承载力;EF_i为第 i 类土地的人均生态承载力;y_i为第 i 类土地的产量因子;A_i为第 i 类土地的生物生产面积;r_i与 i 同式(3-74)。出于谨慎性考虑,在生态承载力计算时应扣除 12% 的生物多样性保护面积,即可利用生态足迹只占总量的 88%。

生态盈亏分析是指通过比较生态足迹需求与生态承载力计算结果,评价系统的发展状态。如果前者大于后者,则出现生态赤字,表示此区域为不可持续发展的状态;反之则表现为生态盈余,即可持续发展的状态。

生态足迹效率等于总的生态足迹需求与当地 GDP 总量的比值,它可以客观地反映单位经济产出的自然资产消耗量,其值越小,说明生态足迹的效率越高,资源的利用效率也越高。

(2)生态足迹分析方法在大学校园生态性评价中的不足

生态足迹方法(Ecological Footprint, EF)为人类评价区域的生态性和可持续发展水平提供了科学的定量化分析的工具,由于它计算简单,结果明了且易于操作,在城市和区域的生态性评价方面得到了较为广泛的应用,但将其应用于大学校园生态性评价仍存在一些不足,归纳如下。

1)基于静态封闭系统的假设

EF 模型是一种基于静态指标的分析方法,强调的只是人类发展对环境系统的影响及其可持续性,没有考虑人口、技术、物质消费水平的变化性,所以指标体系具有瞬时性。而且,在进行区域承载力计算时是基于系统是封闭的基本假设,只计算了区域内部 6 种土地利用类型面积所对应的初级净生产力,无法考虑大学与城市之间的物质交换,因此,应用 EF 模型对具有开放性和流通性特征的大学"社会—生态"复合系统进行评价,难免会出现较大误差。

2)忽视大学不同建设模式的功能差异

大学以强烈的集聚效应与外界存在物质、能量和信息等方面的交换,它需要不断地从其他地方摄入物质、能量以维持大学校园内人群的生活水平和生活质量,大学校园的生态足迹一般会大于大学所拥有的生态生产性土地面积。大学在大量的输入资源和能源的同时,完成着培育人才、创新科技和服务社会的功能,在此过程中产生很高的附加值,而且不同的建设、运营和管理模型所产生的附加值率是不同的。而 EF 模型没有考虑大学的产出,这就忽视了大学不同建设模式所产生的功能差异。

3. 熵分析方法

熵的概念是由德国物理学家 Clausius 在 1867 年提出的,用"熵"的概念描述系统的功能状态。系统是由诸要素构成的相互作用的有机整体,从本质上讲,系统的有序结构决定了系统的最佳的功能。但是,当系统内部各要素之间的协调发生障碍时,系统就很难继续围绕目标进行控制,从而在功能上表现出某种程度的紊乱,表现出有序性减弱、无序性增强,系统的这种状态,称之为系统的熵值增加。"负熵"被用来表征系统与外部环境的交换,负熵增加意味着促进系统内部各子系统之间协同作用的力增加,这种作用力可以促进系统朝有序化方向发展。"社会—生态"复合系统是一个耗散结构系统,它的开放性使其与环境之间有着物质、能源和信息的交换,这个交换过程也就是负熵增加的过程。

熵分析的基本流程为建立评价指标体系,分指标的无量纲化处理,确定各分指标的熵权,计算生态系统熵权综合健康指数。熵分析方法可以根据指标的原始数据,经统计分析或其他数学方法处理后得到权重,在一定程度上,避免了仅凭经验确定指标权重的主观赋权的随意性,具有较强的数学理论依据。目前,它已较为广泛地应用于区域生态性评价。如高长波等应用压力—状态—响应模型和熵分析法,对我国5个经济发达城市的生态安全水平进行定量化分析;许文杰等应用熵权综合分析方法对湖泊不同时空健康状况进行了对比分析,得出湖泊生态系统的演替趋势。

熵分析法在大学校园生态性评价方面的应用尚不多见。主要原因在于:①这种方法虽然避免了主观赋权的随意性,但无法将专家和不同群体的知识、经验及决策偏好体现于模型中,有时得到的权重可能与实际不符;②熵分析方法有时对所得的结果难以给出明确的解释[31],据此进行规划和规划方案调整,说服性差。大学校园是以人为主导的环境系统,大学校园规划与建设的生态性评价对于人为因素应给予充分的考虑,如果没有充分的依据,就不能过于强调客观。

4. 生态位方法

生态位(niche)概念是由 Joseph Grinnell 于 1917 年提出的,是指生物与环境之间关系的某种定性或定量的描述[32]。它有两层含义:一,对于生物个体和种群来说,生态位是指它们生存所必需的或可被其利用的各种生态因子或关系的集合;二,对于生物实际生活的环境来说,生态位是指各种生态因子或生态关系对该种生物的适宜程度。每一种生物在多维生态空间中都有其理想的生态位,而每一种环境因素都给生物提供了现实生态位。理想生态位与现实生态位之差就产生了生态位势。这种位势一方面使生物去寻求、占领和竞争良好的生态位,能动地去改造环境,另一方面也迫使生物不断地适应环境,调节自己的理想生态位,并通过自然选择,实现生物和环境关系的世代平衡,使现实生态位与理想生态位之差最小。

生态位理论是生态学最重要的理论之一,自 20 世纪 80 年代生态位概念被引入社会科学的研究领域,区域生态位的概念也逐渐形成。区域生态位的基本含义是指区域提供给人们的或可被人们利用的各种生态因子和生态关系的总体集合,它反映了一个区域的现状对于人类各种经济活动和生活活动的适宜程度以及这个区域的性质、功能、地位、作用的优劣,这种优劣决定了它对不同类型的经济活动以及不同职业和年龄的人群的吸引力和离心力[33]。

生态位分析模型建立的基本程序为建立评价指标体系,进行数据标准化处理,计算评价指标。

对一个区域进行生态位分析与评价,可以帮助人们清楚地认识待评价区域的生态适宜程度,可以为制定区域发展战略提供决策参考。目前,生态位分析方法已较为广泛地应用于城市及省域的生态适宜性评价。如白洁等应用生态位理论与方法,对甘肃省 14 个城市生态位及其属性进行定量分析与评价,提出市域生态位的三种发展模式以及不同类型城市的发展方向与对策建议。也有人将生态位理论与分析方法应用于大学生态适宜性评价。如纪秋颖等根据高校的“态”“势”属性,将高校生态位解剖为生存力、发展力、竞争力三个层面及其相应的七个维度(教学能力、科研能力、社会服务能力、界面管理能力、战略管理能力、资源整合能力、学习创新能力),建立了高校生态位评价指标体系,提出了高校生态位综合评价方法[34]。

但是,应用生态位理论与方法进行大学校园的生态性评价,理论依据并不充分,对于能否用生态位重叠来价计大学生态位势和评价特定环境下的竞争能力等问题,仍存在争议。对于实践方面,评价指标体系的建立及权重的确定,主要采用层次分析法,因而具有较强的主观性。

二、基于能值分析的绿色大学生态性评价

能值分析为"社会—生态"复杂系统开辟了定量分析研究的新方法,成为衡量和比较各种生态流的共同尺度和综合分析的有效工具。应用能值分析可衡量自然环境资源与人类社会经济活动的价值以及它们之间的关系,使得以社会服务为主的校园整体价值能够用同一量纲"能值"表现出来。

能值分析理论与方法已广泛应用于资源利用效率、区域可持续发展能力和生态性评估。例如,Mark T. Brown (1996)对泰国环境经济进行了能值分析,并应用能值理论对湄公河上修建大坝的生态经济影响作了详细的讨论;胡聃等(2006)采用能值理论与分析方法,对北京市 1990 ~ 2001 年间的能值结构动态进行了分析,指出了北京市在城市可持续发展建设中所面临的主要问题;吕翠美等(2009)应用能值分析理论,将生态系统中所用的传统用水效率,转化为量纲统一的能值指标,为综合分析水资源在各部门行业中的利用效率和节水、供用水分析提供了新思路;王闰平等(2008)采用能值分析方法对 2005 年山西省农业生态经济系统的投入产出状况、运行效率和环境负荷进行了系统分析;袁婕等(2008)对龙盛科技工业园进行了能量流动和物质循环分析,将能量流、物质流等转化为统一的能值单位,评价工业生态系统的效率和稳定性。

对于大学"社会—生态"复合系统而言,能值分析的方法能够反映复合系统内各子系统之间以及系统内各要素之间的相互影响关系,可以用一个共同的度量标准,衡量该复合系统的生态效率,这应该是一种理想的生态性评价方法。能值分析方法用于大学规划的生态性评价具有以下优势。①以社会服务为主的校园内各要素的价值,能够用同一量纲"太阳能值"表现出来,也就是各分指标可以用同一量纲"太阳能值"来表现。这就规避了层次分析法关于各分指标权重难于确定的困境。②能值分析充分考虑了待评价系统与其外部环境的能量交换,而且不同的建设模式会有不同的能值利用效率和不同的生态性功能。这就克服了生态足迹法关于待评价系统是静态封闭系统的假设的不足,也克服了生态足迹法忽视大学不同建设模式的功能差异的不足。③不同量纲的物质转换为具有同一量纲的太阳能值是基于传统热力学转换原理,能值换算过程有严格的理论推导,对能值分析所得到的结果可以做出清楚的解释。因此,基于系统输入要素太阳能值累加的系统总的能值输入以及基于系统输出要素太阳能值累加的系统总的能值输出的计算方法不存在争议。这就规避了熵分析方法对所得结果难以给出明确的解释的不足,也没有生态足迹方法关于能否用生态位重叠来估计大学生态位势和评价特定环境下的竞争能力的争议。

但是能值分析方法也有其自身的不足，这就是转换关系复杂，所需资料信息量非常大，资料信息收集所需要的时间长，转换与计算的推导时间长，时效性差。而且，越是微观系统，资料的精确程度要求越高。因此，以往能值分析的研究较多关注于系统现状的评价或系统历史趋势的评价与分析，而且涉及领域多集中于宏观尺度的综合分析，或微观尺度的单一方面要素分析。关于规划与建设的生态性评价尚未见报道。

鉴于此，本书开发了基于输入输出比较分析的简化的能值分析方法。这种方法，首先利用投入产出分析原理，筛选输入输出差异性因素，滤去不同建设模式的无差异表现因素，并针对差异性因素进行能值分析；进而建立综合评价指标体系，对大学规划实施效果进行生态性预评价，或对大学建设效果进行生态性评价。这种方法在不降低评价结果正确性的前提下，简化了能值分析的要素集，减少了精确信息需求的数量，因而可提高能值分析方法的时效性，使之应用于大学环境系统规划的生态性评价成为可能。

能值分析方法应用于绿色大学环境系统规划的生态性评价基本程序如下：①资料搜集与大学“社会—生态”复合系统分析；②能值输入要素与输出要素的辨识；③绘制大学能量系统能流图与校园能值分析计算表，进行输入与输出能值的计算和分析；④建立能值分析评价指标体系；⑤进行生态性评价。

1. 资料搜集与系统分析

首先搜集大学所处区域的自然地理相关资料、大学学生教师情况的相关资料、大学校园日常水、电、油的消耗及设备的运行情况等相关资料。在资料分析的基础上，应用系统学方法和能值分析方法，进行大学“社会—生态”复合系统结构与功能特征分析。

2. 能值输入与输出要素的辨识

围绕物流分析所得到的关键因素（IPVM），选择大学环境系统的能值输入要素与能值输出要素，能值要素的选择要能够充分体现 IPVM 对系统的影响，同时还要考虑大学环境系统能值构成与流动的特点。详见本章第三节之绿色大学环境系统能值分析。

能值输入要素有太阳能、雨水能、地热能、天然气、中水、自来水、电能、设备运行和管理费、生活花费、新书货币数、劳务工资、科研经费等能值以及学生入学前能值和员工知识能值。

能值输出要素有毕业生能值、大学环境系统排放的废水和固体废物的能值以及科技成果能值。

3. 绘制能量系统能流图和能值分析计算表

根据能值输入与输出要素的辨识结果及大学校园“社会—生态”复合系统自身的特点，绘制大学校园能量系统能流图与能值分析计算表。

（1）能流图的绘制

大学校园能量系统能流如图 3-11 所示，具体的绘制步骤如下。

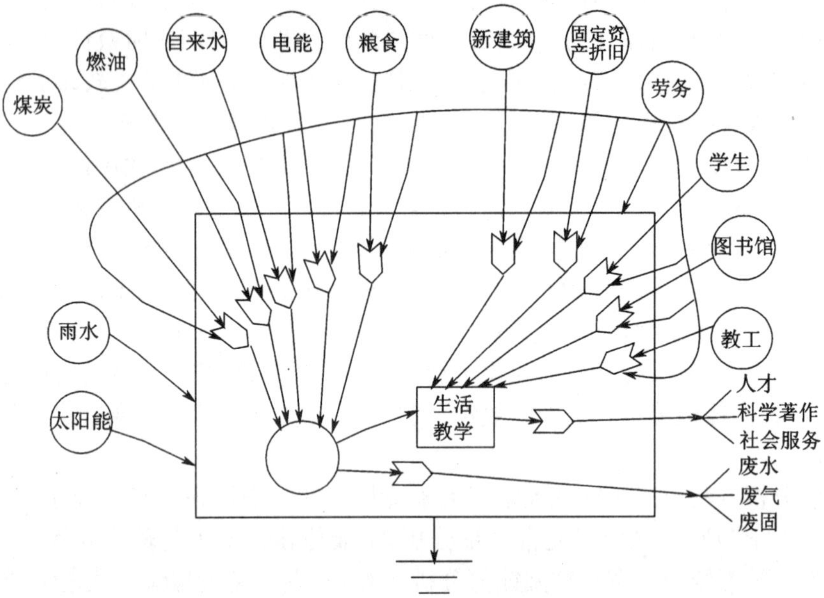

图 3-11 大学能量系统能流图

1)划定研究范围的边界

把系统内各组分及其作用过程和系统外的有关成分及其作用,用四方框边界分开。

2)列出系统的主要能量来源

来源于系统外的能量,绘在边界的外面;来源于系统内的能量则绘制在系统边界内。图中所列的每一种能源量,在系统能源总量中所占比例一般都大于等于 5%。

3)绘制系统内的要素

以各种规范的能量符号,绘制出系统内的要素。

4)表现要素间的相互关系

以规范的连接方式,表现系统内的各要素的过程和关系(流动、储存、相互作用、生产、消费等),包括主要的能物流和生态流。

5)形成系统能流全图

先绘制四方框边界外边的能量部分,沿周边外排列,再绘制系统内各部分的图例。边界内外各图例排列均依其所代表要素的能值转换率之高低,从低到高由左到右排列。四方框边界底线外不绘制能源符号,只绘一个能量耗失符号,并与系统内各组分符号的底部相连,表示系统各组分的能量耗散。

(2)能值分析计算表的绘制

根据区域输入与输出要素的选择,确定能值表的组成要素及要素的能值转换率,然后对各项指标进行计算。

绿色大学能值计算，可以将“社会—生态”复合生态系统的各种能量流、物质流、货币流、信息流和人流等在尺度上统一起来，定量分析系统的结构和功能，为正确处理人与自然的关系、走可持续发展的道路，提供决策参考。

我们以天津工业大学新校区为例，进行方法应用说明，并且对绿色大学环境系统规划所设计的大学校园绿色建设模式与常规建设模式进行比较，结果如表3-5所示。

表3-5　不同建设模式下的大学校园能值分析结果

序号	项目	太阳能值转换率(sej/J)	常规建设模式		绿色大学建设模式	
			原始焦(J)	太阳能值(sej)	原始焦(J)	太阳能值(sej)
1	太阳能	1.000E+00	7.630E+13	7.630E+13	7.630E+13	7.630E+13
2	地热能	1.200E+04	0.000E+00	0.000E+00	1.170E+13	1.404E+17
3	雨水化学能	1.800E+04	4.500E+12	8.100E+16	4.830E+12	8.694E+16
4	天然气	4.800E+04	1.000E+13	4.800E+17	8.760E+12	4.205E+17
5	中水	3.400E+05	0.000E+00	0.000E+00	5.090E+11	1.731E+17
6	自来水	6.600E+05	4.950E+12	3.267E+18	3.710E+12	2.449E+18
7	联网供应的火电能	2.000E+05	3.250E+13	6.500E+18	1.670E+13	3.340E+18
8	设备运行和管理费	1.510E+12	1.020E+06	1.540E+18	1.020E+06	1.540E+18
9	大学生入学前	2.460E+07	2.340E+13	5.756E+20	2.340E+13	5.756E+20
10	研究生入学前	7.330E+07	5.080E+12	3.724E+20	5.080E+12	3.724E+20
11	生活花费	1.510E+12	3.720E+07	5.617E+19	3.720E+07	5.617E+19
12	新书货币数	1.510E+12	1.000E+08	1.510E+20	1.000E+08	1.510E+20
13	员工知识能值	1.030E+09	8.120E+12	8.364E+21	8.120E+12	8.364E+21
14	劳务工资	1.510E+12	3.930E+07	5.934E+19	3.930E+07	5.934E+19
15	科研经费	1.510E+12	1.100E+11	1.661E+23	1.100E+11	1.661E+23
16	大学生毕业	7.330E+07	1.680E+13	1.231E+21	1.680E+13	1.231E+21
17	研究生毕业	3.430E+08	2.570E+12	8.815E+20	2.570E+12	8.815E+20
18	废水	8.600E+05	4.010E+12	3.449E+18	5.990E+12	5.151E+18
19	废固	1.800E+06	3.060E+13	5.508E+19	1.140E+13	2.052E+19
	输入小结			1.757E+23		1.757E+23
	废弃物			5.853E+19		2.567E+19
	正有效输出			2.113E+21		2.113E+21
	输出小结			2.054E+21		2.087E+21
	输入与输出差			1.736E+23		1.736E+23
绿色建设模式“能值输入” －常规建设模式“能值输入”						−3.719E+18

续表

序号	项目	太阳能值转换率(sej/J)	常规建设模式		绿色大学建设模式	
			原始焦(J)	太阳能值(sej)	原始焦(J)	太阳能值(sej)
绿色建设模式“能值正的有效输出” - 常规建设模式“能值正的有效输出”						3.286E+19
绿色建设模式“能值输入与输出之差” - 常规模式“能值输入与输出之差”						-3.658E+19

由表3-5可知,在向社会输出同样多的合格人才的前提下,科学规划所设计的绿色大学建设模式能值利用效率高于常规建设模式。具体表现在:绿色模式的能值输入总量低于常规模式,绿色模式正的有效能值输出量大于常规模式,绿色模式的能值输入输出之差小于常规模式。由于绿色建设模式能值利用率高于常规模式,因此,在校园运营过程中,绿色模式所消耗的能量较少,产生的污染较少,所以具有较好的生态性和可持续发展能力。

4. 建立评价指标体系

为了进一步评价大学环境系统规划与建设的效果,根据大学校园系统特点和绿色大学生态性评价的需要,还需要建立能值综合评价指标体系。我们选择的主要评价指标有可更新资源能值比率、人均能值输入量、废弃物与总输入能值比、环境承载力、正有效输出能值密度、输入能值密度、能值产出率、净能值产出率、环境负载率等,各指标含义及计算公式如表3-6所示。

表3-6　绿色大学生态性综合评价指标的计算公式

指标名称	指标含义	指标计算公式
可更新资源能值比率	可更新能值输入与总的能值输入之比	E_{INR}/E_I
人均能值输入量	总的能值输入量与校园内总人口之比	E_I/P
废弃物与总输入能值比	校园系统向外界排放的废弃物能值与总的输入能值之比	E_W/E_I
环境承载力	可更新能值输入量与人均能值输入量之比	$E_{INR}/(E_I/P)$
正有效输出能值密度	正有效能值输出量与校园总面积之比	E_Y/S
输入能值密度	能值输入总量与校园总面积之比	E_I/S
能值产出率	正有效能值输出量与总能值输入量之比	E_Y/E_I
净能值产出率	正有效能值输出量与人类社会经济系统反馈输入能值量之比	E_Y/E_{IP}
环境负载率	不可再生能值输入量与可再生能值输入量之比	$(E_{IP}+E_{INN})/E_{INR}$

表3-6中,E_Y为终端正有效能值输出;E_I为总的能值输入;E_{IP}为来自于人类社会经济系统反馈的能值输入;E_{INN}为系统不可更新自然资源的能值输入;E_{INR}为系统可更新自然资源的能值输入;S为校园面积;P为校园内总人口。

5. 进行生态性评价

按照表3-6,即可进行大学规划与建设效果的生态性评价了。以天津工业大学新校区建设为例,评价结果如表3-7所示。为了充分展示绿色大学环境系统规划所设计的绿色建设模式的优越性,在表3-7中,不仅给出了绿色建设规划实施结果的预评价结果,还给出了假如按常规模式建设,方案实施后的评价结果。

表3-7　不同建设模式的大学校园综合指标评价结果

评价指标	计算公式	常规建设模式	绿色建设模式	评价结果差异比较
可更新资源能值比率	E_{INR}/E_I	3.194E-06	4.673E-06	-1.479E-06
人均能值输入量	E_I/P	5.667E+18	5.667E+18	1.200E+14
废弃物与总输入能值比	E_W/E_I	3.331E-04	1.461E-04	1.870E-04
环境承载力	$E_{INR}/(E_I/P)$	9.900E-02	1.449E-01	-4.586E-02
正有效输出能值密度	E_Y/S	1.214E+15	1.214E+15	0.000E+00
输入能值密度	E_I/S	5.667E+18	5.667E+18	1.200E+14
能值产出率	E_Y/E_I	1.203E-02	1.203E-02	-2.546E-07
净能值产出率	E_Y/E_{IP}	1.169E-02	1.188E-02	-1.870E-04
环境负载率	$(E_{IP}+E_{INN})/E_{INR}$	3.13E+05	2.140E+05	9.913E+04

表3-7中,评价结果差异比较值等于常规建设模式指标计算值减去绿色建设模式的指标计算值(即规划实施结果的预评价值)。

分析表3-7中所给出的各项综合评价指标值可知,绿色建设模式可以降低校园人均资源能源消耗量,减小高校活动对环境施加的压力,提高能值利用效率,达到了绿色大学环境系统的规划总目标。

为了从整体上评价绿色大学建设所能产生的经济效益,更直观地说明绿色建设模式较常规建设模式的优势,我们还计算了规划基准年(2004年)至规划水平年(2020年)年间,绿色模式较常规模式的能值节余量。所计算的能值节余总量包括以下两个部分。①由于开发利用清洁能源及多水源,减少了能值输入量所产生的节余能值。这部分的计算结果为规划期内人均可减少能值输入174E+13sej。②由于废弃物排放量减少,负的能值输出量减少所产生的节余能值,这部分的计算结果为规划期内人均可减少废弃物排放的能值1 236E+13sej。

如果将节余能值转换为电量,则减少输入能值量所产生的节约(174.3E+13sej)相当于节电2 419 kW·h,再进行年平均,则相当于每人每年在不降低生活舒适度的前提下可节电142 kW·h。减少废弃物排放也意味着节约了资源,避免了资源的浪费也就保留了资源成为有用输入的机会,这部分节约的能值(1 236E+13sej)相当于节电17 170 kW·h,再进行年平均,这意味着每人每年又节电1 010 kW·h。两项节约相加后,年均每人节电 1 152 kW·h,按目前电价计算,由于校园供水结构和供能结构的改善,每人每年可节约近 600 元人民币。由此可见,环境系统规划所设计的大学的绿色建设规划方案效果明显,符合节能降耗减排的原则和实现可持续发展的需要,系统具有较好的生态性。

参考文献

[1] 徐蔼婷. 德尔菲法的应用及其难点[J]. 中国统计,2006,(9):57-59.

[2] 田军,张朋柱,王刊良,等. 基于德尔菲法的专家意见集成模型研究[J]. 2004,1(1):57-62.

[3] 刘闯. 土地利用总体规划的理论方法及应用[D]. 北京:北京大学,1989.

[4] 张宏伟. 数学建模中的动态规划问题[D]. 长春:东北师范大学,2008.

[5] 乔岩石,许建,汪家权. 基于不确定方法的规划环评研究[J]. 建筑与规划,2009,23(1):18-20.

[6] 刘开弟,吴和琴,王念鹏,等. 不确定性信息数学处理及应用[M]. 北京:科学出版社,1999.

[7] 蓝盛芳. 生态经济系统能值分析[M]. 北京:化学工业出版社,2002.

[8] 陈超. 基于能值分析的区域绿色 GDP 核算研究[D]. 大连:大连理工大学,2007.

[9] 张雪花. SEE 复杂系统技术与环境规划方法研究[D]. 天津:天津大学,2007

[10] 张雪花. 沿海开放城市生态环境规划方法与应用研究——以秦皇岛市为例[D]. 北京:北京大学,1998.

[11] 张雪花,张宏伟,张宝安. SD-MOP 整合模型在区域发展战略规划研究中的应用[J]. 系统工程,2007,25(9):65-73

[12] 董承章. 投入产出分析[M]. 北京:中国财政经济出版社,2000.

[13] X. H. Zhang, H. W. Zhang. Water resources planning based on complex system dynamics: A case study of Tianjin city[J]. Communications in Nonlinear Science and Numercal Simulation, 2008, 13(10)2328-2336.

[14] 隋春花,蓝盛芳. 城市生态系统能值分析(EMA)的原理与步骤[J]. 重庆环境科学,1999,21(2):13-15.

[15] HUANG, G. H., BAETZ, B. W., PATRY, G. G. Grey fuzzy integer programming: an application to regional waste management planning under uncertainty[J]. Socio-Economic Planning Science, 1995(29):17-38.

[16] WU, S. M., HUANG, G. H., GUO, H. C. An interactive inexact-fuzzy approach for multiobjective planning of water environmental systems [J]. Water Science and Technology, 1997(36):235-242.

[17] COHEN, J. L. Multiobjective programming and planning[M]. New York: Academic Press, 1978.

[18] 邹锐,不确定条件下经济开发区环境经济系统规划方法与应用研究[D],北京:北京大学,1998.

[19] 孟玉. 城市雨水的综合利用[J]. 中国资源综合利用,2006,24(6):23-25.

[20] 李隽,许友. 岳阳南湖水环境容量计算及污染治理措施效果分析[J]. 岳阳师范学院:自然科

学版,2001,14(2):21-23.

[21] 方法,司全印,高榕.水环境容量的测算方法[J].水资源保护,2006,22(6):41-42.

[22] 冯翠敏.注册公用设备工程师考试专业基础课精讲精练——给水排水专业[M].北京:中国电力出版社,2007.

[23] 李恺.层次分析法在生态环境综合评价中的应用[J].环境科学与技术,2009,32(2):184-186.

[24] 龙伟,郑钦玉,何艺.重庆生态城市指标体系的建立及综合评价[J].西南农业大学学报:自然科学版,2006,28(5):881-888.

[25] 范平,吴纯德,胡贵平.城市生态社区综合评价指标体系的探讨[J].环境科学与技术,2009,32(4):190-194.

[26] 崔萌,张宏伟,王媛.基于层次分析法的生态校园评价体系[J].天津工业大学学报,2007,26(4):81-85.

[27] 刘丹平.高等院校“绿色大学”评价层次分析模型[J].生态经济,2009,2:180-183.

[28] 王晓蕾,周勤,黄丽等.大学城校园环境可持续发展评估与探讨[J].环境保护科学,2007,33(2):65-67.

[29] REES,W.E. Ecological footprints and appropriated carrying capacity:what urban economics leaves out. Environment and Urbanization,1992,4,121-130

[30] 李善评,甄博如,栾富波.德州市2002年生态足迹分析[J].山东大学学报:理学版,2005,40(6):89-94.

[31] 汪泽焱,益晓新.基于基点和熵的系统评价指标赋权法[J].解放军理工大学学报:自然科学版:,2002,3(3):92-95.

[32] 傅博.城市生态规划及编制研究[D].上海:同济大学,2001.

[33] 陈亮,李爱仙,刘玫.区域人口复合生态系统生态位评价[J].城市发展研究,2008,6:33-36.

[34] 纪秋颖,林健.高校生态位及其评价方法研究[J].科学学与科学技术管理,2006,8:93-96.

第四章 绿色大学能源系统

绿色大学能源系统是绿色大学的重要组成部分。本章首先介绍绿色大学能源系统的组成及特点，并有选择地阐述了适合高校的非常规能源的利用技术；其次在充分阐明校园能量平衡和各能源子系统节能诊断的基础上，结合绿色大学实际能源利用的特点，探讨了绿色大学各能源子系统的节能环节及相应的节能技术；最后提出了校园节能的新机制。

本章重点突出了绿色大学非常规能源的利用和能源系统的节能诊断技术以及适合绿色大学推广使用的建筑节能技术，这些都是构建绿色大学必要的前提和组成部分。校园能源的利用方式和利用效率将对社会产生巨大的示范和带动作用，研究绿色大学的能源系统无论是对校园建设本身，还是推动城市与国家的可持续发展都有重要意义。

第一节 绿色大学能源系统的组成及特点

建设绿色大学能源系统的首要任务是确定绿色大学能源系统的组成及其各子系统的特点。

一、绿色大学能源系统的组成

绿色大学的能源系统包括常规能源系统和非常规能源系统两部分。

1. 常规能源系统

一般情况下，高校主要使用的常规能源有煤、电、油和气（天然气和煤气）。煤主要用在食堂、浴室和供热采暖系统的锅炉房，其使用量具有一定的周期性，一般冬季使用的煤量最大；电是校园使用量最大的能源之一，几乎所有的环节都要使用到电，主要是空调、照明系统以及各种仪器设备用电，对于空调其用电量也具有一定的周期性，一般夏季使用的电量大；寒暑假期间耗煤量和耗电量显著减少；油主要用于食堂、实验室的各种大型仪器设备以及太阳能辅助加热系统；天然气和煤气主要用在家属楼区和食堂，其年使用量较稳定。

由高校使用的能源种类可以看出，一般高校共有的能源系统主要由供热采暖系统、空调系统、照明系统、供气系统四部分组成。

2. 非常规能源系统

非常规能源包括太阳能、地热能、风能、生物质能和潮汐能等。因区域特点不同，许多高校使用了非常规能源，建立了非常规能源系统。例如年均晴天数多、太阳辐射强度强和日照时间长的区域内的高校可采用太阳能系统，如天津工业大学、华南理工大学等；也有很多高校采用地源热泵系统，如天津大学、同济大学等；还有许多有条件的高校通过安装风力发电机，利用风能进行发电，如南开大学、天津大学等。

绿色大学不仅要倡导对常规能源的节能，还应该积极推广使用绿色能源。根据绿色大学的宗旨，绿色大学能源系统除了应该具有常规能源系统之外，还应该尽可能根据地区和学校的自身条件具备以下非常规能源系统：热泵技术节能系统（包括空气源热泵、水源热泵、地源热泵、复合热泵和其他热泵）、太阳能系统（包括太阳能热水器、太阳能采暖系统、太阳能制冷与空调系统、太阳能公共照明系统、太阳能热发电系统和太阳能光伏发电系统等）和风能发电系统等。

二、绿色大学能源系统的特点

绿色大学能源系统的特点既包括常规能源系统的能源消耗特点，又包括非常规能源系统的能源利用和技术节能特点，具体如下。

①校园能源系统消耗的常规能源应是可准确计量的煤、电、油、气，用于提供采暖/空调所需的热/冷量、建筑照明和动力。

②各能源消耗环节交叉进行，一般一个耗能单元会同时消耗几种能源。

③耗能量呈非线性的波动，并具有明显的周期性。

④绿色大学能源系统至少应该符合国家和地方的相关节能标准和规范中的规定，并应在此基础上结合地理、气候和自身条件，进行系统优化，尽可能达到最大限度的节能。

⑤减少常规能源的使用，开发利用新能源，实现多能互补。绿色大学应根据当地气候和自然资源条件，充分利用太阳能、地热能、风能等可再生能源，并且，可再生能源在能源系统总能耗中的使用应达到一定比例。

⑥使用效率高的用能设备，并采取相应节能控制措施。例如：高效电梯、高效光源、高效灯具等。

⑦使用建筑设计与改造和生态等技术手段来达到节能的目的，并应取得一定的节能效果。

第二节　绿色大学非常规能源的利用

评价一所大学是否为绿色大学,非常规能源的利用是其中一项重要的评价指标。本节主要围绕热能(热泵技术)、太阳能、风能三种非常规能源,结合绿色大学非常规能源使用的特点和适用条件,有选择地介绍了适合在高校范围内推广使用的非常规能源利用的技术方法。

一、热泵技术的利用

热泵在我国起步较早,20 世纪 50 年代已开始热泵研究,60 年代开始应用。但是,由于我国能源结构和能源价格的特殊性以及受其他因素的影响,热泵技术在我国的发展始终缓慢。直至 20 世纪 70 年代末期,热泵技术才又一次得到发展和应用。到 20 世纪 80 年代初至 90 年代末,热泵技术在我国得到空前广泛的应用,并且发展迅猛。本节主要介绍了热泵的定义、热泵的工作原理和热泵技术的分类及相应技术在高校的适用条件等。

1. 热泵的定义

热泵是一种能从自然界的空气、水或土壤中获取低品位热能,经过电力做功,输出高品位热能的设备,可以把不能直接利用的低品位热能(如空气、土壤、水中所含的热量、太阳能、工业废热等)转换为可以直接利用的高品位热能,从而达到节约部分高品位能(如煤、燃气、油、电能等)的目的[1]。

2. 热泵的工作原理

热泵一般采用蒸汽压缩式。蒸汽压缩式热泵系统主要由压缩机、蒸发器、冷凝器和节流阀(或膨胀阀)组成:压缩机起着压缩和输送循环工质从低温低压处到高温高压处的作用,是热泵系统的心脏;蒸发器是输出冷量的设备,它的作用是使经节流阀流入的制冷剂液体蒸发,以吸收被冷却物体的热量,达到制冷的目的;冷凝器是输出热量的设备,从蒸发器中吸收的热量连同压缩机消耗功所转化的热量在冷凝器中被冷却介质带走,达到制热的目的;节流阀(或膨胀阀)对循环工质起到节流降压作用,并调节进入蒸发器的循环工质流量。根据热力学第二定律,压缩机所消耗的功(电能)起到补偿作用,使循环工质不断地从低温环境中吸热,并向高温环境放热,周而往复地进行循环[2]。热泵的工作原理及能量流向如图 4-1 所示。

3. 热泵技术的分类

热泵技术根据热量来源的不同可以分为空气源热泵、水源热泵、地源热泵、复合热泵和其他热泵技术等。

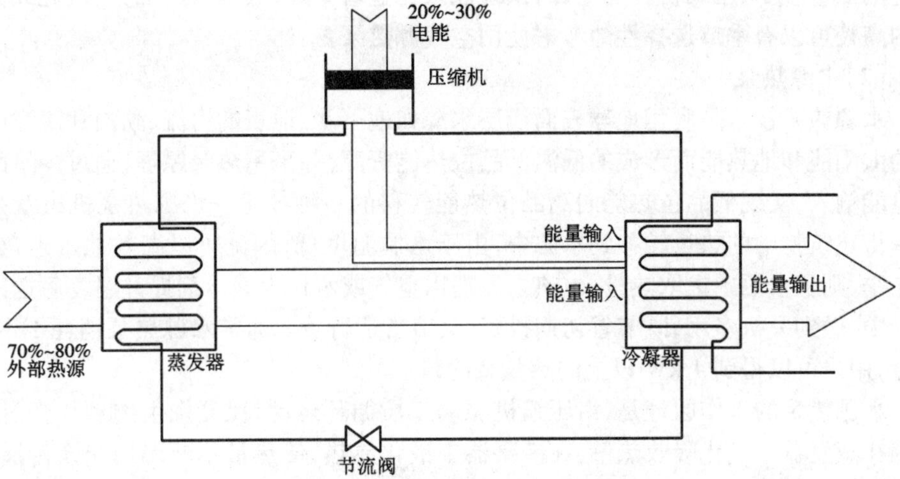

图 4-1　热泵工作原理及能量流向示意图

(1)空气源热泵

空气源热泵技术是以空气为热源,根据热泵机组冷凝器端传热介质的不同,可分为空气—空气式和空气—水式两种形式。下面以空气—水式空气源热泵为例,说明空气源热泵的工作原理,如图 4-2 所示。一定温度的冷水从热泵机组的冷凝器一端输入,从冷凝器的另一端输出温度上升后的热水,水在冷凝器中吸收经热泵机组提取到的空气源热量进而升温。热水进一步通过保温水箱,用做供热采暖系统的热源,保温水箱出口端常设有热水出口流量调节阀,以进行流量的调节。

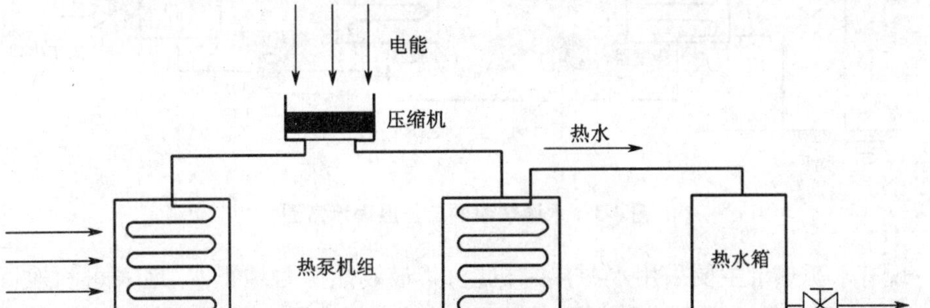

图 4-2　空气—水式空气源热泵的工作原理示意图

空气源热泵的热源是空气,理论上可以不受资源的限制,在任何地区都可以运用。但是空气源热泵在寒冷气候下,由于蒸发温度低,达到同样的供暖温度时,取自环境的热量减少,压缩机耗功增加,系统能效比显著下降,成本有所加大,因此北方地区的高校可以有季节选择性地考虑使用空气源热泵。

(2)水源热泵

水源热泵技术是利用地球表面浅层水源如地下水、地表的河流、湖泊和海洋中吸收的太阳能和地热能而形成的低温低品位热能资源,并采用热泵原理,通过少量的高位电能输入,实现低品位热能向高品位热能转移的一种技术。水源热泵机组就是在夏季将建筑物中的热量转移到水源中,由于水源温度低,因此可以高效地带走热量,而冬季,则从水源中提取热量,由热泵原理以空气或水作为载冷剂提升温度后送到建筑物中,做到一机多用,既节省初期投资,又节省运行费。通常水源热泵消耗 1kW 的能量,用户可以得到 4 kW 以上的热量或冷量。

水源热泵的工作原理是,由压缩机驱动工质循环运动,反复发生物理相变过程,分别在蒸发器中气化吸收热量,在冷凝器中液化放热,使热量不断得到交换传递,并通过环向阀的切换使机组实现制热或者制冷功能。它能实现蒸发器和冷凝器功能的转换,以冷凝器放出的热量来供热。水源热泵的工作原理如图 4-3 所示。

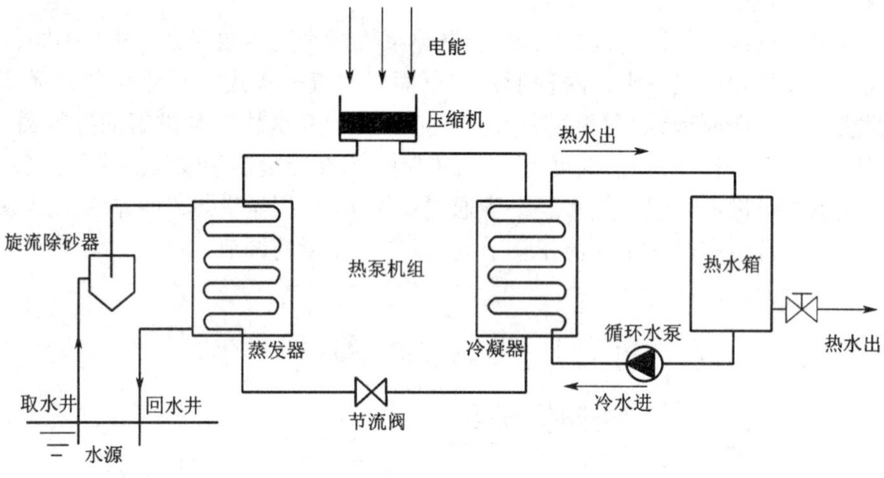

图 4-3　水源热泵的工作原理示意图

现有水源热泵主要采用水源热泵机组,其最终热源是地下水、地表水和地下岩土,水源热泵还可以用污水作热源。对于有条件利用地下水源的高校,这是一种理想的节能系统装置。但对于大部分市区内的高校,由于受到水源开采的限制,实际推广过程中难度较大。

(3)地源热泵

地热资源是地层深处的热资源,由于未受外界扰动,其温度较为恒定,且是无污染的巨大的能源体。根据地热温度,可将地热能利用分为两类:第一类是高温地热利用,温度一般在 150 ℃以上,主要用于发电。第二类是地热温度低于 100 ℃,可直接利用，效益较好。我国高温地热主要分布在西藏南部和云南西部，地热发电主要在西藏。低温地热供暖在我国北京、天津和西安市区已有不少应用的实例。如天津市政府近几年大力扶持地源热泵市场，地源热泵产品在天津地区的增长速度非常快，据《暖通空调资讯》统计数据显示，2008年度天津地区地源热泵市场占有率达13%左右，比2007年度有较大幅度的提升。

地源热泵技术，就地埋管地源热泵而言，是一种以浅层地下岩土为蓄能体对建筑进行供热/制冷的技术。冬季通过热泵将土壤中的低品位热能提高到所需温度，对建筑供暖，同时蓄存冷量，以备夏用；夏季通过热泵将建筑物内的热量转移到地下对建筑进行降温，同时蓄存热量，以备冬用。地源热泵的工作原理如图4-4所示。

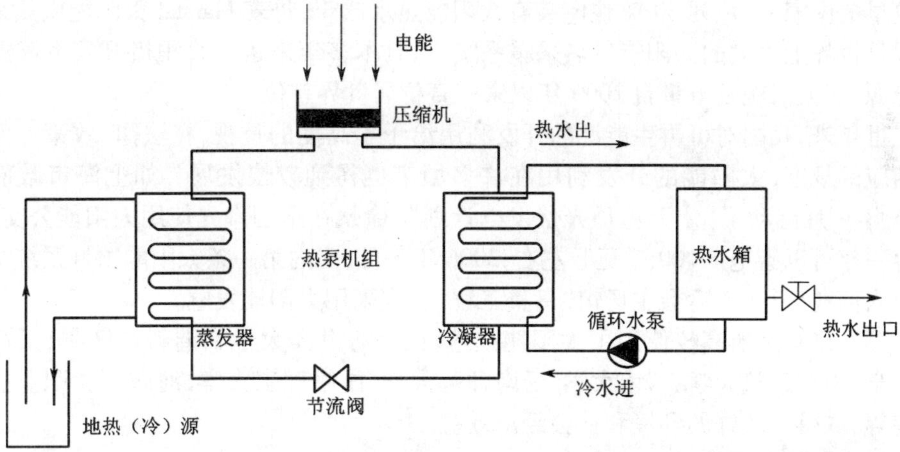

图4-4　地源热泵的工作原理示意图

地源热泵技术具有节能、环保、热稳定等特点。可以看出由于高校占地面积较大，且相对较为空旷，地源热泵技术是非常适合校园采用的一种热泵技术，如地源采暖系统、地源空调系统和地源浴室等。天津大学即利用地源热泵技术建立了地热浴室，同济大学采用地源空调热泵技术建立了空调供热系统。

(4)复合热泵

为了弥补单一热源热泵存在的局限性和充分利用低品位热量，已经开发了各种复合热泵。如太阳—空气源热泵系统、太阳—水源热泵系统、空气—空气热泵机组、空气—水热泵机组、水—空气热泵机组、水—水热泵机组、空气回热热泵、热电冷联产复合热泵、土壤—水源热泵系统等[3]。

综上所述，处于市区的高校受地下水开采等限制，水源热泵技术在高校的推广有一定的难度，郊区的高校以及其他有条件的高校可以考虑开发水源热泵技术。另外，高校校园土地面积相对较大，地源热泵也可以加以推广使用。高校一般较空旷，空间相对较大，可考虑使用空气源热泵技术，但空气源热泵一般耗资较高。另外太阳能—空气热源热泵系统、土壤—水热泵系统和太阳能—水源热泵空调系统三种复合热泵也可以作为新型的热泵技术加以应用。

二、太阳能的利用

太阳能指太阳光的辐射能量。在太阳内部进行的由“氢”聚变成“氦”的原子核反应,不停地释放出巨大的能量,并不断地向宇宙空间辐射能量,这种能量就是太阳能。

1. 国内外太阳能利用现状

在发达国家,太阳能的开发利用日益广泛,其技术也日益成熟。欧洲、北美对太阳能供热(热水、采暖)系统的工程应用已有几十年历史。德国是应用太阳能供热技术较早的国家,以色列 80 %住宅装有太阳能热水器[4],丹麦 Marstal 太阳能供热采暖工程是世界上最大的太阳能供热采暖系统[5],日本多年来也一直积极开发太阳能等新能源,其太阳能发电量自 2000 年以来一直位居世界首位。

近年来,我国对可再生能源的开发利用给予了高度的重视,在法律、政策方面都有相应的规定,太阳能的开发利用在许多城市也得到较快发展。如上海市政府于 2005 年 9 月启动了“十万屋顶光伏发电计划”,徐州在全国率先使用太阳能公交站,站台一年可以省电 1 000 千瓦时左右,2006 年 3 月,国内第一条太阳能路灯系统在浙江投入商业运行,奥运会主场馆“鸟巢工程”首次采用太阳能发电。

国内已有多所高校使用了太阳能技术,如上海海洋大学临港新校区[6]、天津工业大学、山东建筑大学、云南大学、云南师范大学、昆明理工大学、河南工业职业技术学院等,取得了良好的环境和社会经济效益[7,8]。

2. 太阳能利用技术

太阳能转换方式主要有光热转换和光电转换。光热转换应用方式有:太阳能水器、太阳能采暖系统和太阳能制冷与空调系统;光电转换应用方式有:太阳能公共照明、太阳能热发电系统和太阳能光伏发电技术。

(1)太阳能热水器

太阳能热水器是目前太阳能热利用最成熟和经济性最好的方式。按其发展历程可分为闷晒式热水器、平板式热水器、全玻璃真空管式集热器和真空管热管式集热器。

(2)太阳能采暖系统

太阳能采暖系统是指以太阳能作为采暖系统的热源,利用太阳能集热器将太阳能转换成热能,供给建筑物冬季采暖和全年其他用热的系统。太阳能采暖可分为主动式和被动式两种方式。

主动式太阳能采暖可分为直接式和间接式。直接式是由太阳能集热器加热的热水或空气直接被用来供暖;间接式是集热器加热的热水通过热泵提高温度后再供暖。

被动式太阳能采暖是通过建筑朝向和周围环境的合理分布、内部空间和外部外形的巧妙处理、建筑材料和构造的恰当选择,使其在冬季能集取、储存、分布太阳热能,从而解决建筑物采暖问题。被动式设计应用范围广、造价低,可以在增加少许或几乎不增加投资的情况下起到良好的效果。按照结构基本类型可分为五类:直接受益式、集热蓄热墙式、附加阳光间式、蓄热屋顶池式和对流环式。其中,前三种为常用的被动式采暖设计手法[9,10]。

我国太阳能产业发展很快,虽然太阳能热水器应用很广泛,但太阳能采暖工程却处于起步阶段,已建成的都是单体示范建筑,如北京清华阳光公司办公楼[11]、天普新能源示范大楼[12]等。1975 年我国在甘肃地区首次建造了小型被动太阳房,之后有关人员结合我国的实际情况在理论、实验、材料方面做了大量的工作,但大多数是以被动式太阳房为主,主动式太阳房的研究比较少。我国东北、华北和西北的冬季是需要进行采暖的地区,大部分处于太阳能资源较丰富的地区之内,采暖区日照率高,这些地区的高校特别适合利用太阳能采暖技术。高校的行政楼、办公楼、教学楼、实验楼和宿舍楼均可以考虑使用被动式和主动式太阳房设计。对于高校内已有的建筑,可以进行改建;对于高校内新建的建筑,应在建筑设计时考虑设计为太阳能建筑。

(3)太阳能制冷与空调系统

太阳能空调是利用太阳能产生热能,再把热能转换为空调冷量或对空气进行除湿的方式。太阳能空调系统的关键技术是实现高效的能量转换,并且能有效地蓄存能量,以备在没有太阳能时能继续维持建筑的空调环境。目前的各类太阳能空调系统都存在造价高、系统复杂、运行复杂的问题,而且,由于我国大部分地区空调使用时间短,一些设备全年运行时间少,导致设备投资回收期长。因而,太阳能空调还存在一些局限性,需要进一步加强研究开发,以求在推广应用过程中逐步解决这些问题。

(4)太阳能公共照明

太阳能公共照明系统技术能完全替代消防应急照明、公共通道照明、住宿区庭院照明等公共设施的用电,系统使用寿命可长达 20 年。

太阳能路灯、太阳能庭院灯、太阳能消防应急照明灯、太阳能草坪灯、太阳能景观灯、太阳能交通信号灯、太阳能广告灯、太阳能道路路牌照明灯等已成为绿色照明中的亮点。

太阳能公共照明最显著的特点是节能、经济、环保,无需由传统的公共电力系统获取电能,节省了变配电设备、缆线、开关等的投资,基本没有运行费用。太阳能转化为电能,避免了煤、油、核等发电导致的大气和环境污染,特别适合在高校推广使用。

(5)太阳能热发电系统及太阳能光伏发电技术

太阳能热发电技术是利用集热器将太阳辐射能转换为高温热能并通过蒸汽热力循环过程进行发电。目前,太阳能热发电系统包括槽式线聚焦系统、塔式系统和碟式系统三种形式。太阳能热发电在可再生能源发电技术中具有发电成本较低、绿色无污染等特点,随着可再生能源技术的发展、应用的扩大,将有着广阔的市场前景。但是由于国内外太阳能热发电技术本身尚未成熟,产业化尚存在困难,并且有待重大的技术突破,因此目前在高校推广使用还存在一定的困难。

太阳能光伏发电技术是利用太阳能电池组件将太阳能转变为电能。目前,世界上很多地区都建造了光伏电站,一些高校也引进了从几千瓦到几十千瓦不等的光伏发电组件。例如,美国伊利诺州的地方高校 Capital Area Career Center 安装了 10 kW 的光伏发电组,马萨诸塞州一所高校安装了 7.3 kW 的发电装置,日本等西方发达国家早已在很多年前就造出了太阳能电车,上海交通大学也建造了属于自己的零能耗太阳能建筑等。不过目前看来,太阳能光伏发电成本仍是推广应用中的一个有待解决的问题。

高校选择太阳能利用技术与当地海拔高度、年均晴天数、太阳辐射强度和日照时间有密切关系。一般情况下,太阳能热水器、太阳能采暖系统、太阳能公共照明系统均可在高校推广使用,而处于年均晴天数多、太阳辐射强和日照时间长的地区的高校,则可以考虑太阳能空调和太阳能发电技术的应用。

三、风能的利用

风能具有良好的能源与经济效益、环境效益和社会效益。高校利用风力发电不仅有利于节约开支,而且有利于环境保护,特别是我国沿海城市内的大学,可以作为解决生产和生活能源的一种可靠途径,具有十分重要的意义。本节主要对风能的利用现状及一般技术、校园风能利用情况和小型风力发电机的工作原理、适用条件和选址原则等作详细的介绍。

1. 风能利用现状

风能作为一种高效清洁的新能源在国内外日益受到重视。过去十年中,全球风能产业以每年 30% 左右的速度快速增长。2006 年,全球风电总装机容量逾 74 GW,增长了 25%,新增发电设备价值约 180 亿欧元。欧洲以 48 GW 的装机容量依然保持了风能领域的主要市场,但是其他大陆地区,如北美和亚洲的发展速度也十分可观。据全球风能委员会预测:未来 10 年间,全球风力发电机组累计装机容量将达到 149.5 GW,是目前的两倍多。2010 年年装机容量预计将达到 21 GW,比 2006 年的 15.2 GW 超出了 38%,这意味着全球风能市场年装机容量的年均增长速度达 8.4%。

国内的高校中,上海交通大学成立风力发电研究中心,国内首家校企合作建设的"风力发电实验室"落户陕西科技大学等。由此可以看出,国家、高校和企业等对风能发电技术的研究日趋重视。

风能的利用主要有以风能作动力和风力发电两种形式,其中又以风力发电为主。具体技术有:风力提水机、小型风力发电机、大型风力发电机组及国外机组国产化和风力发电厂。由于高校地理位置、占地面积和气候等自身的限制条件,适合高校推广使用的技术多为小型风力发电机。校园的住宿区、教学楼、科研楼等可安装小型风能发电设备供电,以缓解校园的局部用电紧张状况。

2. 小型风力发电机的工作原理

现代风力发电机的工作原理是通过叶轮将风能转变为机械转矩。小型风力发电机一般由叶轮、传动系统、发电机、机舱、偏航系统、控制系统、塔架和基础等部分组成，如图 4-5 所示。其中，叶轮将风能转变为机械能；传动系统将叶轮的转速提升到发电机的额定转速；发电机将叶轮获得的机械能再转变为电能；偏航系统使叶轮可靠地迎风转动并解缆；控制系统是风力机在各种自然条件与工况下正常运行的保障机制，包括调速、调向和安全控制；其他部件有塔架、机舱等。

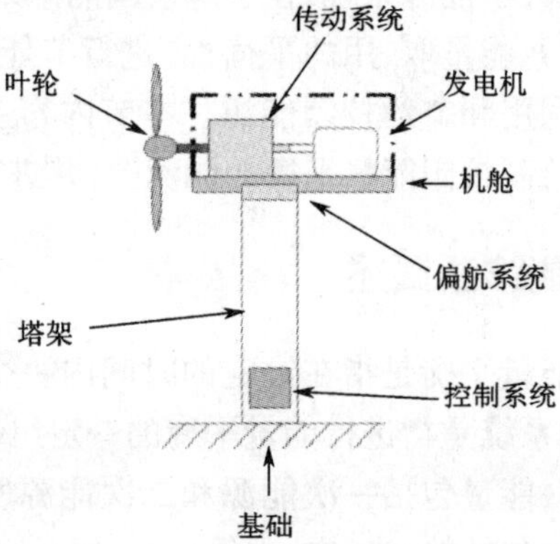

图 4-5　小型风力发电机的结构示意图

发电原理：在风的吹动下，叶轮转动起来，使空气动力能转变成了机械能。叶轮的轮毂固定在发电机轴上，叶轮的转动驱动了发电机轴的旋转，带动发电机发电。风速的不断变化、忽大忽小，发电机发出的电流和电压也随着变化。发出的电经过控制系统的整流，由交流电变成了具有一定电压的直流电，并向蓄电池进行充电。从蓄电池组输出的直流电，通过逆变器后变成了 220 伏的交流电，供给用户。

3. 小型风力发电机的使用条件

小型风力发电机一般应在风力资源较丰富的高校使用，即年平均风速在 3 m/s 以上或全年 3 ~ 20 m/s 有效风速累计时数 3 000 h 以上或全年 3 ~ 20 m/s 平均有效风能密度 100 W/m^{2}以上的地区内的高校。

高校考虑使用风力发电机时，首先要了解高校所处区域是否适合使用风力发电机，其次应该选择风机额定设计风速与当地最佳设计风速相吻合的风力发电机，选择使用合适的风力发电机能充分地利用当地的风力资源，最大限度地发挥风力发电机的效率，取得较高的经济效益。

绿色大学应根据区域特点和经济技术优势合理开发使用新能源，以减少资源有限、不可再生化石燃料的消耗。有关机构和领导还应支持新能源工程的建设和使用，提供经济技术支持，并应有政策的支持和引导，以使新能源得到快速健康的发展。校园成功地运行新能源对周边地区能起到很好的示范作用和推广效应，这对优化我国能源结构也具有重要意义，同时，还可减轻环境污染，保护生态环境。

第三节 绿色大学能量平衡与节能诊断

为了有效地建设绿色大学能源系统,在了解校园能源系统组成及特点的基础上,应当正确地分析各耗能单元能量取、用的平衡性,进行节能诊断,找到可实施节能技术或手段的环节,有效地利用和节约校园能源。本节内容主要围绕校园热平衡和校园电平衡展开平衡分析,绘制校园能量平衡的能流图,并进行校园节能诊断。

一、能量平衡与节能诊断概述

按照能量守恒法则,能量平衡是指在给定的时间内一个系统的输入能量与输出能量的衡算。这里所说的系统是指进行能量平衡的一定组织范围和实物对象的客观实体。就范围和实物而言,能量包括一次能源和二次能源所提供的能量,工质、物料所携带的各种形式的能量,包括热、光、电、力等。

节能诊断就是针对用能体系中能源使用是否合理所进行的科学判别过程和方法。常运用测试与统计数据相结合的方法,采用综合分析与对比等技术,以判别该体系用能的合理与否,从而制定经济有效的节能措施,找出用能体系能源使用中存在的缺陷和问题,提出经济适用的改进或改造方案,达到系统优化、节能降耗、保护环境和节省能源开支的目的。

二、绿色大学电平衡和热平衡分析

1. 绿色大学电平衡分析

电平衡是对供给电量在用电系统内的输送、转换、利用进行考核、测量、分析和研究,并建立供给电量、有效电量和损失电量之间的平衡关系的全过程。

校园电平衡按其用途主要体现在照明、空调、计算机、实验室仪器和设备等的使用上,最终以光能、热能和功的形式消耗,其中有一部分电量为损失电量,连同损失在输送电路上的电量,构成总的损失电量。

2. 绿色大学热平衡分析

热平衡遵循能量守恒定律,重点研究热能的利用与损耗之间的关系。通过热平衡测试,可以掌握耗能现状及用能水平,从中发现能源利用中存在的问题、浪费的原因等,为改革工艺流程、改造低效率设备等提供科学依据。因此,热平衡又称为热诊断。

校园热平衡主要体现在家属楼与食堂、浴室与供热采暖系统等环节。

①家属楼与食堂输入的热量主要是所消耗天然气和煤气对应可产生的热量,部

分用于采暖，部分用于加热食物。其中部分热量被利用，部分热量损失。

②浴室与供热采暖系统的锅炉房输入的热量主要由消耗的煤产生，其中输送到浴室的部分热量在学生洗浴过程中被利用，输送到供热采暖系统的部分热量有以下几种形式热量耗散：建筑结构的散热量，供热采暖管网散热量，热量被利用过程中的散热量。

③实验室内各种仪器装备在运行期间需要消耗一定的电量，这些电量除对外界做功外，均以热的形式损耗。

三、绿色大学能量平衡的能流图

1. 绿色大学能量平衡输入、输出要素的选择

根据绿色大学的总能量输入和有效能输出，将绿色大学用能过程划分为四个环节，分别为输入贮存、加工转换、分配输送和使用，其中，在每个环节中都对应有能量损失。绿色大学能量平衡的能流图就是要把校园的这些能量及其转换过程表现出来。通过对绿色大学电平衡和热平衡的分析，并结合实际影响能量转换与传递的关键因素，确定以上四个用能和耗能环节的具体用能单元如下。

①输入贮存：煤、气、油、电、太阳能、热泵产能、风能。

②加工转换：锅炉、变配电站、太阳能转换器、热泵设备、小型发电机。

③分配输送：供热管网、输电电网。

④使用：照明系统、供热采暖系统、空调系统、其他用电设备。

2. 绿色大学能量平衡的能流图绘制

绿色大学能量平衡的能流图是把学校用能过程的四个环节从左至右展现出来，每个环节包括一个或几个用能单元，每个用能单元用矩形框图表示，如图 4-6 所示。能流图中能流方向从左向右，每个环节或单元的左边表示能量流入，右边表示能量输出；实线表示能量的转换与传递方向，虚线表示能量的损失；各单元损失量从右边流出，再转向图形下方相应各站（用椭圆框图表示）。

四、绿色大学节能诊断

为了降低建筑消耗，挖掘节能潜力，需要科学的方法和先进的技术手段，对绿色大学能源系统和建筑物进行节能诊断，从而找出存在的问题，分析建筑节能潜力大小，为建筑的经济运行和节能改造提供客观、全面、准确的依据，进而通过具体可行的节能技术措施和管理措施，提高能源有效利用率。本节主要介绍建筑物本体、供热空调系统和照明系统的节能诊断技术。

1. 建筑物本体节能诊断

判断建筑物是否达到节能标准，首先应对所选建筑围护结构进行热工检测。最主要的是检测围护结构传热系数、围护结构热工缺陷和门窗气密性等，若其满足相关

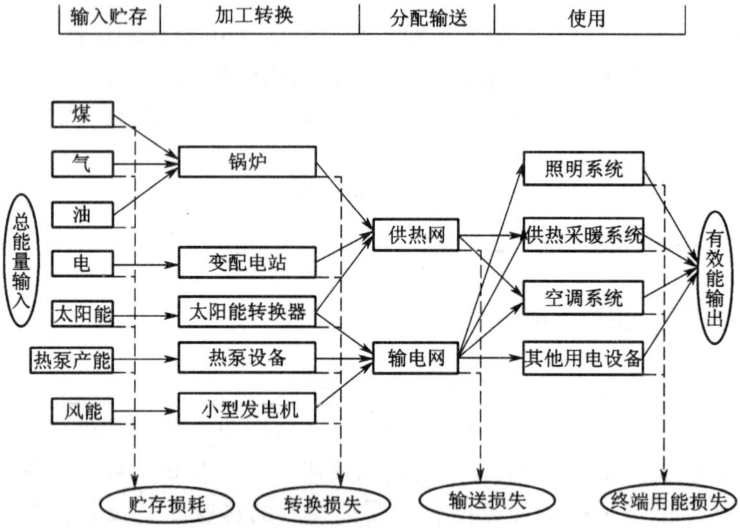

图 4-6　绿色大学能量平衡的能流图

标准,则围护结构热工性能符合节能要求,否则应对围护结构进行节能改造,使建筑围护结构满足节能要求[13]。

(1)围护结构传热系数诊断

围护结构传热系数是指在稳定传热条件下,围护结构两侧空气温差为1℃,1 小时内通过1 平方米面积传递的热量。该系数是表征围护结构传热量大小的一个物理量,是围护结构保温性能的评价指标,也是隔热性能的指标之一,其数值越大说明建筑物越不节能。测量围护结构传热系数的方法主要有:①热流计法,采用热流计及温度传感器测量通过构件的热流值和表面温度,经计算得到传热系数;②热箱法,热箱装置是实验室内测量多种均质或非均质构件热传递性能的专用设备。根据一维稳定传热原理在试件两侧的箱体内分别建立所需的温度,达到稳定传热后,测量空气温度、试件的表面温度及输入到计量箱内的功率,即可计算出试件的热传递特性。热箱法通常用于实验室测试墙体围护结构的传热系数,精度高于热流计法。

(2)围护结构热桥及热工缺陷诊断

围护结构热桥是指处在外墙和屋面的围护结构中的钢筋混凝土或金属梁、柱、肋等部位。因这些部位传热能力强,热流较密集,故称为热桥。热桥内表面温度是衡量建筑节能的一个重要基本参数,其数值不应低于室内空气露点温度。热桥部位内表面温度宜采用热电偶等温度传感器贴于被测表面进行检测[14]。

热工缺陷是指建筑物围护结构因缺少保温材料、保温材料受潮和空气渗透等原因产生的热工性能方面的缺陷。常见的检测方法为红外摄像法。在建筑暖通空调系统正常运行时,首先对围护结构进行普测,然后对可疑部位进行详细测量。一般是用红外摄像仪测出可疑部位的实测热像图,与参考热像图进行对比分析,进而判断是否存在热工缺陷、缺陷类型及其严重程度。

(3)建筑玻璃及外遮阳设施的性能诊断

建筑玻璃及外遮阳设施的性能诊断属于建筑门窗结构气密性诊断范畴,门窗气密性程度越高,建筑就越节能。检测建筑玻璃的热工性能一般是测量和计算相结合。单片玻璃的光学性能检测主要包括透射率、前反射率、后反射率和吸收率。根据相关物性参数和标准计算出可见光透射比、太阳光直接透射比、太阳能总透射比、遮阳系数和传热系数等参数。对于两层或三层玻璃构成的玻璃系统,如果知道了每一层玻璃的相关数据,就可利用相关计算方法获得其光学特性参数。

遮阳设施的遮阳系数主要取决于遮阳设施的几何尺寸和安装位置,因而建筑的外遮阳设施检测主要是遮阳设施的构件尺寸、角度及安装位置。此外有一定透明度的遮阳构件或百叶类构件的遮阳系数还与材料的光学特性有关,所以还要对此类遮阳构件材料的光学性能进行抽样检测。

2. 供热空调节能诊断

供热空调系统由许多子系统组成,主要是冷热源、末端设备和输配系统。供热空调系统能量消耗可分为冷热源能耗、输配系统能耗和末端设备能耗,它们所消耗的能量占整个空调能耗的绝大部分。因而对系统进行节能诊断时,可从以下三个方面进行。

(1)冷热源诊断

冷热源能耗是指为了消耗建筑物内热、湿负荷向空气处理设备提供冷量和热量而引起的能耗。冷热源的选择依据不仅包括系统自身的要求,而且还涉及工程所在地的能源结构、价格、政策导向、环境保护、城市规划、建筑物用途、规模、冷热负荷、初投资、运行费用以及消防、安全和维护管理等许多问题。因而在对冷热源进行诊断时,关键是以下几点。①冷热源形式是否合理以及与现行设备是否匹配。②冷热源设备效率检测,包括测定冷水、热水、冷冻水和冷却水的温度;测定各供热、空调设备的流量,各分支管线的流量;判断冷冻水量分配是否合理;冷却水旁通是否导致水温度过高;冷水机组选型是否过大或长年处于部分负荷工况。③冷热源运行调节,制冷机、锅炉的能耗和效率能不能随冷热负荷变化而变化,在运行过程中,能否发现设备和系统的故障。

(2)输配系统诊断

输配能耗是指流体输送设备运行时所消耗的电能。主要包括水系统和风系统中为克服流动阻力而消耗的电能,水系统和风系统的作用就是以水或风为介质在建筑物之间和建筑物内部传递冷量和热量,因而对空调水和风系统检测不仅是整个空调系统正常运行的重要保证,而且能够有效地节省水泵和风机的耗电量。

水系统诊断项目如下。①温度。测定冷水、热水、冷冻水等的温度,确定它是否达到了设计规定的温度范围。主要测定各供热、空调设备的入口与出口、分水器、集水器、热(冷)源的入口与出口、分支管道和末端装置的入口等处温度。②压力。测定各空调设备出、入口的压力,确认管道内的堵塞、污染的状态;判断冷冻水泵、冷却水泵扬程选择是否偏大;水泵是否长期低负荷运转;各用户支路水力是否平衡。③流量。利用流量计测定各供热、空调设备的流量,确定它是否达到了设计值。④热量。使用热量表测定热水用户使用的热量。

风系统的诊断项目除温度、压力和新风流量外,还有流速,主要测定风管内、送风口、排风口等的流速,确定送风机选型是否匹配,是否造成室内正压或负压过大等。

(3)末端设备诊断

空调末端设备的作用是利用输配系统送来的冷(热)量将空气处理到所要求的状态点,按一定的送风方式送入室内,消除室内的余热和余湿。对末端设备的检测可以保证室内环境参数维持在设定值,还可以提高末端设备的换热效率,节约能量。诊断项目有温度、压力、风速及湿度等[15]。

3. 照明系统节能诊断

照明系统主要是由供配电系统和灯具系统等子系统组成。因而对系统进行节能诊断时,可从供配电系统诊断和灯具系统诊断两方面进行。

(1) 供配电系统诊断

供配电系统的电气节能诊断主要应从变压器使用情况、系统三相是否平衡、无功功率补偿现状、系统谐波含量、主要耗电设备或场所等几个方面进行。

具体诊断过程应是首先查看图纸,了解掌握现场实际情况,并使用专业仪器(如电力综合分析仪)对主要数据进行实际测量。应该注意的是测试的时间应选择有代表性的典型工作时间,如对于空调系统的电耗测试就应在夏季空调使用季节进行,对风机水泵等设备的测试应在正常工作状态下进行,只有这样才能保证所得到的测试数据具有典型性,并真实反映供配电系统的现实情况[16]。

(2) 灯具系统诊断

在诊断过程中,首先应查阅了解被诊断建筑的照明系统的现状。如调阅与照明有关的图纸、进行实地查看及对照明用电设备进行统计,并对各建筑物的典型房间做平均照度测试。对配有电感镇流器(无补偿电容)的荧光灯做功率因数和谐波指标测试,并现场了解不同环境照明灯具的控制方式,向被测典型房间的工作人员询问开关照明灯具的使用习惯,对建筑物的照明现状做到全面细致的掌握。在查看图纸的过程中,尤其应注意与实际情况进行比对,对于图纸与现实不符的房间或场所应明确记录,并以实际为准,这是进行下一步诊断分析的关键[17]。

对于房间照度的测试应选取典型房间,并尽可能做到对涵盖各种功能的场所的测试。对于公共建筑内的典型房间,主要为办公室、会议室、大厅、机房、控制中心等位置,应重点进行照度测试,并注意对于以上房间的选取应尽可能选择有代表性的房间,以便测试结果能够完整准确。同时对于照明回路的供电电压应实际测试[18]。

根据已掌握的房间功能及灯具资料,找出不同类型的典型房间或区域,确定白天某一代表时段和夜间某时段,利用照度计测量出各典型房间(或区域)白天开灯、不开灯及夜间的平均照度值并计算出它们的照明功率密度值。再与《建筑照明设计标准》(GB 50034—2004)要求的相关参数进行对比列表,同时,对个别大批量的典型陈旧灯具有必要进行灯具效率测试。

根据标准值、实际照度值、光源、灯具、镇流器等因素,通过研究对比,发现问题,提出改造方案,包括产品的类型及控制方式等。

第四节　绿色大学建筑节能技术的应用

本节重点介绍适合绿色大学的各种建筑节能技术,如供热采暖系统节能技术、空调系统节能技术、高效节能照明技术、建筑维护结构节能技术和建筑设备节能技术,并阐述了相应技术的特点、应用条件、工作原理和节能效果,同时提出校园节能新机制。

一、供热采暖系统节能技术

1. 供热采暖系统节能概述

供热采暖系统包括热源、热网和热用户。热源即锅炉房,如何在保证安全生产的前提下,以较少的消耗供出足够的热量是节能的关键;热网输送热量,应尽量减少损失,均衡地将热量分配给用户;热用户使用热量合理、减少不必要的损失。供热采暖节能技术包括锅炉节能技术、热网节能技术和热用户节能措施。

(1)锅炉节能技术

锅炉节能技术是供热采暖系统节能技术的关键。总的要求是:在安全生产的前提下,保证锅炉有高的热效率,并根据室外气温和负荷变化调整锅炉运行台数和负荷,提供足够的热量,做到安全性、经济性、合理性、科学性四者的统一。

最主要的锅炉的节能措施是设置空气预热器和省能器、凝结水回收、低 O_2 燃烧、台数控制和转速控制等。

除了以上的措施外,为了达到锅炉节能还可以采用变频调速技术。供暖期间,风机的风量和循环泵的流量都要经常调节,以往的方法是利用风机的挡板角度或阀门开启度来调节,使管道的阻力特性发生改变,从而达到调节风量和流量的目的。由于靠改变阻力进行调节,所以额外增加了能耗。风机、循环泵采用变频调速技术后,可以及时把流量、扬程调整到需要的数值,在降低了设备的启动电流和运行电流的同时,也降低了设备的转速,减少了机械磨损且便于操作,节电显著[19]。

(2)热网节能技术

热力管网是连接热源(锅炉房)和热用户的桥梁,其节能的潜力很大,节能技术主要体现在以下几方面。

1)热网保温

室外供热管网的保温是供热工程中十分重要的组成部分。供热的供回水干管从锅炉房通过各供热建筑的室外管道,通常埋设于管沟内、直接埋设于土层内或明露于室外空气中等。为节能起见,应使室外供热管网的输送效率达到90%以上。供热管道的保温厚度应按国家标准中经济厚度的计算公式确定。安装在管沟内的供热管或直埋于土层内的供热管,保温厚度应不小于表4-1的规定数值[20]。

表4-1 供热管道的最小保温厚度表

单位:mm

保温材料	公称管径	供热面积	
		<50 000 m²	≥50 000 m²
岩棉和矿棉管壳	25~32	30	30
	40~150	35	35
	200~300	45	55
超细玻璃棉管壳	25~32	25	25
	40~150	30	30
	200~300	40	50
聚氨酯硬质泡沫保温(直埋管)	25~32	20	20
	40~150	25	25
	200~300	35	45

2)控制系统失水

失水主要是管网陈旧漏水所致,系统大量失水影响供热能力且造成极大浪费,而且一些供热单位还因水处理能力不足,不得不用生水作为管网补水,从而造成管网腐蚀和堵塞。应当及时检修管网,将失水率降低到最低水平。校园供热系统应考虑通过增加换热器,将直接连接改为间接连接。间接连接可将一级供热管网系统和二级系统的水力工况分开,便于发现失水原因及时修理。

3)管道充水防止腐蚀

国内高校供热系统和居民小区一样,一般属于非常年运行的供热系统,采取夏季放水检修,冬季投产前充水的做法。但由于系统放水后往往不及时充水,空气进入管道容易造成管内壁的腐蚀。因此,非常年运行的供热系统应在夏季检修后及时充满符合水质要求的水,既可省去管道投入运行时的充水准备时间,又可防止空气进入管道造成管内壁腐蚀。

4)管网冲洗

为避免管网施工过程中进入的泥沙杂物造成管道的局部堵塞现象,室外供热管网在施工完毕、交付使用之前,应按国家标准《采暖与卫生工程施工及验收规范》(GBJ 242—2002)中有关工程验收的规定,进行通水冲洗,并作通水冲洗记录。

5)更换排气阀

采暖系统末端采用的手动集气罐排气装置在使用过程中存在许多问题,为改善末端散热器不热的状况和控制失水量,应更换自动排气阀。

6)改善热网系统和用户系统

离热源近端,热水流量较多,压差较大,温度较高;离热源远端,热水流量较少,压差较小,温度较低。为了保证离热源远的热用户室内温度达到供暖标准,应在管网安装流量控制器,把近端流量调小,远端流量调大,这样就降低了系统循环水量,同时也降低了煤耗和电耗。

(3)热用户节能措施

热用户节能措施也是供热采暖节能技术的必要组成部分。锅炉供热系统不能随着室外气温的变化以及热用户的实际用热需求自动调节系统供热量,这不仅影响了供热质量,还造成能源的浪费。为使用户可自己调节室内温度,节约能源,可采取以下措施:①安装散热器恒温控制阀,这是一种可自动调节并保持室温稳定功能的阀门;②在供热系统增设气候补偿器和变频水泵。

2. 高效供热采暖节能技术

目前国内外运用的高效供热采暖节能技术有直埋供热管道技术、新型采暖系统、锅炉余热利用技术和低温热水地板辐射采暖技术等,热水管道直埋技术在我国使用已有丰富的经验,《城镇直埋供热管道工程技术规范》(CJJ/T 81—1998)已于1999年6月1日起施行。直埋敷设与地沟敷设比较,有节省用地、方便施工、减少工程投资和维护工程量小等优点。

下面重点介绍低温热水地板辐射采暖技术。

低温热水地板辐射采暖,是以不高于60 ℃的热水作热媒,将加热管埋设在地板中的低温辐射供暖。它通过埋设于地板内的管材把地板加热,均匀地向室内辐射热量,具有热性能稳定、室温均匀、舒适、节能、免维护、管理方便等特点,是一种极为理想的供暖方式。

(1)低温采暖地板加热管的布置形式

低温地板辐射采暖系统的埋管铺设方式可根据房间的热工特性和保证温度均匀的原则大致分为旋转型、直列型、往复型三种形式,如图4-7所示。

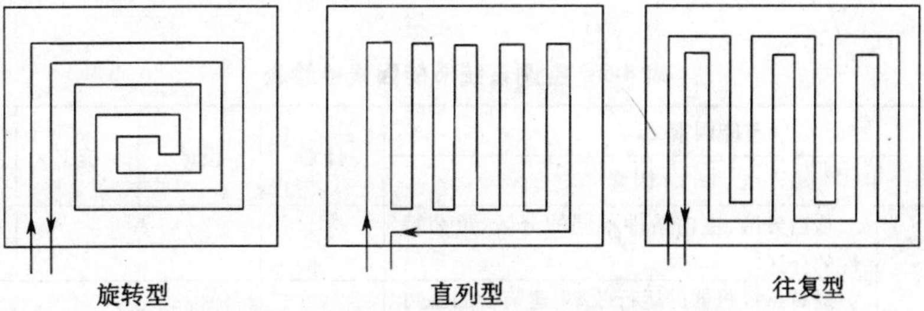

图4-7　辐射采暖地板加热管的布管方式图

(2)低温辐射地板的构造

辐射采暖地板的构造做法较多。目前,我国常用的做法是由地面层、填充层、加热管、热绝缘层、防水层、防潮层、找平层、地面、楼板以及固定卡子组成,其构造做法较为简便,如图 4-8 所示。

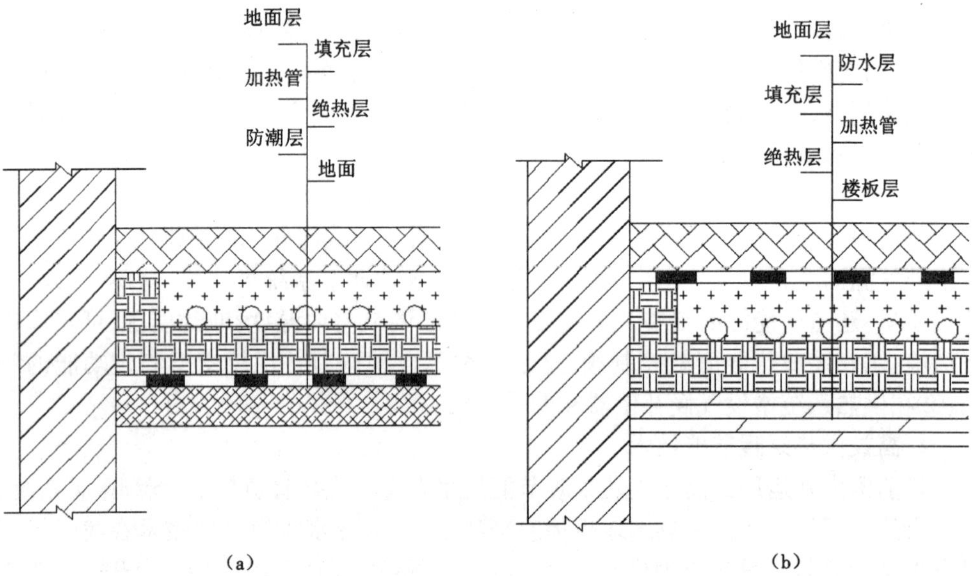

图 4-8　低温辐射地板地面剖面图

(a)首层地面剖面图　(b)二层以上各楼层地面剖面图

二、空调系统节能技术

1. 空调系统节能技术概述

(1)影响空调系统的节能因素

影响空调系统节能的因素有系统的效率、机器效率、控制系统、自然能量和排出能量的利用、设定条件等。

实际节能过程中,节能对象的状况是多种多样的,故必须对上述因素进行更细致的分类,计算出所需要的能量,可通过表格检验法筛选出有效的节能措施,经研究后编制节能计划[21]。表 4-2 为空调系统各节能因素的检验表。

表 4-2　空调系统节能因素检验表

节能因素		计划	设计	施工	维护管理
项目	因素				
全面计划	适当分区、室内条件不同的分区、负荷特性的分区	√	√		
	提高系统机器的运行效率、建筑物的压力平衡、能源使用类型	√	√		√

续表

节能因素		计划	设计	施工	维护管理
项目	因素				
室内环境计划	设定温度和湿度、新风量、照明密度，供热与制冷的必要性再研究	√	√		√
	温度的分布	√	√		
输送系统和负荷侧系统	减少输送管网的热损失	√	√	√	√
	降低室内负荷	√	√		√
	没有减少动力消耗	√	√	√	
系统机器计划	混合损失的计划、与负荷特性一致的计划、制约条件	√	√		
自然能量利用	太阳能、地热、风能、井水等的利用	√	√		
冷(热)源系统	冷(热)源机器的高效率运行	√	√		√
	排热废热回收热能的利用、热回收系统、热泵、全热交换器、废热锅炉	√	√		
	自然能量的利用、蓄热方式的削峰，热回收装置的高效运行	√	√		√
控制系统	室内环境的控制、机器运行控制	√	√		√
排、废能利用	排气、废弃物、排水的热回收	√	√		
通风系统	降低换气输送动力	√	√	√	√
	降低换气负荷	√	√		√

(2)空调系统运行过程的节能

1)冷(热)源效率控制

中央空调的水系统分为冷冻水系统和冷却水系统。冷冻水系统是指在机组和末端封盘之间循环的水系统，进水温度较低；冷却水系统是指在机组和室外散热设备之间循环的水系统，水温较高。冷却水用于冷却制冷剂，制冷剂用于冷却冷冻水，冷冻水作为冷载体冷却室内空气。

在日常运行中不能盲目降低或升高冷冻水的温度，应该合理控制以保证冷(热)源效率。实际运行经验表明：降低冷却水温度，制冷机的制冷效率会升高。冷却水的供水温度每上升1 ℃，制冷机的效率下降近4%；提高冷冻水温度，制冷机的制冷系数也提高，冷冻水的供水温度每上升1 ℃，制冷机的制冷效率可提高3%。

2)在最小运行能耗下运行

在供热空调系统的热源机器、输送用机器和末端机器等许多地方都使用动力，其中主要是电动机、锅炉和吸收式制冷机。由于机器出力根据最大负荷选定，但在全年运行期内，机器大部分为部分负荷。为保证机器在部分负荷条件下高效运行，在制定节能计划时，就应考虑机器出力的合理选择和机器的控制方法等问题。为了获得预期的节能效果，全系统也应该高效率运行。全系统高效率运行的基本条件是部分负荷的效率高。目前常采用的是与供热空调设备有关的节能系统,如表4-3所示。

表4-3　供热空调的节能系统

项　目	节能系统	机　器	项　目	节能系统	机　器
1	VAV方式	VAV机组 风机转速控制	4	高效率控制系统	计算机控制
2	VWV方式	水泵转速控制	5	辐射采暖空调	低温地板辐射采暖
3	台数控制		6	蓄热系统	立式蓄热槽潜热蓄热

3)动力节能

采用大温差和低流速,以达到空调系统运行过程中的动力节能。

4)利用排热节能

在供热空调设备中利用排热的节能系统多是回收利用从锅炉等燃烧机器中废气保有热的热回收系统。其他常用的还有采用热泵排热回收装置的热回收系统以及采用全热交换器从建筑物排气中回收排气保有热的热回收系统,如表4-4所示。

表4-4　利用排热系统

项　目	利用系统	机　器
利用热源机器的废热	从锅炉、其他燃烧机器的废气中回收热量的系统	热管废气锅炉
回收室内发生的热量	热泵系统回收排气热的系统	空气源热泵 水(地)源热泵 全热交换器
排水热回收	热水排水热回收	热管

5)利用自然能量节能

利用自然能量的简单方式是通过自然换气的夜间蓄热方式控制室内温度上升。除此之外,还有利用太阳能的采暖空调系统、太阳能电池和风力发电等,如表4-5所示。

表4-5　利用自然能的系统

项　目	系统类型	项　目	系统类型
自然通风、新风的利用	室外空气供冷 夜间冷却 自然通风 风力发电	利用太阳能	采暖空调系统 太阳能电池

2. 新型高效供暖空调节能技术

目前国内外运用的新型高效供暖空调节能技术有楼宇冷热联产技术、变频调速空调系统、低温送风空调系统、蓄能技术、暖通空调余热利用技术等，本节主要介绍楼宇冷热联产技术、变频调速空调系统和低温送风空调系统三种新型高效暖通空调节能技术。

(1)楼宇冷热联产技术

楼宇冷热联产(Building Cooling Heating Power，简称 BCHP)，是由一套系统解决建筑物电、冷、热等全部需要的建筑能源系统，是由发电机组燃烧天然气产生电能，排除的废热通过余热型吸收式冷温水机组回收直接进行制冷或制热[22]。BCHP 可以是为单个建筑提供能源的较小型系统，也可以是为区域内多个建筑提供能源的分布形式。

作为空调能源应用形式之一，BCHP 系统能削减夏季电力峰值，填补夏季燃气低谷，提高电力和燃气的负荷率，减少公共事业投资，其系统设计简单、施工周期短、自动化运行管理等优点也为广大工程技术人员所接受。

BCHP 主要由以下系统组成：发电设备(燃气涡轮发电机、微型涡轮机、内燃机及燃料电池)、热工系统(水冷机、空调及制冷机)、锅炉或蓄热系统、通风/室内空气品质(IAQ)系统以及建筑控制及系统集成技术等。BCHP 系统的结构简图如图 4-9 所示。

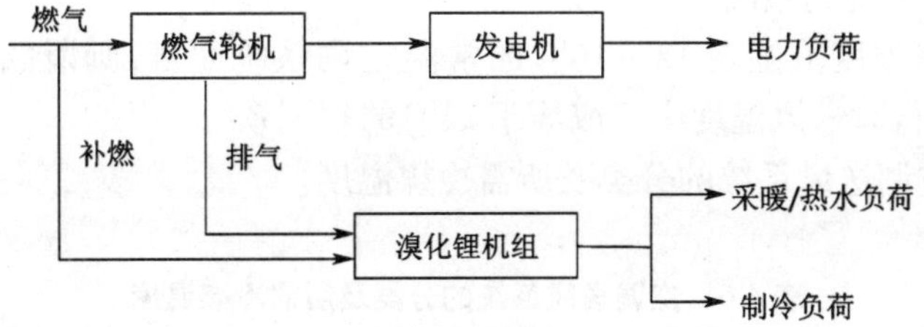

图 4-9　BCHP 系统的结构简图

BCHP 系统设计通常依据下述原则：一种是“以电定冷(热)”，即根据楼宇配电负荷确定发电机功率，制冷和制热设备根据发电机尾气余热配置，这种方式首先注重了余热回收效率，再考虑楼宇冷热负荷要求；另一种方式是“兼顾冷热电负荷”，这种方式是根据楼宇冷热电负荷配套 BCHP 系统，兼顾余热利用效率和楼宇能源负荷，综合性能好。当然，影响 BCHP 系统配置方式的因素很多，系统必须根据楼宇的具体情况而定。

以燃气发电机组为能源中心的冷、热、电三联供系统是城市科学用能的有效途径之一。它集中体现了能源供应系统的技术先进性、能源利用的合理性和高效性以及常规方式的经济性。冷热电联产系统在不同应用场所的配置模式有很大不同，主要取决于当地的能源需求结构[23]。

(2)变频调速技术

暖通空调中用到的变频调速控制系统一般由传感器、变送器、调节器、控制器、变频器、电动机及被控制设备等部分组成。传感器用来感测被控设备中的被控参量,它可以是流量、压力、温度、湿度、气体含量等,一般是利用传感器把被控参数转换成电信号;变送器的作用是把传感器得到的电信号进行放大、整形等处理,然后统一调整为规则化的电压;调节器或控制器,它们其实就是一个由单片机组成的微型控制系统,本身具有计算、判断、逻辑分析功能,它有数字和模拟输入端、数字和模拟输出端,可以在软件的控制下实现PID或模糊控制等控制规律,还可以利用数字输出口,指挥数台电动机的调频与工频之间的切换、被控设备相关部件的开启或关闭等多种操作;变频器是利用电子器件的智能控制技术把电压频率固定的交流电变成了电压频率可变的交流电的一种控制设备。用变频器输出的频率、电压可变的交流电去驱动电动机就可以达到电动机的调速。当需要的流量减少时,不是采用关小阀门出口的方法,而是利用变频调速控制装置改变泵或风机电动机的转速。在减少系统流量的同时降低了系统阻力,就可以达到既减少流量,又可以极大地减少电动机的轴功率,达到节能的效果。

变频调速技术在暖通空调中的应用主要体现在:变风量控制系统、变冷水量系统、锅炉鼓和引风机的节能运行、采暖与空调水系统的恒压点控制、冷却塔风机的变速控制和变频空调器[24]。

(3)低温送风空调系统

相对于送风温度范围在12~16℃的常温空调系统而言,所谓低温送风空调系统,是指系统运行时送风温度小于或等于11℃的空调系统。

表4-6为空调送风系统的分类及所需冷媒温度。

表4-6 空调送风系统的分类及所需冷媒温度

空调送风系统类型	送风温度/℃		冷源	
	范围	名义值	冷媒温度/℃	冷媒形式
常温送风	12~16	13	7	冷水机组
低温送风	9~11	10	4~6	冷水机组、水蓄冷或直接膨胀
	6~8	7	2~4	蓄冰系统或直接膨胀
	≤5	4	≤2	蓄冰系统

与常温空调系统相比,低温送风空调系统具有十分显著的优点,如表4-7所示。

表 4-7 低温送风空调系统的优点

项 目	内 容	效 果
系统设备投资	空气处理设备(规格/数量)、风管尺寸、循环水泵(规格/数量)	减小/减少
建筑投资费用	水管管径、建筑层高、占用建筑面积	减小/降低
室内环境	室内空气相对湿度	降低
	室内环境舒适度、室内空气设计干球温度	提高
运行费用	风机和水泵的电耗	减少
已有建筑改造	保护建筑加设空调、提高供冷能力	合适

在进行一个新的工程项目设计时,是采用常温空调系统,还是采用低温送风空调系统,需要对该建筑物的功能要求、冷源供应等各种因素进行全面的技术、经济论证后才能确定。表 4-8 列出了一些适合和不适合采用低温送风空调系统的情况,可供设计人员在方案设计论证时参考[25]。

表 4-8 低温送风空调系统适合和不适合的情况

适合采用低温送风空调系统	不适合采用低温送风空调系统
有小于或等于 4 ℃的低温水可供利用	没有小于或等于 4 ℃的低温水可供利用
要求显著降低建筑高度,降低投资	空调区内空气相对湿度要求大于 40%
要求空调区内空气相对湿度在 40% 左右	房间要求保持较高循环风量(换气次数)
冷负荷超过已有空调设备及管网冷能力的改造工程	全年中有较长时间可以利用室外空气进行节能运行

此外,低温送风空调系统的设计还包括室内空气设计参数确定、空调房间冷负荷计算、低温送风空调系统方式和低温送风系统空调器及机房布置等,在实际设计和施工中可查阅相关文献,在此不再赘述。

三、高效节能照明技术

绿色大学节能照明建设对照明质量和视觉环境条件有更高的要求,不能靠降低照明标准来实现节能,而是要充分运用现代科技手段来提高照明工程建设的水平。绿色大学节能照明建设包括光源选择、线损控制、照明控制、自然采光、管理等多个方面,且应遵循以下四个基本原则[26]:

①要满足建筑物的功能,保证安全性、舒适性和提高学习效率;

②要满足经济性,应考虑投资和运行费用的回收;

③要考虑技术的先进性;

④要考虑节约能源和保护环境。

1. 光源的选择

照明一般分为室内照明和室外照明两种形式。

(1)室内照明

照明光源依据其发光原理不同可分为辐射光源、气体放电光源、场致发光光源三类。常用的辐射光源有白炽灯和卤钨灯;气体放电光源主要有荧光灯、金属卤化物灯、高压钠灯和低压钠灯等,其中金属卤化物灯和高压钠灯因发光强度高被称为高强度气体放电灯(HID);场致发光光源主要有 LED 和激光等。对于这三类光源,被高校广泛应用于照明的是辐射光源和气体放电光源,这些光源的主要技术指标如表 4-9 所示。

表 4-9 光源主要技术指标

光源种类	光效/lm/w	显色指数/Ra	色温/k	平均寿命/h
普通照明白炽灯	15	100	2 800	1 000
卤钨灯	25	100	3 000	2 000 ~ 5 000
直管型荧光灯	70 ~ 100	51 ~ 98	全系列	8 000 ~ 16 000
紧凑型荧光灯	60	85	全系列	8 000
金属卤化物灯	75 ~ 90	65 ~ 92	3 000/4 500/5 600	6 000 ~ 20 000
高压钠灯	100 ~ 200	23/60/85	1 950/2 200/2 500	24 000
低压钠灯	200		1 750	28 000
白光 LED	13 ~ 25	>70	5 000 ~ 7 000	>100 000

在日常照明使用中,白炽灯因其安装和使用方便、价格低廉,目前在世界上其生产量和使用量仍占照明光源的首位。但因其光效低、能耗大、寿命短,应尽量减少使用量,但是它有一个优点,就是尺寸小容易安装。荧光灯作为气体放电灯最常见的一种,因其寿命长、节约电能,得到了大量应用。结合白炽灯和荧光灯的优点,就产生了紧凑型荧光灯。在荧光灯系列中,这种灯又被称为节能灯。节能灯的节能效果是显著的,如表 4-10 所示[27]。

表 4-10 节能灯节能效果

节能灯功率/W	5	7	9	11	13	15	20
光通量/lm	220	350	500	780	800	900	1 200
寿命/h	5 000	5 000	5 000	5 000	5 000	5 000	5 000
相当于白炽灯的功率/W	25	40	50	75	80	90	100

还有一种为直管型荧光灯,根据管径大小可分为 T12(38 mm)、T8(26 mm)、T5

(16 mm)三种类型,其灯内填充物存在一定的差别,但在安装上可以完全互换。随着管径的减小,荧光粉等有害物质耗量减少、荧光灯光效和寿命都会增加,节能效果会更加显著,如表 4-11 所示[28]。

表 4-11　不同管径的直管型荧光灯节能效果

灯管径	镇流器种类	功率/W	光通量/lm	光效/lm/W	替换方式	照度提高/%	节电率/%
T12(38 mm)	电感式	40	2 850	72			
T8(26 mm)	电感式	36	3 350	93	T12→T8	17.54	10
T8(26 mm)	电子式	32	3 200	100	T12→T8	12.28	20
T5(16 mm)	电子式	28	2 900	104	T12→T5	1.75	30

注:镇流器起限流作用,与荧光灯配套工作。

在使用过程中,由于白炽灯和荧光灯的发光原理不同,白炽灯较好地用在照明开关频繁、需要调光、需要防止电磁波干扰的场所,荧光灯则较好地用在悬挂高度较低、照度要求较高、人们需要长期停留的场所。出于节能、环保的考虑,在构建绿色大学的过程中,应大力推广紧凑型荧光灯取代白炽灯,同时用 T8 荧光灯取代 T12 荧光灯,有条件的学校可推广使用 T5 节能灯。但直管型荧光灯比紧凑型荧光灯光效更高,寿命更长,光通量维持率高,性价比更优。因此,除有装饰要求场所外,一般情况下(如办公室、教室、阅览室等)都应选用直管型荧光灯。

(2)室外照明

1)道路照明

大学道路由于人流量、车流量较小,显色指数和照度等要求较低,因此在选择光源的时候,可以选择小功率的高压钠灯,这类灯运行、维修成本低,但可满足照明需要,适于在高校推广。

2)景观照明

校园景观照明追求的不是亮度,而是艺术的创意设计。LED 光源由于具有光效低、光线单色性好、能耗小、安全可靠、方便管理、寿命长等一系列优点,成为景观照明的最佳选择。

2. 线损控制技术

高校同一般的住宅小区一样,线损往往占总照明系统能源损耗的较大部分(约占输入电能的 4%),因此有必要降低在照明线路上的无效功率,提高能源利用效率,这对绿色大学照明系统的节能将起到很大的作用。下面主要从供电方式控制、导线损耗控制和线路补偿三方面介绍控制线损的技术。

(1)供电方式控制

影响照明线路损耗的主要因素之一是供电方式。供电方式可分为集中式供电和分散式供电[29]。

1)集中供电方式

集中供电方式是指在同一电压等级下,仅一个电源点供电。楼宇越多,线路供电半径就越长,在输送的功率一定时,供电电压愈低,线路损失的电量就越大。

2)分散供电方式

在同一电压等级下,多个电源点供电,称为分散供电方式。这种供电方式一方面使低压供电半径限制到最小,电源与负荷就地就近相平衡;另一方面在向用户输送一定功率时供电电压明显大于集中供电,电流相对大幅度减少,线损明显降低,主变压器由原来单台大容量趋向于多台小容量化,这样可能使变压器总的空载、线路损耗有所增大。

集中式供电的损失主要反映在线损上,分散供电方式的铁损和铜损比集中供电方式略大一些,但线损却大幅度降低,经济性好于集中式供电;同时分散供电方式在某一电源出现故障时,不至于造成整个供电网络停电,保证了供电的可靠性;另外分散供电方式取消了配电厅,节约了大量的设备投资。综合这些特点,绿色大学在建设供电网络时,应积极推广分散式供电。如上海交通大学在高校中率先采用了这项技术,每年节省开支 18 万元。

(2)导线损耗控制技术

导线损耗控制技术在负荷不变的情况下主要体现在优化线路的供电路径和换粗导线截面两方面,通过减少线路电阻而达到降损节电的效果。

①在照明单相回路和两相回路中,其中性线截面应和相线截面相等;在主要供电给气体放电灯的三相配电线路中,中性线截面不应小于相线截面。

②照明分支回路用铜芯绝缘导线的截面不宜小于 2.5 mm^2。此外,照明配电线路的截面积应满足载流容量和允许电压损失的要求,从配电变压器到灯头的电压损失值不宜大于额定电压的 5%[30]。表 4-12 列出了几种换粗导线后降低损耗百分率的情况。

表 4-12　粗导线的节能效果

导线换粗前		导线换粗后		降低损耗
型　号	电阻/$\Omega \cdot km^{-1}$	型　号	电阻/$\Omega \cdot km^{-1}$	
LGJ-25	1.38	LGJ-35	0.21	38.4%
LGJ-35	0.85	LGJ-50	0.65	23.5%
LGJ-50	2.65	LGJ-70	0.45	29.2%
LGJ-120	0.27	LGJ-150	0.21	22.2%

(3)线路补偿技术

对线路进行无功补偿,提高功率因数,是减少线路损耗的一种有益方式,集中体现在以下四个方面:可减少功率损耗;可减小电力线路的电压损失;可提高设备利用率;可减小电流,使变电设备和配电线路降低容量等级。

线路补偿可采用单灯补偿和集中补偿两种技术。单灯补偿就是在每盏灯上并联一个适当的电容器进行补偿。集中补偿是将电容器集中装在配电装置中,其优点是安装简单、运行可靠、利用率高、维修保养方便、适用于多电源电路。因此,绿色大学照明线路欲提高功率因数,宜采用集中补偿技术。

此外,在建设绿色大学的过程中,学校应投资对供电系统进行改造,优化配电方式、优化供电线路;实施旧线路、旧变压器改造,保证照明电源电压稳定,安装新型的SII系列变压器替代老旧变压器,可以降耗达40 %以上;采用电子式电表替代传统的感应电表,可降低损耗20 %以上[31];在学生宿舍安装节能控制柜,既可避免火灾,又可节约用电。

3. 照明控制技术

在既有照明系统的节能改造中,采用节能照明控制技术比更换节能型光源更加经济和实用[32]。照明控制技术可简单地分为常规控制(普通开关控制)和自动控制两种技术。

(1)常规控制技术

面积较小的房间及楼梯间、走廊等场所宜采用一灯一控或二灯一控的方式,面积较大的房间宜采用多灯一控的方式,中等房间每开关可控3～4只灯泡,大房间每开关可控4～6只灯泡。控制灯列宜与窗平行以利于采用天然光。在学校生产、实习场所,宜按车间、工序分组控制,可以关闭不需要的灯光。

这种控制方式简单易行,但是敷设过程任务繁重,并且线路损耗较大。因此,要取得更好的节能照明效果,单纯靠常规控制是远远不够的,必须结合自动控制。

(2)自动控制技术

自动控制能更好地实现节电、高效、省力的目的。常见的自动控制技术有时控、感应控、光控、光敏控、微电脑控等。

①时间程序控制技术。计算机程序设计时间,通过定时器等电器元件,实现对各区域的照明灯具定时控制。时间程序控制成本低、使用方便,常用于校园内一些简单的照明线路控制,如校园广告灯箱、绿化环境照明等。

②感应控制技术。感应控制是通过传感器(红外线感应器、动静探测器、超声波探测器、声音接收器等)检测照明环境的变化来控制照明状态。适合使用在人流量不大且不同步的场所,如校园公厕、附属建筑的公共通道等。在公共通道内,宜采用分区域、分组的集中采光控制形式。

③光控制技术。在教室选用智能开关控制器,该装置使用光—电转换元件和红外线等传感器控制光源的开闭。光控技术目前在高校中已得到了大力推广。

④光敏控制技术。它不但能达到有效利用自然光的目的,而且能够将光线强弱的变化转变为电信号的变化,进而对照明灯具自动调光,保证室内照度恒定。

⑤微电脑控制技术。它是以微电脑为控制核心,对照明供电系统电能质量进行

二次优质化处理的高科技产品，达到延长用电器使用寿命和节约电能的双重目的。它实现了智能照明调控、有效保护电光源、降低电能消耗的功能，是目前比较成熟的照明控制解决方案。

自动控制很好地弥补了常规控制的不足。两者的有机结合能达到既有良好照明效果又能节能的双重目的，符合大学节能的发展方向。

4. 自然光利用技术

自然光引进室内可以起到节约能源和保护环境的作用，同时还可以创造出舒适的光照环境，有益于身心健康。自然光的科学、健康利用为绿色大学高效节能照明建设指明了新的方向。

(1)采光窗设计技术

采光窗分侧窗和天窗两种，而高校的各种楼宇多采用侧窗采光，下面介绍侧窗的采光设计技术。

侧窗采光是在房间一侧的墙上开窗采光。它构造简单、布置方便、造价较低、采光的光线方向性强。但缺点是室内照度不均匀，且近窗处容易产生眩光。

要改善室内深处照明效果，可行的技术措施是：设置高而窄的采光窗；控制房间进深，一般不宜超过窗上框高度的2～2.5倍；利用侧窗上半部透光材料(如：玻璃砖、明亮的白色百叶栅等)本身的反射、扩散和折射性能将光线透过顶棚反射到室内深处；尽量使窗口朝北，这对提高照度均匀度和节能都有益处。

(2)倾斜天棚、水平反光板联合采光技术

对于进深较大的房间，可设置倾斜天棚和水平反光板。水平反光板表面的高反射比涂层会使更多的光线反射到天棚上，天棚再将光线反射到工作面上。水平反光板还可防止太阳在近窗处产生的眩光。水平反光板分外侧伸出和内外两侧伸出两种，后一种进光量多于前一种，而且照度均匀度更佳。

(3)水平遮阳板采光技术

它是设置在窗口上沿以上的结构。水平遮阳板能有效地防止直射阳光射入南向窗口，这对于减少室内过热和防止眩光有积极效果。水平遮阳板能将地面反射的光线再反射到工作面上，改善了室内工作面的照度均匀度。

(4)光导照明技术

它利用采光罩将室外的自然光导入光导照明系统，再经光导管传输和强化后，由系统底部的漫射装置把自然光均匀高效地照射到室内任何需要光线的地方，得到由自然光带来的特殊照明效果。但由于其自身的局限性，该照明系统比较适合在层数较小的建筑物中应用。因此，在大学经济条件允许的情况下，可在矮层教学建筑、办公场所、校医院等楼宇有选择地利用光导照明技术[33]。

以上这些采光技术，能有效保证自然光被引进室内，符合高校求节能、求健康的现实考虑。

5. 用电管理

在推广使用照明新技术的同时，还要积极实施管理节能，以更深一步地挖掘节电潜力。目前用电管理方面的最大问题不是用电计量装置的不足，而是制度与监督的缺失[34]。

(1)能源管理机构

《高等学校节约型校园建设管理与技术导则》[建科(2008)89 号]指出大学在节能建设中应成立能源管理机构，并使之成为节能建设的组织保证。它可分为校级和区域级两种。

1)校级能源管理机构

校级能源管理机构分专职和兼职两种，采用哪一种各高校可根据自身的耗能、节能情况而定。校级能源管理机构能够集中精力负责节能新技术的推广、节能管理、督察、收费等工作，创造出很好的社会和经济效益。如：同济大学、山东理工大学等均成立了校办的专职能源管理机构。

能源管理机构应有学校领导和各部门主持相关工作的领导、部分学生、节能专家、学者共同参与，以形成良好的群众基础，统筹节能工作[35]。如同济大学的节能管理机构由分管校长任主任，资产处处长任副主任，各部门负责人参与，同时，相关学科带头人组成专家咨询委员会为学校节能工作提供技术支持。

2)区域级能源管理机构

为进一步推动各高校的节能照明工作，在条件允许的条件下，可成立由市、区政府牵头，各高校参与的能源管理机构。它负责推广节能新技术、新设备，同时密切联系各高校共享节能措施。如上海市成立了在上海市经委会、教委领导下的高校节能管理专业部。在它的努力和推荐下，华东理工大学为改变“长明灯”采用了远红外多功能节能开关，其节电率达 50% 以上；同时该专业部曾试行推出一项准入制度，并在测试应用、推荐准入等方面做了大量的工作。

(2)定额用电制度

为推动各单位节电工作，可以实施电平衡测试，明确学校各单位(包括学生宿舍)用电状况，完善用电档案。在对用户进行科学分类的基础上，学校可进一步对各用电单位核定用电定额，运用定额来组织指导各部门开展节电工作，并将其作为衡量用电是否浪费的标准。安徽理工大学在推行此制度时，对每一个房间都进行了量化管理，不仅将责任落实到单位还落实到个人，层层签订用电责任书，由后勤一家管理变成了多家管理、人人管理，取得了显著的节能效果。为及时、准确地掌握各单位的用电情况，学校可成立用电量数据实时信息采集系统，清华大学、同济大学等均建立了自己的数据采集系统，全校用电情况一目了然。

(3)考核奖惩制度

在做好用电量化管理的前提下，各高校应采取考核奖惩制度促进节电。淄博职业技术学院成立了节能绩效考核办公室，挂靠在学院整体考核办公室，实行专项监督、季度监督、半年监督和年度监督,对完不成任务的和任务完成不好的单位及时通报,通报三次以上,年底取消评比资格。通过考核促进了学校整体节能工作,每年节能效益都有明显的改善。安徽理工大学将各单位及个人的年终考核与节电情况挂钩,同时奖励节电工作突出的单位、工作人员,充分调动了每个工作人员的积极性。但由于用电管理的烦琐易使工作人员产生惰性,因此,学校需要不断加强巡视,强化监督和约束。

四、建筑设备节能技术

从社会能源消费的构成来看,主要有建筑能耗、工业能耗和交通能耗。在西方国家,上述能耗已经形成明显的三足鼎立之势,其中建筑能耗占总能耗的30% ~40 %。2000 年,我国的建筑能耗已达到能源消耗总量的 27.6%[36]。随着我国经济的迅速发展和人民生活水平的不断提高,建筑能耗在近期将继续以较快的速度增长,这从调查数据中已见端倪[37]。借鉴国外特别是发达国家在建筑节能领域的成功经验和最新研究成果,国外建筑节能技术研究与应用的新进展主要体现在建筑设计节能技术、建筑设备节能技术和热回收、废热及可再生能源利用技术三方面。绿色大学中的能源消耗结构相对单一,工业能耗相对较少甚至校园内已无工业能耗,而建筑能耗占据较大份额,因此本节重点针对适用于绿色大学的建筑设备节能技术加以探讨。

广义而言,建筑设备主要是指为改善居住环境条件而增加的设备,通常包括给排水、暖通、空调、电气和照明等系统。建筑在建成后能耗主要集中在以上各类设备系统能耗上,给排水、空调、电梯、电气等设备子系统则是建筑设备节能的研究对象。结合绿色大学的特点,校园内建筑设备节能主要体现在教学楼、办公楼、宿舍楼及其他附属建筑中的泵与风机、锅炉、制冷机以及电梯等建筑设备的节能上。

1. 风机和泵组的节能技术

(1)泵和风机的运行特性

风机是输送气体的设备,它在动力装置中应用十分广泛。风机的特性是指其全风压头 H、轴功率 N_z、效率 η 相对于流量 Q 的关系曲线。

风机的有效功率 N_e 可按下式计算:

$$N_e = \frac{QH}{3\,600} \times 10^{-3} \tag{4-1}$$

式中:N_e为风机的有效功率,kW;

Q 为风机的流量,m^2/h;

H 为风机的全风压,Pa。

风机的轴功率 N_z,可以按照下式计算:

$$N_z = \frac{QH}{3\,600\eta_f} \times 10^{-3} \tag{4-2}$$

式中:N_z为风机的轴功率,kW;

η_f为风机的总效率,%。

风机的配置功率 N_P 可按照下式计算:

$$N_p = \frac{N_z}{\eta_p} = \frac{QP}{3\ 600\eta_f\eta_p} \times 10^{-3} \tag{4-3}$$

式中:η_p为原动机输出至风机输入轴间的传动效率,%。

η_p值可从表 4-13 直接选出。

表 4-13　传动效率 η_p值

传 动 方 式	η_p(%)
电动机直接传动	1
联轴器直接传动	0.98
三角皮带传动(滚动轴承)	0.95

驱动风机电动机的效率可按下式计算:

$$N_d = \frac{N_p}{\eta_d} = \frac{QH}{3\ 600\eta_f\eta_p\eta_d} \times 10^{-3} \tag{4-4}$$

式中:N_d为电动机的输入功率,kW;

η_d为电动机的效率,%。

风机总效率可表示为

$$\eta_f = \frac{N_d}{N_z} \times 100\% = \frac{QH \times 10^{-3}}{3\ 600N_z} \times 100\% \tag{4-5}$$

在动力装置中,广泛应用各类泵组风机输送介质。以离心泵为例,要正确地使用,就必须了解泵的性能和它们之间的相互关系。离心泵的主要性能有流量 Q、压头 H、轴功率 N_z、效率 η_b等,其关系由实验测得,测出的一组关系曲线成为离心泵的特性曲线或工作性能曲线,此曲线由泵的制造厂提供,并附于泵样本或说明书中供使用部门选泵和操作时使用。

离心泵的特性曲线一般由 $H-Q$、$N-Q$ 及 η_b-Q 三条曲线所组成如图 4-10 所示。特性曲线随泵的转速而变,各种型号的离心泵有其本身独特的特性曲线,但它们都有以下共同特点[38]。

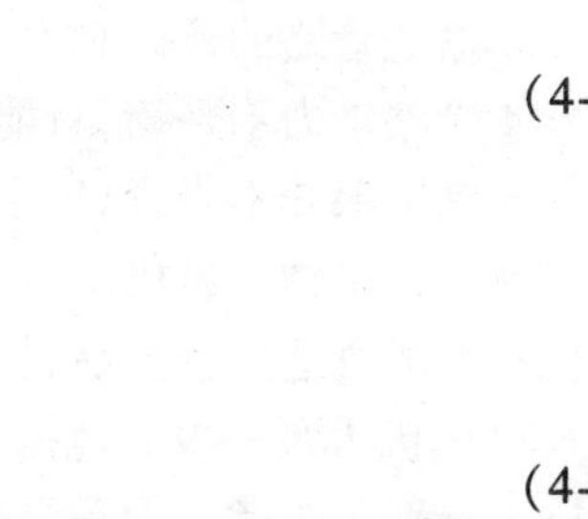

图 4-10　离心泵的特性曲线

①$H-Q$ 曲线:$H-Q$ 表示泵的压头与流量的关系。离心泵的轴功率一般是随流量的增大而下降(流量极小时可能有例外)。这是泵的一个重要特性。

②$N-Q$ 曲线:$N-Q$ 表示泵的轴功率与流量的

关系。离心泵的轴功率随流量的增大而上升,流量为零时轴功率最小。所以离心泵启动时,应关闭泵的出口阀门,减少启动电流,以保护电流。

③$\eta_b - Q$ 曲线:$\eta_b - Q$ 表示泵的效率与流量的关系。Q 为零时,效率为零;随着流量增大,泵的效率随之而上升并达到一最大值;此后流量再增大时效率便下降。离心泵在一定转速下有一最高效率点,通常称为设计点。泵在与最高效率相对应的流量及压头下工作最为经济。所以与最高效率点对应的流量、压头、效率值称为最佳工况参数。根据输送条件的要求,离心泵往往不可能正好在最佳工况下运转,因此一般只能规定一个工作范围,称为泵的高效率区。选用泵时应尽可能使泵在此范围内工作。

(2)风机和水泵的一般运行节能

1)风机水泵存在的主要问题

①为了压低初投资,所选用的风机水泵质量低,额定效率低于先进水平。

②系统设计不合理,大马拉小车,有较大裕量。运行时风机水泵偏离性能曲线上的最佳工作区,运行效率比额定效率低很多。

③输送管路的设计和安装不合理,管路阻力较大,运行能耗加大。

④管路水力不平衡,只能采取阀门或闸板调节流量,增加了节流损失。

⑤维护保养不当,风机水泵经常带病工作,浪费了能源。

因此建筑物中风机水泵节能潜力很大。相对于技术复杂的制冷机等设备而言,风机水泵的改造比较容易,见效快,是建筑物节能运行管理中的重点。

2)风机水泵一般节能措施

①更新和改造。用高效率的风机水泵代替原有的效率比较低的风机水泵。

②选择水泵或风机特性与系统特性匹配。

风机或水泵安装在特定的管路系统中工作时,实际的工作压头不仅与泵的性能有关,还与管路的特性有关,水泵运行曲线与管网特性阻力曲线的交点是水泵或者说供水系统的运行工作点。机泵特性曲线是一条随流量增大、扬程逐渐减低的曲线,管网特性阻力曲线是一条扬程 H 与流量 Q 的二次曲线(图 4-11),二者关系为 $H = H_0 + RQ^2$。当管网一定时,其阻力系数 R 可计算求出,忽略局部阻力损失,对应管网某一点时 R 可为常数(R 为沿程损失和局部损失之和的阻力系数,因局部损失较少可忽略不计),当管网控制点变化为另一点时,R 就发生变化,管网特性曲线也发生变化。

离心水泵和离心风机在给排水和暖通工程中所消耗电量比例很大,占用总用电量的一半以上,因此在选型时既要满足生产要求,又要讲究经济效益,所以风压或扬程选择一定要适合需要,小了不能满足要求,但也并非越大越好。因此水泵或风机的选择和运行必须注意两点:管网特性曲线尽量通过效率的最高点;对于流动特性变化比较大的管网系统(例如空调水系统),应尽量选择 $Q - H$ 特性曲线平坦型的水泵。

③在主要管路上安装检测计量仪表。

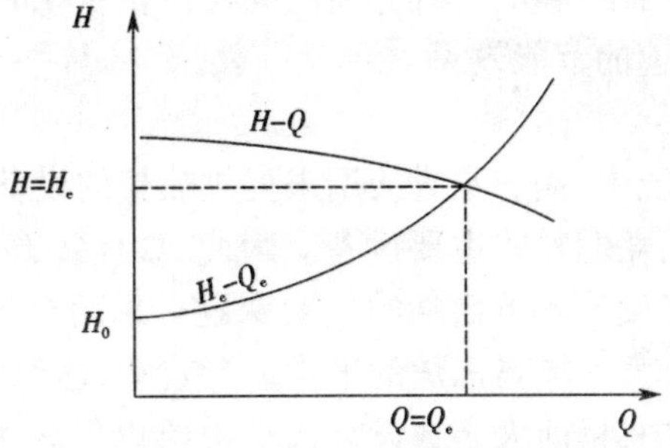

图 4-11　管网特性阻力曲线和泵的特性曲线

④切削叶轮、减小直径。如果所选水泵的流量和扬程远大于实际需求,最简单的办法就是减小叶轮的直径,从而减小轴功率。但是这种办法只适用于扬程比较稳定的系统。

⑤调节入口导叶,从而改变水泵或风机的流量压力曲线。

当前随着技术的发展,在实际生产生活中应用比较广泛的风机水泵的节能技术主要有风机变频调速节能技术。

根据流体力学的相似原理,对于同一台风机和水泵,其流量、压头(扬程)、转速和轴功率之间存在如下关系:

$$\frac{n}{n'}=\frac{Q}{Q'}=\frac{\sqrt{H}}{\sqrt{H'}}=\frac{\sqrt[3]{N}}{\sqrt[3]{N'}} \tag{4-6}$$

式中:Q、H、N 为风机或水泵转速为 n 时对应的流量、扬程、轴功率;

Q'、H'、N'为风机或水泵转速为 n'时对应的流量、扬程、轴功率。

由于转动流体机械的功率与转速呈三次方关系,可知改变转速的节能潜力很大。对于流量变化较大的风机、水泵,采取调速的方法改变流量,是节能的有效方法。降低风机的转速,可大大降低风机的轴功率。

风机水泵实现转速调节的基本方法有机械和电气两种。机械调速方法基本上采用液力耦合器,调速性能平滑,装置也较可靠,有一定的节电效果。电动机的电气调速运行方式很多,大致可以分为直流调速和交流调速两种。当流量调节在 90% 以上时,各种调速方法差不多;若流量调节在 60% 以下时,变频和变级调速效率较高,应用到暖通空调制冷系统,能达到明显的节能效果,变频调速比其他调速方法具有高效性。

虽然调速可以节能,但节能多少,需视调速系统的运行工况、运行时间(调节与不调节流量的时间比)、流量调节范围的大小而定。在运行中,由于流量减少,电动机和调速装置的效率也有所下降,但电能的节约量却在增加。需要注意的是,离心机械设备的工作特性,在大多数情况下,虽然都遵守比例定律,但在工程实际中,风机和水泵却存在明显的不同之处。对于风机,在绝大多数情况下,其运行时的基本特性接近理论值;而对于水泵,由于实际工况的存在,同样流量变化时,调节水泵转速的节能效果要低于调节风机转速的节能效果。

2. 锅炉运行节能

在校园集中供暖系统中,锅炉是直接用来提供热量的设备,它将燃料燃烧放出的热量用于水的加热,是消耗燃料的主要设备。因此,如何提高锅炉的运行效率,节约煤炭消耗,是锅炉房工艺设计人员面临的主要课题。采用合理的措施和方案以确定锅炉的容量和台数,就可大大提高锅炉的平均运行效率,达到节煤节能的目的。

在锅炉的实际设计中,目前大多数设计人员都给以供暖为主的锅炉配有备用锅炉。其目的很明显:当运行锅炉在供暖期发生故障而需要停炉检修时,采用备用锅炉。我们知道,一般供暖锅炉是季节性运行,它在非供暖期有充分的时间进行检修,因此,可完全不考虑设置备用锅炉。这样,既可减少锅炉房设备的一次性投资,又可以减少锅炉房的面积,基建投资规模也随之降低。

锅炉房设计要求锅炉的出力(与台数配合)能适应用户热负荷的变化。也就是说,锅炉之间要有一定的备用性。针对这一要求:对于一般机械炉排燃烧炉来说,其高效区出现在负荷峰值附近。也就是说,只有保持锅炉高负荷稳定燃烧,才能保证锅炉高效率工作,才能有助于提高锅炉负荷率,使锅炉的燃烧热量得到充分利用。

按照这一原则,不同的设计方案中可能会出现间歇调节,间歇调节是绿色大学校园内锅炉房供热采暖系统实现按需供热的主要调节手段之一,因此需要对间歇调节的方式进行讨论,以便找到合适的调节方式。一般情况下,当锅炉负荷率相同或相近时,连续运行情况下,锅炉效率高于间歇运行的效率,这主要是由于间歇调节供暖所造成的频繁起火、压火,必然会使炉膛温度上下波动,从而增加了运行锅炉的机械和化学不完全燃烧,降低了锅炉的平均燃烧效率。总之,只有合理地选择和确定锅炉的容量和台数,才能使锅炉处在满负荷、高效率的运行状态,才能消除目前锅炉容量大、出力小的“大马拉小车”的现象,增加供暖系统的适应性和灵活性,为节能提供有效途径。

锅炉的主要节能途径,除了热源装机容量应与采暖计算热负荷相符外,还应该在提高锅炉运行管理水平和提高运行量化管理方面加强。在锅炉供暖量化管理节能技术推广应用中,常常遇到用户系统和所有设备出现许多问题和故障,究其原因,主要有设计、施工、运行管理等方面的因素。尽管故障的表现千差万别,原因错综复杂,但还是有一定的规律性,对于一些常见的故障如锅炉出力不够等需尽早尽快解决,以提高运行管理节能水平。

3. 电梯节能技术

目前电梯的生产情况和使用数量已成为一个国家现代化程度的标志之一。随着现代化城市的高速发展,在高校中一幢幢高楼也拔地而起,电梯的使用也越来越普遍,这些高层中电梯使用的能耗成为一个突出的问题。一些配备有电梯的高层教学楼、科研楼、宿舍楼等公共建筑总能耗中,电梯的能耗占总能耗的3% ~7%,而电梯的节能应从新梯的选配、旧梯的节能改造两个方面重点考虑。

(1)电梯的选型和配置

电梯的造型和配置的工作由建设方工程人员前期完成,建设方往往考虑电梯的品牌、一次性成本(设备、安装、土建费用)较多,而运行、维修保养费用较少关注,公共建筑的运行经营方可结合自身管理经验,从能耗、故障率、舒适度、配置的实用性等方面,向建设方提出建议[39]。

电梯的能耗绝大部分集中在电力拖曳系统上,新建楼宇的电梯选型对节能效果的贡献举足轻重,所以电梯选型很关键,可选用当前电梯先进的主流产品。经过改进后的新型电梯改进了电梯的电力拖曳系统,减低传输损耗,提高传动效率,可实现综合节能。合理的选型不仅对节能有所贡献,还可降低电梯噪声,节省土建费用以及保养成本。

现代控制技术的应用在节能方面的作用也日益重要起来,一座楼宇中,多台电梯常常同上同下的运行现状十分耗电,现代控制技术可以解决这一问题。控制系统可以每一周为时间段,记载电梯的运行情况,根据运载信息,控制系统生成最为省电的运行模式,控制大楼里多台电梯,让它们分工明确,在适当的时间到达适当的位置,方便乘客上下,又减少电梯启动运行次数。相对群梯而言,节约电能可达 30 % 以上。另外如无人乘坐时电梯照明自动关闭,自动扶梯自动停止或低速运行,可以利用楼顶太阳能做补充能量也是不错的选择。

(2)电梯运行节能技术

电梯在运行过程中向上提升时消耗电能做功,从高处向下运行时要放出能量即重力势能,通常这股能量会通过使用制动电阻来损耗掉,称为“能耗制动方式”——即通过内置或外加制动电阻的方法将电能消耗在大功率电阻器中,由电阻器转化为热量散发出去。

电梯要节能节电,核心是将处于制动状态的电动机输出的电能利用起来,改变能耗制动方式,针对这一情况,较为成熟的电梯节能技术有采用有源能量回馈器。有源能量回馈器的作用就是有效地将电容储存的电能送给交流电网供周边其他用电设备使用,适用于所有交直拖动模式的变频电梯。电梯在下降时势能释放,减速时动能释放,电动机都处于发电制动状态,能量回馈器将处于发电制动状态的电机输出的电能利用起来,回馈的电能可送到其他用电设备,实现节能。而且,由于反馈的电能没有转化成热能消耗,降低了机房温度,也起到了保护电梯设备的作用。使用有源能量回馈器时楼层越高、电梯速度越高,节能效果越明显。同时,还能即时消除泵升电压,从而有效改善电梯制动性能,提高电梯舒适性能。

国内高校校园中食堂餐厅、后勤接待中心等建筑内安装的自动扶梯大多存在即使在梯上无乘客时仍以额定速度运行的情况,耗能大,机械磨损严重,使用寿命低。目前解决此类电梯节能问题常见的节电方式是采用感应开关控制,通过主控器选用变频器来调节主电动机的供电电压和频率,以人乘梯时自动加速运行,人乘梯后低速运行的方式达到节电目的,此时节电仅来自减速。但高校中实际运行情况是空载的机会并不多,所以虽然安装变频器可以节电节能,但节能空间有限。针对此类问题,可以安装电梯节能器实现进一步的节能。

电梯节能器覆盖了变频器功能的同时,又具备恒速跟踪负载功能,是目前国际节电新技术结合新型电动机的一种节电装置。它应用最优化的控制原理,不间断地自动检测数据处理,即时调整电动机的输出功率,保证电动机在整个负荷范围内的能量消耗降低到最小的程度。节能器安装在供电电源和发动机之间,并不改变电动机原有使用性能,不改变原电气控制系统及安全性。跟踪负载方式随机,无须人工干预,节电的同时,有效地减少了原运行系统的机械磨损。

(3)电梯其他运行节能措施

在电梯安装过程中,也可以通过调节电梯的平衡系数节约电能。按照国家标准,电梯的平衡系数应在0.4~0.5之间。在办公楼、科研楼等使用不频繁的场所,平衡系数可以调小一些(接近0.4);在学生高层宿舍楼使用频繁的场所平衡系数可以适当调大一些(接近0.5)。这种调节平衡系数的方式很简单,只需要在安装配重的时候增加或减少配重块就可以了,简单而且很方便。

为了电梯更好的节能,业内专家建议,一座楼层内的所有电梯应该科学串联,通过智能控制系统,靠呼梯者最近的电梯来接人,还可以通过给电梯设置单双号、关闭低层电梯等方法节能。

节能措施中还有一个重要任务就是"行为节能",也就是所谓的"人的因素第一"的问题。乘客呼梯时也要尽量遵循"就近,同向"的原则。乘客不要乱按按键,因为目前电梯多是自动控制,多按并不能缩短等待的时间,反而浪费电源。要提倡全社会全公民的节能意识,绿色大学中的居住人群是知识文化综合素质相对较高的人群,节能意识更容易提高,节能措施更易实施。对于这些简单可操作性强的节能小方法,不需要耗费大量财力物力,其不仅适用于绿色大学,同样适用于校园外其他的公共建筑的电梯节能。

五、节能新机制

1. 相关政策节能机制

(1)国内外相关政策节能机制

通过政策机制实施有效管理是推进我国建筑节能的重要手段。建筑节能政策机制应建筑节能的要求而出现,随着人们对建筑节能认识的加深和社会经济的发展而不断发展、创新和完善。建筑节能政策机制主要有三类[40]。

①通过制定、颁布、试行建筑节能标准规范、法律法规,下达指令性行政命令等。我国建设部目前已颁布的建筑节能规范标准有:《公共建筑节能设计标准》(GB 50189—2005)、《采暖通风与空气调节设计规范》(GB 50019—2003)、《夏热冬冷地区居住建筑节能设计标准》(JGJ 134—2001)、《民用建筑热工设计规范》(GB 50176—

1993)、《民用建筑节能设计标准(采暖居住建筑部分)》(JGJ 26—1995)、《采暖居住建筑节能检验标准》(JGJ 132—2001)、《建筑节能"九五"计划和2010年规划》、《建筑节能技术政策》等。建设部为了强化建筑节能标准的贯彻力度,将一些重要的节能标准条文提升为强制性条文并发布违章的处罚命令。

②随着经济的发展和市场的完善,超越标准规范的最低要求,将建筑节能性能与产品市场价格挂钩的手段。例如正在逐渐推广的评估、审查、表示、定额管理等市场经济体制下的建筑节能管理手段;建立建筑能耗表示方法和形成自我约束机制的能耗表示体系等措施。要使建筑节能不成为开发商概念炒作的市场行为,从而丧失消费者的信任与兴趣,就必须有一套科学可行的管理体制,客观地评价建筑设计的能耗状况,从而将建筑节能与市场价格有机地结合在一起。

③建立建筑能耗统计与信息公开制度。建筑节能管理已经由管理者的特有任务转化为与社会各群体利益、责任相关的事物,建筑节能管理涉及主题呈多元化特点,因此可将建筑节能有关的各种显性和隐性信息加以收集整理,并在一定范围内以适当形式公开,用以建立各种刺激、奖惩机制。

除了国内现有的政策节能机制外,国外也通过立法、经济调节等多方面手段健全了建筑节能机制。

①建筑节能法规建设。加强建筑节能法规建设,坚持依法行政,是各国政府都十分重视的工作。美国制定了《能源法》(*Model Energy Code*),对新建住宅和商业建筑及现有住宅增补部分的能耗标准做了明确的规定,包括围护结构的最小性能标准(如屋顶、墙、地面和窗,限制空气渗透率)和绝热管、密封管以及家用热水器的加热系统的标准等。《国际节能法》(*International Energy Code*)、《能源政策与节能法案》(*Energy Policy and Conservation Act*)也对美国的建筑节能提出了具体的规定。日本制定的《能源法》规定了建设方、设计方和业主在提高建筑物的能量利用效率和节能改造方面的义务,并提出建筑部门要改善相关设施的能源效率,提高住宅和建筑物的节能效能,实行能源需求侧管理[38]。

②采用经济政策激励建筑节能。政府对建筑节能设备实行优惠贷款政策、特别折旧和税收减免措施,对节能设备推广和示范项目实行补贴制度,同时对建筑节能技术开发给予财政补贴政策等。

③节能信息传播。利用快捷的信息途径传播建筑节能政策、法规、技术,提高全社会的建筑节能意识和可持续发展的环境意识。如美国的建筑师和建设方通过能源部公布在网上的 MECcheckTM 软件就能快速简易地检测新建住宅是否满足《能源法》(*Model Energy Code*)要求。英国的标准评价程序(简称 SAP)用于评价建筑的能耗等级,依靠建筑调查协会发放的标准计量计算表即可求出 SAP 等级,并且根据使用的燃料账单便可通过在线 CO_2 计数器了解其 CO_2 排放量[41]。

(2)绿色大学建设相关政策机制

近年来,我国关于节约型校园建设的配套政策体系正在逐步完善。国家连续颁布了《中华人民共和国循环经济促进法》(2008 年 8 月 29 日第十一届全国人民代表大会常务委员会第四次会议通过)、《公共机构节能条例》(中华人民共和国国务院令第 531 号)等一系列法规文件,要求贯彻落实“节约资源,保护资源”的基本国策,其中条例中对民用建筑包括教育建筑的节能做出了明确的规定。为缓解能源供应紧张状况,进一步增强全民能源忧患意识和节能意识,促进经济社会的可持续发展,住房和城乡建设部与教育部在2008 年也针对全国高校联合下发了《关于推进高等学校节约型校园建设,进一步加强高等学校节能节水工作的意见》和《高等学校节约型校园建设管理技术导则》[建科(2008)89 号],对高校节约型校园建设的主要目标、重点工作、强制性标准和组织实施提出了明确要求和指导意见。

节约型校园建设是一个比较新的工作。在实际操作运行过程中,为增加相关要求和意见的可操作性,坚持在工作中“配套政策同步进行,配套标准同步完善”。2008 年由部分高校共同编制了一系列的节约型校园的技术标准、技术导则,包括节约型校园能源的统计导则、审计导则、数据采集、安装等导则,为开展节约型校园建设提供了一个非常好的技术依据,也为规范地开展节约型校园提供了技术保障。

绿色大学建设过程中,政策支持必不可少。政策支持体现在综合方面,除了国家宏观上出台的各种节能法规和技术导则外,高校也对自身管理教学做了相关规定,将绿色环保、绿色大学的建设作为一个理念贯穿在教育教学过程中,通过政策导向调动高校全体师生建设节约型校园、绿色大学的积极性。如清华大学颁布了《清华大学环境保护规定》和《清华大学节能减排管理办法》,对有可能产生污染的项目进行政策导向,有选择性地承担科研课题。全国部分高校中如清华大学对全校学生开设绿色教育的选修课,修不到相应学分不能毕业,而天津大学等学校也将环保教育课程作为全校非环境类专业本科生的必修课程,在专业领域或者相关专业里面开展建筑节能管理课,进行普及性的教育教学,把节约的意识、节能的意识灌输给学生,把节约型校园建设工作的成果进一步延伸。

2. 节能新机制——能源合同管理

随着节能工作的逐渐深入,已经形成多种推进节能工作的市场化模式,如能源合同管理(Energy Performance Contacting, EPC)模式、能源银行以及企业赢利模式等。其中,能源合同管理发展相对成熟。

能源合同管理是一种新型化的市场化节能模式,其实质就是以减少的能源费用支付全部的节能投资,允许客户使用未来的节能收益为设备升级实施节能项目,从而降低用户目前的运行成本,客户与节能服务公司之间签订节能服务合同,EPC 的实施有助于推动技术上可行,经济上合理的节能项目。

EPC 产生于 20 世纪 70 年代中期,在北美、欧洲等市场经济发达的国家发展起来,1998 年 2 月,世界银行全球环境基金中国节能促进项目正式运行,将该模式引入我国。实践表明,在我国具有强大的生命力和广阔前景。2006 年 8 月,《国务院关于加强节能工作的决定》出台,明确将“加强推行合同能源管理,推进企业节能技术改造”作为建立我国节能服务体系的主要内容之一。

能源合同管理作为一个有效的节能工具,其吸引人之处在于降低用户技术、财务、运行管理和节能效果的风险。提供服务的能源服务公司(Energy Service Company,ESCO)与政府或企业的能源管理机构不同,是一种市场化的、以赢利为目的、以能源合同管理机制为主要经营模式的企业,它与客户签订技术和能源管理服务合同,负责融资并承担技术和财务风险,为客户实施和管理节能项目,在合同期内按合同规定与客户分享节能减排的经济效益,形成项目多赢的局面,包括能耗单位能源效率提高,能源费用降低;节能服务公司通过提供节能服务获得节能收益;而整个社会则达到节能降耗、降低污染的目的。

能源服务公司的核心工作是寻找和发现客户,为客户提供综合性的节能项目服务。通过对节能单位实施节能诊断、设计、项目融资、采购、管理、检测和施工,为客户提供最低节能保证,换句话说节能服务公司销售的产品是节能量。用节约的能源费用来偿还项目贷款及支付能源服务公司的服务费用,可以通过“零投入”来保证节能减排的原动力。

当前,国内外能源合同管理的类型有节能效益分享型、节能量保证型、能源费用托管型。

其中,节能效益分享型是指节能公司为服务的节能单位提供项目资金和项目的全过程服务,合同期内节能服务公司与客户按照合同约定的比例分享节能效益,合同期满后节能效益和节能项目所有权归客户所有。对这种形式的 EPC 费用做核算:项目实施前的能源费用等于项目实施后的能源费用、客户节能效益和节能服务公司收益的总和。节能量保证型则是由服务公司或客户提供项目资金,节能服务公司需要提供项目全过程服务并保证节能效果,按照合同规定客户向节能服务公司支付服务费用。如果合同期间项目没有达到承诺的节能量或节能效益,节能服务公司按合同约定向客户补偿未达到的节能效益。能源费用托管型:EPC 由客户委托节能服务公司进行能源系统的运行管理和节能改造,并按照合同的约定支付能源托管费用,节能服务公司通过提高能源效率降低能源费用,并按照合同约定拥有全部或部分节省的能源费用,这种形式的 EPC 节能服务公司的经济效益来自能源费用的节约,客户的经济效益来自能源费用(承包额)的减少。

能源合同管理作为一个能带来经济效益和社会效益的节能工具,其优势不言自明,但仍然存在不少问题。在中国,合同能源管理机制还处于发展初期,多数节能服务公司采用节能效益分享模式,但在实施过程中在节能效益计算等具体方面存在分歧。节能量核定问题是能源合同管理项目的核心问题,节能服务公司的所有收益实质上都来自于节能收益,但目前,节能服务公司在节能量的核准和评价上,经常难以与合作单位达成一致,缺少统一的评价标准和具有一定权威性的第三方机构进行节能量的核准和评价。在管理方面,能耗费用在会计上没有专门的科目,通过节能省下来的开支无法做账。节能服务产业的市场不规范,缺乏评价节能服务公司服务质量好坏的标准，另外，节能产品也急需要统一、规范的标准，以便进行公平竞争的市场运作[42]。

3. 绿色大学能源系统建设理念

绿色大学的内涵很丰富，能为师生提供健康、高效的工作、学习、生活环境，同时最大限度地节约资源、保护环境。成功建设绿色大学可带来一系列的社会、经济和环境效益，对建设资源节约型、环境友好型社会有很好的推进。绿色大学是基于可持续型方法建立的，将资源节约、能源节约的观点贯穿在资源节约生态良性循环的绿色大学的建设过程之中，在整个建设过程中绿色大学的能源系统建设理念尤为重要。绿色大学能源系统的建设应从规划入手，总体统筹，系统全面推进，结合实际，新建改造并行，绿色运行，加强配套管理。

绿色大学始于观念，成于规划，显于项目。绿色大学建设基于创新务实的平衡观、系统观和方法论，构建节能科技、节能运行管理、节能教育三位一体的节约型校园建设模式。有了这样的观念其规划内涵有所增加，规划方法有所改变：以创建绿色校园为目标，引入生态低碳理念和方法，包括碳氧平衡规划、能源规划、土地资源规划、水资源规划、噪声控制规划、节材与废物资源利用等方面的规划。

绿色校园能源系统的建设采用“全生命周期”方法控制，从全期策划、规划设计开始，到技术选择、运营，确保绿色效益最大化。技术上应满足空间上和时间上的全面性，前者要求校园建设对生态环境的响应应从能源方面扩展到全面审视建设活动对周边生态环境和居住者所生活的环境的影响，后者意在审视校园的“全寿命”影响，包括原材料开采、运输与加工、建造、使用、维修、改造、拆除等各个环节，确保技术的经济性和综合收益最大化，有效的技术支持降低对外界的依赖性，即降低对外界的资源能源需求总量，减轻对废物的处理负担。

实际建设时应基于本土低耗原则构建节能技术体系，不一定最先进的技术就是最节能的技术，遵循适宜高效原则，结合实际情况进行校区的绿色能源设计和改造，因地制宜，因势利导，扬长避短。除了最初的规划设计，节能改造，同时也应该重视能源系统建设过程中一些节能项目的实际可操作性，实现管理节能和绿色运行管理。

参考文献

[1] 马最良，姚杨，姜益强. 暖通空调热泵技术[M]. 北京：中国建筑工业出版社，2008.

[2] 朱强. 可再生能源——地源热泵空调系统在天津市建筑应用项目研究[D]. 天津：天津大学，2008.

[3] 孙长玉，袁军. 供热运行管理与节能技术[M]. 北京：机械工业出版社，2008.

[4] 王默晗，杨前明，孔祥强，等. 太阳能供暖在建筑中的应用[J]. 中国建设信息供热制冷，2006，11：33-36.

[5]　郑瑞澄.太阳能供热采暖工程应用推广[J].太阳能,2007,2:37-41.
[6]　王庆章.天津高校第一座绿色能源电站[J].天津科技,2005,2:32-33.
[7]　韩雷涛,谢建,苏庆益.云南省昆明市高校太阳能热水系统的研究[J].中国建设动态:阳光能源,2007,1:24-26.
[8]　高军林,朱吉顸,刘玉山,等.高校太阳能热水系统集成与优化[J].太阳能,2006,4:26-27.
[9]　管振忠,王崇杰,薛一冰,等.寒冷地区农村住宅太阳能采暖技术与应用实践[J].中国建设动态:阳光能源,2009,1:52-55.
[10]　周振.太阳房优化设计及模拟分析[D].北京:北京建筑工程学院,2008.
[11]　王曦,李春梅,范军.太阳能地板采暖系统[J].农业工程学报,2006年增刊:184-185.
[12]　李戬洪,白宁,马伟斌,等.大型太阳能空调/热泵系统[J].太阳能学报,2006,2:152-158.
[13]　贾绍强,周晋,张国强.建筑节能诊断和能源管理[J].大众用电,2007(6):39-42.
[14]　刘义军. 南宁市公共建筑节能潜力研究[D].天津:天津大学,2008.
[15]　李先瑞.供热空调系统运行管理、节能、诊断技术指南[M].北京:中国电力出版社,2004.
[16]　张文才.既有公共建筑电气节能诊断[J].建设科技,2007,2:75.
[17]　劳大实. 谈公共建筑电气专业的节能诊断方法[J].公用工程设计,2009(1):55-59.
[18]　张文才,根据已掌握的房间功能及灯具资料[J].电气智能化,2007(2):74-75.
[19]　闫旭炳,高晨光. 供热锅炉节能措施[J].内蒙古科技与经济,2008(17):90-91.
[20]　李海冬.低温热水地板辐射采暖技术[J].太原科技.2003,6:50.
[21]　唐中华.空调制冷系统运行管理与节能[M].北京:机械工业出版社,2008.
[22]　李华文.楼宇冷热电联产系统的特点及设计概要[J].沈阳工程学院学报,2007,3(4):313-314.
[23]　尤占平,罗勇,郝长生.楼宇冷热电联产系统应用探讨[J].应用能源技术,2005(2):40-42.
[24]　杨国荣,胡仰耆,叶大法, 浅谈低温送风空调系统设计[J].制冷空调,2005,26(3):1-7.
[25]　王苏颖.高校学生宿舍的负荷特点及节能措施[J].山西建筑,33(2):202.
[26]　张君芳.浅谈绿色照明及照明设计节能措施[J].水、电、暖通,2006(2):107.
[27]　鲍学芳.教学建筑照明质量与节能途径[J].水、电、暖通,2005(6):109.
[28]　潘英吉,周和平.城市住宅小区供电方式的探讨[J].吉林电力,2006(60):47-49.
[29]　薛必春,刘东升.高校照明节电的技术与措施[J].节能,2005(9):31,54.
[30]　刘焕章.从创建节约型高校略论学校水电节能对策[J].科技文汇,2007(2):208.
[31]　仇国霞.照明节能控制设备的分类及其性能特点[J].机电信息,2006(10):33 .
[32]　侯加全,白雪冬.照明设计中的节能方法[J].电气时代,2006(4):70-71.
[33]　北京市建设委员会.建筑设计与建筑节能技术[M].北京:冶金工业出版社,2006.
[34]　石征棉,王耀成.建设“节能型”高校的措施和途径[J].节能,2006(4):58-59.
[35]　金彦忠,闫丽君.建筑节能和维护结构的技术发展概述[J].吉林建材,2004(1):19.
[36]　刘平.自然通风型双层玻璃幕墙设计在节能建筑中的应用初探[J].邵阳学院学报,2006,3(2):80-82.
[37]　建设部标准定额研究所.居住建筑节能设计标准(夏热冬冷地区)宣贯教材[M].北京:中国计划出版社,2001.
[38]　范亚明,李兴友,付祥钊.建筑节能途径和实施措施综述[J].重庆建筑大学学报,2004,25

(5):82－85.

[39] 李联友. 住宅小区锅炉房供热系统优化运行的应用研究[D]. 北京:北京建筑工程学院,2002.

[40] 夏清,陈常贵. 化工原理[M]. 天津:天津大学出版社,2005.

[41] 袁伟. 浅谈电梯节能[J]. 科技资讯,2008,5:250.

[42] 柳晓雷,杨莹,李晓丹等. 北京市合同能源管理发展现状[J]. 水资源与水工程学报,2008,4:18-20.

第五章 绿色大学水系统

绿色大学水系统的建设是绿色大学建设的重要组成部分。本章以高校所共有的水系统组成为基础,结合指标与评价体系的研究,介绍了绿色大学水系统的组成与特点;介绍了再生水开发与利用的主要工艺和途径,雨水收集、利用的主要方式,优质饮用水处理工艺以及各种节水措施等,为高校多水源开发提供技术指南;介绍了适合高校的污水处理设备与工艺、典型的工科院校实验室污水处理方式以及景观水体保持的综合技术体系,为大学水污染物控制与水环境保持提供了可行的技术与方法参考。

第一节 绿色大学水系统的组成与特点

校园水系统是为校园内师生的生活、学习、科研及消防提供用水和排除污废水的设施及校园内水域景观的总称。它是高校最重要的基础设施之一,是衡量高校发展和高校后勤保障工作水平的重要标志。在传统用水习惯和以往普通高校的校园建设中,基本不考虑供水水质、雨水利用、污废水处理回用等,但在绿色大学建设中,提倡节水和水的循环利用,要求校园水系统的综合效益达到最优,即要求水的循环利用率最高和污废水的排放量最小,同时要考虑师生对校园水环境质量的满意程度。因此,绿色大学水系统的组成与一般高校水系统的组成有差别,具有自己的特点。

一、绿色大学水系统的组成

绿色大学水系统不仅包括一般高校所共有的校园水系统组成部分,即自来水系统、排水系统和水景观系统,在此基础上,它还要符合绿色大学的生态校园评价指标体系,所以它还应具有自己特有的组成部分。绿色大学水系统组成复杂,同时各子系统之间具有一定的联系。

1. 高校所共有水系统的组成

在以往的校园建设中,高校的水系统一般由以下三个子系统构成,即给水系统、排水系统和水景观系统。

传统的校园给水系统一般是指自来水供应系统,主要负责向校园供水,满足教学、科研和生活用水需要。校园给水系统的水源一般来自所在地的市政供水管网，供水方式以充分利用市政外网的供水压力为主，但为保证校园供水的可靠性，可以结合水泵加压供水。一般高校的给水系统不需要深度处理系统，除非存在校园管道直饮水系统或者对水质有较高要求时，才对自来水进行深度处理。

传统的校园排水系统则负责将校园内生活、学习、科研等所产生的污废水和校园内的雨水排出学校。它一般是通过排水管道系统将各宿舍楼、教学楼、实验室等产生的污废水排到市政污水管网，对于采用雨污水分流的排水系统还应具有雨水排水系统。但是目前从高校学生反映来看，部分高校的排水系统建设存在一定的弊端，特别是暴雨期间不能及时排除雨水，造成部分路面的积水较深，对校园正常的生活秩序产生了一定的影响。

传统的校园水景观系统是校园环境的重要组成部分，它可缓解师生心理疲劳，释放工作和学习压力，对于改善学习环境、提升学生素养、陶冶情操有重要作用。同时，水景观对校园环境有着一定的调节作用，对校园生态平衡也有着积极的影响，因此校园水景观系统建设被认为是美化校园环境的最有效的途径，在校园环境建设中越来越受到重视。校园水景观系统主要由校园内的湖泊（见图 5-1、5-2）、池塘、河流、喷泉、人工渠等组成。

图 5-1　北京大学水景观

高校根据其性质不同分为工科院校、理科院校、文科院校和综合性院校。它们在校园水系统建设中存在一定的差别。从用水量上分析，工科院校和理科院校比文科院校多出了实验室的用水量；从水质上分析，理工科院校有些实验室需要蒸馏水作为实验用水，对某些化学实验排放的废水还需要经特别处理才能排入市政污废水管网。除以上差别外，理工科院校与文科院校师生对校园环境要求不同，他们在校园水景观系统建设和设计的理念上存在差别。

图 5-2 内蒙古大学水景观

2. 绿色大学水系统建设应具有的组成

校园水系统已经成为绿色大学的考核对象之一。绿色大学水系统建设除了应具有高校共有的水系统组成部分外,还应符合本书提出的绿色大学评价指标体系的要求。绿色大学的生态校园评价指标体系的五个一级指标中有三个一级指标与校园水系统的建设有关。一是生态景观指标,此指标要求校园水域景观的水质要符合一般景观娱乐用水水体的水质要求,同时校区内要有一定的水面覆盖率;二是生态舒适指标,此指标要求学校的师生对校园水环境质量有一定的满意度;三是生态技术指标,此指标要求校园具备一定的水生态技术,主要为了使校园水污染排放总量达标、保证校园再生水达到规定的使用率、实验室排出的有毒废液能得到回收处理、校园节水器具有一定的使用率。从以上绿色大学的生态校园评价指标分析中可以看出,绿色大学的校园水系统组成除了应具有高校共有的水系统组成部分外,还应有再生水系统、雨水收集利用系统。因此,绿色大学水系统应具有的组成部分为自来水系统、污废水系统、景观水体系统、再生水系统、雨水利用系统等。有条件的高校,还可增加管道直饮水系统。

校园再生水系统是区别非绿色大学水系统的核心部分。再生水是校园的第二水源,校园的污废水再生利用是提高水资源综合利用率、减少污废水排放的有效途径之一。校园污废水的再生利用和资源化具有可观的社会效益、环境效益和经济效益,已经成为各高校解决水问题的优先措施。校园再生水系统是由再生水原水的收集、储存、处理和再生水供给等一系列工程设施组成的有机结合体，它包括再生水原水收集系统、再生水处理系统、再生水供应系统。再生水系统的原水可以来自各种用途的排放水，包括沐浴排水、盥洗排水、游泳池排水、食堂排水、厕所排水、雨水等。根据高校用水的特点，建议再生水的原水优先采用优质杂排水，如沐浴排水或雨水，但也可以对不同原水的费效比进行分析，选择最优的原水方案[1]。校园再生水主要用于教学楼或宿舍的厕所冲洗、绿地（见图 5-3）、树木的浇灌、道路清洗，此外还可以作为景观水体的补充水源。

图 5-3　再生水喷灌草坪

雨水利用系统是指将校园内建筑物屋面和地面的雨水，经过收集、处理后达到规定的水质标准，在一定范围内重复使用的设施。校园雨水利用有多种方式，可以是直接利用，也可以是间接利用。可根据水量平衡分析和技术经济分析，确定雨水利用的方式和范围。在北方地区，由于全年降雨量分布不均，作为唯一水源直接利用，往往不能满足要求，一般与其他水源互为备用。在许多情况下，由于雨水直接利用的经济效益不高，雨水间接利用往往成为首选的利用方案。可根据具体情况，将二者与雨水径流污染控制结合起来，建立生态化的雨水综合利用系统。不同用途用水水质必须满足相应标准。雨水利用途径有以下三种。

①雨水直接利用，是指将雨水收集后直接回用。应优先考虑用于校园绿化、冲洗道路与停车场、洗车、景观用水、建筑工地用水，有条件时还可作为洗衣、冷却循环、冲

厕和消防等补充用水。雨水收集和利用系统通常包括雨水汇集区、过滤净化装置、雨水贮存装置、输水管系及配水装置等。

②雨水间接利用，是指将雨水简单处理后下渗或回灌地下，补充地下水。雨水渗透既是一种间接的雨水利用技术，也是一种雨水径流污染控制的有效方法。其目的包括减少径流雨水量，补充涵养地下水资源，改善生态环境，防止地面沉降，减轻城区水涝危害和水体污染等。根据渗透设施的不同，雨水渗透可以分成自然渗透和人工渗透；根据渗透方式不同，雨水渗透又可分为分散渗透技术和集中回灌技术。

③雨水综合利用是利用生态学、工程学、经济学原理，通过人工净化和自然净化的结合，雨水集蓄利用、渗透与园艺水景观等相结合的综合性设计，实现建筑、园林、景观和水系的协调统一，实现经济效益和环境效益的统一以及人与自然的和谐共存。这种系统具有良好的可持续性，且能实现效益最大化。一般包括屋顶绿化、水景、渗透、雨水回用、收集与排放系统等。

3. 各子系统之间的联系以及整个系统的运行规律

绿色大学水系统各子系统之间的关系如图5-4所示。从图中可以看出为整个校园提供用水的主要是自来水供应系统，部分自来水经使用后被收集送到再生水处理厂进行处理后作为再生水使用。自来水可经过管道直饮水系统的深度处理直接供师生饮用。再生水和雨水可以通过各自系统收集后为校园水景观系统提供补水，雨水也可以作为再生水的原水。不管是自来水系统、再生水系统、雨水系统，还是水景观系统中的水，一旦水被充分利用，都要经过校园污废水系统排出校园。整个校园作为一个封闭的水系统来看，从外界进入校园水系统的水量主要是当地的市政管网提供的自来水(包括瓶装水)、再生水和雨水三部分。流出校园的水主要包括由校园排水系统排入到市政污水管网的污水和校园景观水系统中的水、雨水的蒸发与下渗。校园水系统内各子系统之间相辅相成、相互影响、相互渗透。如再生水系统的利用率高或者再生水的处理水量大，将会使校园对自来水的需求量降低。

整个校园水系统的运行首先以自来水供应系统正常运行为基础，在自来水系统正常运行的基础上应提高其他子系统的运行效益，特别是再生水供应系统。校园排水系统也不容忽视，它对校园水系统的正常运行也起着至关重要的作用，绿色大学水系统建设特别要注意暴雨期间雨水的及时排除。

二、绿色大学水系统的特点

绿色大学水系统的特点既包括所有高校水系统的共性特点，还具有绿色大学区别于其他高校的特征。

1. 高校水系统共性特点

校园作为一个小区域，其水系统不同于居民区、工业区的水系统，与一般城市水系统相比较也很特殊。首先，校园用水量的时、空分布不均匀。校园用水的时间集中性强，一般在早上6∶00～8∶00，中午11∶00～2∶00，下午5∶00～7∶00，晚上

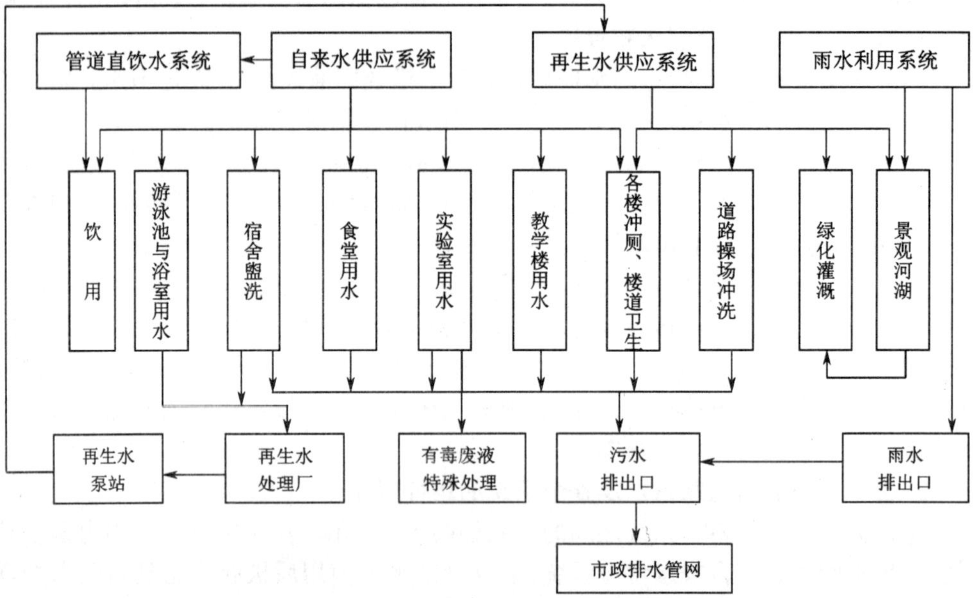

图 5-4　绿色大学水系统各子系统之间的关系

9:00 ~ 10:00 四个时间段用水量最大，而其他时间则用水量一般，此外学校存在寒暑假、夜间用水量少以及实验室、生活用水方式不同等特点。通常学校实验室用水以及学生生活用水比较集中，很多时候用水量较小，特别是寒暑假、节日以及夜间等用水量很小。同时，由于校园内教师、学生住宿区一般都较为集中，造成了教师和学生宿舍、食堂的用水十分集中，且用水量较大，而其他建筑物如教学楼、实验室等的用水量则相对较少。其次，校园用水对水质的要求具有一定的差异性。生活饮用水和科研用水的水质要求高，应采用市政给水作为水源，特别是很多科研要用到蒸馏水，一般需要外购。而像浇灌绿地、道路清洗、冲厕、洗车等生活杂用水对水质要求较低，可利用再生水，从而为校园利用再生水提供一定的可能。水景观系统对水质要求最低，可以利用雨水和再生水作为水源或补充水。再次，校园人口密度较大，师生文化素质较高，人的活动对校园水系统的影响较之城市大，校园对水环境系统的要求也较高，景观水域面积和比例相对城市来说也大得多。最后，校园师生们的用水基本不受个人经济上的约束，这与居民、工业用户用水不同，因此他们的节约用水行为源自于他们对水资源紧缺的认识程度及自身的素质、节水意识。这些都是校园水系统的共性特点。

2. 绿色大学水系统区别于其他高校的特点

绿色大学水系统在保证师生学习、生活正常需水的前提下，能做到节约用水、减少污染物排放、提高再生水使用率、雨水资源化利用、降低水设施投资和运行费用；能为师生营造一个良好的学习生活环境，实现了水资源的优化配置和水环境的可持续发展,而且各子系统能充分发挥各自的功能,子系统之间能够协调稳定运行。绿色大学水系统具有以下特点[2]。

1)用水效率高

用水效率即校园水的耗用量与取用量的比率,是校园水系统的有效开发利用和管理的重要综合指标。由于绿色大学水系统基础设施建设及管理水平高,因此用水效率高。

2)用水品质高

绿色大学重点应保障师生饮用水的安全,并提高其他用水的服务质量,确保校园水系统的品质。

3)师生对水系统的满意度高

师生对校园水系统的水环境质量的满意程度是绿色大学评价指标之一。绿色大学的师生对水系统的满意度比一般高校高。

4)用水技术先进

绿色大学水系统的建设采用了先进的技术,包括对自来水的深度处理技术、再生水的处理技术、雨水的收集利用技术、校园水景观系统的保持技术等。

5)水系统工程安全

绿色大学水系统建设采用较完善的安全设计及相当可靠的质量管理,运行中具有可靠的管理技术及监控措施,并且建立事故应急预案。

第二节　绿色大学水资源水环境综合分析

一、水资源供求平衡分析

绿色大学的可用水资源包括自来水、再生水、雨水、地表水体等。在绿色大学的规划和管理过程中,水资源的合理分配与调度是一个非常重要的环节。而建设合理的水资源规划管理体系,首先必须明确两个问题:一是自来水、再生水、雨水等水源的可供水量;二是用户对于不同水质水源的用水量需求。通过分析和计算水资源的可供量以及用户的需水量,明确水资源供需平衡关系,是合理规划调度校园水资源、保证绿色大学水系统设计科学与合理的前提,同时还能够为校园水资源的可持续开发利用提供有价值的背景资料。

1. 校园水资源可供水量与变化规律

(1)自来水可供水量的计算

大学校园的自来水由其所在城市市政给水管网提供。在校园规划建设期间,可以通过校园的规划规模估算其自来水需水量并铺设符合供水要求的自来水供水管网[3]。因而,校园自来水供水管网的规模直接决定了自来水的可供水量。

(2)再生水可供水量的计算

1)校园建筑物再生水原水类型

a. 校园建筑物排水

校园建筑物排水可以按水质的区别分为优质杂排水、杂排水和生活污水。优质杂排水的有机物和悬浮物浓度较低,水质好,较易处理,应优先选用,按其污染程度由轻到重依次为:空调冷却水、沐浴排水、盥洗排水、游泳池排水、洗衣排水。杂排水指的是除粪便水以外的生活排水,也就是优质杂排水和厨房排水混合的污水,这部分排水因含有厨房排水,造成有机物含量高、浊度高、油脂含量高。生活污水主要来自学生和教职工宿舍,包括粪便污水、厨房排水以及各种优质杂排水,均含有较多的有机物、氮磷和细菌。

校园建筑物再生水的原水源应根据排水的水质、水量、排水状况和再生水回用水质、水量确定,应尽可能地选用污染物浓度低的、水量稳定的优质杂排水、杂排水。

b. 校园建筑屋面雨水

雨水是很好的再生水水源,但是有较强的季节性,将雨水作为再生水水源在集中收集存储等方面有一定难度,我国还缺少这方面成熟的经验。目前常见的校园雨水利用方式多是将其收集后用于景观水体的水源补充。在将雨水应用于再生水水源的设计中,应注意雨水量的冲击负荷问题,解决好雨水的分流和溢流问题。

另外,理工科高校的实验室污水由于含有各种酸、碱、毒、腐蚀性物质,一般应由操作人员按相关规程处理后集中收集外运,不能直接倒入排水管道,更不能作为校园再生水水源。

2)校园建筑物再生水原水水量

由于校园建筑屋面雨水收集较为困难,因而不将其作为校园再生水原水,而仅将校园建筑物排水量作为再生水原水进行讨论。

校园建筑物再生水水量是确定再生水处理设施规模、系统方式、投资费用等内容的重要依据,是再生水系统合理安排、安全输送的重要前提[4]。与再生水的可供水量直接相关的是校园中各个建筑物的排水量。直接测定各类建筑物的排水量是比较困难的,一般按照建筑物最高日生活给水量乘以一定的折减系数进行计算,校园建筑物再生水原水水量可按下式计算[5],

$$Q_{zy} = \sum \alpha\beta Q_{j\max} b \tag{5-1}$$

式中:Q_{zy}为再生水原水水量,m^3/d;

α为最高日给水量折算成平均日给水量的折减系数,一般取0.67~0.91;

β为建筑物按给水量计算排水量的折减系数,一般取0.8~0.9;

$Q_{j\max}$为建筑物最高日生活给水量,按表5-1和表5-2确定,m^3/d;

b为建筑物用水分项给水百分率。各类建筑物用水分项给水百分率应以实测资料为准,在无实测资料时,可以参照表5-3选取。

表5-1 教职工住宅最高日用水定额和变化系数[6]

住宅种类	卫生器具设置标准	单位	生活用水定额(最高日)/L	小时变化系数
普通住宅	有大便器、洗涤盆	每人每日	85~150	3.0~2.5
	有大便器、洗脸盆、洗涤盆、洗衣机、热水器和淋浴设备		130~220	2.8~2.3
	有大便器、洗脸盆、洗涤盆、淋浴设备、集中热水供应(或家用热水机组)和沐浴设备		180~320	2.5~2.0

注:当地主管部门对住宅生活用水定额有具体规定时,应按照当地规定执行。

表5-2 集体宿舍、宾馆、医院、学校等公共建筑用水定额和变化系数

序号	建筑物名称	单位	最高日生活用水定额/L	使用时数/h	小时变化系数 K_h
1	单身职工宿舍、学生宿舍、招待所、培训中心、普通旅馆设公用盥洗室	每人每日	50~100	24	3.0~2.5
	设公用盥洗室、淋浴室	每人每日	80~130		
	设公用盥洗室、淋浴室、洗衣室	每人每日	100~150		
	设单独卫生间、公共洗衣室	每人每日	120~200		
2	宾馆客房			24	2.5~2.0
	旅客	每床位每日	250~400		
	员工	每人每日	80~100		
3	医院				
	设公用盥洗室	每床位每日	100~200	24	2.5~2.0
	设公用盥洗室、淋浴室	每床位每日	150~250	24	2.5~2.0
	设单独卫生间	每床位每日	250~400	24	2.5~2.0
	医务人员	每人每班	150~250	8	2.0~1.5
	门诊部、诊疗所	每病人每次	10~15	8~12	1.5~1.2
4	公共浴室			2.0~1.5	
	淋浴	每顾客每次	100	12	
	浴盆、淋浴	每顾客每次	120~150	12	
5	理发室	每顾客每次	40~100	12	2.0~1.5
6	洗衣房	每千克干衣	40~80	8	1.5~1.2
7	餐饮业	每顾客每次	40~60	10~12	1.5~1.2
	中餐酒楼	每顾客每次	20~25	12~16	1.5~1.2
	快餐店、职工及学生食堂	每顾客每次	5~15	8~18	1.5~1.2
8	幼儿园、托儿所				
	有住宿	每儿童每日	50~100	24	3.0~2.5
	无住宿	每儿童每日	30~50	10	2.0
9	商场员工及顾客	每平方米营业厅面积每日	5~8	12	1.5~1.2
10	办公楼	每人每班	30~50	8~10	1.5~1.2
11	停车库地面冲洗水	每平方米每次	2~3	6~8	1.0

续表

序号	建筑物名称	单位	最高日生活用水定额/L	使用时数/h	小时变化系数 K_h
12	教学、实验楼 高等院校 中小学校	 每学生每日 每学生每日	 20~40 40~50	 8~9 8~9	 1.5~1.2 1.5~1.2

注:(1)除托儿所、幼儿园的用水量定额中含食堂用水,其他均不含食堂用水。

(2)除注明外,均不含员工生活用水,员工用水定额为每人每班40~60 L。

(3)医疗建筑用水中已含医疗用水。

(4)空调用水应另计。

表5-3　各类建筑物用水分项给水百分率[7]

项　目	住宅	宾馆、饭店	办公楼、教学楼	公共浴室	餐饮业、营业餐厅
冲厕	21.3~21	10~14	60~66	2~5	6.7~5
厨房	20~19	12.5~14	—	—	93.3~95
沐浴	29.3~32	50~40	—	98~95	—
盥洗	6.7~6.0	12.5~14	40~34	—	—
洗衣	22.7~22	15~18	—	—	—
总　计	100	100	100	100	100

注:沐浴包括盆浴和淋浴。

用作再生水水源的水量宜为再生水回用水量的110%~115%。

(3)雨水可供水量的计算

绿色大学水系统应具备完善的雨水收集与利用系统,通过屋顶排水、地面明渠、地下暗渠等措施将雨水统一收集进行处理或直接利用。雨水可供水量可按以下步骤计算。

1)年降水量计算

设学校所在城市年平均降雨量为 R_{av} mm/a,校园总占地面积为 A_c m^2,平均径流系数为 K_j,则校园年雨水量为 Q_y(m^3):

$$Q_y = 10^{-3}A_cR_{av} \tag{5-2}$$

校园地表径流量 Q_j(m^3):

$$Q_j = 10^{-3}K_jA_cR_{av} \tag{5-3}$$

K_j 值通常采用按地面覆盖种类确定的经验数值。当地面覆盖种类较为单一时,可以参照《室外排水设计规范》规定的径流系数,如表5-4所示。

表 5-4 单一覆盖径流系数

覆盖种类	径流系数
各种屋面、混凝土和沥青路面	0.90
大块石铺砌路面和沥青表面处理的碎石路面	0.60
级配碎石路面	0.45
干砌砖石和碎石路面	0.40
非铺砌土路面	0.30
公园和绿地	0.15

如果汇水面积是由不同性质的地面覆盖而成,通常根据各类地面的面积所占的比例,采用单一覆盖径流系数加权平均计算整个汇水面积的平均径流系数 K_{jv},即

$$K_{jv} = \frac{\sum F_i K_{ji}}{F} \quad (5\text{-}4)$$

式中:F_i 为汇水面积上各类地面的面积,m^2;

K_{ji} 为相应于各类地面的径流系数;

F 为全部汇水面积,m^2。

2)暴雨强度总公式

暴雨强度公式是地区性参数公式,取决于当地气象条件和降雨类型。我国规范推荐使用下面的暴雨强度公式。暴雨强度总公式是指包含重现期在内的暴雨强度公式,用同一公式可进行若干重现期暴雨强度的计算。

$$i = A_3(1 + d\lg T_k)/(t_j + b)^n \quad (5\text{-}5)$$

式中:A_3、d、n、b 为地方性参数;

T_k 为重现期;

i 为暴雨强度值,mm/min;

t_j 为降雨历时,min。

表 5-5 国内部分城市采用的重现期

城市	重现期/a
北京	一般地形的居住区或城市区间道路 0.33 ~ 0.5 不利地形的居住区域或一般城市道 0.5 ~ 1 城市干道、中心区 1 ~ 2 特殊重要地区或盆地 3 ~ 10 立交路口 1 ~ 3
上海	市区 0.5 ~ 1 某工业区的生活区 1,厂区一般车间 2,大型重要车间 5
南京	小巷 0.33,一般 0.5,新建区 1

续表

城 市	重 现 期/a
杭州	0.33～1
广州	1～2,主要地区 2～20
长沙	0.5～1
兰州	0.5～1
成都	1
重庆	小面积小区 1～2 面积 30～50 hm^2 的小区 5 大面积或重要地区 5～10
武汉	1
济南	1
天津	1
哈尔滨	0.5～1
西安	1～3

(4)地表水体可供水量的计算

校园地表水体一般指校园中的景观湖泊、景观河流等水体。校园地表水体既能在降雨时汇集雨水,缓解校园排水系统的压力,又能改善校园生态环境,增加校园居住舒适度,同时,面积较大的景观水体还可以为花木浇灌、道路喷洒等对水质要求不高的工作提供水源。因此,计算校园内地表水体可供水量,对于合理并适度地使用地表水体水资源,减少自来水用量都是非常有意义的。

校园景观水体的水量平衡方程为

$$Q_0 = Q_z + Q_s + Q_v + Q_k - Q_u \tag{5-6}$$

式中:Q_0 为水体生态环境需水量,万 m^3/a;

Q_z 为水体蒸发损失量,万 m^3/a;

Q_s 为水体渗漏损失量,万 m^3/a;

Q_v 为水体基础水量,万 m^3/a;

Q_k 为可供功利性目的使用的水量,万 m^3/a;

Q_u 为外界补充水量,万 m^3/a。

式中,可供功利性目的使用的水量 Q_k 即为校园景观水体的可供水量。由式(5-6)可以看出,要计算 Q_k,首先需要计算出 Q_0、Q_z、Q_s、Q_v 和 Q_u 五部分水量。

水体生态环境需水量 Q_0 是维持校园景观水体水量平衡和生态功能的需水量,可以由景观水体的设计资料确定[8]。

外界补充水量 Q_u 即为校园景观水体需要补充的水量,一般可以由降雨补充。此外,由于校园景观水体一般不与人体直接接触,因而可以视情况采用再生水作为补充水。所以，Q_u 可以进行如下的分解：

$$Q_u = Q_b + Q_{yb} \tag{5-7}$$

式中：Q_{yb} 为补充到水体中的雨水量，万 m^3/a；

Q_b 为补充到水体中的再生水量，万 m^3/a。

补充到景观水体的雨水量 Q_{yb} 应包括两部分：直接落入景观水体的雨水量 Q_{yb1} 和通过雨水收集系统收集后再灌入景观水体的雨水量 Q_{yb2}，具体计算可以参照式(5-16)。

校园景观水体基础水量 Q_v，是维持该水体存在并正常发挥其及功能的最小需水量，按下式计算：

$$Q_v = A_h d \tag{5-8}$$

式中：Q_v 为湖泊水面基础需水量，m^3；

A_h 为湖泊水面面积，m^2；

d 为湖泊平均水深，m。

蒸发损失水量 Q_z 可以通过测量的方法获得。通过统计资料或实地测量，得到当地的年蒸发系数(mm)，再与水体水面面积相乘即为水体的年蒸发量。

一般来说，景观水体渗透需水量是指当其地表水位高于地下水位时，通过底部渗透和岸边侧渗而渗入地下的水量。在饱和水分土壤中，按照达西公式，渗透性计算为：

$$V = KI \tag{5-9}$$

$$I = \frac{H}{L} \tag{5-10}$$

式中：V 为渗透速度(每秒钟通过 1 cm^2 土壤断面的水的流量)，cm/s；

K 为渗透系数(单位水力梯度下，单位时间内通过单位截面积的流量)，cm/s；

I 为水力梯度(渗透层中单位距离内的水压降)；

H 为静水压头(水面水位和地下水位的高差)，m；

L 为渗透路程(发生水分渗透作用的土层的厚度)，m。

表 5-6、表 5-7 分别为各种土壤的渗透系数和水力梯度。

表 5-6　土壤的渗透系数经验值　　单位：cm/s

土壤分类	渗透系数 K
粗砂	$2\times10^{-2}\sim6\times10^{-2}$
细砂	$1.0\times10^{-3}\sim6\times10^{-3}$
黄土	$3.0\times10^{-4}\sim6.0\times10^{-4}$
黏土	$6.0\times10^{-6}\sim1.0\times10^{-4}$

表 5-7　土壤的水力梯度经验植

土壤分类	水力梯度经验值 I
极粗的砂粒土壤	0.003 ~ 0.006
一般的砂	0.006 ~ 0.020
砂质岩层	0.020 ~ 0.050
砂黏土	0.05 ~ 0.10
黏土	0.10 ~ 0.20

在时间 t 内渗透过一定截面积 A(cm^2)的水量 Q_s,可用下式计算:

$$Q_s = VAt = KIAt \tag{5-11}$$

式中变量含义与前述公式相同。

综合上述公式,可以写出校园景观水体可供水量 Q_k 的表达式:

$$Q_k = Q_0 - Q_z - Q_s - Q_v + Q_u \tag{5-12}$$

(5)水资源变化规律

在上述各种校园可用水资源中,只有自来水的水量相对稳定,而雨水和地表水体的水量随季节变化显著。再生水的原水由于多为建筑物优质杂排水和杂排水,其排水量与人们用水习惯有很大关系,随时间变化明显。以上这些因素的综合作用,使得大学校园中可利用的再生水资源和地表水体水资源量呈现一定的变化,这就对绿色校园水资源的合理调度和水处理与回用设施的设计运行提出了更高的要求。

从季节角度来看,我国大部分地区降雨集中在夏季 6 ~ 8 月。这一期间的降雨补充量大于水体蒸发量和渗漏量,因而校园景观水体水量充裕,一般不需要再生水补充,可以适当地利用校园景观水体的水资源进行道路浇洒、绿化浇灌。

2. 校园需水量的预测与计算

(1)校园公共建筑综合用水

生活用水定额和综合生活用水定额应根据学校所在地区的国民经济和社会发展水平、水资源充沛程度、用水习惯,在现有用水定额基础上,结合校园的规划状况,本着节约用水的原则,综合分析确定。当缺乏实际用水资料时,可以参照《建筑给水排水设计规范》提供的数据(表 5-1、表 5-2)。

(2)景观和生态用水

根据《室外给水设计规范》,浇洒道路用水可按浇洒面积以 2.0 ~ 3.0 L/(m^2 · d)计算;浇洒绿地用水可按浇洒面积以 1.0 ~ 3.0 L/(m^2 · d)计算。可依照以下公式计算:

$$Q_1 = P_1 A_1 \tag{5-13}$$

式中:Q_1 为绿地浇洒总用水量,L/d;

P_1 为绿地浇洒用水指标,L/(m^2 · d);

A_1 为需要浇洒的绿地面积,m^2。

另外,在降水较少的季节,校园景观水体有时需要补充再生水,式(5-7)中的 Q_b 即为所需的再生水补充量。

(3)漏损水量和未预见用水量

根据《室外给水设计规范》,配水管网的漏损水量宜按综合生活用水(包括生活用水和公共建筑用水)、教学和科研用水、景观和生态用水的 10% ~20% 计算。

未预见用水量应根据水量预测时难以预见因素的程度确定,宜采用综合生活用水(包括生活用水和公共建筑用水)、教学和科研用水、景观和生态用水的水量之和的 8% ~12%[9]。

3. 各种水资源的供需量

绿色校园水系统的一个重要特点就是水资源的充分回收与利用。因而,合理分析和规划各种水资源的回收利用比例,不仅对于校园水系统本身的健康可持续发展有利,也是降低工程造价、实现环境效益与经济效益协调统一的重要影响因素。

建立并求解本书第三章第四节所介绍的水资源优化配置模型,可以确定学校自来水、购买再生水和自产再生水在学校总用水量中所占的比例。而后,就需要根据各用水部门对水量水质的不同需求、校园的具体情况、工程技术的可行性,选择适宜的建设方案,将不同类水质水源具体配置给各用水部门,以建设绿色大学水系统。

在国外,部分高校则有依地势使用绿地系统处理雨水径流,并将雨水汇集到景观水体的工程实例,其处理原理类似于人工湿地。但是从我国建筑设计的特点和各大高校用地紧张的现状来看,对雨水的收集和利用方式主要是直接通过导流渠或者排水设施,将其直接回灌到校园景观水体加以储存。因而,绿色大学的水系统建设应充分考虑采用简单的绿地或砂滤等措施,对雨水进行简单处理后收集回用。

各种用途水源的水质要求可以参见《城市污水再生利用 城市杂用水水质》(GB/T 18920—2002)和《城市污水再生利用 景观用水水质》(GB/T 18921—2002)。

(1)再生水用于冲厕

在学生公寓、教职工住宅区、办公楼、实验楼和教学楼,可以使用再生水作为冲厕水,以节约大量的新鲜自来水。冲洗用水量可以参考《建筑给水排水设计规范》中的卫生器具的给水额定流量表,该表涉及便池额定水量的部分如表 5-8 所示。

表 5-8 卫生器具的给水额定流量、当量、连接管公称管径和最低工作压力(部分)

序号	给水配件名称	额定流量/L/s	当 量	连接管公称直径/mm	最低工作压力/MPa
1	大便器 冲洗水箱浮球阀 延时自闭式冲洗阀	 0.10 1.20	 0.50 6.00	 15 25	 0.020 0.100 ~0.150

续表

序号	给水配件名称	额定流量/L/s	当　量	连接管公称直径/mm	最低工作压力/MPa
2	小便器 手动或自动自闭式冲洗阀 自动冲洗水箱进水阀	 0.10 0.10	 0.50 0.50	 15 15	 0.050 0.020
3	小便槽穿孔冲洗管(每米长)	0.05	0.25	15	0.015
4	医院倒便器	0.20	1.00	15	0.050

通过所计算的建筑物的类型和便池的数量和每日平均使用时间,可以确定单个建筑物的冲厕水用量 Q_{ei}(m^3/d),校园整体冲厕水需水量可表示为:

$$Q_e = \sum Q_{ei} \tag{5-14}$$

式中,Q_e 可以作为校园再生水系统的再生水供水量参考,当再生水水量较大,供应冲厕用水后有结余时,可以用作生态和景观水体补水。

通过校园再生水设施的设计资料,可以确定再生水的产量 Q_c,因而可用作生态和景观水体补水的再生水水量即为($Q_c - Q_e$)。

(2)再生水和雨水用于景观水体补充水

通过式(5-7)可以得到

$$Q_b = Q_u - Q_{yb} = Q_u - Q_{yb1} - Q_{yb2} \tag{5-15}$$

式中:Q_{yb}为一定时间内的降雨量,万 m^3/a;

Q_b 为通过降雨补充到水体中的雨水量,万 m^3/a;

Q_{yb1} 为直接落入景观水体的雨水量,万 m^3/a;

Q_{yb2}为通过雨水收集系统收集后再灌入景观水体的雨水量,万 m^3/a。

其中,

$$Q_{yb1} = 10^{-3} A_h \cdot R_{av} \tag{5-16}$$

式中:A_h 为景观水体水面面积,m^2;

R_{av}为校园所在城市年平均降雨量,mm/a;

Q_{yb2}一般通过雨水管网实际设计参数确定。

(3)校园景观水体水资源的利用

校园景观水体不仅可以美化校园环境、调节校园小气候,还可以积蓄雨水和再生水水源,并用于校园绿化和洒水。实际可供水量可以由式(5-12)确定。

校园绿化用水主要包括道路浇洒和绿化用水,这些用水对水质要求不高,当景观湖泊水质较好时,可以直接从中抽取用于道路浇洒和校园绿化。

为了不影响景观水体生态系统的功能,取用的景观水体水量应不高于 Q_k,特别在干旱季节,需要密切关注景观水体的水量。当发现景观水体水量低于 Q_v 时,应停止使用景观水体作为水源,而将处理后的再生水补充到水体中。

(4)校园自来水用量

自来水主要提供与人体直接接触的用水,比如洗漱用水、游泳池用水、饮水机用水等,另外在再生水和景观水体水源不足的情况下,自来水也需要代替再生水和景观水体水源,用于冲厕和绿化等。

一般,自来水用水量可以通过校园建筑物数目和种类、服务人口数等估算,以 Q_r 表示。

(5)校园水资源总量

综合前述分析,可以确定绿色校园给排水系统的一些理想条件:校园再生水水质满足冲厕、绿化、景观水体补水的水质要求;校园雨水除渗漏量外全部收集到景观水体;校园景观湖的水质满足绿化和道路浇洒要求;所有冲厕水和绿化用水均可以由再生水和自来水供应。

在以上理想条件下,可以写出校园水资源总量为 $Q_r + Q_k + Q_c + Q_y$。从这个表达式可以看出,绿色大学的水系统应该是充分统筹利用了自来水、景观水体水源、再生水和雨水的可持续型水系统。因而在其设计和建设过程中,配套的雨水收集利用、再生水处理利用管网与设施都要同步规划和施工。

4. 再生水工程实施费效比

再生水工程的经济状况与工程的规模有直接的关系。再生水工程的投资和制水成本高低有很多因素影响,比如系统设计是否合理,处理流程和设备的选择是否适宜,建设管理和运行管理是否得当等。正常的和非正常的因素都有,但处理规模的大小与再生水工程的投资和成本有明显的关系。处理规模大,虽然总投资相应大些,但是单方投资指标和制水成本相对较低,容易取得良好的效益。

北京市环境保护科学研究院作了再生水经济规模分析方面的研究,从经济合理性的角度指出了最小的经济规模,可以为绿色校园再生水系统的规划和宏观决策提供一定的依据。再生水工程的经济规模分析见表 5-9。

表中,校园再生水原水一般为杂排水和生活污水,可以参考第 III、IV 类的计算公式。如果校园内有大面积的生活小区,例如学生公寓和教职工住宅,需要分别设置再生水处理设施,则生活小区的再生水系统的计算可按 I 类进行[10,11]。

表 5-9　再生水工程的经济规模分析

类别	按原水类型分类		数学模型	试算结果
住宅小区再生水系统	I	采用小区生活污水为再生水原水	$G=0.7058P_d^{-0.458}P^{0.046}R^{-0.73}Q_p^{-1}+0.0029(RQ_p)^{-0.7023}+4.335(PQ_pR)^{-0.2768}+2.152(PQ_pR)^{-3827}+0.0065(PQ_pR)^{-0.693}L^{-0.2326}$	人口大于 1 万或再生水用量达到 750 t/d 以上为经济
	II	采用处理厂二级水为中水原水	$G=0.7058P_d^{-0.458}P^{0.046}R^{-0.73}Q_p^{-1}+0.0029(RQ_p)^{-0.7023}+0.216(PRQ_p)^{-0.07}+0.0065(PRQ_p)^{-0.693}L$	与附近处理厂结合能充分发挥效益
大型公建再生水系统	III	杂排水为原水	$G=3.512Q^{-0.2768}+1.403Q^{-0.3827}-0.2809$	再生水量达 85 t/d以上为经济
	IV	生活污水为原水	$G=1.72Q^{-0.2768}+2.153Q^{-0.3827}-0.483$	再生水量达 154 t/d 以上为经济

表中：G 为评价指标，$G=K_d/K_t$，K_d、K_t 分别为分质供水方案和传统供水方案不同部分的现值，当 $G<1$ 时分质方案比传统方案经济，当 $G>1$ 时分质方案就不如传统方案经济，据此做出宏观经济状况判别；

P 为住宅区的总人口数，人；

P_d 为人口净密度，人/km²；

R 为再生水占生活用水的比例；

Q_p 为住宅区人均规划用水量，m³/(人·d)；

Q 为再生水量，m³/d。

上述数学模型是在一定边界条件下，采用“全寿命费用分析法”，一次投资费用和经常费用均按规定的供水设施的寿命年限(15 年)或规划年限(30 年)和社会折现率(取 10%)折算成现值。用这种数学模型进行经济规模评价只为宏观经济提供依据，而对不同地区的具体工程的经济评价则应采用“对比评价法”，即对不同方案进行总现值计算与当地的边界条件进行比较，方可得出较为合乎实际的经济状况。

下面以中央民族大学和北京联合大学的再生水工程为实例，采用表 5-9 中的方法进行分析[12]。

(1)中央民族大学再生水工程

中央民族大学再生水工程原水来源为洗浴排水，属于优质杂排水，可按 III 类划分。实际水处理量 Q 为 120 m³/d。计算 G 值为

$$G=3.512Q^{-0.2768}+1.403Q^{-0.3827}-0.2809\approx0.877 \tag{5-17}$$

因为 $G<1$，所以采用分质供水方案，即建设再生水系统比传统供水方式更加经济。该工程采用以生物接触氧化为主的生物与物化相结合的处理方法，洗浴排水经过生物接触氧化处理后再经过微絮凝过滤、消毒处理，流入再生水池，用变频供水系统送至用户。该工程 2000 年建成投入运行后运行成本见表 5-10。

表 5-10　中央民族大学再生水系统运行成本　　单位：元/m^3

项　目	电　费	药　费	人工费	维修费	折旧费	合　计
费　用	0.44	0.17	0.25	0.02	0.47	1.35

注：电费 0.2 元/千瓦时；药剂采用优氯净，消耗 0.4 kg/d，单价 50 元/kg；操作工 1 人 30 元/d；维修费 1 000 元/年；土建 30 年折旧，设备 15 年折旧。

（2）北京联合大学再生水工程

北京联合大学再生水工程原水来源为浴室排水和盥洗室排水，也属于优质杂排水，可按 III 类划分。实际水处理量 Q 为 80 m^3/d。计算 G 值为

$$G = 3.512Q^{-0.2768} + 1.403Q^{-0.3827} - 0.2809 \approx 1.026 \tag{5-19}$$

计算结果 $G>1$，表明建设再生水系统反而不如直接使用自来水供水更经济。该工程实际采用生物与物化结合的处理方法，洗浴和盥洗室排水经格栅截留较大固形物后流入调节池，用泵将原水提升至 ZS－8 型一体化处理设备。该一体化设备由生物接触氧化、混凝沉淀、砂滤、活性炭等处理单元组合而成。全部工程于 1997 年建成投入运行后运行成本见表 5-11。

表 5-11　北京联合大学再生水系统运行成本　　单位：元/m^3

项　目	电　费	药　费	人工费	维修费	折旧费	合　计
费　用	0.28	0.48	0.37	0.50	1.30	2.93

可以看出，北京联合大学的再生水工程由于其 G 值大于 1，不适宜采用再生水供水，因而实际建成后处理费用比中央民族大学的再生水处理费用高很多。

二、水环境变化规律分析

绿色校园水环境的主体为景观用的地表水体，如校园内的人工湖、池塘等。由于受到高校占地面积的限制，这些水体一般水面面积较小，生态系统结构较为简单。另外，由于高校内人口密度大，各种教学、生活设施比较复杂，水体受偶然性的污染事件影响的概率也较高，因而，分析校园水环境变化规律，有针对性地保护校园水体，合理利用校园水资源，对于最大限度地发挥校园水体的经济和环境效益是很有必要的。

1. 高校地表水体水环境的特点

高校地表水体一般多为小型景观湖，与常见的天然湖泊以及水库相比，高校景观湖面积较小且水深较浅，其水生态系统也较为简单。

高校内的景观湖一般不与地表河流相连，因而其生态系统较为封闭，且水体流动性也较差，难以抵抗较强烈的扰动。同时，高校景观湖不存在像天然湖泊那样的大规模湖水定向流动，其水体流动性较差，因而污染物扩散能力较差。

高校景观湖附近多为教学楼或者学生公寓,这些建筑铺设的地下排水管网有时会发生渗漏或者爆管等事故,这些管网物理性损伤如果规模较小,一般难以察觉和定位,但是却可以在长期渗漏过程中穿过土壤层,污染景观水体。鉴于高校教学和科研工作的复杂性,其科研实验设施的排水往往较为复杂,加之某些高校在实验室废水收集处理上的不规范性,直接将有毒有害废水排入生活污水管网,从而导致意外流入景观水体的污水成分复杂、危害严重。高校景观湖因为一般不与河流相连,因而其新鲜水源很有限,主要来自自然降雨和校园雨水收集系统。在建设有再生水利用系统的校园,也可以在枯水季节将再生水补充到景观湖中。

综上所述,可以看出校园景观水体是一类生态系统较为脆弱的水体,极易受到污染,因而在具有大面积景观水体的高校中,景观水体的保护应当作为高校环保工作的一个重要方面受到充分的重视。

2. 高校地表水体水环境变化规律与影响因素

(1)降雨量的季节变化

高校地表水体与其他地表水体一样,受降雨季节性变化的影响。我国多数地区降雨集中在6~9月,因而高校地表水体在这一段时间内水量较充裕。而在11月到次年2月降雨量较少,致使高校地表水体水量不足而需要补充再生水。

(2)补充的再生水水质

在配备有再生水处理和回用设施的高校,可以将再生水作为补充水灌入地表景观水体,以防止在旱季时水体水量减少而影响水体功能。因而,补充的再生水的水质就会影响景观水体的整体水质,为了保证这个影响的幅度在生态系统可以自动调节的范围之内,再生水补充到景观水体之前应进行监测,保证其符合景观环境用水的水质。

(3)水体周边地表状况和可能的污染源

由于校园面积限制,高校景观水体一般很少有像天然湖泊那样大面积的湖岸缓冲区。在降雨量较大时,周围地表的污染物很容易通过径流汇集到水体中,水体周围建筑的污水也很容易污染水体。所以,分析校园景观水体水质,应该关注水体周围地表或者地下可能构成污染源的设施,并预先做好防范措施。

三、水资源水环境综合分析

如前所述,面积较大的高校景观水体不仅可以美化校园环境,还可以根据水质状况,作为绿化和道路浇洒的用水水源。其作为水资源加以利用时,必然会对水环境产生影响,如何保证水资源的利用不对水环境造成不良影响,是一个必须综合多方面因素进行分析的问题。

1. 水资源开发利用对水环境变化的影响

(1)对地表水体水量的影响

校园水资源的开发利用,主要包括景观水体水资源和再生水水资源的开发利用。

其中景观水体水资源直接利用和再生水用于景观水体补水时，会直接影响校园地表水体水量的变化。为了维持地表水体的功能，水体的最低水量应保持在设计的水体基础水量 Q_v 以上。当景观水体水量低于设计基础水量 Q_v 时，应调度再生水或者自来水进行补充。

(2)对水质的影响

景观水体水资源的直接利用一般不会对其水质造成太大的影响，而校园再生水用于景观水体补水时，则有可能对水体水质造成影响。在利用再生水补充景观水体时，应对使用的再生水进行必要的监测，确保其符合《城市污水再生利用 景观环境用水水质》(GB/T 18921—2002)。除此之外，还应定期对景观水体水质进行监测，确保其各项指标均符合《景观娱乐用水水质标准》(GB 12941—91)。

在各项水质指标中，应特别注意植物性营养物——氮、磷等物质和水中溶解氧的含量，校园水体一般没有工业污染源排入，但是当补充的再生水水质不达标或者有生活污水泄漏进地表水体时，会使得水体的植物性营养物含量增加，从而引发水体的富营养化。当氮、磷含量超标，溶解氧过低时，应及时采取新鲜水补水措施，以防止水质进一步恶化。

2. 改善水环境所需的水资源支持

(1)新鲜水源的补充

校园水环境是一个相对封闭的水环境，一般不与河流相通，因而只能靠降雨和人工方法补充水源。在设有再生水回用系统的高校，可以将再生水作为补充景观水体的水源之一。在必要的时候，自来水也可以作为水体的补充水源。在有条件的地区，高校景观水体可以考虑和天然地表河流或城市人工河相通，方便水体水源的更新。

(2)雨水收集方式

雨水是高校景观水体最直接的新鲜水资源支持，因而将雨水收集和回灌到景观水体的方式也是一个值得考虑的问题。离景观水体较近的道路两侧可设置排水明渠或暗渠，直接将雨水引入水体，较远区域则可以通过地下雨水管网收集雨水并将其汇集到景观水体中。用于雨水收集的管渠应定期检查和维护确保畅通，以防雨量较大时雨水在地表过量汇集，而将大量地面污染物带入景观水体[13]。

另外，地表水体附近区域的降雨也有可能直接以地面径流的形式汇集到水体中，这就要求水体附近可能的污染源要尽量避免受到雨水直接冲刷。例如水体周围道路的垃圾箱，应使箱底高于地面并在上部加盖，以防雨水过大时将垃圾箱内污染物冲出。

(3)水资源调度和水质、水量的监测

校园景观水体水资源的利用和保护，应该以合理的水资源调度为依托。在丰水季节和枯水季节分别采取不同的调度措施才能有效地保证校园水资源和水环境的健康发展。而长期、合理的水质、水量监测则是为调度工作提供数据支持的根本。为了保证再生水、雨水和景观水体的合理利用，应定期对景观水体水质、水位进行监测，防止过度使用地表景观水体的水资源。同时对于再生水水质进行连续监测，防止再生水水质不达标就直接回用。最后，还应注意收集所在地区降雨量的时间变化规律并关注天气预报。当有暴雨预报时，要提前检查校园排水管网，保证排水顺畅[14]。

第三节 绿色大学水资源开发与利用

一、再生水的开发与利用

1. 再生水回用的工艺和途径

再生水回用同时具有环境效益、经济效益和社会效益，因此进行再生水的开发利用对于节约和保护水资源、实现高效水循环有着重要意义，是绿色大学水系统的一个重要组成部分。城市污水再生水的主要用途及分类在表5-12中列出。

表5-12 城市污水再生水的主要用途及分类

分类	范围	用途
农、林、牧、渔业用水	农田灌溉	种籽与育种、粮食与饲料作物、经济作物
	造林育苗	种籽、苗木、苗圃、观赏植物
	畜牧养殖	畜牧、家畜、家禽
	水产养殖	淡水养殖
城市杂用水	城市绿化	公共绿地、住宅小区绿化
	冲厕	厕所便器冲洗
	道路清扫	城市道路的冲洗及喷洒
	车辆冲洗	各种车辆冲洗
	建筑施工	施工场地清扫、浇洒、灰尘抑制、混凝土制备与养护、施工中的混凝土构件和建筑物冲洗
	消防	消火栓、消防水炮
工业用水	冷却用水	直流式、循环式冷却
	洗涤用水	冲渣、冲灰、消烟除尘、清洗
	锅炉用水	中压、低压锅炉
	工艺用水	溶料、水浴、蒸煮、漂洗、水力开采、水力输送、增湿、稀释、搅拌、选矿、油田回注
	产品用水	浆料、化工制剂、涂料
环境用水	娱乐性景观环境用水	娱乐性景观河道、景观湖泊及水景
	观赏性景观环境用水	观赏性景观河道、景观湖泊及水景
	湿地环境用水	恢复自然湿地、营造人工湿地
补充水源水	补充地表水	河流、湖泊
	补充地下水	水源补给、防止海水入侵、防止地面沉降

再生水处理方法应根据再生水原水中的各种污染物种类及含量、再生水用途及相应水质标准，经技术经济比较后确定，选择不同的处理单元组成能够达到处理要求的工艺流程，其中主要以再生水水质为重点。在绿色大学中宜采用技术集成度高、运行稳定可行、具有良好性价比的成熟工艺。

目前再生水工程中具有代表性的工艺流程主要有以下几种。

(1)以生物处理为主的工艺流程

原水→格栅→调节池→生物接触氧化池→沉淀→过滤→消毒→再生水

(2)以混凝沉淀或气浮为主的工艺流程

原水→格栅→调节池→混凝沉淀或混凝气浮→过滤→活性炭→消毒→再生水

(3)以微絮凝过滤为主的工艺流程

原水→格栅→调节池→过滤→活性炭→消毒→再生水

(4)以过滤—臭氧为主的工艺流程

原水→格栅→调节池→过滤→臭氧→消毒→再生水

(5)以物化处理—膜分离为主的工艺流程

原水→格栅→调节池→絮凝沉淀过滤→精密过滤→膜分离→消毒→再生水

在不同原水类型及再生水用途条件下，处理工艺的使用适用情况如表5-13所示。

表5-13　不同原水类型及再生水用途条件下处理工艺的使用适用情况

再生水用途	原水类型		
	优质杂排水及杂排水	生活污水	城市污水处理厂二级污水
冲厕、道路、清扫、消防	接触过滤 混凝沉淀(气浮)—过滤 膜滤法 生物接触氧化 膜生物反应器 生物活性炭工艺	生物接触氧化 膜生物反应器 土地处理 其他生物处理	接触过滤 混凝沉淀(气浮)—过滤 生物活性炭工艺 微孔过滤工艺
园林绿化	接触过滤 混凝沉淀(气浮)—过滤 膜滤法 生物接触氧化 膜生物反应器 生物活性炭工艺	生物接触氧化 膜生物反应器 土地处理 其他生物处理	接触过滤 混凝沉淀(气浮)—过滤 生物活性炭工艺 微孔过滤工艺
洗车	接触过滤 混凝沉淀(气浮)—过滤 膜滤法 生物接触氧化 膜生物反应器 生物活性炭工艺	生物接触氧化 膜生物反应器 土地处理 其他生物处理	接触过滤 混凝沉淀(气浮)—过滤 生物活性炭工艺 微孔过滤工艺

续表

再生水用途	原水类型		
	优质杂排水及杂排水	生活污水	城市污水处理厂二级污水
建筑施工	接触过滤 混凝沉淀(气浮)—过滤 膜滤法 生物接触氧化 膜生物反应器 生物活性炭工艺	生物接触氧化 膜生物反应器 土地处理 其他生物处理	接触过滤 混凝沉淀(气浮)—过滤 生物活性炭工艺 微孔过滤工艺
景观用水	曝气生物滤池 生物接触氧化 膜生物反应器 生物活性炭工艺	生物接触氧化 膜生物反应器 土地处理 其他生物处理	接触过滤 混凝沉淀(气浮)—过滤 生物活性炭工艺 微孔过滤工艺

再生水的首选水源为优质杂排水,而高校的再生水水源正是以盥洗、淋浴等优质杂排水为主。以优质杂排水为再生水水源时,原水有机物浓度较低,因此高校再生水处理的主要目的是去除原水中的悬浮物和少量有机物,降低水的浊度和色度。这类再生水处理可采用物化处理工艺或者生物—物化组合流程两类工艺,其中,膜生物反应器和生物接触氧化工艺能够广泛适用于高校。

2. 适合高校使用的几种工艺

(1)MBR 工艺

MBR 工艺即膜生物反应器(Membrane Biological Reactor),由于其出水水质好、占地面积小、能耗较低等特点,在高校中得到广泛适用。它是将膜组件引入废水处理氧化池中的一种新型污水处理技术,因此综合了生物反应器处理技术和膜处理技术的特点。在 MBR 中,活性微生物与污处理水充分接触氧化,不断氧化污水中能被微生物降解的有机物,而不能被微生物降解的有机物和无机物及活性污泥、悬浮物、各类胶体、大部分细菌则被 MBR 中的膜组件截留,活性污泥浓度大大提高,实现了水力停留时间和污泥龄的完全分离,从而使 MBR 保持较高的生物量和较长的污泥龄,具有较强的生化降解能力,处理出水中的 COD_{Cr}、BOD_5、NH_3-N、浊度等均达到或优于城市杂用水水质标准或工业回用水指标要求。此外,MBR 对于原水水质的变化均有很强的适应性,保证出水水质的稳定,集生物反应器的生物降解功能和膜的高效分离作用于一体,大大强化了生物反应器的功能,并缩小了占地面积,较适合于中小规模的污水处理与回用。MBR 工艺流程如图 5-5 所示。

MBR 主要由膜组件和生物反应器两部分组成。生物反应器是污染物降解的主要场所,膜组件则根据水处理不同的目的而选用不同类型的膜。所以各种膜生物反应器的差异都源于这两部分的组合类型及方式。

按照膜组件与生物反应器的结合方式,膜生物反应器可分为分置式、一体式和复合式三类。分置式 MBR,即生物反应器与膜单元分开设置,二者通过输送泵及相应

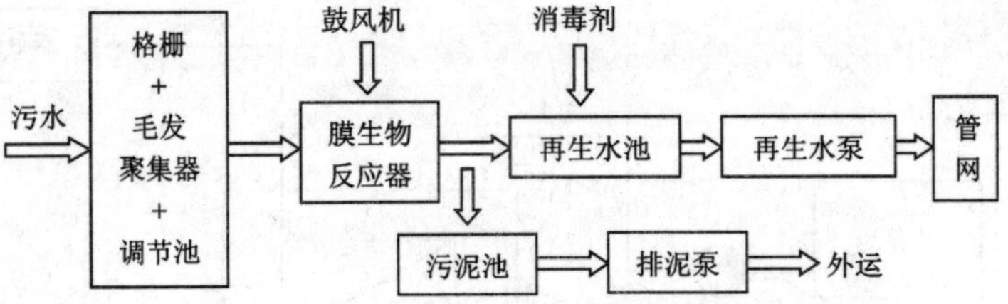

图 5-5 MBR 工艺流程图

的管线连接而构成，如图 5-6 所示。经预处理的废水进入曝气池进行曝气处理后，活性污泥混合液由增压泵送入膜件，一部分水透过膜面成为处理出水进入后一级工序，剩余的污泥浓缩液则由回流泵（或直接）返回曝气池。曝气池中的活性污泥在膜组件的分离作用下，除去有机物而增殖，当超过一定浓度时，需定期将曝气池的污泥排放一部分。这种反应器的特点是生物反应器与膜组件相对独立，彼此之间干扰很小，膜组件一般可与各种生物反应器结合，构成各种不同的分置式膜生物反应器。一体式 MBR 是将无外壳的膜组件直接浸没在曝气池中，如图 5-7 所示，微生物在曝气池中好氧降解有机污染物，水通过负压抽吸由膜外侧进入膜组件再引出反应器；有时也将膜单元安置在生物池的出水端用来代替二沉池。其特点是体积小、整体性强、工作压力小、运行能耗低。复合式 MBR 在形式上也属于一体式 MBR，所不同的是在生物反应器内加装填料，从而改变了 MBR 的某些性状，形成复合式 MBR。其运行稳定，在脱氮除磷方面具有优势。

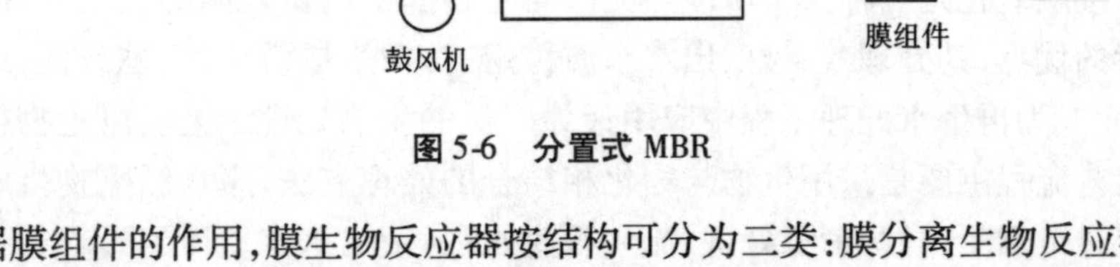

图 5-6 分置式 MBR

根据膜组件的作用，膜生物反应器按结构可分为三类：膜分离生物反应器（Membrane Separation Bioreactor, MSBR）、膜曝气生物反应器（Membrane Aeration Bioreactor, MABR）、萃取膜生物反应器（Extractive Membrane Bioreactor, EMBR）。其中，MSBR 的应用最为广泛，它是用膜生物反应器代替传统的二沉池进行固体的截留与分离，其曝气池的活性污泥浓度较高，有机负荷较低，可以使世代周期长的硝化类细菌更好地降解含氮化合物和一些难降解的有机物，而且反应器中的生化反应速率高、剩余污泥产生量少、出水水质好。生物膜能大量截留大部分细菌、病毒，具有一定的

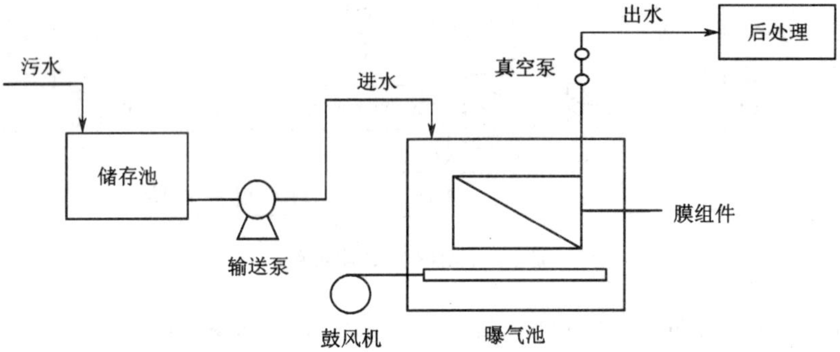

图 5-7　一体式 MBR

消毒能力。该反应器还有泥龄和水力停留时间可以完全独立控制,容积负荷高,运行稳定,耐冲击负荷,占地面积小,设备集中,运行管理方便等优点;缺点主要是膜材料价格高,膜组件的价格基本上与污水处理厂规模成正比,易发生膜污染,膜清洗费用高,动力消耗大。MABR 和 EMBR 都是利用了膜能分离两种不同相物质的特性,允许组分从一相迁移到另一相,同时提高了微生物降解废水中污染物的能力,优化了生物反应器中的运行条件。MABR 是采用透气性膜直接供应高纯氧,氧传质效率可接近 100%,主要用于高浓度有机废水的处理,适用于活性污泥浓度很高,即需氧量很大的系统,有利于提高高负荷有机废水处理效果。EMBR 一般用于处理工业废水中的优先污染物。

另外,按照是否需氧可分为好氧和厌氧膜生物反应器。泵是系统的动力源,根据泵与膜组件相对位置的不同分为加压泵和吸压泵两类。膜组件中的膜根据膜材料的不同又可分为有机膜和无机膜,根据膜孔径的不同可分为微滤膜、超滤膜和纳滤膜,按膜形状的不同可分为平板膜、管式膜和中空纤维膜。

(2)以生物接触氧化为主的处理工艺

生物接触氧化是一种介于活性污泥法与生物滤池两者之间的生物处理技术,兼具了两者的优点,其处理效果好、出水水质稳定、污泥生成量少、管理方便、运行费用低等,因而成为再生水处理工程中应用最为广泛的生物处理工艺。以生物接触氧化为主的工艺流程主要是采用生物与物化相结合的处理方法,原水经生物接触氧化处理后再经过微絮凝过滤、消毒处理,流入再生水池,使出水水质得到可靠的保证。主要处理单元功能如下。

①机械格栅。原水直接自流进入再生水站,在进水口设机械格栅 1 台,以拦截进水中的固形物。

②曝气调节池。因水量和水质不均衡甚至一日内发生很大变化,所以需要设置一个较大的调蓄容积,以缓解来水不均匀性可能给后续生化系统带来的冲击负荷。同时,调节池进行预曝气,防止污水腐败、沉淀,均化水质,且去除一定量的 COD 和

BOD_5,为后续的好氧生化处理创造了有利条件。

③毛发聚集器。为保证提升水泵的正常运转,在泵前安装两台快开式毛发聚集器,收集水中的毛发和其他细小纤维物,防止堵塞水泵。

④生物接触氧化池。生物接触氧化池是本处理工艺的核心单元。它是利用填料上附着生长的生物膜氧化水中的有机污染物,从而达到去除污染物的目的。同时,采用射流曝气设备作为接触氧化池的充氧手段,该设备曝气充氧不需要风机,噪声小、占地省,适宜在学校里使用。

⑤石英砂过滤器。用于将生物处理工程中脱落下来的老化生物膜从水中分离出去,并进一步降低水中污染物浓度,保证再生水的出水水质。

⑥再生水回用池。用于储存处理后的再生水。对供水起稳定调节作用,同时为再生水提供与消毒剂充分接触的时间。

在居民小区的污水处理方面,已经开始较广泛地采用以生物接触氧化技术为主体的处理系统,并多已形成系列化,适用于不同的水量和具体场合。高校的再生水工程中开始越来越多地应用这种工艺,投产以后的设备运行稳定、处理效果良好。

3. 高校中再生水回用的安全保障

再生水回用于生活杂用水时,与人体的接触机会很多,尤其是在绿化浇灌、道路冲洗、洗车及建筑施工中,除了再生水与使用人员发生直接接触外,其喷洒形成的水雾及气溶胶等飞扬到空气中,有可能与公众发生直接接触。若回用水生物学指标不合格,致病菌可能影响使用人员与公众的身体健康,若水中含有超过标准的有害有毒物质,则会对人体造成不同程度的损害。因此,高校必须加强监测与管理,提高再生水的安全保障率,确保水的安全回用。再生水的回用是一个系统工程,它包括原水的收集、处理、输配、使用以及相关的管理等各个方面,其中某一个环节出现纰漏,都有可能使再生水得不到安全使用,因此高校在进行再生水回用时应从以下几个方面提高再生水的安全保障率。

(1)再生水水质标准

再生水的水质标准是保证再生水回用安全可靠的基本依据。再生水回用的途径不同,要求达到的标准也不同。在对再生水进行水质控制时,应根据再生水具体的回用途径,结合相应的水质标准和再生水特点,对水质要求进行具体的分析确定。高校中再生水的主要回用途径是生活杂用水和景观环境用水等。再生水用作生活杂用水,如冲厕、道路清扫、消防、绿化、车辆冲洗、建筑施工等,其水质应符合国家标准《城市污水再生利用 城市杂用水水质》(GB/T 18920—2002)的规定;再生水用于景观环境用水时,其水质应符合国家标准《城市污水再生利用 景观环境用水水质》(GB/T 18921—2002)的规定;再生水用于采暖系统补水等其他用途时,其水质应达到相应使用要求的标准;当再生水同时满足多种用途时,其水质应按最高水质标准确定。

表5-14 和表5-15 分别为高校利用再生水作为生活杂用水和景观环境用水时,进

行再生水水质控制可供参考的水质标准。

表 5-14 生活杂用水水质标准

项目	生活杂用水	
	冲厕、绿化	洗车、清扫
pH 值	6.5～9.0	6.5～9.0
浊度/NTU	<10	<5
臭	无不快感	
色度/度	<30	<30
外观	无不快感	
总溶解性固体含量/(mg/L)	<1 200	<1 000
悬浮性固体含量/(mg/L)	<10	<5
NH_3-N 含量/(mg/L)	<20	<10
总硬度(以 $CaCO_3$ 计)/(mg/L)	<450	<450
氯化物含量/(mg/L)	<350	<300
阴离子合成剂含量/(mg/L)	<1.0	<0.5
铁含量/(mg/L)	<0.4	<0.4
锰含量/(mg/L)	<0.1	<0.1
大肠杆菌值/(个/mL)	<10	<5
BOD_5/(mg/L)	<10	<10
COD_{Cr}/(mg/L)	<50	<50
游离余氯含量/(mg/L)	管网末端水≥0.2	

表 5-15 景观环境用水水质标准

项目	景观环境用水	
	人体非直接接触	人体非全身接触
pH 值	6.5－9.0	6.5－9.0
色度/度	30	30
总磷(以 P 计)/(mg/L)	2.0	1.0
悬浮性固体/(mg/L)	20	10
凯氏氮/(mg/L)	15	10
含盐量/(mg/L)	1 000/2 000	1 000/2 000
氯化物(以 Cl 计)/(mg/L)	350	350
阴离子表面合成剂/(mg/L)	0.3	0.3
溶解性铁/(mg/L)	0.4	0.4
总锰/(mg/L)	1.0	1.0
大肠杆菌值/(个/mL)	1 000	500
BOD_5/(mg/L)	20	10
COD_{Cr}/(mg/L)	60	50
游离余氯/(mg/L)	0.2～1.0	0.2～1.0
挥发酚/(mg/L)	0.1	0.1
石油类/(mg/L)	1.0	1.0

(2)再生水水源

进入回收系统的原水必须达到一定的水质标准,这是保障再生水回用安全性的必要前提。高校中,再生水以宿舍楼的盥洗水、洗浴废水和游泳池排水作为首选水源,属于优质杂排水,因此水源水质一般能够达到《污水排入城市下水道水质标准》(CJ 3082—1999)和《生物处理构筑物进水中有害物质允许浓度》的要求。

(3)再生水输水管路

在进行再生水输配水系统的设计过程中,必须考虑供水系统的可靠性和安全性,并严防再生水被误接误用。《建筑中水设计规范》(GB 50336—2002)中对再生水的供应管道安装与使用有以下明确的规定。

①再生水管道严禁和生活饮用水给水管道连接,包括通过倒流防止器或防污隔断阀连接。

②除卫生间外,再生水管道不宜安装于墙体内。

③再生水池(箱)内的自来水补水管应采取自来水防污染措施,补水管出口应高于再生水贮存池(箱)内溢流水位,其间距不得小于2.5倍管径。严禁采用淹没式浮球阀补水。自来水补水口的启闭应由再生水池的补水液位控制,故设计中多采用电磁阀进行水位控制。有时电磁阀使用寿命较短,设计中亦可采用定水位水力控制阀。

④再生水管道与生活饮用水给水管道、排水管道平行埋设时,其水平净距不得小于0.5 m;交叉埋设时,再生水管道应位于生活饮用水给水管道下面,排水管道上面,其净距不得小于0.15 m。再生水管道与其他专业管道的间距按《建筑给水排水设计规范》中给水管道要求执行。

⑤再生水贮存池(箱)设置的溢流管、泄水管,均应采用间接排水方式排出。溢流管应设隔网。

⑥再生水管道应采取下列防止误接、误用、误饮的措施:(a)再生水管外壁应按有关标准的规定涂色和标志;(b)水池(箱)、阀门、水表及给水栓、取水口均应有明显的"再生水"标志;(c)公共场所及绿化的再生水取水口应设带锁装置,并应同时设置手动控制;(d)工程验收时,应逐段进行检查,防止误接。

(4)再生水设施维护管理

为保证再生水处理设施的正常运行和处理质量的稳定可靠,再生水处理站的处理系统应设置自动控制和手动控制两套系统。另外,应建立严格的监测控制制度,要求做到以下几点。

①再生水处理系统应对使用对象的主要水质指标定期检测,对常用控制指标(水量、水位、pH值、浊度、余氯等)实现现场监测。

②再生水系统的自来水补水宜在再生水池或供水箱处,采取最低报警水位控制的自动补给。

③再生水处理站应根据处理工艺要求和管理要求设置水量计量、水位观察、水质观测、取样监测、药品计量的仪器仪表。有条件时,检测手段应尽量实现自动化和在

线监测。对检测到的异常情况有可靠的控制预案，确保楼宇供水系统正常、安全、稳定运行。

④再生水处理站应对耗用的水、电进行单独测量。

⑤再生水水质应按现行的国家有关水质检验法进行定期监测。

⑥再生水处理站的管理操作人员应经专业培训，经考核合格者持证上岗。

(5)再生水用户使用

①合理安排园林绿化、街道清扫等再生水的使用时间和规范使用方式，以调节用水高峰，并减少与周围活动人群的接触。再生水作为园林绿化及街道清扫等用水时，用户应根据实际情况调整使用时间，如街道清扫的时间可选择在校园内人流量较少的清晨以前，园林绿化的浇灌时间可选择在活动人群较少的时间，这样既可以避开校园内使用再生水的高峰期，减轻再生水管网及提升设备的流量和压力负荷，同时又最大程度地减少了再生水与人群的接触机会。

②再生水用于绿化灌溉时必须限定在批准的区域内。灌溉方式宜采用滴灌或微喷灌方式，若采用普通喷灌方式应设有一定的缓冲距离（隔离带），在浇灌时应设警示标志告诉师生正在使用再生水灌溉，最好将喷灌作业安排在夜间进行。

③再生水用于车辆清洗、道路清扫、园林绿化等方面，使用人员应采取必要的防护措施。尽管再生水的处理工艺和出水水质是按照有关规定严格执行的，但作为可能与再生水发生长时间接触和大面积接触的再生水使用的工作人员应采取一些必要的防护措施，如戴口罩、戴手套、穿工作服等，以保护自身的身体健康。

④应控制再生水的使用率以保护地表水和地下水水质不受影响。

⑤使用再生水的消防系统的设计和运行必须符合当地的消防法规、条例和规定要求。

二、雨水资源的开发与利用

雨水作为一种自然资源，具有污染轻、水中有机物较少、溶解氧接近饱和、钙含量低、总硬度小等优点。经简单处理后，可用于生活杂用水、工业用水，比回用生活废水更便宜，水质更可靠，细菌和病毒的感染率低，出水水质的公众接受性强。目前应用范围有：分散住宅的雨水收集利用系统，建筑群或小区集中式雨水收集利用系统，分散式雨水渗透系统，集中式雨水渗透系统，绿色屋顶花园雨水利用系统，生态小区雨水综合利用系统等。下面重点介绍高校雨水的收集和利用以及适用于高校的屋面雨水收集和雨水用于景观的工程方法。

1. 高校雨水的收集和利用

(1)雨水收集和利用系统

雨水利用主要是通过集雨设施对雨水进行收集、处理和储存，用于绿地灌溉、喷洒路面、景观用水、冲厕、洗衣、冷却循环等。它可以设置为单体建筑的分散式系统，也可以在建筑群中设置串葫芦式的储水池。雨水积蓄利用系统由以下六个子系统组成。

①集流系统。集流需要一个合适的集流面，收集的雨水量除受降水量控制之外，集流面大小和集流效率是决定性的因素。集流面包括屋顶、硬化路面和场地。屋顶集流包括屋顶集雨管道、初期气流装置和雨水过滤管。

②输配水系统。输配水系统是雨水集流和雨水利用的枢纽，其主要作用是将雨水通过渠系和雨水管网输向净化系统、贮存系统、雨水回用区或下游承受水体处。

③贮存系统。贮存系统是雨水积蓄利用技术的中间环节，是指汇流面收集的雨水通过导流渠引入蓄水设施储存，等到需水时再从蓄水设施取水的过程，起储存雨水和调节供给的作用。所以储水池是整个工艺的主要构筑物，是实现雨水有效收集利用的重要保证。它不仅能起到屋面雨水收集的作用，同时也能起到调节、沉降的作用。

④过滤净化系统。通常在集流与取用过程中要根据利用水质的要求对雨水进行过滤或净化。雨水过滤净化系统包括沉砂池、过滤净化装置、储水池三个主要部分。

⑤提升系统。由于所集雨水一般都位于地表以下，所以提升子系统是必需的，提升子系统一般由泵和输水管组成，其结构比较简单。

⑥用户系统。集雨为用是雨水积蓄利用各个环节的最终目的，所用目的不同，用户子系统的结构和应用形式也存在很大差别。

（2）高校雨水收集和利用的方式

城市雨水收集一般包括路面雨水收集和屋面雨水收集。高校在进行雨水的收集和利用时，一般在雨水供需平衡分析的基础上，优先考虑收集水质较好的屋面雨水。屋面雨水一般情况下很清洁，不需处理，并且管道系统非常简单，可采用分散收集、分别储存的方法。其收集的基本形式为两建筑物之间的屋面雨水通过建筑物落水管及埋地横管，汇入位于建筑物之间的没有户前管道的空地，在此处建储水池，池上绿化，使用小型潜水泵提升使用。在屋面雨水不能满足需求时，也可收集绿地径流和非机动车道的路面径流；对于机动车道路面上的降雨径流，由于机动车辆的磨损而含有大量的金属、橡胶和燃油等污染物质，一般不宜收集利用。雨水在输送过程中要先通过细格栅拦截树叶等漂浮物再进入初期弃流装置，将初期较脏的雨水排至市政雨水管道，最后将弃流后的雨水送到贮水池。具体的利用方案及工艺流程应根据回用目标、回用区地下水位、水文地质情况、地表径流条件、面污染源情况等具体条件而定[15]。

高校雨水收集和利用的具体途径如图5-8所示。

目前用于城市雨水收集的主要方式有管道收集、调蓄收集和渗透式收集。高校多使用渗透技术，雨水渗透技术的目的是：①通过保护自然系统来恢复土壤、植被和地下水的渗透、净化和储存功能；②恢复已建铺地的可渗透性；③通过天然土壤和生物净化过程收集并处理过剩的径流，即通过保护、恢复、利用建筑地段的自然系统，并与之相协调，获得用水的节约、效率和管理。值得注意的是：土壤入渗系统不应对地下水造成污染、不应对高校师生的工作和生活造成不便、不应对校园卫生环境和建筑

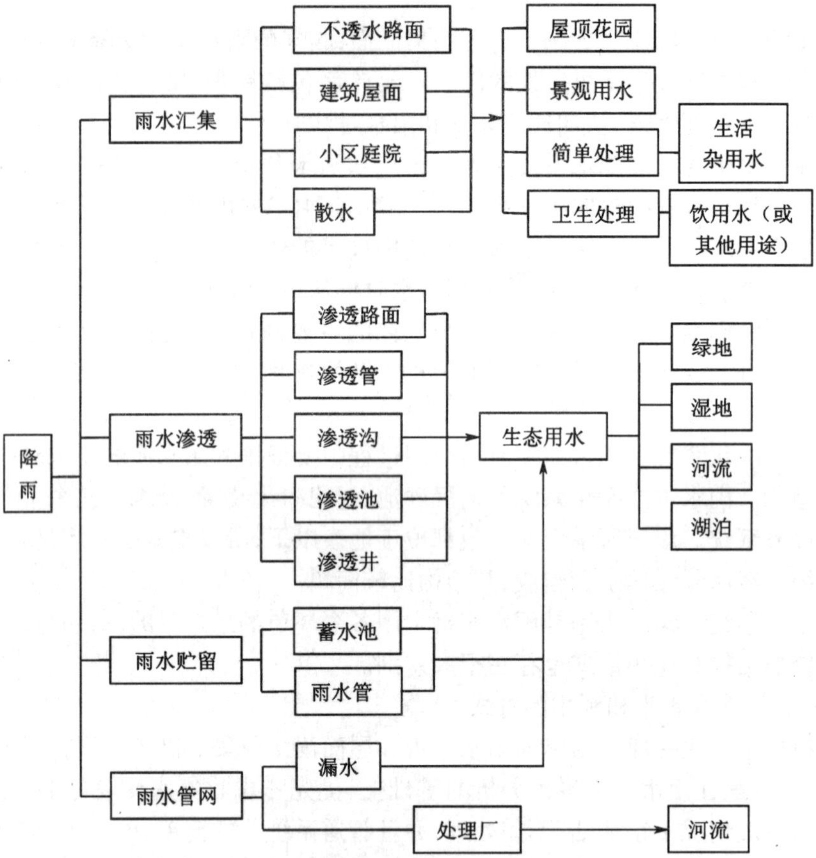

图 5-8　高校雨水收集和利用的途径

物安全产生负面影响，地面入渗场地上的植物配置应与入渗系统相协调。

雨水渗透技术措施种类很多，主要分为分散渗透和集中渗透两类。分散渗透规模大小各异，设施简单，主要包括渗透地面、渗透管沟、透水性铺装等。分散渗透可减轻对雨水收集输送系统的压力，补充地下水，还可以充分利用表层植被和土壤的净化功能减少径流带入水体的污染物，但是一般渗透速率较慢，在地下水位高、土壤渗透能力差或雨水水质污染严重的地方应用受到限制。集中渗透规模较大，有较大的储水容量和渗透面积，主要有渗水池、渗水盆地等，其净化能力强，适合建筑群或小区。这些雨水渗透技术在应用时，均要求有适宜的渗透条件，包括土壤渗透能力、场地大小、地下水水位、与建筑物的距离等，此外，还要考虑表层及下层土壤结构、表面植被种类、土壤含水率、车辆及行人交通密度等。应用中可根据实际情况对各种渗透设施进行组合。例如，可以在高校内设置渗透地面、绿地、渗透管和渗透池等组合成一个渗透系统。这样就可以取长补短，更好地适应现场多变的条件，效果会更加显著。

2. 屋面雨水收集和利用

用屋面来收集雨水，是最常用的雨水收集方式。屋面集流系统通常由四部分组成：屋顶集流面、汇流槽、下水管和蓄水缸。屋顶集流面可利用自然屋面（中国），可用经专门设计的镀锌铁皮屋顶（澳大利亚），也可用专门化工材料处理收集面（美国），以提高收集雨水的效果。自然屋顶材料以瓦质屋面和水泥混凝土屋面为主。用屋面作为集流面时，可将输水沟布置在屋顶落水下的地面上，采用混凝土宽浅式弧形断面渠。

一般径流传输主要有两种形式，即地下管道传输和地表明沟传输。地表明沟传输可作为校园的风景之一，其设计思想既要考虑传输雨水的功能，也要关注构造校园景观的作用，可以模拟天然水流蜿蜒曲折的轨迹，或构筑特定的造型，从而美化校园景观。舍去初期雨水径流后，屋面集水的水质较好，因此可以采用粗滤池净化，出水消毒后便可使用。

屋顶集流的另一利用系统是屋顶花园雨水利用系统。屋顶花园雨水利用系统是削减城市暴雨径流量、控制非点源污染和美化城市的重要途径之一，也可作为雨水积蓄利用的预处理措施。为确保屋顶花园不漏水和屋顶下水道通畅，可以考虑在屋顶花园的种植区和水体（水池、喷泉等）中增加一道防水和排水措施。屋顶材料中，关键是植物和上层土壤的选择。植物应根据当地气候条件来确定，还应与土壤类型、厚度相匹配。上层土壤应选择孔隙率高、密度小、耐冲刷、可供植物生长的洁净天然或人工材料，如德国最常用的是火山石、沸石、浮石等。需要收集雨水时可在下部布置集水管，集水管周围可适当填塞卵石或碎石。屋顶花园系统可使屋面径流系数减少到0.3，有效地削减了雨水流失量，同时改善了城市环境，此技术已在德国等欧洲城市较普遍应用。

3. 雨水用于景观的工程方法

校园中雨水收集和利用的一大用途是作为景观水体的补给水源。水体景观不仅能美化校园，还可以调节小环境气候。大面积的水体减缓了夏天的热岛效应，增加了空气湿度，还起到降尘净化空气的作用，而景观水体本身又能形成一个小的生态环境，具有多方面的作用。另外，景观水体中贮存的水可以用于绿化浇灌和道路清洗，可以更充分地利用雨水，使景观水体成为校园雨水资源综合利用的枢纽，克服了降雨不均匀性的问题，提高了雨水收集利用系统的使用效率。

雨水收集利用技术包括收集、贮存、净化、利用等环节。“收集”主要考虑并确定可收集的范围和输送的方式，收集的范围有屋顶与地面，输送方式有管、渠等方式。“贮存”主要考虑确定最佳的贮存容积与贮存方式，以使收集利用系统的利用率最高，并且控制投资的经济性，其主要造价是贮存池的建造费用。贮存容量的确定，常是雨水收集利用系统经济性的关键平衡点。贮存池的具体形式有地上式和地下式，也可与景观水体合建。要先取得校园所在地近十年的降雨资料，详细了解降雨频率及降雨量数据，再结合用水量进行平衡计算，通过综合的统计、计算、分析来确定“收集”与“贮存”的规模，以达到科学、经济的设计目标。“收集”与“贮存”规模确定以后，还要考虑收集雨水的净化保质问题。不同地区、不同收集面的雨水，由于其水质不同，要根据回用水的要求及雨水的水质情况选择适合的水处理工艺。水处理工艺主要有混凝沉淀法、土壤渗滤法、人工湿地法、生态塘法等。此外，收集过程的"弃流"与贮存前的"截污"都对降低水处理设施的运行负荷有较大影响，须设置必要的"弃流"和"截污"设施[16]。收集处理好的雨水，即可按照景观水体的耗水量，按时按量地对景观水体进行补水。旱季降雨较少，当雨水达不到景观水体补水需求量时，可用再生水等其他水源作为补充水源，使景观水体水量得到平衡。除景观水体外，收集的雨水还有其他的利用途径，如地下水补充、洗车、循环冷却水、消防蓄水等。

将雨水作为景观水体的主要水源，为实现水资源综合利用，要求用系统专业的技术指导前期的景观规划设计。只有各个专业协调一致，才能保证设计的全面科学与经济合理。具体要求有很多方面，例如，景观水系与排洪体系的关系、水体的合理水深与超高调蓄要求、堤岸的构造形式与边界截污、水生动植物的选择、安全溢流的设置、景观溪流与雨水收集渠道的协调、景观湖与雨水贮存的协调等。这些都影响雨水收集利用系统的构建方式与经济性。反过来，还可用以评价指导景观设计中所确定的水体规模及形式是否合理，最终保障景观水体自身运行的可持续性。

三、优质饮用水的开发与利用

优质饮用水的基本内涵是：最大限度地去除原水中的有毒有害物质，特别是各种重金属及有机污染物，同时又最大可能地保留人体健康所必需的各种微量元素（如硒、锶等）和矿物质[17]。

1. 优质饮用水的处理工艺

目前，优质饮用水的处理工艺主要有以下几种[18]。

（1）活性炭吸附深度处理工艺

活性炭吸附净水技术是利用活性炭的高效吸附性能，去除水中的臭味、有机物、酚、烷基苯磺酸盐、消毒副产物、重金属离子和其他微量有害物质，其用于水的深度处理工艺流程见图 5-9 和 5-10。

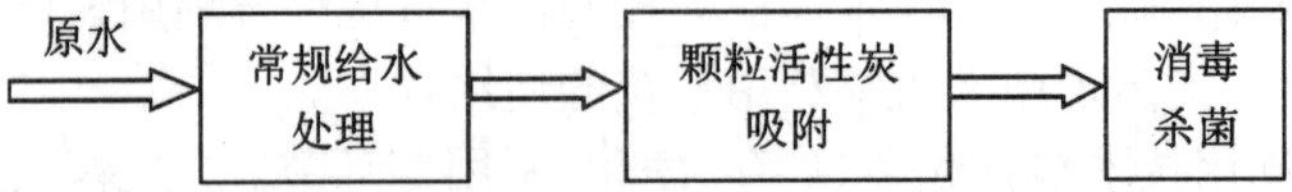

图 5-9　颗粒活性炭吸附深度处理工艺流程

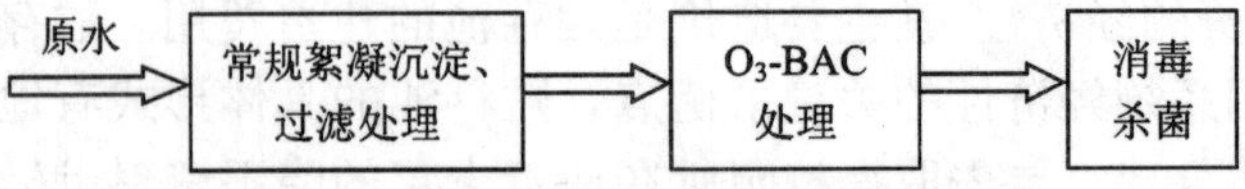

图 5-10　应用 O_3-BAC 处理技术的工艺流程

(2)精密过滤处理技术

精密过滤是使用精密过滤器对水进行过滤,其去除杂质颗粒范围视精密过滤器的种类而不同。在水处理中常用的精密过滤器有滤芯过滤器和预涂膜过滤器。精密过滤在优质饮用水处理中的应用一般应与活性炭吸附相结合。其工艺流程如图5-11所示。

图5-11　精密过滤用于优质饮用水的处理流程

(3)膜分离处理技术

膜分离技术是利用特殊的有机高分子或无机材料制成的膜对混合物中各组分的选择渗透作用的差异,以外界能量或化学位差为推动力对双组分或多组分液体进行分离、分级、提纯和富集的技术。膜分离技术包括微滤、超滤、电渗析、纳滤、反渗透、气体渗透和渗透气化等。目前常用的两种膜分离技术如图5-12和图5-13。

图5-12　微滤用于优质饮用水处理的工艺流程

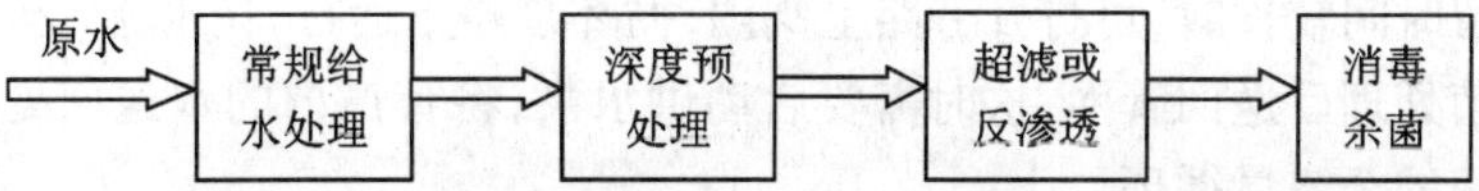

图5-13　超滤用于优质饮用水处理的工艺流程

2. 优质饮用水系统

优质饮用水主要的供水方式有:①提高现有水厂的供水水质、利用现有管网的供水方式;②分质供水方式;③桶装供应;④末端设置净水器的供水方式。

高校的优质饮用水系统类似于小区,因此可以仿照小区的优质饮用水供水系统的模式来建设。首先,校园优质饮用水给水管线的布置,应以宿舍区(或教学区)的建筑、道路详细规划为主要依据,综合考虑地形、各类管道布置和建筑物管道的接点等诸多因素,做到设计合理、施工方便。给水干管应沿用水量较大的地段布置,以最短距离向用户供水。供水干管为枝状布置,接入各宿舍楼(或教学楼)后,设回水管与宿舍区(或教学区)内回水干管连接,汇集后送回各宿舍区(或教学区)的纯净水处理站,经处理后再供到用户,形成循环系统。

当处理站对自来水作深度处理达到纯净水标准后,就将纯净水送到末端水箱储存,再由供水泵加压提升送入供水管网,并由独立的纯净水管网将水输送到各用户。

每栋楼串联供水,尾端回水,各楼回水管接到循环回水主管。通过管路长度和管径的调整,使回水管各接点水头接近,以使每个用水单元都能平衡供、回水,也就是所谓的同程供水设计。整个系统为全封闭式,仅在用户饮水龙头处可取水,避免了中间污染环节。系统主要由供水泵、循环水泵、紫外线消毒器、供水管、调节阀、减压阀、饮水龙头和循环回水管等组成[19]。

其系统的工作流程如图 5-14 所示。

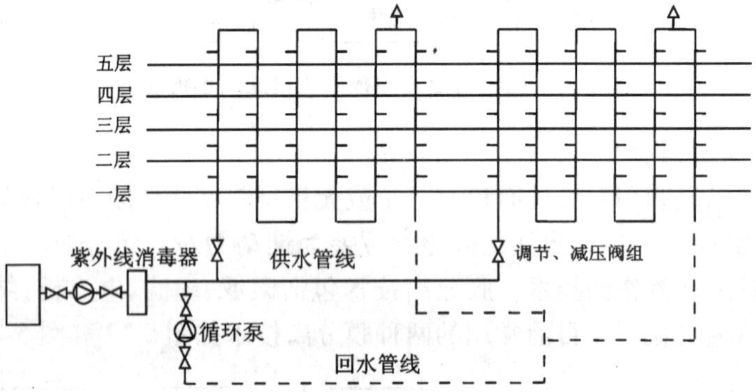

图 5-14 校园内建筑群优质饮用水供水系统

在用水高峰期循环水泵不开启,系统不作循环,水无法回流,只能供用户使用。当用水量到低点时,循环水泵定时启动,不影响系统供水。循环回水设有旁路,当管路内水停留时间较长时,可打开旁路上阀门,循环泵停止运行,让水流入末端水箱,进行消毒杀菌处理后送回管网,这时需要启动供水泵,将管道内的水送回处理设备,并形成短时间的全流量循环。

由于校园内一个建筑群的供、回水管道较长,起点和终点的水头差别很大,为实现各用水点供水平衡,不仅要在供水主干管上考虑压力调节,而且在每户入户管上也要调节压力。在整个系统调试时,将每户饮水龙头的出流水控制在 0. 2 ~0. 35 MPa,系统正式运行后,师生使用时仅操作水龙头即可,不会破坏系统的压力均衡[20]。

四、自来水的节水措施

1. 节水器具

配水装置和卫生设备是水的最终使用单元,它们节水性能的好坏直接影响着建筑节水工作的成效,因而大力推广使用节水器具是实现绿色大学节水的重要手段和途径。老式给水器具结构与选材有多处不合理,导致产品性能差,普遍存在水的有效利用率低,经常出现跑冒滴漏现象,造成水的浪费,因此应大力推广节水型给水器具。节水器具首先要做到的就是避免跑、冒、滴、漏,满足使用功能,然后再通过设计和制造主动或者被动地减少无用耗水量,达到与传统的卫生器具相比有明显的节水效果[21]。

学生宿舍楼的盥洗用水量能占其总用水量的60% ~70%。因此，对水龙头、淋浴器、便器及厕所冲洗设备和自来水管道等采用节水器具和设备是高校节水的重点[22]。

(1)水龙头

水龙头是数量最多、使用率最高的配水装置，普通型螺旋升降水龙头节水效果差，应逐步淘汰。随着水价的提高，廉价实用的陶瓷芯水龙头普及率将逐步提高，是高校进行节水的首选节水龙头之一。

(2)便池和便器

卫生间设备主要有便池和便器两种，便池冲洗水量可调节性差，每次冲洗用水量大，容易造成水的浪费。便器可根据实际需要启闭，节水性能好。在大便器具上，由于高校人员密集，座便器容易发生病菌交叉感染，暂不宜采用；而蹲式便槽价格低廉，可通过对便池的冲洗设备和方式进行改造来推广使用蹲式便槽。采用开阀全天冲洗、自动定时冲洗的普通水箱水浪费严重，逐渐被淘汰；手动延时自闭冲洗设备占了相当的比例，使用率普遍提高；由于大便器使用比例不高，双挡开关冲洗水箱比例较小；卫生、节水的光电控制设备价格较高，但也有了一定的市场。

(3)淋浴器

公共浴室冷、热双管调温系统延长了淋浴时间，造成了能源和水资源的大量隐性浪费，可在供水末端采用自动混水器缩短混水时间的方法进行改造。单管恒温供水系统通过在锅炉供水端采用自动恒温节水混水器有效混水和采用冷热水循环技术，避免了无效冷水的浪费。普通阀门式淋浴器使用不方便且漏损率高。脚踏式淋浴器一定程度上起到了客观节水的效果，但使用不方便，易损坏。提议使用刷卡式。

表5-16中列出了各种节水器具。

表5-16　各种节水器具

序　号	节水措施名称	节水原理及效果	备　注
1	合理的给水分区	减少超压出流，使整个系统的用水器具更节水	每个用水点的用水压力不应小于0.05 MPa，入户管的给水压力不应大于0.35 MPa
2	减压阀等	将给水点处压力降至给水器具额定压力，防止超压出流	可达到防止超压出流节水效果，但不能节能

续表

序　号	节水措施名称	节水原理及效果	备　注
3	节水型水龙头	具有手动或自动启闭和控制出水口水流量的功能，使用中实现节水效果的阀类产品，在水压 0.1 MPa 和管径 15 mm 下，最大流量应不大于 0.15 L/s	满足相同的饮用、厨用、洁厕、洗浴等功能，较同类常规产品能减少用水量的器件、用具
4	节水型多功能淋浴喷头	通过对出水口部进行改进，增加吸氧舱和增压器，这样不仅减少了过流量，还使水流富含氧气	
5	节水便器	在满足卫生要求、使用功能和排水管道输送能力的条件下，不泄漏，一次冲洗水量不大于 6 L	
6	节水洗衣机	以水为介质，根据衣物量、脏净程度自动或手动调节用水量，满足洗净功能且耗水量低	
7	恒温混水阀	用于冷、热水的自动混合，为单管淋浴系统提供恒温洗浴用水	将水重复利用，实现了最大限度地节约用水
8	废水回收装置	能够将洗浴废水进行收集、过滤，并能够用于自动冲厕	
9	淋浴循环装置	采用热水支管循环的原理将支管中冷水用于其他用途（如将该水量存入座便器水箱用以冲洗马桶）	
10	真空节水技术	用空气代替大部分水，依靠真空负压产生的高速气水混合物，快速将洁具内污水、污物冲洗干净，达到节约用水、排走污浊空气的效果	
11	合理设置水表	合理设置分段总表和分表，如下列部位：自市政管网接口的引入总管上；每栋楼前的引水管上；经水池二次供水的水池进水管上；消防水池的室外消防管网的进水管上；竖向分区供水的各分区干管上等	可以及时发现漏水点

2. 计量设施

计量设施的合理使用是高校节约水资源的有效措施。目前，投币（射频币）沐浴节水器、IC 卡沐浴计费系统等计量设施已经在高校中得到广泛应用，收费方式采用智能刷卡式，按用水量计费。

学校一般有两种供水收费方式：一种是不考虑实际用水量，学校按学生人数收费，或由学校按实际用水量计费；另一种是阶梯式用水收费，定额内正常收费，超定额部分高价收费，以鼓励节水。

3. 节水管理与宣传

高校水资源的可持续利用是“绿色大学”的重要组成,应该采取“先节水,后回用”的高校用水模式,实施全员节水意识教育,营造良好的校园节水氛围。高校的节水管理与宣传工作应从以下几方面着手[23]。

①依法治水,加强水资源的管理。主要包括以下工作:建立节水管理机构;健全各种规章制度;加强节水资料档案管理;建立专业化的管理、维修队伍;积极做好防漏、查漏及检修工作。

②建筑给水系统的二次污染不但影响供水安全,也造成了水的大量浪费。为防止二次污染,应采取以下措施,将建筑给水系统二次污染的几率及造成的水量浪费降低到最低程度:在高层建筑给水中采用变频调速泵供水,推广使用叠压供水方式;新建建筑的生活饮用水池与消防水池及其他非生活用水水池分开设置;推广使用优质给水管材和优质水箱材料,加强管材防腐;严格执行设计规范中有关防止水质污染的规定;水箱、水池应定期清洗;强化二次消毒措施;加强对二次供水设施运行情况的监督管理。

③开展“水资源教育”,提高师生的节水意识,养成良好的用水习惯。

④采用经济手段促进节水工作。如制定用水定额标准,实行阶梯水价收费制度,实施节水标准化管理。

第四节 绿色大学水污染控制与水环境保持

一、水污染物的减排

1. 水污染物排放总量控制

随着高等教育的发展,高校生活污水的产生和排放量逐年增加,高校实验室的科研教学活动更加频繁,致使实验室排放及其污染问题日渐凸现,越来越引起社会的关注。高校应当规范和加强排污控制与管理工作,运用经济有效的方法,尽可能减少外排污水中污染物含量,满足高校的总量控制要求。

污染物排放总量控制是我国环境管理的重要手段,是国家环境管理机关依据所勘定的区域环境容量,决定区域中的污染物排放总量,根据排放总量削减计划,向区域内的排污单位分配各自的污染物排放总量额度。

水污染物排放总量控制是根据水环境或区域环境目标的要求,预先推算出达到该环境目标所允许的污染物最大排放量,然后再通过优化计算将允许排放的污染物指标分配到各个区域,再根据区域中各个部门不同的地理位置、技术水平和承受能力协调分担治理污染物的责任。

绿色大学应是高校中污染物排放总量控制的典范，下面简要介绍几种适合高校的水处理方法及工艺。

2. 人工湿地

(1)人工湿地简介

人工湿地是20世纪70年代末发展起来的一项可持续发展的污水处理技术。它是一种由人工建造和监督控制的，类似于沼泽的地面。其构造可简述为在一定长宽比及底面坡度的洼地中，将土壤和一定级别的填料，按一定比坡度填充组成填料床。污水在填料或床体表面流动，在填料的表层土壤中种植一些处理性能良好、成活率高、抗水性强、生长周期长、美观及具有经济价值的水生植物(如芦苇、水葫芦、香蒲等)，从而形成一个去污能力强，适合于湿地动植物生存的人工湿地生态系统。图5-15为某人工湿地系统。

图5-15 某人工湿地系统

(2)人工湿地的分类

人工湿地因其功能、目的、用途及其特点的不同而有明显的差异。根据人工湿地的目的、特征的不同，把人工湿地分为以下几类[24]。

①以恢复弥补天然湿地功能为目的的人工湿地(Constructed Habitat Wetlands)。这主要是在已消亡的原有天然湿地或其临近地区建设的人工湿地，对已退化的天然湿地进行修复、弥补与重建。

②以养殖、种植为目的的人工湿地(Constructed Agriculture Wetlands)。其目的在于孕育资源,并为生物提供栖息的场所。

③以滞洪缓流灌溉为目的的人工湿地(Constructed Flood-control and Irrigation Wetlands)。具有防洪、灌溉功能的水塘、水池、水库、沟渠以及一些季节性洪泛耕地等具有人工湿地的功能。

④以水质处理为目的的人工湿地(Constructed Treatment Wetlands)。无论是自然湿地还是人工湿地,由于其在生态系统中具有一连串的物理、化学及生物作用,对于净化水质均有相当的成效,因此可用于净化生活用水、工业废水、雨水及农业用水等。这是狭义上的人工湿地,也是本书重点介绍的适于绿色大学水质控制的人工湿地类型。如图 5-16 为简易人工湿地的流程剖面图。

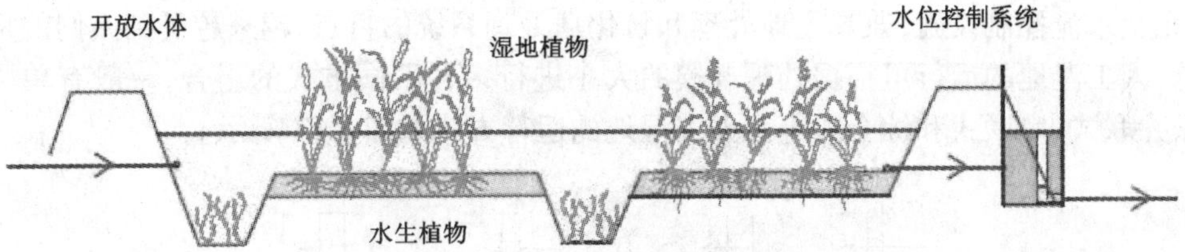

图 5-16　简易人工湿地流程剖面图

(3)人工湿地的主要作用

人工湿地依靠物理、化学、生物的协同作用完成校园污水的净化过程,具有强大的生态修复功能和社会经济价值。

1)人工湿地的生态作用

①改善校园环境微气候。湿地内部含有大量的水体,具有热容量大、导热性差的特点。在夏季,人工湿地吸热蒸发,带走热量,起到降温的作用;在冬季,水体放出热量,起到保温的作用;同时,水蒸气上升蒸发使得湿地上空的空气产生冷、热对流交换,在周边区域范围形成自然通风换气,能够加强能量流的交换,达到改善校园环境微气候的目的[25]。

②调节水量与净化水质。湿地本身的空间和与水域生态相关的滩地、坡地、地下水、植被、水生生物等构成一个复杂的生态系统,共同起到水量控制的作用。并且人工湿地具有独特而复杂的净化机理,它能够利用基质—微生物—植物复合生态系统的物理、化学和生物的作用,通过过滤、吸附、共沉、离子交换、植物吸收以及微生物降解分解,对水进行高效的处理,把被污染的水变成洁净的水。

2)人工湿地的社会、经济价值

湿地具有独特的环境条件和景观,是理想休闲场所。另外,人工湿地生态系统中生存着多样的动植物群落,在科研上具有重要地位,为教育和科学研究提供了对象和材料,是环境教育和科研的试验基地。

(4)人工湿地的特点

1)良好的污水净化能力

国内外有关处理城市污水的研究表明,人工湿地对 BOD_5 去除率可达 85% ~ 95%,SS 去除率达 90% 以上,氮、磷去除率可分别达到 90% 和 60% 以上。另外,对含重金属、酸性有机物及无机矿物等的工业废水也具有良好的去除效果。

2)投资、运行、维护费用低

由于人工湿地的土建施工比较简单且基本不需耗能,其造价和运行费用均远低于传统的二级生物处理工艺。由于人工湿地本身基本上不需要机电设备,故维护上只需清理进、出水渠道及管理作物,对运行人员的技术要求不高。

(5)人工湿地的运行方式

人工湿地单元主要是由人工建造的多级植物床、植物塘与养鱼塘相组合的湿地单元及水流控制设施,兼具土地处理和氧化塘处理系统的特点,越来越受到人们的重视。人工湿地的运行可根据处理规模的大小进行多种不同方式的组合,一般有单一式、并联式、串联式和综合式等。人工湿地的运行方式如图 5-17 所示。

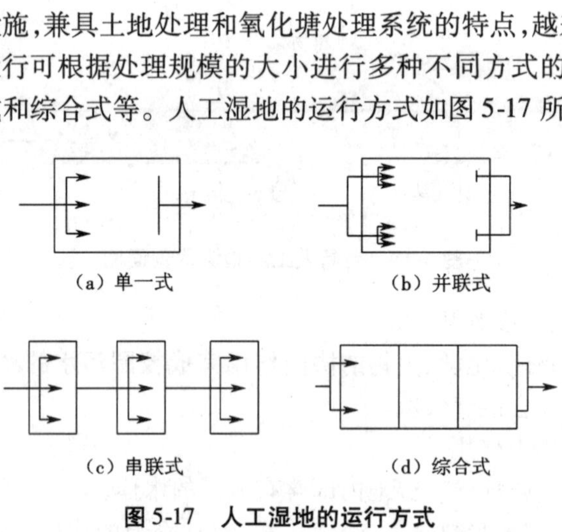

图 5-17 人工湿地的运行方式

此外,人工湿地还可与氧化塘等系统串联组合。某复合人工湿地如图 5-18 所示。

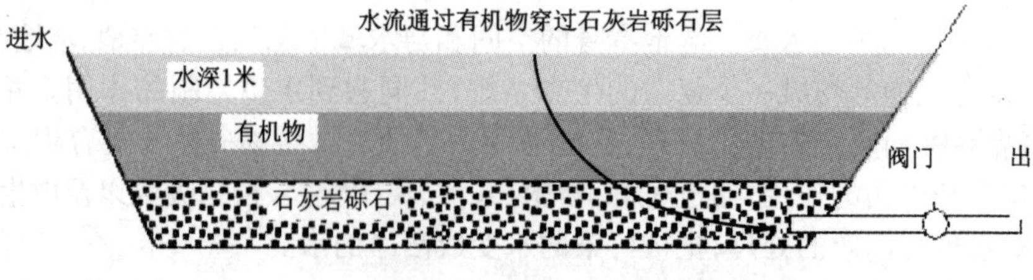

图 5-18 复合人工湿地

综上,根据高校所处的地理位置、自然条件及发展规模,并结合人工湿地构建地的社会经济条件和周围的人文景观,人工湿地适用于校园污水处理有以下几方面原因:第一,可以充分利用校园中的荒地或废弃地,天然及人工的河流、湖泊、泥沼、广场园林绿地;第二,利用以水和绿色植物为主的自然环境差异性,构建校园绿地的景观多样性,促使校园生态系统内生物多样性的提高,并逐步使这一人工系统达到自我持续的状态。

在校园内把人工湿地系统与景观生态系统结合起来,营造出具有半自然半人工特点的人工湿地生态景观系统,充分发挥其净化功能、景观功能,以此改善和美化环境,为生活在钢筋混凝土"丛林"中的学生及教职工提供一个较为完整的人工湿地生态景观系统,为人们提供休憩、娱乐、观赏、学习的场所。

3. 小型污水处理工艺

随着绿色大学建设的迅速发展,师生对校园环境提出了更高的要求。因此,结合校园的特点和气候特征,寻求高效、低耗、无二次污染、处理效果好、管理方便的校园污水处理与回用技术,已成为日趋关注的热点。校园污水的处理工艺依据其尾水排放水体的功能不同而异,常用处理方法有化粪池、一级处理(初次沉淀池)、生物二级处理及二级处理后再经消毒回用等。下面介绍几种适合绿色大学校园的小型污水处理工艺[26]。

(1)曝气生物滤池

1)曝气生物滤池的原理和技术特点

曝气生物滤池是采用粒径为 3 ~6 mm 的填料作为微生物载体,通过鼓风曝气进行充氧,利用填料生物膜降解有机物。技术特点是在一级强化处理的基础上将生物氧化和截留悬浮物结合在一起,滤池后面不设二沉池,通过反冲洗再生实现滤池的周期运行。如图 5-19 为一正在运行的曝气生物滤池。

2)主要构筑物及工艺流程

曝气生物滤池工艺,由于来自各时段的污水水量不均匀且波动较大,故需设调节池。同时在池内布设穿孔管曝气,起搅拌混合作用,防止污水中悬浮物沉积池底。再通过水解酸化池将不溶性有机物水解为溶解性有机物质,将大分子、难于生物降解的物质转化为易于生物降解的小分子有机物质。然后污水进入曝气生物滤池。图 5-20 为曝气生物滤池运行原理示意图。最后,出水进入清水池贮存,作为滤池反冲洗用水清水池溢流出水进入下一级再生水储水池。

图 5-21 为某校园生活污水处理站污水处理工艺流程,原污水主要污染物包括 COD,BOD,SS 及各种病菌等。日排放污水总量约 2 400 m^3,再生水回用途径主要有冲厕用水、绿化用水、冲洗用水等。

图 5-19　正在运行的曝气生物滤池

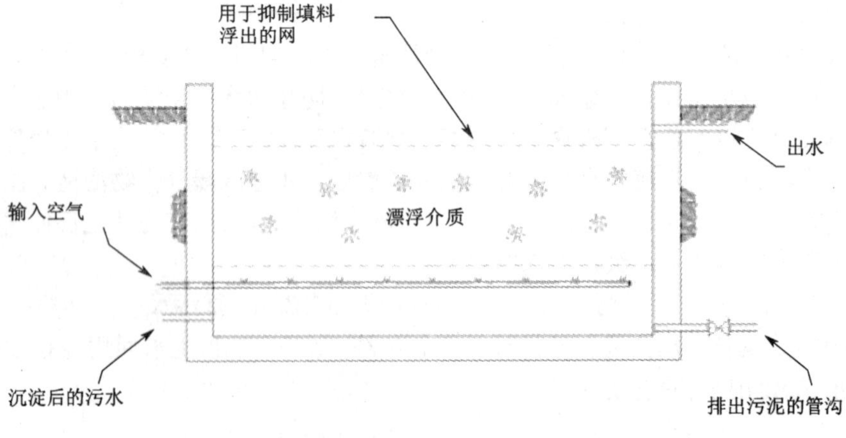

图 5-20　曝气生物滤池运行原理示意图

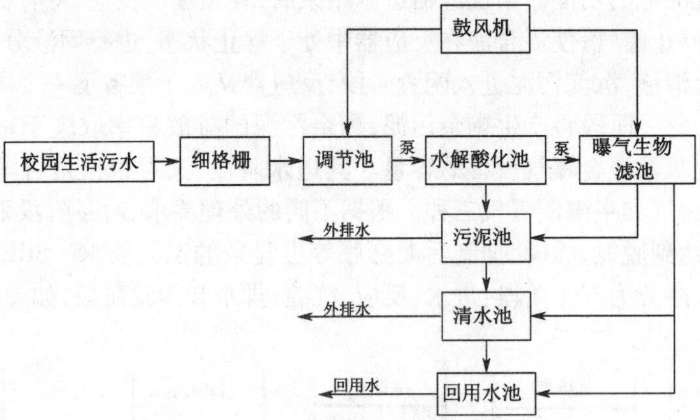

图 5-21　污水处理工艺流程

(2)序批式活性污泥法(SBR)

1)SBR 的原理和技术特点

SBR 的核心是 SBR 反应池,该池集均化、初沉、生物降解、二沉等功能于一体。典型 SBR 工艺的一个完整运行周期由五个阶段组成,即进水阶段、反应阶段、沉淀阶段、排水阶段和闲置阶段。从第一次进水到第二次进水称为一个工作周期。如图 5-22 为 SBR 反应池原理图。

图 5-22　SBR 反应池原理图

SBR 工艺流程简单,基建与运行费用低。SBR 系统的主体工艺设备是一座间歇式曝气池,与传统的连续流系统相比,无须二次沉淀池和污泥回流设备,一般也不需调节池。许多情况下,还可省去初沉池。SBR 工艺生化反应推动力大、速度快、效率高,操作灵活多样,耐冲击负荷能力强[27]。

2)主要构筑物及工艺流程

典型的 SBR 系统包括一座或几座反应池以及初沉池等预处理设施。反应池兼有调节池和沉淀池的功能。当反应器进水结束后，开始曝气反应，待有机物浓度达到排放标准后，停止曝气，使混合液在反应器中处于静止状态，进行固液分离，经过一段时间后排除上清液，沉淀污泥进入闲置阶段，反应器又处于准备下一个周期运行的待机状态。其中每一阶段将产生剩余污泥，剩余污泥的排放频率取决于每个周期反应池中净污泥增长及混合曝气设备的容量。其进水阶段，又可根据是否曝气分为限制曝气、非限制曝气和半限制曝气三种。根据不同的处理要求，对各阶段采用不同的运行方式，可以达到脱氮、除磷、抑制污泥膨胀等更复杂的工艺要求。SBR 工艺的一个运行周期按次序分为五个阶段：进水、反应、沉淀、排水和闲置阶段，如图 5-23 所示。

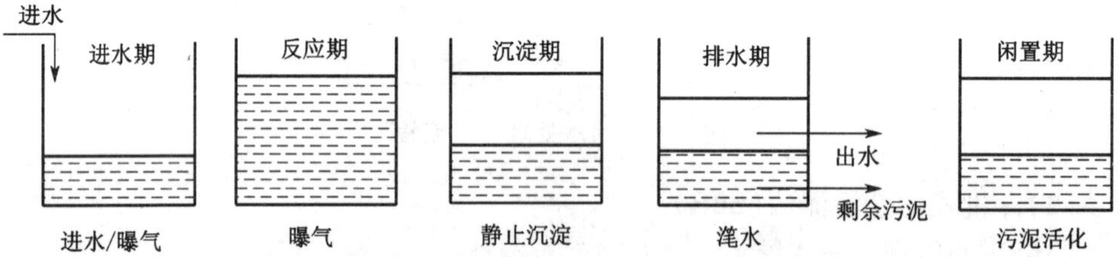

图 5-23　SBR 一个运行周期内的基本操作过程

（3）周期循环曝气活性污泥法（CASS 工艺）

1）CASS 工艺的原理和技术特点

CASS（Cyclic Activated Sludge System）工艺是近年来国际公认的处理生活污水及工业废水的先进工艺。CASS 是在 SBR 的基础上发展起来的，即在 SBR 池内进水端增加了一个生物选择器，实现了连续进水（沉淀期、排水期仍连续进水），间歇排水。CASS 工艺与传统的活性污泥法相比省去了初次沉淀池、二次沉淀池及污泥回流设备，因此建设费用低，运转费用省，并能很好地缓冲进水水量与水质的波动，管理简单，运行可靠，具有不易发生污泥膨胀的优点[28]。

2）CASS 工艺运行过程

完整的 CASS 工艺运行周期一般可分为四个阶段。如图 5-24 所示。

①曝气阶段。在此阶段，曝气系统向反应池内供氧，一方面满足好氧微生物对氧的需要，另一方面有利于活性污泥与有机物的混合和接触，从而使有机污染物被微生物氧化分解。同时，污水中的 NH_3-N 也通过微生物的硝化作用转化为 NO_x-N。

②沉淀阶段。停止曝气后，微生物继续利用水中剩余的溶解氧进行氧化分解。随着反应池溶解氧的进一步降低，微生物有好氧状态向缺氧状态转化，并发生一定的反硝化作用。与此同时，活性污泥几乎在静止沉淀的条件下进行分离，活性污泥沉至池底，下一周期继续发挥作用，处理后的水位在污泥层的上部。

③滗水阶段。沉淀阶段完成后，置于反应器末端的滗水器在程序控制下开始工作，自上而下逐层排出上清液。与此同时，反应池污泥层内因为溶解氧很低仍会发生反硝化作用。

④闲置阶段。闲置阶段的时间一般较短，主要保证滗水器在此阶段内上升到原始位置，防止污泥流失。如果在此阶段进行曝气，则有利于恢复污泥活性。

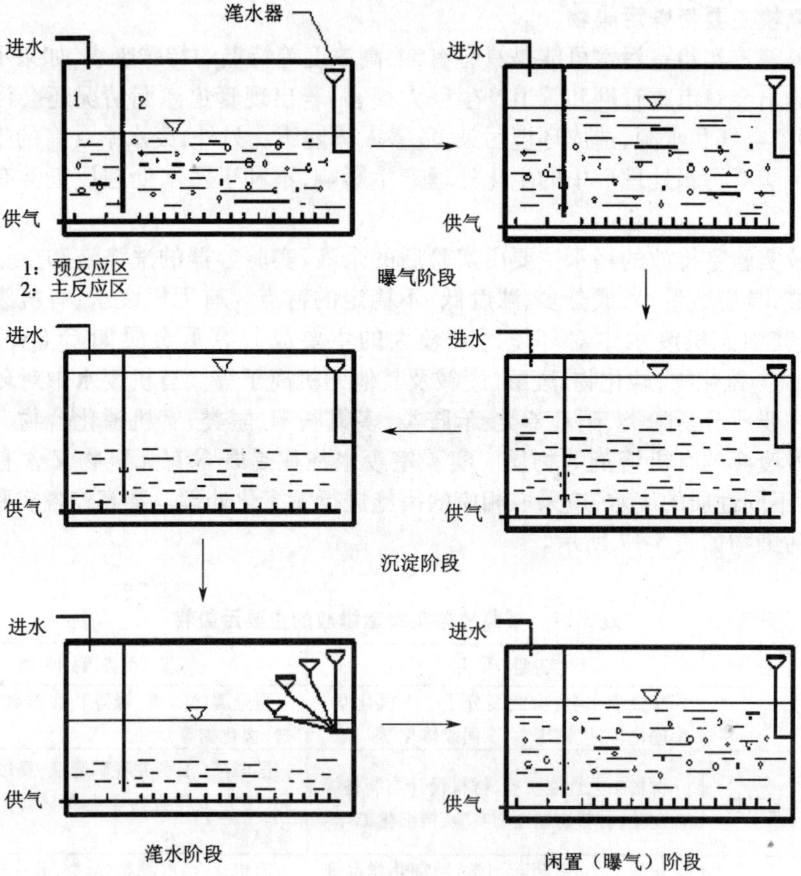

图 5-24　CASS 工艺周期循环运行过程

以上介绍的几种污水处理方法和工艺皆适用于校园污水处理，优势和缺点各不相同，具体选择何种工艺，要根据各个学校的具体情况而定。

二、特殊水污染物的控制

随着我国高等教育和科学研究规模的不断扩大，高校对各类实验室的需求越来越多，高校实验室产生的各种污染物的种类和数量不断增加。高校实验室多为相对独立的单位，区域分散，易被忽视。长期以来，高校在各类实验过程中产生的有毒、有害废物未能引起重视。

教育部和国家环境保护总局针对高校实验室的排污问题于 2005 年 7 月，联合下发“关于加强高等学校实验室排污管理的通知”，规定自 2005 年 1 月 1 日起执行，科研、监测(检测)、试验等单位实验室、化验室、试验场将按照污染源进行管理,其污染将纳入环境监管范围,以此带动各类少量、分散污染物尤其是危险污染物的收集和集中处理。

1. 高校主要特殊污染物

工科院校实验室污水可能是具有有毒、高浓度等特点的特殊废水,如果不进行处理直接排出会对市政管网和管道产生巨大损害,若出现管道渗漏情况还会污染周边环境,污染空气和水源,造成环境污染,危害人体健康。另外,废水中含有的生物化学物质还可能对污水处理厂中的生化处理产生影响,不利于污水处理厂正常有效地运行。

高校实验室排放的污水主要由实验后的余液、实验容器的洗涤液和少量的生活污水组成,具有数量小、成分多、浓度低、不稳定的特点。有无机废水、有机废水和生化废水,其中无机废水中对环境污染较大的主要成分有重金属如 Cr(Ⅵ)、Pb^{2+}、Cd^{2+}、Hg^{2+},氰化物,砷化物,废酸、废碱及其他无机离子等。有机废水中对环境污染较大的主要成分是酚类、硝基苯类、苯胺类、多氯联苯、醚类、有机磷化合物、石油类、油脂类及废弃的有机溶剂等物质。实验室废水往往是既含有无机物又含有机污染物,针对不同性质的废水,应采取相应的措施进行无害化处理。某高校各实验室主要排放的污染物如表 5-17 所示。

表 5-17 某高校各实验室排放的主要污染物

教学实验室	实验项目	主要污染物种类
基础化学	高分子化学,功能高分子 ,无机化学,物理化学,生物化学,表面胶体化学	重金属(汞、铬、镍等);废酸碱液;酸碱盐(卤化物等)
材料科学与工程	材料工艺性能实验,材料设计与制备综合实验,材料物理性能实验,精细化工	酸碱液(王水等溶矿废液、腐蚀液);金属(废弃金属盐);非金属材料(碎陶瓷、涂料等)
化工制药	化学工艺,中药药剂学,精细化学品研制与开发,药物化学,分析化学	有机化合物(糖类、醇类、芳香族类及其衍生物等);酸碱液;酸碱盐
应用化学	有机分析,仪器分析,有机试剂,元素定量分离与富集	酸碱液;酸碱盐;有机溶剂
生物工程	分子生物,细胞生物,微生物,植物细胞与组织培养	培养基;有机溶剂(石油醚,乙酸乙酯);有毒物(酰胺类、氯化物等)

注:部分交叉学科与对实验废水排放影响较小的未罗列。

2. 校园污水的主要处理方式

(1)实验室废物处理的一般原则

对于高校实验室特殊污染物处理,应贯彻绿色化学思想,依据减量化、再利用、再循环的整体思维方式来考虑和解决化学实验中可能出现的污染问题。在实验始端就用科学手段,确保实验过程和终端均有利于实验者的学习、研究和身心健康,使环境少受或不受污染,从而达到最好的环境效应[29]。

在实验项目的选择上，应在满足研究需求的基础上，充分考虑试剂和产物的毒性及整个过程所产生的三废对环境的污染情况。尽量排除或减少对环境污染大、毒性大、危险大、三废处理困难的实验项目，选择低毒、污染小且后处理容易的实验项目。

对不得已必须排放的废弃物应根据其特点，做到分类收集、存放、集中处理。处理方法不但要简单易操作、处理效率高、投资小，而且要尽可能使其被综合利用。无法循环利用的，进行无害化处理后按环保要求排入环境。

(2)实验室废水的处理方法

1)实验室废水分类处理

化学实验废水生态处理的研究分类方法主要可分为三类：物理方法、化学与物理化学方法、生物与生物化学方法。

a. 物理方法

物理方法主要是指应用物理原理与机械作用，改变废水成分的处理方法，常用的有活性炭吸附法、磁分离法、气浮法、离子交换法、膜处理技术等方法。下面简单介绍几种。

①活性炭吸附法是利用活性炭的吸附作用和还原作用，主要用于处理含重金属离子的废水。对于化学实验室的有机废水，含有大量废溶剂，有机烷、苯、醚、有机酸等，也能用活性炭进行处理。通常情况下，活性炭吸附法多用于除去物理、化学法不能去除的微量呈溶解状的有机物。

②气浮法是将空气以微小气泡的形式通入含有疏水性物质(如乳化油或相对密度接近于1.0的细小悬浮颗粒)的水中，使黏附在气泡上的污染物随气泡上浮至水面，从而达到与水体分离的目的。主要适用于悬浮物含量较高的废水的预处理，具有投资少、能耗低、工艺简单、维修方便等优点。

③离子交换法是指利用离子交换剂的离子交换作用置换废水的离子态污染物的方法。例如，带有-SH基团的聚硫基苯乙烯树脂，因它的硫基对汞离子有很强的吸附能力，吸附在树脂上的汞可以用盐酸洗脱，定量回收，经这样处理后的汞含量可以降到0.05 mg/L。

④膜处理技术是利用半渗透膜进行分子过滤，使废水中的水通过特殊的膜材料，水中的悬浮物和溶质被隔离在膜的另一边，从而起到净化废水的目的。随着膜技术的发展，又可以将它分为电渗析、微滤、超滤、纳滤等，常用于废水处理和从废水中回收原料。

b. 化学与物理化学方法

化学与物理化学方法主要是应用化学原理和物理、化学作用将废水中的污染物成分转化为无害物质，使废水得以净化的方法。一般可以分为中和法、化学沉淀法、氧化还原法、混凝法等。

c. 生物与生物化学方法

生物方法主要是利用微生物的作用，对废水中的溶胶物质及有机物质进行去除的方法。常用于处理有机废水，主要的处理技术有好氧生物处理法、厌氧生物处理法、酶制剂处理法等。

①好氧生物处理法在有氧的作用下，借助于好氧微生物的作用，对废水中的污染物质进行转化和分解。一般常用于处理低浓度有机废水。

②厌氧生物处理法利用兼性厌氧菌和专性厌氧菌来降解有机物，一些大分子的有机物首先被水解成低分子化合物，然后被转化成 CH_4 和 CO_2 等。目前，厌氧生物处理法不仅可以处理有机污泥和高浓度有机废水，而且也应用在处理低浓度有机废水，甚至是城市污水。

2）实验室废水分元素处理

有机类废液中，废弃的有机溶剂占有较大的比例，这些有机溶剂一般毒性较大，若直接排放对环境的污染较大。但其中大部分都可以回收使用，实验中要注意把用过的废溶剂倒入指定回收瓶中，集中回收的有机溶剂通常先在分液漏斗中洗涤，经过滤水、脱水（如加入无水氯化钙）后重新蒸馏或分馏处理加以精制、纯化，所得有机溶剂纯度高，可供实验重复使用。对于其他的有机类实验废液，应根据废液的来源、成分、性质等，尽可能优先采取萃取、蒸馏、结晶等方法，分离、回收其中有用的成分。对于难于分离、回收的有机废水，可采取焚烧法处理。将可燃性物质的废液，置于燃烧炉或铁制容器中燃烧。对难以燃烧的物质，可把它与可燃性物质混合燃烧，或者把它喷入配备有助燃器的焚烧炉中燃烧。对于燃烧后可能生成 NO_2、SO_2 或 HCl 之类有害气体产物的废水，须采用配备有气体洗涤器的焚烧炉燃烧。

3）综合废水的处理

校园内的综合废水以委托有资质、有处理能力的化工废水处理站或城镇污水处理厂处理为佳。对于废水中污染物浓度较低、废水量少的一般性废水或污染物浓度略高于“污水综合排放标准”中规定的二级标准的废水，可直接用自来水、实验室涮洗水或其他不含该类污染物质的废水进行稀释，使废水中污染物浓度低于“污水综合排放标准”中二级标准后，直接排入下水道。

3. 注意事项

①随着废液的组成不同，在处理过程中，往往伴随着产生有毒气体以及发热、爆炸等危险。因此，处理前必须充分了解废液的性质，然后分别加入少量所需添加的药品。同时，必须边观察边进行操作。

②含有络离子、螯合物之类物质的废液，只加入一种消除药品有时不能把它处理完全。因此，要采取适当的措施，注意防止一部分还未处理的有害物质直接排放出去。

③对于为了分解氰基而加入次氯酸钠，以致产生游离氯，以及由于用硫化物沉淀法处理废液而生成水溶性的硫化物等情况，其处理后的废水往往有害。因此，必须把它们加以再处理。

④沾附有有害物质的滤纸、包药纸、棉纸、废活性炭及塑料容器等物品，不要丢入

垃圾箱内。要分类收集，加以焚烧或其他适当的处理，然后保管好残渣。

⑤处理废液时，为了节约处理所用的药品，可将废铬酸混合液用于分解有机物，将废酸、废碱互相中和，并积极考虑废液的利用。

⑥尽量利用无害或易于处理的代用品，代替铬酸混合液之类会排出有害废液的药品。

⑦对甲醇、乙醇、丙酮及苯之类用量较大的溶剂，原则上要把它回收利用，并将其残渣加以处理。

三、景观水体保持技术

1. 景观水体的概念和功能

(1)校园景观水体简介

校园景观水体类型主要有流经校园的河流、校内湖泊以及人工水体，如喷泉等。校园景观水体的特点是：①因景观上对美的需要，使得景观水体的形状具有很强的随意性；②景观水体的流动特征不同于一般的水库水体，且变化性强；③传统定时换水或总体处理的方法用于受污染的景观水体处理，可操作性差；④景观水体的受污染情况和水流的特征各不相同，同一水体，不同位置的水体受污染程度也有很大的差异。

(2)校园景观水体的功能

①景观水体可减弱热岛效应。水体具有高热容性、流动性以及河道风的流畅性，对热岛效应具有明显的减弱作用。

②景观水体是绿地建设的需要。河、湖、塘等周围均为校园绿地建设提供了良好的自然条件。

③景观水体是景观多样性的组成部分。水体景观及其自然特性明显有别于以水泥钢材为主要原料的楼房、桥等人为校园景观，其物质特性、形态特性、功能特性的介入将提高景观的多样性，为校园的舒适性、可持续性提供一定的基础。

④水体景观是师生文体娱乐、亲近自然的场所。

如图 5-25 为某校园景观水体。

2. 景观水体保持的物理、化学和生物方法

(1)物化法

1)引水稀释法和冲刷法

定期换水是保持景观水水质的最基本方法之一，适用于各种不同类型的景观水体，当水体中的悬浮物(如泥沙、有机物)增多，水体的透明度下降，水质发浑时，可以使用引水和换水的方法，稀释水中的杂质浓度。稀释并不改变污染物的性质，但可以为进一步的净化创造条件。对较大水面的景观水体来说，由于一次性换水在经济上是不可行的，因此，定期补水能起到降低水体由于蒸发、渗漏而引起的含盐量的增加，稀释水体中有害污染物浓度的作用，对于防止水体水质变坏以及防止水体富营养化只能起到延缓作用，但无法从根本上解决水体水质逐渐变坏的问题。冲刷即冲入水

图 5-25　某校园景观水体

体一定体积的水，并使藻类冲刷出水体的速度大于在水体中的生长速度，同时冲坏藻细胞以控制藻类的生物量，一般认为，每天冲入水体体积 10% ~15% 的水就已足够。但是使用这两种方法必须有充足的干净水源作保证。

2）化学沉淀法

化学沉淀法的处理对象是水中的悬浮物和胶体杂质，可用于含有大量悬浮物、藻类水的处理，对受污染的水体可取得较好的净化效果。但基建费用和药剂成本较高，且只能在一段时间内使水质变清，久而久之，水中会出现耐药的藻类，化学药剂的效能会逐渐下降，投药的间隔会逐渐缩短，而投加的量会越来越多，药剂的品种也要频繁地更换，对环境的二次污染也在不断地增加。

3）循环过滤法

在水景设计的初期，根据水体的大小，设计配套的过滤砂缸和循环用的水泵，并埋设循环用的管路，用于以后日常的水质保养。当景观水体中藻类和悬浮物较少时可对其进行直接过滤。过滤不仅可以降低水的浊度，同时景观水体在经过生物滤池、滤沟或砂滤缸等水处理系统后，采取强化生物或物理措施，可进一步去除水体中剩余的有机物、无机营养盐、藻类和悬浮物。

4）疏浚底泥法和覆盖底泥法

底泥疏浚通过挖除表层的污染底泥，从而减少底泥污染物释放，是污染底泥释放控制技术中有最多工程实践的技术单元。根据不同条件，选用不同的挖泥设备进行疏浚。覆盖是在污染底泥上放置一层或多层覆盖物，使污染底泥与水体隔离，防止底泥污染物向水体迁移。采用的覆盖物主要有未污染的泥沙、砾石或一些复杂的人造地基材料等。实践中覆盖法可以与疏浚法相结合，先疏浚后覆盖。

以上这些方法可以有效改善校园内景观水体的水质，但往往需要专门的处理设施或需要投加专门的化学药剂，因此投资和运行成本较高。另外如果化学药剂使用不当，有可能产生二次污染，对环境造成不良影响。

(2)生化法

若景观水体的初期注入水和后期补充水中的有机物含量较高，则可利用生化处理工艺去除此类污染物。生化法又可分为以下几种。

1)生物接触氧化法

生物接触氧化法是利用填料作为生物载体，微生物在曝气充氧的条件下生长繁殖，富集在填料表面上形成生物膜，溶解性的有机污染物与生物膜接触过程中被吸附、分解和氧化，氨氮则被氧化或转化成高价形态的硝态氮。目前该法已经广泛地应用于污染水及微污染水源水的处理，是一种行之有效的处理方法。

2)PBB 法

PBB 法主要是向水体中增氧和定期接种有净水作用的复合微生物。该法可以有效去除硝酸盐，这主要是通过有益微生物、藻类、水草等的吸附，在底泥深处厌氧环境下将硝酸盐反硝化成气态氮，再上升至水面返还大气。PBB 法采用叶轮式增氧机，具有很好的景观水体治理功能。

3)生物滤沟法

生物滤沟法是将传统的砂石过滤与湿地塘床相结合的组合处理方法，它采用多级跌水曝气方式，能有效地控制出水氨氮值。

4)生物操纵法

生物操纵法是利用生态系统食物链摄取原理和生物的相生相克关系，通过改变水体的生物群落结构达到改善水质、恢复生态平衡的目的。生物操纵是一种耗资少、纯自然的、不需化学和机械的方法，而且在实际的应用中也取得了很好的效果。但是在实际应用中，生物操纵也会因生物之间的反馈机制和病毒的影响，水体又会回到原来的以藻类为优势种的浊水状态。

5)人工湿地净化法

人工湿地是近些年出现的一种新型的水处理技术，它对污染物的处理综合了物理、化学和生物的三种作用。人工湿地经植物的光合作用及茎、根的输氧作用，供给湿地床除污需要的氧气；同时由于发达的植物根系及填料表面生长的生物膜的净化作用、填料床体的截留及植物对营养物质的吸收作用，实现对水体的净化[30]。

(3)其他方法

其他方法还包括曝气复氧法、光催化降解法、杀菌消毒等。杀菌消毒一般作为景观水处理的最终处理工序。

3. 景观水体综合保持技术体系

(1)景观水体维护的主要因素

景观水体的治理和维护不但可以为治理技术方案的优化决策、水质管理和水质规划提供可靠的科学依据,而且可以为各种治理措施提供可行性论证。但因景观水体具有的特点,再加上有人为的控制因素存在,不能简单套用某种单一的生物、化学和物理措施,应根据其自身情况选择相应的治理维护方法,从补充水源、水动力条件、控制富营养化、降低处理成本及管理运行费用等方面综合考虑[31]。

1)补充水源的选择

目前,补充水源主要以再生水为主。但是在追求再生水的低水价带来的经济优势的同时,必须考虑其水质问题。与天然景观水体相比较,再生水利用于校园景观水体时,由于校园污水再生水是经过一定处理的生活、实验污水,因此其污染物本底值较高,如果再生水中的氮磷等植物性营养物质没能得到有效的控制,极易导致景观水体的富营养化的发生。如果水体出现了富营养化现象,不但影响景观水体的美学价值,而且对人体健康也有潜在的危害作用。因此再生水作为娱乐性、观赏性人工水体的补充水源,其对氮、磷的要求比其他回用用途的指标都要高。

2)提高水体自净功能

再生水回用于景观水体,首先应考虑氮、磷等指标的控制问题,在水体的生态系统或水力流动等复氧机制完善的情况下,充分利用水体自净作用。

许多景观水流速度缓慢,水质容易恶化,再加上设计的不完善,水体中经常会出现死角,各种污染物将会沉积在死角处,成为景观水体的内部污染源。可以经人工调控改变水体水动力条件,提高水体自净能力,控制藻类的生长和扩散,治理水体富营养化污染。其关键在于如何设置合理的水动力条件,以最小的经济投入使水体自净达到最理想的状态。

3)富营养化的主导因素及控制

景观水体富营养化的控制是水污染治理中十分棘手而又代价昂贵的困难问题。一方面因为导致水体富营养化的氮、磷营养物质既有天然源,又有人为源;既有外源,又有内源;既有点源,又有非点源,致使污染源控制困难。另一方面,污染物质去除难度高,至今还没有任何单一的生物、化学和物理措施能够彻底去除水中的氮、磷营养物质。

应从富营养化发生的机理并结合再生水自身污染物本底值高、水体的稀释自净能力较天然水体差以及景观水体为缓流水体和浅水水域等特点出发,考虑如何控制富营养化问题。当再生水回用到景观水体后,可以增加水力循环系统、循环过滤净化系统、化学除藻系统、生物调控系统和人工湿地生态系统等。

4)结合生态技术

健康的水生生态系统有较强的自调解功能。以生态学的观点,从生态系统的整体优化出发修复受损的生态系统,不但技术可行,能提高水体自净能力、改善水体环境质量并建立良好、健康的水生生态系统，而且具有不易产生二次污染和投资低的特点。

(2)景观水体水量、水质保持

1)水量的保持

校园景观水的水量损耗主要体现在绿化、喷洒道路、自然蒸发与湖体渗漏等几个方面。景观水体水量的补充主要靠降雨和自来水补充。

2)水质的保持

校园景观水质保持是景观水体的关键。在校园内引入外循环从校内湖取水，处理后补充水体的水量损耗并推动水体的流动与更换；在校园内建生态过滤带进行内循环，保持水体的长期鲜活。

外循环人工补水保持水量平衡对于景观水体的水量平衡起着关键的作用，对水质的保持亦很重要，可能当前湖水水质虽较好，但随着周围环境污染的加重或季节的变换其水质将有所变化。当水质好于Ⅲ类水体时，可经过湖水净化装置处理后直接从观景台补充，这样既可补充水量，又可推动湖水流动；当水质劣于Ⅲ类水体时，处理后的出水则进入生态过滤带，以进一步去除水中的悬浮物与有机物，保证了进入景观水体的水质优良。目前普遍认为，要使景观水体水质保持鲜活，补充水量应保证使水体在7~15天内全部更换一次[32,33]。

内循环生态过滤对于景观水体的水质保持长期鲜活至关重要。

为了使水体长时间保持鲜活、避免发绿或发臭状况产生，设计了湖水循环与自然净化系统——内循环，强化了湖水在循环过程中的复氧和净化功能，并起到了美化环境的作用。

(3)应用实例

1)简介

以某高校景观湖为研究对象。该湖水域面积达6 000余平方米，最深处达1.8米，浅处约0.8米，供水受气候影响较大，水中基本上没有水生植物，鱼类以人工投放的草鱼、鲤鱼、彩虹鲷为主，约有几万尾。水质自净能力较差，无生活污水排入，湖东有一排洪管。该景观湖水质较差的原因有以下几方面：水边全部采用了硬质护岸，削弱了水体的自净能力；水中生物的多样性差，无水生植物；水体中存在死角。

2)景观湖水质保障措施

根据水体中流速分布情况，可以确定流速较低的“死水”水域位置，从而为实施景观水体其他水质保持措施提供参考。根据该实际情况，采用下列措施，改善湖水水质。

①建设和恢复自然型岸边，促进形成生物多样性。在景观湖的硬质护岸底脚，堆起斜坡，恢复自然型岸边，种植芦苇、菖蒲、慈姑等品种多样的水生植物，并放置一些鹅卵石，创造一个水边生物多样性的生长环境。在水中放置一些水缸，种植睡莲等观赏水生植物，放养一些野生鱼类和底栖的动物如螺蛳等，以修补水中的生物链，达到

净化水质的目的。

②物理增氧方法。在景观湖中建设喷泉,可以促使水体流动,使之形成活性水体,通过复氧来增强水体的自净能力,避免宽大水面的局部产生富营养化,抑制蓝绿藻类的生长。

③在局部建设湿地。湿地可以用来实现对污染水体的净化,成为人造水景观中净化水体的一个重要环节。在景观湖局部建设和保留一些湿地,以充分发挥湿地中土壤和生物对污染物在水体中的降解和净化作用。

④改造绿地和校园内的雨水收集和排放系统。充分利用草坪、灌木丛、树林过滤和吸收有机物质的作用,因地制宜地改造雨水收集和排放系统,使雨水顺坡漫过灌木丛、树林、草坪进入水体。尽可能不将初期雨水直接排进景观水体。

参考文献

[1] 万玉山,冯俊生,王利平.校园中水系统研究[J].环境科学与管理,2006,31(4):74-77.

[2] 金宝东.可持续发展的校园绿色建筑水系统建设探讨[J].公用工程设计,2008,06:72-76.

[3] 张成立,黄恒,王煜,等.高校校园供水方式的改造实践[J].给水排水,2003,29(4):66-69.

[4] 金宝东.我国校园节水的举措与水资源开发的建议[J].公用工程设计,2007,01:38-41.

[5] 王增长.建筑给水排水工程[M].北京:中国建筑工业出版社,2007.

[6] 中华人民共和国建设部. GB 50015 - 2003 建筑给水排水设计规范[S]. 北京 中国计划出版社, 2003.

[7] 中华人民共和国建设部. GB 50336 - 2002 建筑中水设计规范[S]. 北京 中国计划出版社, 2003.

[8] 彭蓉,章莉娜.注重生态的校园水景观设计策略[J].长江大学学报:自然版(理工卷),2007,4(2):104-106.

[9] 张统. 建筑中水设计技术[M]. 北京: 国防工业出版社, 2007.

[10] 金兆丰, 徐竟成. 城市污水回用技术手册[M]. 北京: 化学工业出版社,2004.

[11] 陈朝东. 中水处理与回用技术问答[M].北京:化学工业出版社,2006.

[12] 韩剑宏. 中水回用技术及工程实例[M].北京:化学工业出版社,2004.

[13] 许拯民,张文胜,李锐,等. 城市防洪及雨洪利用工程技术研究[M].武汉:长江出版社,2008.

[14] 刘贤娟, 杜玉柱. 城市水资源利用与管理[M].郑州:黄河水利出版社,2008.

[15] 程涛. 城市雨水资源化技术应用研究[D]. 武汉:武汉理工大学,2008.

[16] 钱东郁, 叶慧. 雨水收集利用技术在大型景观水体工程中的应用[J]. 给排水设备, 2008(6):45-49.

[17] 王琳,王宝贞. 优质饮用水净化技术[M].北京:科学出版社,2000.

[18] 鄂学礼. 饮用水深度净化与水质处理器[M]. 北京:化学工业出版社,2004.

[19] 梁好,盛选军,刘传胜. 饮用水安全保障技术[M].北京:化学工业出版社,2007.

[20] 李盛. 优质饮用水供水系统设计探讨[J]. 工业用水与废水,2002,33(4):50-52.
[21] 李甲亮,王琳,吴水波. 青岛高校用水与节水现状调查与模式研究[J]. 水资源保护,2007,23(2):88-90.
[22] 赵福增. 我国绿色建筑节水及水资源利用技术措施和指标研究[D]. 重庆:重庆大学,2007.
[23] 魏群. 城市节水工程[M]. 北京:中国建材工业出版社,2006.
[24] 王世和. 人工湿地污水处理理论与技术[M]. 北京:科学出版社,2007.
[25] 袁重芳. 人工湿地生态系统景观模式构建研究[D]. 重庆:重庆大学,2008.
[26] 侯立安. 小型污水处理与回用技术及装置[M]. 北京:化学工业出版社,2003.
[27] 王冬波. SBR 同步脱氮除磷的研究[D]. 长沙:湖南大学,2007.
[28] 董晶. 处理小区生活污水 CASS 工艺研究[D]. 天津:天津大学,2003.
[29] 蒋晓光, 王艳君. 实验室废液的收集、储存和处理要求[J]. 现代测量与实验室管理,2004(2):56-61.
[30] 胡小芳. 高水力负荷人工湿地净化景观湖水的研究[J]. 四川环境,2008,27(1):22-26.
[31] 司彦杰. 城市景观水体维护及优化运行研究[D]. 天津:天津大学,2007.
[32] 董增川,胡文杰,梁忠民. 城市人工水体综合效应与调控[M]. 北京:科学出版社,2008.
[33] 褚君达,张永春,胡孟春,等. 城市人工水体水环境生态效应与保护[M]. 北京:科学出版社,2008.

第六章　面向可持续发展的大学绿色教育体系

大学的根本功能在于育人。本章分析了建设大学绿色教育体系的可行性和必要性,构建了“面向可持续发展的大学绿色教育体系”的基本框架。旨在为高校建设绿色教育体系,培育具有可持续发展理念的绿色人才,提供理论和方法参考,推动绿色教育的发展。

第一节　绿色教育与绿色教育体系

大学是现代社会最具影响力的单元,引领了现代社会的发展方向和发展方式。大学为人类提供了科技知识和科技人才,也为人类创造新的思想观念并首先为它的学生所用。人类在享受科技发展带来的物质文明的同时,也承受着由于过量开发利用自然资源而产生的资源短缺、环境污染和生态破坏等,这些问题已成为人类社会可持续发展的挑战,现代大学理应承担起在可持续发展中的历史责任。

我国经济的高速发展、生态环境的急剧恶化,迫切需要大量的绿色人才。高等教育作为传播先进观念和文明、孕育人才的精神殿堂,承担着教育和培养绿色人才,推动绿色科技发展的重任。这就需要一种新的教育模式,引导人类自觉形成绿色意识和环境责任感,实现经济效益、社会效益和环境效益的协调发展。由此,作为一门学科,绿色教育受到世界各国的关注。面向可持续发展的大学绿色教育体系的建立,可以推动全社会绿色教育工作的开展,起到先驱先行的示范作用。

一、高校教育价值观的分析

随着社会的发展与科学的进步,高校教育价值观也在不断地发生变化。20 世纪 60 年代以前,世界各地的教育强调一种选拔功能,教师和行政人员的许多精力都致力于确定在教育计划的各个重要阶段学生的指标,而忽略了自身作为学校系统中的一名主要参与者,应当是学校发展与建设的综合对象。从行为科学管理的角度来说,任何一个组织系统都应当把人的因素作为管理的首要因素,强调以人为中心的管理。

重视人的不同种类需求的满足,重视组织的整体性和整体发展,综合利用多学科的成果,用定性和定量相结合的方法探讨人的行为之间的因果关系及改进行为的办法。

从20世纪60年代以后,教育评价观发生了巨大的变化。《中国21世纪议程》明确要求:“加强对受教育者的可持续发展思想的灌输……将可持续发展思想贯穿于从初等到高等整个教育过程。”[1] 因此,教育必须日益关心所有学生最充分的发展,而学校的责任是寻找能使每个学生达到他可能达到的最高学习水平的学习条件,教育评价的目的不再主要是鉴定和选拔,而是转变为以导向、激励和调控等教育功能为主。

当今社会,学校是社会教育的一个重要组成部分,而高等院校更是新知识、新技术的集结地。它不仅是传道授业、教书育人的主阵地,而且是学术研究、科技攻关的主战场[2]。高等院校承担了大量的科研任务,其每年向国家申请的专利或著作权占全国总量的近一半。在知识经济时代,高等院校在社会中占据极其重要的地位,在建设社会主义核心价值体系中发挥基础作用。构建和谐社会的重要基础是建设一个完整的价值体系,形成全社会共同的理想信念和道德规范。

二、绿色教育的概念分析

目前,尽管绿色教育已成为完善教育职能,提高人们解决资源环境问题的能力的关键因素,而且其重要地位也逐渐被人们所认识。但学术界关于什么是绿色教育尚无定论。

清华大学王大中认为:“基于生态文明理念的绿色教育就是将环境保护和可持续发展的思想和观念深入贯彻到整个自然科学、技术科学、人文和社会科学等综合性教学与实践环节中,使其成为受教育者的基础知识结构和综合素质的重要组成部分。”[3]

广州华南师范大学范冬萍认为:“大学绿色教育,就是将可持续发展的思想和观念,特别是环保意识融入高等教育的各要素之中,内蕴于素质教育之中,使之成为学生的基础知识结构和综合素质的重要部分,成为现在和未来社会的一种积极意识和主导价值;培养具有可持续发展思想和环保意识的高素质复合型人才。”[4]

华中师大李德华认为:“‘绿色教育’,可以说是全方位的环境保护与可持续发展意识的教育。它是把这种教育渗入到自然学科、技术学科、人文和社会学科等综合教学与实践之中,而使其成为学生的基础知识结构以及综合素质培养要求的重要组成部分。”[5]

华东师大王斌林认为:“所谓大学绿色教育,就是指全方位的环境保护和可持续发展意识的教育,其内蕴于素质教育之中,围绕人才培养这一核心,将可持续发展和环境保护的原则与指导思想落实到大学的各项活动中,融入大学教育的全过程,培养具有可持续发展和环境保护等绿色意识的‘人’。”[6]

教育家杨叔子院士认为:“科学求真,人文求善,现代教育应是科学教育与人文教育相融而形成一体的‘绿色’教育。”“科学人文，交融生‘绿’。二者的交融可以生成正确的追求目标、优秀的思维品质以及良好的同外界的关系。”[7]

国际组织关于环境教育的界定，对于绿色教育概念的研究也具有一定的参考意义。1970 年，国际自然保护联盟（IUCN）与联合国教科文组织在美国的内华达州召开的题为“学校课程中的环境教育”的会议提出，环境教育是一个认识价值和澄清概念的过程，这些价值和概念是为了发展和评价人及其文化、生态环境之间相互关系所必需的技能与态度[8]。1977 年，第比利斯召开的国际政府间环境教育会议将环境教育定义为，“环境教育是一门属于教育范畴的跨学科课程，其目的直接指向问题的解决和当地环境的现实，它涉及普通的和专业的，校内外所有形式的教育过程”[9]。

综合国内外的不同观点可以看出，学者们对绿色教育的理解与界定具有以下共同特点：第一，绿色教育的目的与可持续发展紧密相关，大多数定义中均提到绿色教育是为可持续发展战略服务或与其相协调；第二，绿色教育的内容主要与环境、资料、科学知识、意识等方面有关；第三，绿色教育的根本任务是培养和教育绿色人才，是教育者针对受教育者行使的一种教育职能。

大多数学者从教育目的的角度对绿色教育进行了界定。事实上，当今高等教育日趋多元化，大学应该同其他社会系统一样，是人类参与组建并科学管理的社会生态系统。一所合格的大学，首先应该是一个良性的社会生态系统，还应该是一个培育绿色人才的场所。这些绿色人才了解环保通识，掌握创造绿色科技的技能，具有可持续发展理念，懂得人与自然和谐相处的重要意义。从系统科学的角度对大学绿色教育进行审视，可以发现，大学绿色教育体系是绿色大学系统的一个重要子系统，同时也是绿色大学建设的根本和核心。

三、绿色教育的实践总结

1. 国外绿色教育的开展

随着全球环境恶化的趋势愈演愈烈，许多西方发达国家都纷纷投身到环境保护的各项活动中，世界绿色教育运动的浪潮也如风向标般带领着民众积极开展各种环境改造运动。欧美国家从 20 世纪 50 ~ 60 年代开始致力于生态规划的研究，并于 20 世纪 80 年代末开始将“生态”的概念引入学校建设中。欧洲环境教育基金会（FEEE）（现改名为 FEE）于 1994 年首次提出了一项全欧“生态学校计划”（Eco-Schools Program），通过环境教育的基本理念和标准来指导学校的各项工作[10]。到了 20 世纪末，大学环境教育以较高姿态在各发达国家中大范围开展起来，人们希望通过高等教育来实现绿色教育的全民性和终身性，以达到社会上有大量的了解环境的教育人才和专家。许多大学还纷纷制定有关环境教育的决策和实施方案，开展大量绿色大学建设活动，并将环境与生态教育列入教学大纲，正式以讲课的方式普及绿色教育。环境教育的推广必须依靠教师的讲授。因此，国外各大学还广泛开展教师培训。一些发达国家的许多大学设置了与环境教育相关的课程和学位，目的是培养具有较高环境学识的师资力量。如美国的威斯康星大学、密执安大学等都开设了环境教育专业课程，培养环境教育的专职教师，并颁发环境教育教师资格证书。

以下重点列举几个较为成功地开展绿色教育的国家的举措。

(1)美国

美国各大高校在开展大学生绿色教育的方法与力度上都是值得借鉴的，它是全世界第一个以立法手段保障环境教育实施的国家。有了立法的保证，各州都积极致力于推行和创新环境教育的方法和手段，这在很大程度上让美国的绿色教育占据了一定的社会地位。Ball 州立大学、St. Lawrence 大学、Trufts 大学、Vermint 大学等，还成立了环境委员会，积极开展绿色校园建设活动。

(2)澳大利亚

澳大利亚的许多大学在开展绿色教育方面，把发展重心放在与绿色教育或环境教育直接相关的高等师范院校人才的培养上。首先培养优秀的绿色教育传播者，然后将这部分师资力量用在推广教育上，这一举措明智而有效。他们通过四方面课程的设立和规划(知识讲授、专业规范、协作探讨和专业师资培训)，使得对口专业的学生不但掌握相关的环境知识和技能，更加懂得如何有效运用和传授这些知识，使绿色教育文化得到良好传播。在推广绿色教育的同时，澳大利亚也同美国一样，大量兴起与建立绿色校园有关的校园建设活动，使学生在学期间就能亲身感受什么是人与自然和谐，怎样通过科技创新和应用绿色科技实现人与自然和谐，这些措施使得澳大利亚在绿色教育方面也取得了显著的成效。

(3)日本

在日本，许多大学都设立了环境教育方面的必修及选修课程。日本的本科教育课程设置有 25% 是与环境教育相关的，大学生可以从多角度、多方面去了解人与自然的关系。并通过系统的课程学习，正确理解全球的环境问题，掌握绿色教育基础知识，培养环境保护意识，了解解决环境问题的方法和技能。此外，日本各高校还组织开展了许多与环境保护有关的课题研究，他们聘请环境与生物方面的专家，成立专门的研究委员会，致力于对环境科学教育的基础性研究，并获得了不少研究成果。

国外的一些大学的绿色教育之所以收到如此好的效果，首先归功于各高校领导人对于环境保护的敏锐意识以及对绿色教育的正确定位。更为重要的原因是他们对于可持续发展观植入大学教育全过程的重视。另外，政府的大力支持也是促成大学开展绿色教育的关键因素，由于政府的积极响应和参与，使得绿色教育运动有了突飞猛进的发展。

2. 我国绿色教育的开展

目前，我国已有许多所高校进行了形式各异的大学绿色教育，分别在教育内容、方法和实践活动等方面进行了大量实践。如清华大学实施的绿色教育重点在于人才培养与教育教学两方面，着重从以下几个层面加以推进：①在教学中渗透环境意识和可持续发展观念，加强环境科学教育；②以多种形式培养更多致力于环境科学、工程与管理的复合型高层次人才；③增强学校科学与人文氛围中的环境保护意识，使学生积极参与“绿色大学”示范工程建设，在实践过程中提高自身的环境科学意识和社会公德水准。

北京师范大学在建设绿色大学过程中对全体学生开展了绿色教育。其绿色教育主要采用渗透结合型和单独设课型的教学模式，并且注重绿色教育的教学方式与教学手段以及师资队伍建设等。开展的绿色行动有绿色宣传、绿色展览、绿色媒体、绿色讲座及其他实践活动等。

哈尔滨工业大学积极倡导绿色大学行动，提出“建设一个中心，搞好三个推进”的“绿色大学”模式，即把学校内的环境与自然科学有机地结合起来，建好环境与社会研究中心，搞好环境理论研究推进、环境宣传教育推进和环境直接行动推进。它们之间彼此互补，动态发展。总体倾向是从环境理论研究向环境宣传教育推进，再向环境直接行动推进。这是一个从理论开发，经教育环节到社会实践的过程，环境直接行动过程中也会发现原有的环境理论解决不了的问题，从而促进环境理论的进一步开发与研究。环境理论的新成果又促进环境宣传教育的发展，从而进一步推动环境直接行动的进程。

南开大学在开展绿色教育时注重三个问题：一是学校领导和教师首先重视绿色教育，提高认识；二是绿色教育既要继承我国传统、结合国情，又要积极吸收国外先进经验，加强宏观与微观、硬与软、自然科学与社会科学的统一；三是加强对学生环境保护、资源节约的国情和政策教育，重视环境实践和生态感性认知的训练。

天津工业大学的绿色教育则是首先从生态校园建设和师生共同参加环保实践活动开始，其宗旨是通过绿色科技的开发与应用，创造绿色育人环境，将环保意识植入教师和学生的意识中。

纵观以上大学生绿色教育呈现出三大特点：一是绿色教育作为21世纪新文化的代表，渗透在大学的办学方向、教育模式等方面；二是绿色教育不仅改变传统大学的发展目标和教育范式，还作为大学的新体制和政策得到行政程序的认可和保证；三是此时的绿色教育已不同于原本的环境科学与工程专业教育，而是成为大众“绿色文化”和“绿色意识”的素养教育。这在大学层面，相当于确立大学生的世界观、人生观的基础理论课那样，绿色教育课也成为大学生确立绿色道德观、可持续发展观和正确自然观的公共基础课。环境质量已经成为衡量一个国家人民生活质量水平的度量标尺之一，那么环境素养也应成为一个人的文明程度的标尺之一。这种类型的环境教育已经深入文化、文明的教育化层次，实际上这个意义的环境教育就是“绿色教育”。绿色教育代表了人类文化的最新走向，即由科学文化转向生态文化。这一转变突破了单纯的环境科学范畴，使绿色教育渗入人文和自然科学领域，进而影响着人们的生活。

四、绿色教育体系的基本含义

基于以上认识，我们认为，大学的绿色教育是一个长期的潜移默化的过程，存在于受教育者全部的教育过程中，它需要一个完整的绿色教育体系来完成。绿色教育体系以多学科综合互动为特点，以资源环境保护教育为形式，通过创造绿色育人环境、开展环保宣传活动、开设环保通识课程、建立相关课程的环境问题分析，将环境保护和资源节约思想融入大学教育的各要素和各环节中，培养大学生可持续发展思想和观念，使他们了解环保通识，懂得人与自然和谐相处的重要意义，具有开发创新绿色科技的基本技能。通过系统的绿色教育，绿色大学完成培养绿色人才、发展绿色科技，提高绿色生产力的基本功能。

1. 在培养绿色人才方面

绿色教育不仅要使学生掌握可持续发展方面的知识，更重要的是要提高学生的生态意识，培养学生自觉保护生态环境的道德素养和科学的行为方式，使学生从意识到行为上都能表现出绿色意识和环境责任感。虽然绿色教育以教育学生认识环境、保护环境为教育形式，但其根本目的在于，使学生意识和思考一种与环境和自然相协调的社会经济发展方式，使人与自然能够和谐共处的生活方式，并逐步付诸实践。

2. 在发展绿色科技方面

绿色教育不是某一个具体的专业，而应该是融入各个专业的教育过程中。一方面，绿色教育使学生得到了环境保护和可持续发展的相关知识，培养了学生的环境责任感和实践能力，尤其是从学生的意识到行为上都表现出绿色意识、环保责任以及可持续发展理念。另一方面，绿色教育在对学生进行绿色知识教育的同时，还应开展绿色科研工作，为绿色技术系统的构建、发展、管理及人类的其他活动提供建设性的决策依据。以上努力的目的不只是提高学校绿色科研能力，更是要培养有生态意识、有绿色科研能力、懂环保、爱环境的绿色人才，将这些绿色人才输送到社会，将会极大提高全社会的绿色科技水平。

3. 在提高绿色生产力方面

绿色教育的对象不仅仅局限于学校内的学生，还应该包括和谐社会的所有建设者，绿色教育的空间也应该相应地由高校校园扩展到其他功能单元，如高新技术生态园区和社区，把高校的科研成果以最直接的方式转化为现实生产力。

综上所述，绿色教育是一种崭新的教育模式，它从构建人类和谐社会、促进人类社会可持续发展的高度，将生态环保意识和可持续发展思想贯彻到高等教育的普及教育课程、各专业学科教学、科研活动和社会实践中，引导学生自觉形成绿色意识和环境责任感，实现经济、社会和环境整体效益的最大化和人类社会的可持续。

第二节　构建大学绿色教育体系的意义

一、构建大学绿色教育体系的可行性

人类的活动是人类生理与心理需求的外在表现，也是外在环境对人类心理影响的具体表现。由于人的生理、心理需求的多层次性以及外在环境的多变性，使得人类的行为活动形形色色、丰富多彩。大学生作为一类特殊的社会群体，置身于大学校园这个特定空间里所发生的行为具有鲜明的特点。大学生由于年龄、素质差距较小，水平较为接近，因此他们在校园内的活动比较有规律可循。

第一，大学校园人群密集，因此大学校园内的人群行为具有趋众心理。在大学校园内实行绿色教育，以引导学生自觉形成绿色意识和环境责任感，实现经济效益、社会效益和环境效益的协调发展。

第二，高校人群素质差距小且整体水平较高，属于高素质人群，因此高校人群具有容易接受新事物、新理念的特点。在大学校园内施行绿色教育，易于被大学生所接受，从而达到将大学生培养成为具有良好的绿色意识及能力的新型人才的目的。

综上，在大学教育系统内，率先构建面向可持续发展的绿色教育体系，为全社会各等级教育起到先驱先行的示范作用具有可行性。

二、构建大学绿色教育体系的必要性

按照系统论的观点，所谓功能就是系统内部各个要素的组织形式在运动状态下所发挥的作用。那么，系统的组成要素以及各要素之间联系形式的变化，势必引起系统结构的改变，而系统结构的改变又必然影响系统功能的发挥。绿色教育、绿色科技、绿色创新构成了当今高校绿色教育体系，同时三者也构成了中国当代产业知识化与生态化的对策体系，其中绿色教育是基础。绿色教育是一个以人类与环境的关系为核心而展开的教育过程，是人类生存方式和改造世界方式的教育。这个过程也是实现环境保护目标、实施可持续发展战略的过程，是证明环境价值和澄清人与自然正确关系的过程，是培养人们具有正确理解和评价人、文化、经济发展同环境之间相互关系所必需的态度、意识和技能的过程。

学校绿色教育氛围主要是通过校园文化建设来营造，要组织各种校园文化活动，形成一种以追求人与自然、人与人、人自身和谐为时尚的氛围。具体地说，人性化的居住环境，鸟语花香，洁净安全，生机盎然；人性化的工作和学习环境，满足人的生理和心理需要[11]。按照可持续发展教育的目标，绿色大学建设必须从学校发展规划、

师资队伍建设、人才培养、科学研究、产业开发、继续教育、校园和社区建设等多方面展开，其最终目标是实现人与自然、人与人、人自身三大因素的和谐。行为科学对人类个体、群体、组织行为的研究，揭示了人类行为的一般规律，人的行为动机和需要是非常复杂的，人们工作不仅仅是为了物质利益。行为科学的研究重点是人的动机、人的需求、人的行为的激励和领导方式等问题。僵化的专制式管理方式，需要向灵活、激励式的管理方式转变。同时，系统理论认为，一个系统结构是系统内部要素间的各种联系形式或方式，系统只有具备一定的结构，才能具有特定的功能。在系统的发展变化中，系统的结构决定系统的功能。大学教育体系是由多个要素组成的复杂系统，大学则是具有人才培养、科学研究和服务社会三种功能的多系统组织，建设绿色大学对于实施绿色科技战略、强化绿色教育模式、完善国家绿色创新体系具有基础性、推动性和示范性作用，是实施可持续发展战略的根本保证。

因此，在大学中构建面向可持续发展的绿色教育体系是必要的，它对于建设生态和谐社会、推动经济又好又快发展具有重要意义。

本课题组在前不久做了一个实验，在天津高校范围内，调查可持续发展在学校的推广和实践情况，并用蚁群模型对调查结果进行了聚类分析。接受调查的学生数（即样本数）为 100 人，调查的主要内容有以下六个问题：

☞ 大学生对当今资源环境问题的了解情况；

☞ 大学生对可持续发展理论的了解情况；

☞ 大学生对可持续发展知识的需求情况；

☞ 大学生对可持续发展的实践程度；

☞ 大学生对各种可持续发展理念推广活动的参与程度；

☞ 学校对可持续发展理论的推广力度，包括环保通识课的覆盖情况、校园媒介的宣传情况、环保社团的活动开展情况、学校环保设施的完善情况等。

应用改进的带信息素更新的聚类算法进行分析，结果如表 6-1 所示。

表 6-1　可持续发展理念聚类分析结果表

	环境问题的了解	可持续发展的了解	可持续发展知识的需求	可持续发展理念的实践	可持续发展推广活动的参与	学校对可持续发展的推广
聚类中心 1	7	5	5	7	7	4
聚类中心 2	8	5	5	7	6	5
聚类中心 3	9	7	5	7	5	4
聚类中心 4	10	8	7	8	7	6

其中围绕在聚类中心 1 周围的点最多，达到了 71 个，另三个聚类中心依次有 11、9、9 个点。

聚类分析结果显示，学校对可持续发展的推广力度越大，学生对可持续发展理论了解越多,学生进行可持续发展实践的主动性就越大,参与可持续发展理念推广活动的积极性就越高,进一步了解可持续发展的求知欲就越强。虽然,这个调查只是在目前的在校大学生中抽取了少量样本,也没有进行工作后的大学生情况跟踪动态调查,但仍可以从一个侧面说明在大学中建设绿色教育体系、宣传推广可持续发展理念、传授最基本的环保知识和技能的重要性。

第三节　大学绿色教育体系的基本框架

大学的绿色教育是一个长期的潜移默化的过程,存在于受教育者全部的教育过程中,它需要一个完整的绿色教育体系来完成。绿色教育体系应如何建立?绿色教育体系应包含哪些元素?以上两个问题是大学建设绿色教育体系首先要解决的问题。

1. 大学绿色教育体系建立的指导思想

(1)以可持续发展理论为指导

可持续发展理论是20世纪以来人类对自然、经济与社会关系长期反思得出的结论,它作为20世纪80年代后期在国际上形成的发展新概念,是指:“满足当代人的需要,又不对后代人满足其需要构成威胁的发展。”可持续发展思想的主要内涵为发展的可持续性、环境的限制性、社会公平性以及发展的协调性等。

可持续发展中的可持续至少包括三个方面[12],即经济可持续、生态可持续和社会可持续,它要求人类在发展过程中既要关注经济效率,也要关注生态效率,还要关注社会公平,最终达到人与自然的全面发展。可持续发展概念的提出缘于人类对环境问题的深刻认识,是保护环境的需要。而作为一个指导人类走向健康平稳发展的理论,它的全部内涵又已远远超越了单纯的环境保护,既考虑环境问题,又考虑发展问题,是一个关于社会、经济、资源环境协调发展的全面性战略。可持续发展要求改变传统的以“高投入、高消耗、高污染”为特征的粗放型生产和奢侈型消费的传统模式,实施清洁生产和绿色消费,以提高经济效率、节约资源和减少废物排放[13]。关于可持续发展的绿色教育着重于两个培养,一是培养绿色消费模式,通过绿色消费减少单个人的活动对生态环境的压力;二是培养依靠绿色科技的开发与应用,提高生产力,提高经济效率,在提高生活质量的同时,减少人类活动对生态环境的影响。

(2)以生态为导向

生态的概念最早源于生物学,指生物的生存状态。我们这里所说的生态已经超越了原本生物学范畴,包含了自然、社会乃至整个人文社会等方面的内容。教育是传播人类文化知识的基本手段,也是培育尖端科技、促进人类文明的重要手段。学校是教育生态系统中的一个重要的子系统,校园作为教育活动的场所,需要良好的文化环境，这些环境既影响着学校的生态状况，又影响着学校教育的成效，并最终影响现代学校的生存和发展[14]。

校园生态主要包括两个方面：一是自然生态，包括地理、气候、学校建筑、学校建筑物布局和装饰，这些因素在不同的程度上影响着师生的活动路径和行为习惯；二是文化生态，包括教育理念、教育方法、教育手段以及相关教育特色等。自然生态与文化生态两者之间相辅相成，相互影响，它们在绿色教育体系中都应有所体现。

(3)遵循系统原理

绿色教育是一个系统工程，绿色教育体系的建设应该遵循系统原理，将各种资源（如场地、师资、经费等）合理组合，形成教育体系，达到培育绿色人才、创新绿色科技、推动社会可持续发展的绿色大学教育目标。

2. 已有绿色教育指标体系的研究

对已有教育指标体系的总结和研究，有助于我们提炼出适于我国绿色教育体系的基本框架。

(1)台湾高雄师范大学提出的指标体系

台湾高雄师范大学环境教育研究所副教授叶欣诚等人提出了台湾绿色大学评价指标体系，一级指标包括环境系统、环境管理及环境教育三个方面，共 12 个一级指标，60 个次指标。在三个方面的一级指标中，环境教育是其中的一类，具体见表 6-2[15]。

表 6-2　台湾绿色大学环境教育指标体系

一级指标	二级指标	三级指标
环境教育	课程与教学	环境教育议题融入各学科教学；环境相关通识课程的开设；收藏与环境教育相关的图书（含资料库、环境教育网页）；提供生态解说、乡土环境解说训练
	活动与宣传	推行全校环保生活；举办环境教育活动竞赛；举办资源回收的宣传活动；节约能源活动的宣传；结合社区资源与民间环保社团协助学校推广绿色生活概念；开展“办公室环保、绿化活动”；环教专刊的出版；协助成立环境保护相关社团
	教学与研究	专业教师聘任；从事相关研究与发表相关论文；研讨会与工作坊的办理

(2)国家环境保护部宣教中心提出的指标体系

2003 年国家环境保护部（当时称谓为国家环保总局）宣教中心结合国家表彰“绿色学校”活动时，提出了“绿色学校”核心评估标准。一级指标包括“环境教育”、“校园环境建设”和“可持续发展”三类；二级指标有 8 个；三级有 23 个。在三个一级指标中，有两个一级指标是围绕教育来设计的，具体指标见表 6-3。

表 6-3　国家环境部提出的高校绿色教育指标体系

一级指标	二级指标	代号	三级指标
环境教育	全校环保课程	A1	环保基础教程普及率
		A2	具备环保知识教师及管理人员比率
		A3	包含环保内容专业课程比率
		A4	学生对环保知识的应用
	学生课外活动与实践	A5	每学期开展环保活动的次数
		A6	学生环保团体的活跃程度
	学生与校领导间互动	A7	学生与校领导的互动效果
		A8	每学期校领导与学生的沟通次数
		A9	校领导的重视程度
	学生与校外专家及环保机构间互动	A10	每学期与校外专家及环保机构互动的次数
可持续发展	学生环保素质	C1	参加环保活动的学生比率
		C2	参加环保讲座与培训的学生比率
	校园环保环境	C3	学校意见箱的使用频率
		C4	对在环保方面有突出贡献的人的奖励
		C5	对破坏环境的人的惩罚力度
		C6	校园广告中环保广告的比率

(3)“绿色度”评价指标体系

陈文荣、张秋根于 2002 年提出了“绿色度”评价指标体系[16]，该体系采用目标层、准则层、指标层三层结构，针对绿色教育、绿色校园、绿色科研、绿色实践、绿色办学五个方面进行指标评价，并将评价结果采用百分制权重加和法进行运算，将得到的数值与设立的五个等级权重加和分值进行比对，从而确定绿色大学的“绿色度”。在准则层的五个方面中有三个方面与教育相关，具体内容如表 6-4 所示。在指标层的 20 个指标中，有 10 个指标与教育相关，在表中以黑体标出。

表 6-4　“绿色度”大学评价指标体系

目标层	准则层	指标层
绿色大学绿色度	绿色教育	**课程设置**
		课堂渗透
		专题教育
		专题活动
		教育氛围
		师资力量
		教育效果
	绿色校园	生态园林景观
		绿化美化工程
		环境卫生状况
		污染控制措施
	绿色科研	绿色技术
		绿色项目
		绿色产品
	绿色实践	**绿色课程实践**
		绿色社会实践
	绿色办学	**绿色教学**
		绿色管理
		绿色机构
		绿色制度

(4)武汉市环境宣传与教育中心提出的指标体系

武汉市环境宣传与教育中心制定了武汉市绿色大学评审标准[17]，该标准 5 个方面的一级指标中，有 4 个方面是关于教育的指标，用黑体标出，具体如表 6-5 所示。

表 6-5　武汉市环境宣传与教育中心提出的指标体系

一级指标	二级指标
组织管理	组织领导、有环境教育辅导老师、档案资料
环境实践活动	环境特色活动项目、宣传活动、环保活动小组、环境教育基地
教育过程	课堂渗透、环境教育讲座、环保主题晨会、教育氛围
校园环境建设	校园绿化美化、污染控制、卫生状况、垃圾分类
教育效果	环境教育成果、教师环境科普论文、渗透教案、环境意识与行为

(5)华东师范大学张远增提出的指标体系

华东师范大学张远增[17],构建了包含办学理念、科研、实践、教育、校园建设和对社会可持续发展促进力等6个方面内容的绿色大学评价指标体系。其中一级指标有6个,二级指标共52个。在52个二级指标中,有四分之三指标是关于教育的,具体如表6-6所示。

表6-6 张远增提出的绿色大学指标

一级指标	二级指标
可持续发展的办学理念	学校可持续发展的远中近期规划;学校具体实施可持续发展的目标和计划;教职工具有可持续发展的观念;以可持续发展价值观评价各项工作的机制、经费保障;教师、学生、辅导人员、上级主管部门、学生家长之间能自由交流的机制;欢迎学生毕业后返校更新知识,提高知识水平的制度;适应国家和地区的发展特色
绿色科研	科研和技术开发过程对环境的污染降到最低;开发绿色产品和技术;科研工作方法可持续;发表高质量学术论文;绿色科研学术声誉;为决策者提供可靠的科学情报
绿色实践	体现参与、合作和探究精神的多样性的教与学方法;为参与者提供采取可持续发展行动解决实际问题的机会;为参与者提供讨论不同见解和信仰的机会;积极接触环境;获取第一手资料,通过现实生活中的问题来学习;持续提供给学生后继学习的资料;使用绿色产品;开发降低教学过程成本、提高教学效率的绿色教学技术和绿色教学模式的实验;开发大学教育绿色管理手段,降低管理成本的管理制度改革;探讨培养学生的模式与教学改革的得奖情况;建立适宜于学校可持续发展的教师队伍
教育内容	在教学大纲中规定的知识与理解、技能与能力、态度与价值观等培养目标中渗透可持续发展内容;设置与可持续发展直接相关的跨学科课程
校园建设	废物的回收与处理;噪声控制、校园绿化;建筑式样的选择与整体布局的合理性;办公室、教师、实验室、图书馆、宿舍等室内布置宜人、经济;校园建设的成果;校园文化体现可持续发展的思想;学术自由;学术环境宽松
学校对社会可持续发展的促进力	为社会可持续发展直接提供技术支持;为社会可持续发展实践提供精神文明的支持;为推进学校所在社会或当地政府部门实施可持续发展提供具体协定和成果;促进公众参与社会决策;培养学生能立志追求知识,以知识为社会发展服务;学生的交流能力;学生的研究能力;学生解决问题的能力;学生的人际和社交能力;学生的信息技术能力

3. 绿色教育体系的构成

在对以上绿色教育评价指标分析和绿色大学实践总结的基础上，可以看出，绿色大学教育可归纳为课堂教育和课外教育两类，课堂教育和课外教育又可细分为几个子项，如表 6-7 所示。

表 6-7　绿色教育的基本框架

一级项名称	子项名称	教育目的
课堂教育	全校环保普及课	通识教育
	环保专业课	专才教育
	环保知识与技能的课堂渗透	相关知识教育
	环保讲座	热点问题和前沿知道教育
课外教育	专题活动	亲身感受与体验
	校内环保广告	环境熏陶
	学生与校领导和专家的互动	理念与知识的引导
	行为规范	规范行为的培养

参考文献

[1]　本书编写组. 中国 21 世纪议程：中国 21 世纪人口、环境与发展白皮书[M]. 北京：中国环境科学出版社. 1994.

[2]　李斐. 大众传媒对高校形象的塑造、影响及应对策略[D]. 西安：陕西师范大学，2007.

[3]　王大中. 创建“绿色大学”示范工程，为我国环境保护事业和实施可持续发展战略做出更大的贡献[J]. 世界经济与政治，1999(2)：78-79.

[4]　范冬萍. 可持续发展与大学绿色教育[J]. 现代教育论丛，2000(6)：33-35

[5]　李德华. 加强绿色教育 优化课程结构[J]. 高等函授学报：自然科学版，2001，14(3)：2-4

[6]　王斌林. 大学绿色教育课程体系的初步构建[J]. 现代教育科学，2004(5)：53-55

[7]　杨叔子. 现代高等教育：绿色·科学·人文[J]. 政策，2004(2)：39-41

[8]　金洪蕊. 论实施环境教育的必要性和发展趋势[J]. 宁夏社会科学，2004(5)：121-123.

[9]　黄丹. 大学生绿色教育若干问题研究[D]. 武汉：中国地质大学，2006.

[10]　彭徐. 民族地区双语绿色学校研究[J]. 重庆科技学院学报：社会科学版，2006(3)：81-85.

[11]　马修水，沈徽青，王春知. 绿色高校的目标设计与对策研究[J]. 中国大学教学，2004(9)：57-58.

[12]　陈建平. 绿色大学评价指标体系的初步研究——以西南交通大学犀浦校区为例[D]. 成都：西南交通大学，2004.

[13]　袁弘任，魏开湄. 水资源保护知识问答(八)[J]. 水资源保护，2002(3)：66－67.

[14] 米淑红.不同结构类型的校园绿化对小气候影响的研究[D].沈阳:沈阳农业大学,2006.

[15] 叶欣诚，于蕙清，黄琼慧. 台湾绿色大学评量系统之建构与实验. 2007 年海峡两岸环境与可持续发展教育研讨会论文集，2007.

[16] 陈文荣,张秋根. 绿色大学评价指标体系研究[J]. 浙江师范大学学报:社会科学版,2003,2:89-92

[17] 张远增. 绿色大学评价[J].中国高等教育评估.2000,42(2):22-25.

第七章 绿色大学环境管理体系

以国际标准化组织 ISO 14000 环境管理体系建设方法为基础，本章提出构建绿色大学环境管理体系的目标、原则、体系的构成以及体系的运行机制，将绿色大学环境管理要求与 ISO 14000 环境管理体系认证的标准结合，可以帮助大学建立规范的环境管理制度，为大学通过 ISO 14000 环境管理体系认证提供具体操作的示范，为保证绿色大学环境目标的实现、规范环境管理手段、组织和约束师生的环境行为、实现绿色大学环境绩效要求提供可参考的方法。

第一节 ISO 14000 环境管理体系

一、ISO 14000 系列标准的概念

ISO 14000 是国际标准化组织（ISO）第 207 技术委员会（TC207）组织制定的环境管理体系标准，其标准号从 14001 至 14100，共 100 个标准号，统称为 ISO 14000 系列标准[1]。ISO 14000 系列标准融合了世界上许多发达国家在环境管理方面的经验，是一种完整的、操作性很强的体系标准，包括制定、实施、实现、评审和保持环境方针所需的组织结构、策划活动、职责、惯例、程序过程和资源[2]。

ISO 14000 系列标准用以规范环境管理手段，帮助组织约束其环境行为，实现环境绩效的持续发展，从而减少人类各项活动所造成的环境污染，节约资源，改善环境质量，促进社会的可持续发展。

二、ISO 14000 系列标准的产生与发展

随着人类的发展，环境问题日益严重。20 世纪 70 年代以来，清洁生产在工业领域得到广泛的应用。在清洁生产等环境管理工具的基础上，一直以来，管理专家和环境专家都在寻找一种系统地管理环境问题的方法。1992 年，英国颁发了 BS7750—1992《环境管理体系规定》标准；1993 年 7 月 10 日欧共体正式公布了《环境管理审计

规则》(EMAS);德国于1995年依据EMAS制定了《环境审计法》及三个条例;国际标准化组织于1993年6月正式成立了环境管理委员会(ISO/TC207),正式开展环境管理体系和工具方面的标准工作,其核心任务是研究制定ISO 14000系列标准,规范环境管理的手段,以标准化工作支持可持续发展和环境保护[3]。各分技术委员会负责相应标准的制定工作,其标准号的分配如表7-1所示。

表7-1　ISO/TC207分技术委员会标准编号的分配表

分技术委员会	任　务	标　准　号
SC1	环境管理体系(EMS)	14001—14009
SC2	环境审计(EA)	14010—14019
SC3	环境标志(EL)	14020—14029
SC4	环境表现评价(EPE)	14030—14039
SC5	生命周期评估(LCA)	14040—14049
SC6	术语与定义(T&D)	14050—14059
WG1	产品标准中的环境因素	14060
	备用	14061—14100

由表7-1可知,ISO 14000环境管理体系只是ISO 14000系列标准中编号为14001—14009的这一部分,它是整套标准的“龙头标准”,是唯一的规范性标准[4],它要求在其环境管理体系中,必须适当地控制各个基本要素,通过要素的有效实施,实现预防为主、不断改进的过程。

三、ISO 14000环境管理体系的结构

ISO 14000环境管理体系分为五大部分,即环境方针、规划、实施与运行、检查与纠正措施和管理评审。这五个基本部分包含了环境管理体系的建立过程和建立后有计划地评审及持续改进的循环,以保证组织内部环境管理体系的不断完善和提高。ISO 14000体系又可分成17个要素,这17个要素构成了环境管理体系的基本要求,而按照17个要素(标准)的要求制定相应的执行程序就构成了运行体系[1],如图7-1所示。

四、ISO 14000环境管理体系的特点

ISO 14000环境管理体系主要具有以下特点。

①强调法律法规的符合性:ISO 14000标准要求实施这一标准的组织的最高管理者,必须承诺符合有关环境法律法规和其他要求。

②强调污染预防:ISO 14000标准要求首先从源头考虑如何预防和减少污染的产生,这样比末端治理更节约也更安全。

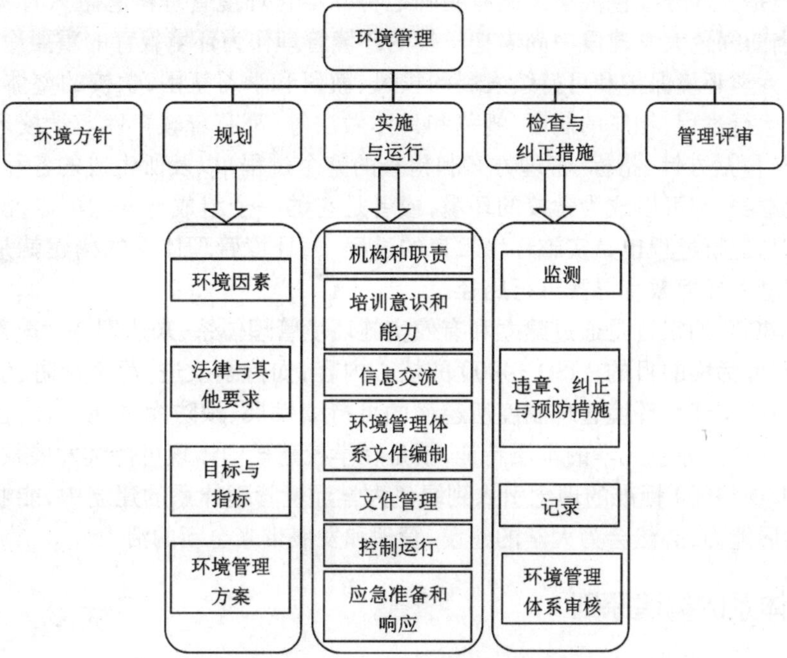

图 7-1 ISO 14000 环境管理体系结构图

③强调持续改进:ISO 14000 标准没有一个绝对的限制,在符合法律法规的基础上,制定和实施单位在体系内部进行比较和修正,以实现持续改进。

④强调规范性:ISO 14000 标准强调系统化、程序化的管理和必要的文件支持。

⑤强调自愿性:ISO 14000 标准不是强制性标准,各单位可根据自身需要自主选择是否实施,但实施 ISO 14000 有助于提高环境管理质量、环境管理效率和整个单位的企业责任感和社会认可度。

⑥可认证性:ISO 14000 标准可作为第三方审核认证的依据,通过建立和实施 ISO14000 标准可获得第三方审核认证证书。

⑦广泛适用性:ISO 14000 标准不仅适用于企业,同时也可适用于事业单位、商行、政府机构、民间机构等任何类型的组织[5]。

第二节 基于 ISO 14000 标准的绿色大学环境管理体系

一、体系的构建目标

绿色大学是在当今生态文明时代,用可持续发展观念进行绿色教育和绿色管理的大学，但是大部分绿色大学还没有明确地将标准化环境管理概念融入日常管理之中，可见当前绿色大学建设中尚未把学校的环境管理作为环境教育的重要途径[6]。

绿色大学环境保护和可持续发展的校风、教研和学习氛围，学校的整体环境，学校的整个运行过程，相应的制度、规范和具体做法等，都有着教育性。学校环境管理的全过程（包括方针、指标、管理方案和检查的整个过程）以及所生成的各种程序、规范和制度本身，都可以成为学校的环境，或者是它的一个组成部分。可以说，环境管理的建立与运行过程也是实施环境教育的过程[7]，环境管理体系的构建就是试图为环境管理融入环境教育寻找可行路径。

ISO 14000 的宗旨是通过建立和有效实施环境管理体系，来达到持续改善环境行为、预防环境污染的目的。ISO 14000 的核心内容，如持续改进、污染预防、生命周期等思想，与我国现行环境管理制度所遵循的可持续发展、预防为主、防治结合等指导思想基本一致。绿色大学的本质特征，就是在学校建设中体现可持续发展教育理念。因此，将 ISO 14000 标准的理念引入到绿色大学环境管理体系的建立中，能够提高其可持续发展能力，必然会为大学的建设、管理和发展带来全新的活力。

二、体系的构建原则

1. 符合 14000 的普适性原则

作为系列标准的核心，ISO 14000 体系适用于任何类型、规模以及各种地理、文化和社会条件下的组织。基于 ISO 14000 标准构建的绿色大学环境管理体系，同样符合普适性原则。绿色大学通过不断完善已有的大学管理和环境教育体系，推动环境保护与可持续发展思想在学校各个管理领域和管理层面的落实，用于指导行政管理、教务教学管理、科研管理、思想道德管理、团队管理、后勤管理等具体工作。环境管理体系与其他各个层面管理的有机结合，有助于提高大学管理水平，加强环保意识，发挥绿色大学可持续发展功能区的社会示范作用。

2. 针对绿色大学特点

绿色大学要求一种“环境有益”的教育氛围，重视把实际环境行为作为环境教育的资源。同时绿色大学提供了全体师生参与的学校氛围，具有全员参与的特性，体现出可持续发展思想在学校管理方面的要求。而绿色大学环境管理体系的构建，正是坚持可持续发展的管理本质观，立足学校长远发展来制定和规划各项管理的方针和政策，保持学校发展的可持续性。环境管理体系的构建，需要根据学校发展的实际情况，切合绿色大学的特点，强调各项环境管理工作要令学生以及现实社会满意，而且为学校进一步发展打下更扎实的基础。

3. 强调全过程管理

ISO 14000 的总目标是支持环境保护和进行污染预防，协调它们与社会需求和经济需求的关系。它要求组织从项目立项、设计、施工、验收、运营等生命周期的各阶段控制环境因素，减少有害的环境影响。

绿色大学构建环境管理体系时,本着在实施管理时做到事先控制准备过程,事中控制实施过程,事后控制整改过程的全过程管理原则,通过环境管理体系的例行监测、内部审核、外部审核、纠正和预防措施等手段的实施,对环境教育以及相关活动进行全过程管理。因此,强调全过程管理是构建环境管理体系的着重点和切入点。

4. 强调绿色大学整体功能的持续改进与提高

构建绿色大学环境管理体系,通过改进与优化绿色教育的结构要素,采取必要的结构改革措施,为社会培养和输送各类具备可持续发展理念与相关知识的绿色人才,以实现环境教育与管理的最终目标;通过改进与优化绿色科技的结构要素,不断提高绿色科技群体的思想与业务素质,发展绿色科技及其产业,更好地服务于绿色大学的自身建设,并且推动全社会绿色科技的发展;适时改进与优化绿色校园的相应结构要素,保持绿色校园的可持续功能,更好地向社会展示可持续发展示范区的可持续功能,为全社会的绿色社区建设做出贡献。

因此,培养高质量的绿色环保人才、推动绿色科技发展和建设可持续功能示范区是构建环境管理体系的出发点和落脚点。

三、体系构成

基于 ISO 14000 标准的绿色大学环境管理体系包括五个组成部分:一是理念系统;二是策划系统;三是制度系统;四是监控系统;五是改进系统。由以上五个部分构建了绿色大学环境管理的科学运行机制,如图 7-2 所示。

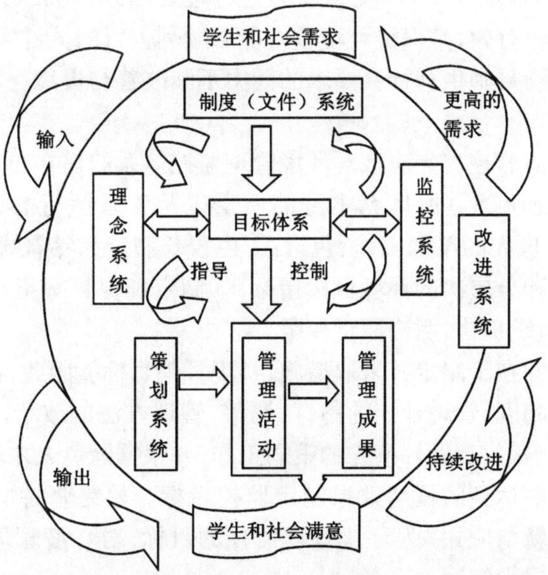

图 7-2　基于 ISO 14000 标准的环境管理体系的系统结构图

1. 理念系统

基于ISO 14000标准的绿色大学环境管理体系的构建是基于以下基本观点。

①坚持可持续发展的管理本质观。环境管理服务于环境教育,环境教育的关注重心由最初的单纯对自然环境的保护,逐渐地转移到对整个人类历史文明发展模式的反思、对现代工业文明的审视、对人类未来生存形态的思考等,这正是可持续发展的思想在环境教育及管理中的集中反映[8]。绿色大学环境管理的根本目标与可持续发展是密切相关的。绿色大学环境管理是以可持续发展理论为支撑、以环境教育为平台的一种新型管理。

②环境管理产品的载体形式是"合格的绿色人才"。环境管理活动的结果即管理的产品。大学的主要活动和主要产品是教学工作、学生工作、科研工作及以上工作的结果,以上工作的最终结果集中体现为把学生培养成为"合格的绿色人才"。由于绿色大学环境管理的主要目的是为社会培养和输送各类具备可持续发展理念与相关知识的绿色人才,因此,环境管理产品的载体形式是"合格的绿色人才"。

③环境管理是环境教育的重要组成部分。环境管理体系构建是一个系统工程,应当树立和实践可持续发展观。这就需要优化教学、科研、学生工作、管理和后勤各个方面的活动,要以培养绿色人才为核心,科学构建环境管理理念系统、管理设计系统、管理提供系统和管理服务与保障系统。有效的环境管理,是在科学、合理的制度体系中,统筹运用各种资源进行管理活动,以实现"培育绿色人才"的最终目标。环境管理的有效实施能够保障环境教育的顺利进行。

④坚持"满意的管理观"。环境管理的全过程要始终贯彻以人为本和可持续发展的理念。管理是否有效,是保证环境教育能否顺利进行的关键。有效的环境管理,应该能够促进学校满足师生和社会要求的能力不断改善与提高。

2. 策划系统

实施环境管理的监控首先应该对环境管理监控体系的建立和完善做好事先的策划工作,这可以保证所建立的体系本身的质量以及体系运行的有效性。根据ISO 14000的要求,做好事先的策划工作,包括:①由校长制定和签署绿色学校环境方针;②制定尽可能量化和分层次的环境目标指标;③制定确保目标指标实现的环境管理方案;④建立环境组织机构,明确职责权限。

策划工作的目的在于制定并采取措施,实现管理目标。因此,在实施环境管理监控中可对环境管理制度、管理计划的制订、调整,管理方法的改革以及各项环境管理监控措施的出台, 等等,都做好事先的策划工作,并根据绿色人才培养目标所规定的在环境管理方面需要达到的预期效果制定监控目标。始终坚持"绿色人才的培养,以及绿色科技的创新与应用"为环境管理监控的目标,对环境管理过程中出现的问题,要系统分析,分层次解决。

3. 制度(文件)系统

结合学校已有的规章制度,把环境管理的内容融入绿色大学的管理文件体系中。

绿色大学采用ISO 14000标准的模式编制文件，文件分为手册、程序文件、作业文件、报告记录四个层次。除了满足ISO 14000标准要求，制度系统还应保障文件的适用性、有效性、可操作性以及文件间及不同活动和职责间的顺畅衔接。通常手册和程序文件由绿色大学创建工作组草拟。作业文件由各个相关部门编制，如食堂油烟控制由后勤保障部门编写，化学实验室废气废液控制由化学教师和学生一道编写。各类文件的最终确定要能够经得起文件使用者的充分评审，为了保证文件的可行性，可以请使用者代表参与编写过程。

制度系统对作用、职责和权限需要做出明确规定，并形成文件予以传达。为便于环境管理的有效实施，还需要建立一套完整的程序，管理这套标准所涉及的所有文件。

4. 监控系统

监控系统建立的关键性工作是要全面识别绿色大学环境管理的主要过程，并针对管理的主要过程，设计管理控制点，制定管理标准。以上述工作为基础，建立内部审核、管理评审、检查与评估、管理质量投诉、满意度调查等手段有机结合的环境管理监控体系。

5. 改进系统

持续改进是基于ISO 14000标准的环境管理体系的精髓，其主要通过日常检查、目标管理、用户满意度调查等方式及时发现管理活动中的各种“不符合项”，通过分析原因，及时制定纠正和预防措施，使环境管理的改进具有可持续发展的内控机制。

第三节 基于ISO 14000标准的绿色大学环境管理保证运行机制

科学的运行机制是基于ISO 14000标准的环境管理体系区别于传统管理的重要方面。在明确绿色大学环境管理理念的基础上，参照ISO 14000环境管理体系的PDCA管理模式，绿色大学环境管理运行包括以下几个主要环节：策划（Plan，P）—实施（Do，D）—监控（Check，C）—改进（Act，A），即P—D—C—A的方式循环，从机制上确保对管理过程中的每一环节实行实时、动态的监控管理，推动环境管理的不断发展和环保教育质量的持续提升。

①策划环节：学校各部门根据自身的结构特点和功能需求，确定工作方针，建立管理总目标，并根据人力、物力、财力和工作基础，制定实现目标的具体措施。

②实施环节：为实现总体目标，明确部门内部职责，根据学校自身的特点和各部门的活动要求，制定相关的管理文件和管理标准，实施管理活动的全过程控制。

③验证环节：在管理行动实施的全过程，都需要有目的、有计划、有针对性地对不

同实施阶段进行监控和审核，以便发现问题，向策划子系统和实施子系统反馈所发现的信息，为目标修正和行为修正提供决策支持。

④改进环节：由大学校长或主管环境管理工作的副校长，定期地对学校所建立的环境管理体系进行检查、评定和制定整改措施，以保证绿色大学环境管理支行系统的持续适用性、持续有效性和持续改进性[9]。

绿色大学环境管理机制运行是个动态过程，与此相应的绿色大学环境管理体系是一个不断发展和完善的体系，这个体系在机制运行过程中得以持续改进。通过PDCA循环机制的建立，使环境管理体系自身能够持续提出新需求、满足新要求、制定新目标，并实现环境管理绩效的持续改进[10]。

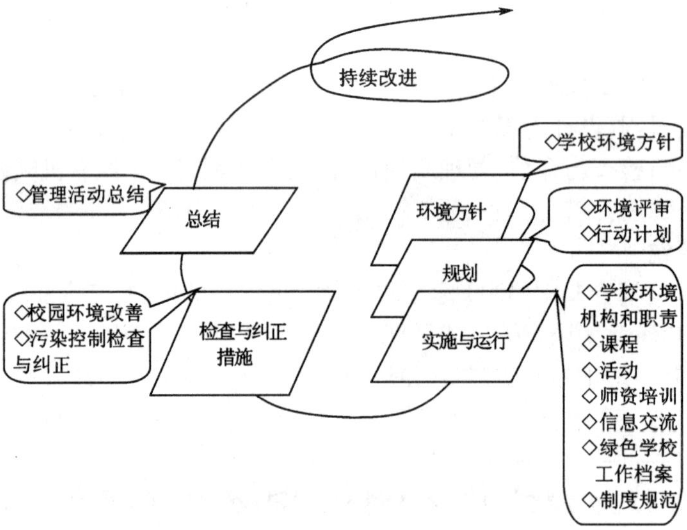

图7-3　绿色大学环境管理体系运行机制

1. 环境方针

环境方针必须包括以下内容：

①学校承诺污染控制及污染预防，提出污染控制对象；

②学校承诺持续改进，提出改进方向；

③学校承诺遵守环境法规及其他相关要求；

④学校承诺建立科研、生产部门及后勤部门的应急系统，制定相关对策和方案。

绿色大学环境管理体系首先应制定切合实际的方针，指引管理工作的实施。主要工作如下：

①由最高管理者制定和签署环境方针，环境方针应明确承诺遵守法律法规，承诺持续改进和污染预防，应指明总体环境目标以及指标的架构；

②制定尽可能量化的和分层次的环境目标指标，应符合环境方针的承诺，考虑重要环境因素和法律法规的要求，考虑技术和财务自行性及相关方的要求；

③制定确保目标指标实现的环境管理方案，明确职责、时限和方法措施；

④建立环境管理组织机构，明确职责权限。

2. 规划

①初步规划：初步规划由主管环境管理的副校长，组织工作组召集学校各职能部门献言献策，提供相关信息和资料，提出部门需求和工作目标，制订初步的工作规划，并确定初始环境评审的主要内容，包括规划实施结果的评价标准和考评办法。初始规划和初始环境评审主要有以下几个基本步骤：

• 明确大学应遵守的与环境相关的法律、法规、规章及标准，从培育绿色人才，创新绿色科技、建设可持续发展功能示范区三个层面，对绿色大学整体和各职能部门的环境表现进行评价，确定改进的需求和可能性；

• 大学的最终产品——为社会培育的人才，利用生命周期分析的思想，分析大学全部活动过程中可以控制和可能施加影响的环境因素，评价出关键因素，将之作为改进和控制的主要对象；

• 收集、分析和评审大学现有与环境相关的管理制度、职责、程序、惯例等信息资源和文件，与 ISO 14000 标准要求对照，取其有益合理成份，将之作为 ISO 14000 环境管理体系建立的基础[11]。

②行动计划与行动方案应包含以下的内容：

• 方案制定的必要性论证；

• 方案执行和相关人员组成和分工；

• 经费预算及其分配；

• 方案实施时间和工作进度安排，每项工作的具体目标要求；

• 检查或考核的方法和要求。

3. 实施与运行

绿色大学环境管理部门的组织机构及其各自的职能如图 7-4 所示。

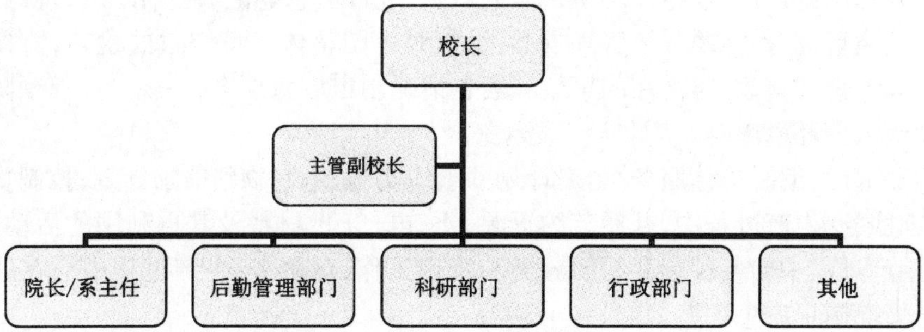

图 7-4　绿色大学管理组织机构图

(1)校长

——主持大学的全面工作；

——制定和颁布环境方针；

——任命环境管理者代表；

——批准环境管理目标；

——批准和颁布《环境管理手册》；

——作为大学环境保护第一责任人，负责环境管理体系的策划，并对大学的环境负最终的责任；

——落实组织结构，确保组织内的职责和权限得到确定和沟通，落实各级各部门的环保责任；

——贯彻国家环境政策、法律、法规；

——主持环境评审等。

(2)基层部门

基层各部门是具体贯彻执行绿色大学环境方针和目标的部门，主要负责组织本部门环境因素的识别，进行汇总登记，确定重要环境因素，做好与其他部门的协调工作，并接受上级部门的监督与指导等。而各部门的负责人，负责环境管理体系在本部门的实施，使本部门人员充分理解环境方针并使之贯彻落实，以持续改进本部门的环境绩效。下面就一些部门的职责作具体介绍。

院长/系主任：选择环境教育的课程，探索如何将环境教育与本专业有机结合，指定环境课程的实施方式以及环境教育课程的评价方式；组织制定本院/系的环境保护规章制度，认真组织实施；指派相关负责人指导、协调、监督、检查本院/系的工作，对院/系工作中出现的问题进行纠正。

科研部门：负责识别科研活动中的环境因素，确定重要环境因素；做好实验室化学品的管理，制定科研活动中的环境管理方案；对可能产生重大环境影响的科研活动进行定期的检查，并对出现的问题及时纠正；制定相应的应急预案；负责实验室各类环境污染事故的汇总统计并上报。

行政部门：负责大学整体环境因素的识别，进行汇总登记，确定重要环境因素；组织制定环境目标、指标及环境管理方案；组织对校园整体环境绩效的检查，监督对不符合的地方进行整改；对潜在的事故和紧急情况制定应急预案，并规定如何预防事故的发生或减少环境影响。

后勤部门：编制清洁服务/生产计划并组织实施，编制物料需求计划；控制物料的使用，在服务/生产过程中，开展节约资源(水、电、气)、材料及其再利用的活动；做好服务/生产过程中的各种废弃物的分类和管理工作；对服务/生产过程中潜在的事故和紧急情况制定应急预案。

4. 检查与纠正措施

在实施建立绿色大学环境管理方案和措施的过程中，学校要根据制定的计划目标和工作进度安排，定期进行检查，发现问题并及时予以纠正，以实现环境保护目标的不断提升，环境质量的不断改善。

绿色大学环境管理领导机构是学校自我检查的主体。自我检查与纠正可以从基层组织单位做起，逐层进行，整体的协调工作和监督落实工作由领导小组办公室完成。

5. 总结工作

环境管理体系运行一段时期之后，主管环境管理工作的副校长，根据PDCA循环中制定的运行审核周期，组织内部审核。内部审核需要由经过培训的、合格的内审员进行程序化和文件化地实施评审。审核文件要求具有完整性，并且要与ISO 14000标准相符合。审核内容包括：环境管理活动是否满足有关文件的计划安排和标准要求，环境管理体系是否正常运行并发挥作用。审核结果应形成规范的文件报送给学校校长并存档。之后，校长应组织学校各职能部门，根据内审结果，对目标指标完成情况、体系改进的可能性和需要等进行内部自查，提出改进目标、对策和措施，再由主管环境管理的副校长组织制定全校的新一轮规划和实施方案。

至此，环境管理体系已完成一轮PDCA循环。经过组织改善和进一步实施之后，环境管理体系再进入新一轮的PDCA循环[9]。环境管理体系是通过建立内部组织机构和各环节工作评估、监控和反馈系统，加强管理控制，实现对环境管理全方位、多层次、多渠道、多形式的监控，形成自我调节、自我控制、自我完善的闭合体系，保证环境管理体系的稳步持续发展。

参考文献

[1] 黄敬文. 建立ISO 14000环境管理体系的研究[J]. 五邑大学学报,2002,16(1):67-70.

[2] 刘雙赫,裘奇龙,朱亮. 构建国际绿色贸易制度的探讨[J]. 福建论坛:社科教育版,2010(2):110-111.

[3] 张剑青. 企业ISO 14000环境管理体系建立实施与审计[D]. 天津:天津财经学院,2001.

[4] 翟亚军,方淑芬. ISO 14000与可持续发展的关系[J]. 资源与环境. 1997(2):23-26

[5] 甘琳. ISO 14001环境管理体系(EMS)在国内建筑企业中的应用[D]. 重庆:重庆大学,2001.

[6] 焦志延,曾红鹰. 全国绿色学校发展现状分析[J]. 环境教育. 2001(1):8-10

[7] 吴祖强. ISO 14001与绿色学校[J]. 环境教育,2001(5):31-32.

[8] 杨辉. 关于绿色学校开展ISO 14001环境管理体系认证的探讨[J]. 中国ISO14000认证,2007(2):34-36.

[9] 王东华. 绿色大学环境管理体系的建立实施与审计[D]. 天津:天津财经学院,2003.

[10] 刘宏立,付永川. 论环境管理体系标准ISO 14001在绿色学校创建中的应用[J]. 大众科技. 2006,6:95-96.

[11] 杨辉. 浅论运用PDCA循环建立环境管理体系[J]. 中国ISO 14000认证,2005(3):25-27.

第八章　绿色大学环境信息系统

绿色大学规划建设的具体实施涉及大量环境信息的处理，建立绿色大学环境信息系统可以及时地了解学校的环境动态，针对具体情况做出科学决策。本章提出了绿色大学环境信息系统的总体设计原则以及各组成模块的具体建设内容和方法，分析了系统流程，并结合实例介绍了环境信息系统数据库的设计步骤，为绿色大学环境信息系统的建设提供有效工具。

第一节　绿色大学建设环境信息系统的意义

一、环境信息系统简介

1. 环境信息系统的概念

信息是通过人类的感知、加工而形成的，是以一种能量形式存在的对客观世界（包括人类自身）的知识反馈。而环境信息则是在环境仿真与控制中应用的经过收集、处理而以特定形式存在的环境知识。它们可以通过数字、字母、图像和音响等多种形式存在。环境信息是环境系统受人类活动等外来影响作用后的反馈，是人类认知环境状况的来源。因此，环境信息是环境工作的侦察兵和科学决策依据之一[1]。

信息技术作为高新技术的杰出代表，已经广泛应用于工业、农业、交通运输、商业、军事、科研、医疗等各个方面，对于减轻人的劳动强度，提高工作效率，降低生产成本，提高控制精度和速度，均具有重要意义。信息技术是当代社会管理的一种需求和发展趋势，并已成为管理现代化的一个重要标志，将信息技术应用于环境保护方面，能有效地提高环境管理的技能，突破时空的限制，使环保工作从传统粗放的指标控制模式向现代精细的技术决策型转变，在形式、内容和技术等方面实现质的飞跃。

近四十多年的历史说明，工业化和城市化进程的加快给人类带来一系列环境污染、生态破坏和资源耗竭，甚至出现一系列全球性环境问题。人类从这一系列严重的环境问题中，逐渐清醒地认识到环境污染和生态破坏，归根到底来自于人类过度的和盲目的社会经济活动。在这种新形式下，作为协调人类环境和发展的环境信息技术，是当代发展最迅速和最引人注目的高科技技术，并且已越来越引起各国的重视，它在环境问题中的应用，将是环境科学及环境工程发展的一个重要研究方向。环境信息技术是以现代高新技术为手段、以环境信息为研究对象，以实现环境管理数字化、网络化和智能化为目的的一种信息技术，主要有环境信息的获取技术、分析处理技术以及二者集成的技术等。用环境信息技术可以解决许多环境问题，大的方面包括环境污染仿真与预测（水污染仿真与预测、大气污染仿真与预测和噪声污染仿真与预测等等）、环境规划，环境管理；小的方面包括曝气控制、活性污泥过程故障诊断、污泥脱水模糊控制等等，它的应用前景非常广阔。环境信息技术已逐渐发展为中国环保工作所倚重的服务与支持手段，其中的数据库技术、GIS（地理信息系统）与遥感技术、办公自动化技术、网络建设技术、网络与通信技术以及管理信息系统开发技术，更将成为未来工作的应用重点[2]。

环境信息技术在环境科学的理论研究和实践中，正在发挥越来越重要的作用。如何科学、正确、及时地运用环境信息来了解过去、掌握现在、预测未来，对于正确指导环境管理工作有着极其重要的意义。在这样的背景下环境信息系统[3]（Environmental Information System，简称 EIS）应运而生。该系统结合了计算机技术、地理信息系统（GIS）、数据库技术、网络技术、数学模型、决策支持系统等多种技术，为环境科学的研究提供了一种重要的技术支持手段和信息保障。尽管发展的历程并不长，环境信息系统已经成为环境科学研究和实践中不可或缺的内容。环境信息系统是以地理空间数据库为基础，在计算机软硬件的支持下，对空间相关数据进行采集、管理、操作、分析、模拟和显示，并采用地理模型分析方法，适时提供多种空间和动态的地理信息，为环境问题研究和环境决策服务而建立起来的计算机技术系统。环境信息系统就是地理信息系统在环境领域中的应用，环境信息系统是地理信息系统的一个分支。作为地理信息系统的专题研究之一，环境信息系统有其独特性。

2. 环境信息系统的主要功能

（1）数据采集、检验与编辑

环境信息系统具有采集、管理、分析和输出多种地理空间信息的能力。数据采集和输入是把现有资料按照统一的参考坐标系统、统一的编码、统一的标准和结构组织，转换为计算机可处理的形式，输入到数据库中的过程[4]。环境信息系统的输入既可以借助地图形式，采用数字化、图形扫描，也可以借助非地图形式，遥感技术（RS）数据和全球定位系统（GPS）数据作为环境信息重要数据的来源。为了保证环境信息系统数据库中的数据在内容与空间上的完整性（即所谓的无缝数据库），为了保证数据值逻辑一致，需要对数据进行检验和编辑。

（2）数据的格式化、转换和概化

数据的格式化、转换和概化通常称为数据操作。数据的格式化是指不同数据结构的数据间变换，包括数据格式化、数据比例尺的变换。数据概化是将大量的相关数据从一个较低的概念层次转化为较高的层次，这个过程包括数据平滑和特征提取等。

(3)数据的存储与组织

数据的存储和组织是一个数据集成的过程，也是建立环境信息系统数据库的关键步骤，涉及空间数据和属性数据的组织。常用的数据组织方法包括栅格模型、矢量模型或栅格/矢量混合模型。空间数据结构的选择，在一定程度上决定了系统所能执行的数据与分析的功能。混合型数据结构利用了矢量与栅格数据结构的优点，为许多成功的环境信息系统软件所采用。目前，关系数据库管理系统是最为广泛应用的数据库系统，属性数据的组织方式还有层次结构、网络结构。如何将空间数据与属性数据融合为一体是数据组织与管理中最为关键的内容。

(4)查询、统计和空间分析

查询、统计、计算是环境信息系统应具备的最基本的分析功能，而空间分析是环境信息系统的核心功能。空间分析指在环境信息系统支持下，分析和解决问题的方法体现，是环境信息系统应用深化的重要标志，能够帮助确定地理要素之间新的关系，为用户提供一个解决环境问题的工具。环境系统的空间分析可分为两大类：矢量数据空间分析，包括空间数据查询和属性数据分析，缓冲区分析，网络分析等；栅格数据空间分析，包括记录分析、叠加分析、统计分析等。

(5)可视化

环境信息系统为用户提供了许多用于显示地理数据的工具，其表达形式既可以是计算机屏幕显示，也可以是诸如报告、表格、地图等硬拷贝图件；尤其要强调的是环境信息系统的地图输出功能。一个好的环境信息系统应能提供一种良好的、交互式的制图环境，以使环境信息系统的使用者能够设计和制作出高品质的地图。

3. 环境信息系统现状

环境信息系统技术如今已经在全世界得到了十分广泛的应用。目前，各国对于环境信息系统的应用主要包括以下几个方面。

(1)环境管理信息系统

环境管理信息系统(Environmental Management Information Systems，EMIS)是一个以系统论为指导思想，通过人—机(计算机等)结合收集环境信息，通过模型对环境信息进行转换和加工，并据此进行环境评价、预测和控制，最后再通过计算机等先进技术实现环境管理的计算机模拟系统。

环境管理信息系统的基本功能有：环境信息的收集和录用；环境信息的存储；环境信息的加工处理；以报表、图形等形式输出信息，为决策者提供依据。

(2)环境问题的仿真与模拟

仿真与模拟是信息技术在环境工程中应用的重要内容，也是环境工程学科发展的一个重要方向。顾名思义，仿真就是对真实的模仿。物理仿真是通过对过程建立的物理模型进行模仿，数字仿真是通过对过程建立的数学模型来进行模仿。由于计算机的发展与普及，同时由于数字仿真的简易、迅捷和巨大包容性以及相对试验而言的低成本和互补性,数字仿真正在包括环境工程在内的各个领域迅速推进,被称为是“无孔不入”的技术。

环境工程是以污染物的处理和处置为主要内容的。环境工程仿真与控制的目的,是了解污染物处理过程的机制、提高污染物的处理效率、降低污染物的处理费用,这对保护环境具有重要作用。

(3)环境决策支持系统

环境决策支持系统(Environmental Decision Support System,EDSS)是将决策支持系统引入环境规划、管理、决策工作中而得名。决策支持系统也是一种人机交互的信息系统,是从系统观点出发,利用现代计算机存储量大、运算速度快等特点,应用决策理论方法,对定结构化、未定结构化或不定结构化问题进行描述、组织,进而协助人们完成管理决策的支持技术。

4. 环境信息系统的发展趋势

随着环境基础设施建设的逐步发展,环境信息的开发和利用得到发展。目前,我国从国家到省、市、县,通过环境统计、监测、专业调查和科研等渠道,已经积累了大量环境信息。环境管理软件的应用较为普遍,涉及监测、统计、排污收费、污染源申报登记、乡镇污调等多种业务数据的收集、存储、处理和加工,在管理和决策中发挥着重要的作用,数据库技术、地理信息系统、遥感技术、多媒体技术、Web 技术也得到初步应用。

环境信息系统的建设发展前景是光明的。在不远的将来,一个数据采集准确、数据传输迅速、数据存储分布在不同节点、用户利用信息方便的环境信息网络系统将会展现在我们面前。

(1)现代化环境检测技术

目前我国环境常规和应急监测以人工为主,地方利用邮寄软盘或拨号将监测数据报送给国家。随着“全国环境信息卫星通信网络建设”和“环境自动监测网建设”项目的启动,环境监测实现自动化,可以将监测数据通过 VSAT 卫星通信网传输到国家和重点省、市。环境监测自动化将极大充实国家环境信息系统的数据库,为建立数据仓库、进行数据分析挖掘打下坚实的基础。

(2)地理信息系统应用

随着国家空间基础设施的建立,国家环境地理信息系统将得到全面发展,将对整个环境保护部门利用现代信息技术,迅速、准确地获取自然灾害和环境信息,及时、全面地掌握我国环境污染和生态破坏的发生、发展与演变过程并做出科学分析和评价起到重要的作用,也将为地理信息系统与遥感技术(RS)、全球定位系统(GPS)技术的结合应用,可以为国家完整的连续、动态、快速的环境信息获取与处理技术体系打下必要的基础。

(3)数据仓库的建设

数据仓库是未来的一大发展趋势,它将分散的数据集中到一个更大的库中(称为数据仓库)，最终用户从数据仓库中运行查询、制作报表，进行数据分析。数据仓库收集各不同数据源中的数据，是一个决策支持环境。数据仓库化是一个将操作的和外部的数据，提取至一个单一的资源库中的过程。数据仓库提供了综合的客户信息浏览，最终用户可以访问集成的分析性的信息，而不是原始数据。它对原始数据进行了加工，排除了和分析无关的信息，统一了不同数据源之间的矛盾，更多地还要进行一番统计和计算，即进入数据库的数据要比原来数据库中的数据更为综合和有效。国家环境信息系统建设将在未来几年逐步建立并完善环境信息数据仓库，为我国环境决策服务。

(4)联机分析处理(OLAP)技术研究与应用

OLAP 是 On-Line Analytical Process 的缩写。根据 OLAP 委员会的定义，OLAP 是使分析人员、管理人员能够从多种角度对从原始数据中转化出来的、能够真正为用户所理解的信息进行快速、一致、交互的存取，从而获得对数据更深入了解的一类软件技术。OLAP 作为一种多维查询和分析工具，是数据仓库功能的自然扩展，也是数据仓库中大容量数据得以有效利用的重要保障。目前，我国环境信息系统已开始进行多维数据分析，并得到环境决策人员的青睐。随着基础数据库的完善、数据仓库的建立，2000 年以后我国的环境信息系统将逐渐提供多维数据分析功能。

(5)数据挖掘(Data Mining)技术研究与应用

随着科技的发展，决策所需的数据量也不断增长。超大型数据库是一个巨大的资源，要在这样大的数据库中寻找隐藏在其中的有用信息，无异于大海捞针。随着数据和数据库的急剧增长，仅仅靠数据库管理系统的查询机制和统计分析方法已经远远不能满足现实需要，它迫切要求自动地和智能地将处理的数据转化为有用的信息和知识[5]。数据挖掘就是为了适应这种要求而产生并迅速发展起来的，它是用于开发信息资源的一种新的数据处理技术。经过多年的发展，我国环境管理积累了大量的数据并建立了各种数据库。伴随着数据仓库的建设，应用数据挖掘技术，从这些数据库中挖掘出有用的信息，将对我国的环境决策提供重要技术支持。

二、绿色大学建设环境信息系统的必要性

绿色大学不同于传统的大学，它是一个可持续发展的大学，一个推广环境无害化技术和清洁技术应用的示范区，一个精心规划的生态园林景观遍布的园区[6]。在校园内培育、弘扬绿色精神，并使之成为校园文化的精华，是绿色大学建设的重要内涵[7]。加强绿色教育和建立生态环境良性循环的校园，是贯彻环境保护基本国策和实施可持续发展战略的重要举措之一。

从 20 世纪 90 年代起，现代信息技术广泛应用于高等教育的各个领域，高校纷纷建立自己的局域网，并开发出一批 MIS 系统用于日常管理，拉开了大学校园数字化建设的序幕。在绿色大学规划、建设和日常运营中，会产生大量的环境信息，如校园

环保管理信息、每年水资源消耗数据、大气环境监测数据、生态适宜度等。那么,该如何及时地了解学校的环境动态,并对环境动态做出决策,单靠人力是难以办到的。这就需要通过绿色大学环境信息系统来解决这些问题。绿色大学的环境信息系统,不仅可以让学校各部门更加快速便利地管理和共享各种信息资源,还可以使决策者直接利用这些信息和相关的辅助工具,帮助他们分析评价某项决策可能给校园生态带来的效益与代价。因此,建设绿色大学环境信息系统是必要的。

第二节　绿色大学环境信息系统的总体设计

一、系统总体目标

1. 绿色大学的信息数字化,建立完善的数据库

将与大学的绿色景观、生态适宜、绿色技术、绿色管理、绿色文化等相关信息数字化,并且输入到环境信息系统中,建立完善的数据库,为学校的各个部门提供丰富的信息。

2. 建立完善大学环境管理信息系统

通过将大学环境管理信息系统中的各种信息进行整合,建立完善的大学环境管理信息系统,并利用分析评估模型对这些数据进行分析,实现对绿色大学校园的评价。以图绘制、输出为主,以数据、表格打印为辅,为学校资源的合理开发、利用、整治和规划、生态环境建设,提供科学的决策依据与辅助决策服务。

3. 资源信息共享

通过对环境管理信息系统的设计以及使用,掌握技术、积累经验,为建立类似资源与信息系统提供范例,奠定技术基础。同时也为其他领域建立环境管理信息系统提供参考。

二、系统的设计和划分

1. 系统的设计

系统设计是从绿色大学环境信息系统的逻辑模型出发,以需求分析报告为依据,逐步地加入物理内容,从抽象再回到具体。系统设计是开发绿色大学环境信息系统的重要阶段,也是整个开发工作的核心,它将实现需求分析阶段所提出的逻辑模型并确定系统的结构。系统设计分为总体设计和详细设计两个阶段,具体的系统设计步骤如图 8-1 所示。

图 8-1　系统设计步骤图

2. 系统的划分

绿色大学环境系统划分，就是对绿色大学管理信息系统进行分析，采用面向对象的设计方法对系统进行分解，自顶向下将整个系统划分为若干个子系统，在必要时，将子系统再划分成若干功能模块。子系统的划分应满足如下原则：

①子系统之间相对独立，在功能、信息等方面具有较好的凝聚性，便于系统调试和调用；

②子系统间的联结关系尽可能简单，数据依赖性尽量小，以使数据接口简单明了，各子系统具有较高的独立性和可修改性；

③子系统的划分应便于系统分阶段实现。

根据上述原则，开发一个成功的系统程序，首先要紧密联系实际，分析现行学校管理工作的内容、流程，并将其优化，最后实现程序化。对于绿色大学来说，根据需求分析，将绿色大学环境信息系统分为五个功能模块："数据管理"模块、"绿色大学评价"模块 、"绿色大学规划"模块、"文件管理"模块和"系统管理"模块，模块图如图 8-2 所示。

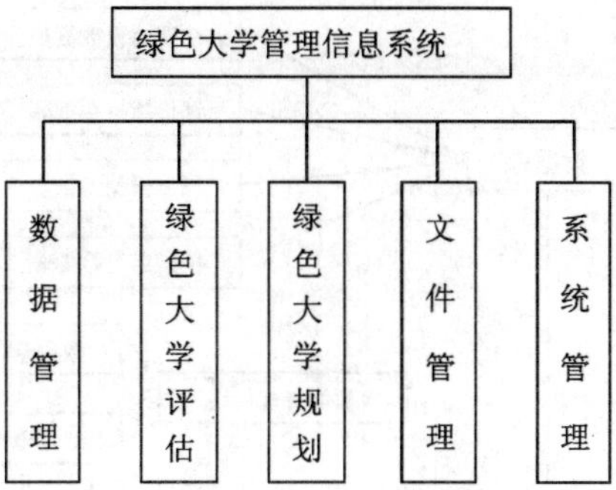

图 8-2 绿色大学 EIS 模块图

三、系统主要组成模块

绿色大学环境信息系统可由后端数据库与前端用户界面两部分组成。后端数据库是对基本数据表的操作和管理,为绿色大学校园建设等级评价、建设模式评估和绿色大学校园规划求解提供基础数据。基本数据表包含四个部分,即校园建设数据表、绿色大学评价指标明细表、规划模型参数表和校园运行数据表。前端用户界面主要包括五个功能模块:数据管理模块、绿色大学评价模块、绿色大学规划模块、文件管理模块和系统管理模块,各模块的功能示意图如图 8-3。

1. 数据管理模块

数据管理模块是对上述四部分基本数据表的日常维护与管理,该模块主要实现的功能是对基本数据资料进行查询、录入、修改、删除和报表打印等一系列基本操作。

绿色大学环境信息系统的数据管理模块由“校园建设数据表”、“校园运行数据表”、“生态校园评价指标”三个部分组成,如图 8-4 所示,它将基本数据表的各种操作集成到前端用户界面,进行可视化操作和统一维护、管理。

校园建设数据表选项包括校园土地使用信息表、校园人数信息表、校园投资信息表和校园环保管理信息表。

校园运行数据表选项包括年水运行数据表、年能源运行数据表、年固废排放数据表、其他运行数据表。

生态校园评价指标选项包括绿色景观指标数据表、生态适宜指标数据表、绿色技术指标数据表、绿色管理指标数据表、绿色文化指标数据表。

以校园土地使用信息表的管理为例,如图 8-5 所示,选择数据管理→校园建设数据表→校园土地使用信息表,进入该界面,可实现对数据库中校园土地使用信息数据的查询、录入、修改、删除和报表打印等操作。

2. 绿色大学评价模块

绿色大学评价模块主要是对绿色大学指标体系中的各种指标进行比较筛选,并

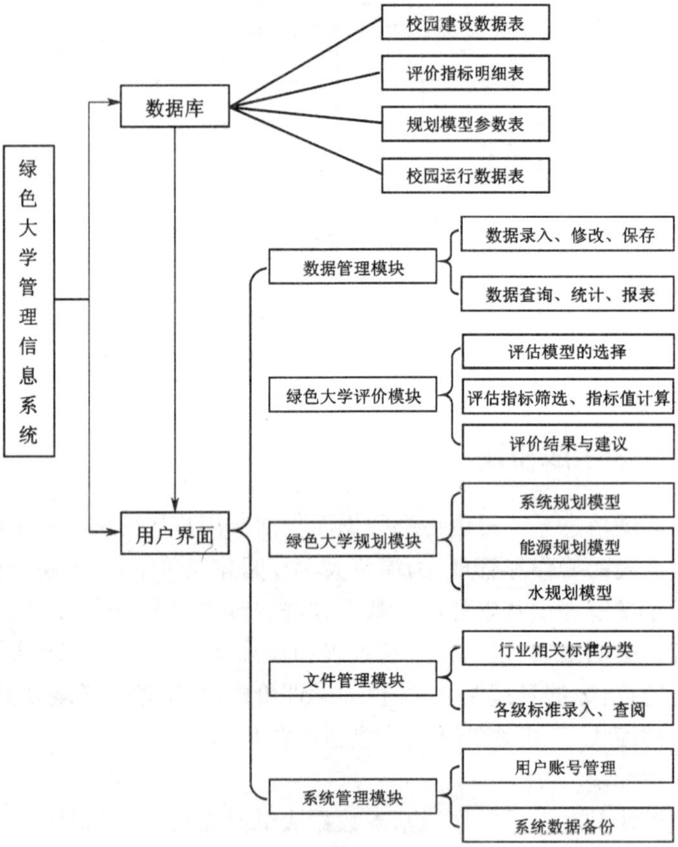

图 8-3 绿色大学 EIS 功能模块图

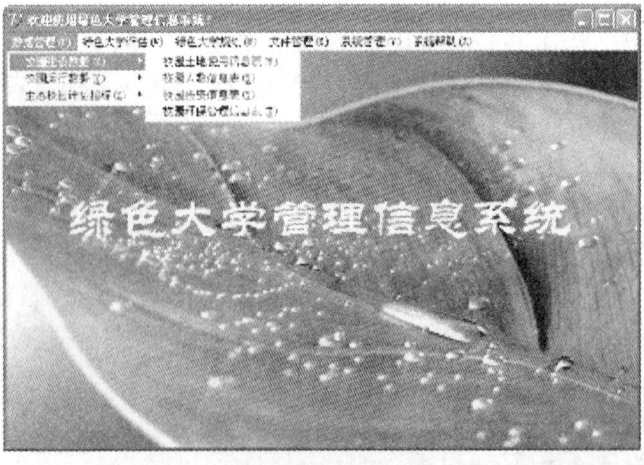

图 8-4 绿色大学 EIS 数据管理模块

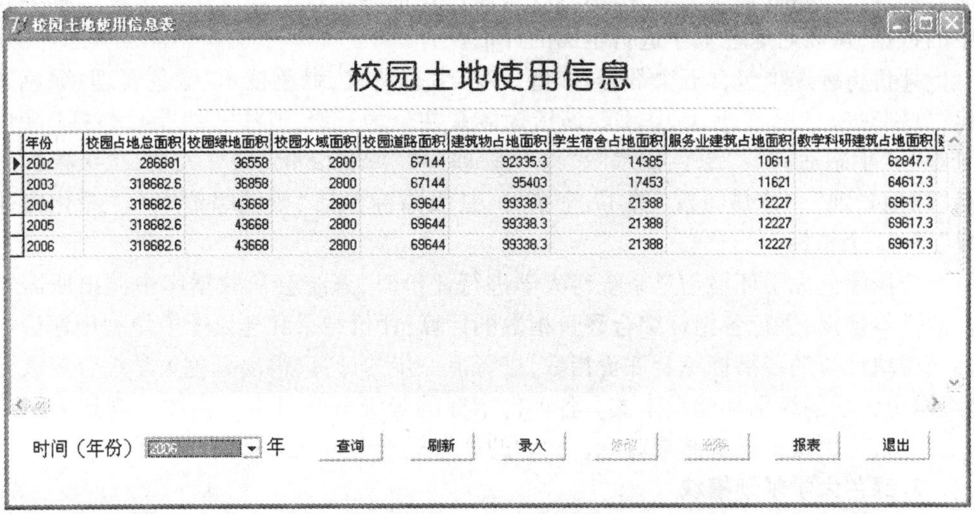

年份	校园占地总面积	校园绿地面积	校园水域面积	校园道路面积	建筑物占地面积	学生宿舍占地面积	服务业建筑占地面积	教学科研建筑占地面积
2002	286681	36558	2800	67144	92335.3	14385	10611	62847.7
2003	318682.6	36858	2800	67144	95403	17453	11621	64617.3
2004	318682.6	43668	2800	69644	99338.3	21388	12227	69617.3
2005	318682.6	43668	2800	69644	99338.3	21388	12227	69617.3
2006	318682.6	43668	2800	69644	99338.3	21388	12227	69617.3

图 8-5 绿色大学 EIS 校园土地使用信息表界面

对这些指标值进行录入、存储、修改等操作；同时对校园评价模型进行合理的选择并自动生成校园评价结果以及通过结果对绿色大学的建立与维护提出合理的建议。

评价模块由“评价指标”、“评价结果和建议”两个部分组成，如图 8-6 所示，在数

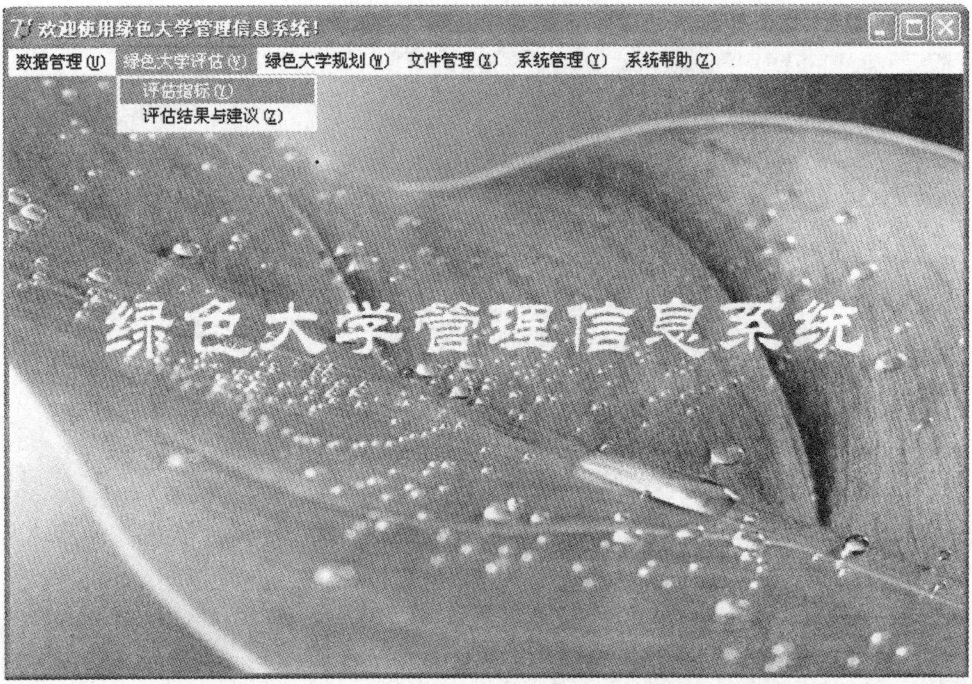

图 8-6 绿色大学 EIS 绿色大学评价模块

据管理模块中将数据库基本表建好以后，便可在信息系统的评价模块中调用基本表中的数据，从而对绿色大学进行全面的评估。

评价指标选项包含五个部分：绿色景观、生态适宜、绿色技术、绿色管理、绿色文化，分别对应指标 A、B、C、D、E。该指标体系共分为三级：其中一级指标包括“绿色景观”、“生态适宜”、“绿色技术”、“绿色管理”和“绿色文化”共五大类；二级指标包括“绿地景观”、“水域景观”等 17 个指标；三级指标包括“校园绿地率”、“绿化覆盖率”等 52 个指标。

应用绿色大学环境信息系统对大学进行评价时，系统会从数据库中调出所需年份的基本数据，进行各指标综合评价指数的计算；评价结果和建议子模块利用评价指标子模块计算的各指标综合评价指数，进行下一步的计算，得出绿色大学综合等级分数、绿色大学的级别和建设模式。各评价指标的等级分数可由均衡图直观地表示出来，同时，可以根据评价结果对绿色大学的规划提出合理性的建议。

3. 绿色大学规划模块

绿色大学规划模块的主要功能是对绿色大学规划模型的管理，包含“系统规划模型”、“能源规划模型”和“水规划模型”三部分。如图 8-7，通过模型求解，对绿色大学的整体规划、能源规划、水规划进行优化。

绿色大学系统规划模型采用多目标非线性规划，绿色大学能源规划模型采用不确定多目标动态规划，绿色大学水规划模型采用多目标非线性规划，通过 MATLAB

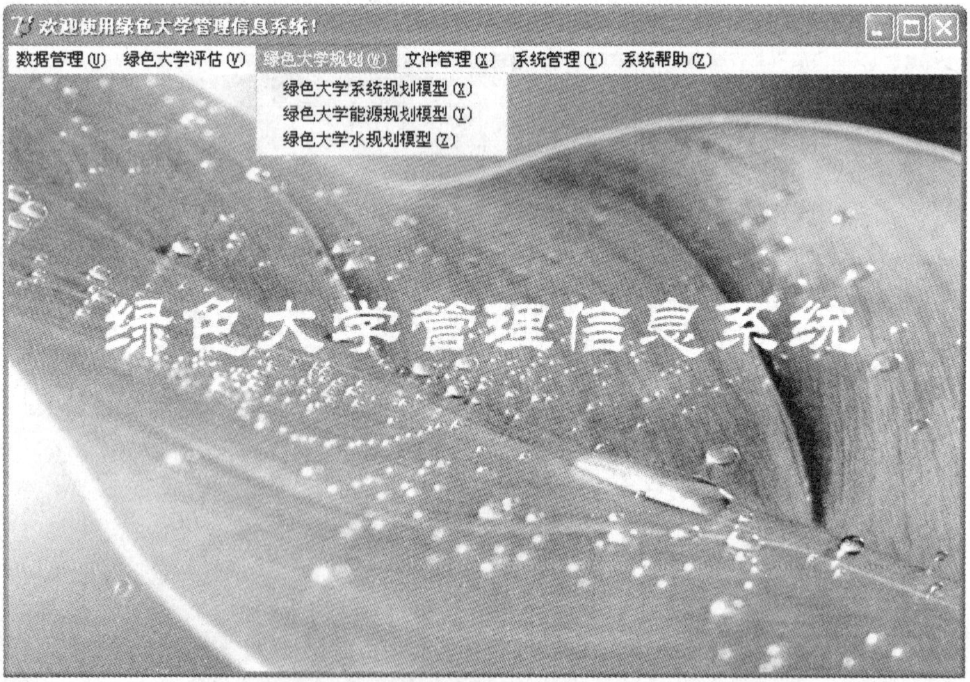

图 8-7　绿色大学 EIS 的绿色大学规划模块

软件求解，运用动态链接库技术实现与 Delphi 的连接。通过该模块规划模型的求解，可以对绿色大学的整体规划、能源规划、水规划等提出建议，对学校的水、能源及整个系统进行优化。

4. 文件管理模块

在绿色大学的评价、规划和建设过程中，参考各级法律、法规、标准、规范等文件是必不可少的，文件管理模块主要是对相关法律、法规、标准、规范等文件按不同的标准进行分类、录入、存储、查阅等管理。而在绿色大学的环境信息系统中，收录了比较全面的相关资料。利用绿色大学环境信息系统的文件管理功能，可以方便高效地查阅各种所需材料，还可以对相关资料进行录入和更新。

在文件管理模块中，相关资料被归纳为国家标准（如《国家园林城市标准》等）、地方标准（如《普通高等学校建筑用地指标》等）、行业标准（如《绿色建筑评价标准》等）三大类，如图 8-8 所示，方便环境信息系统使用者进行查找和管理。

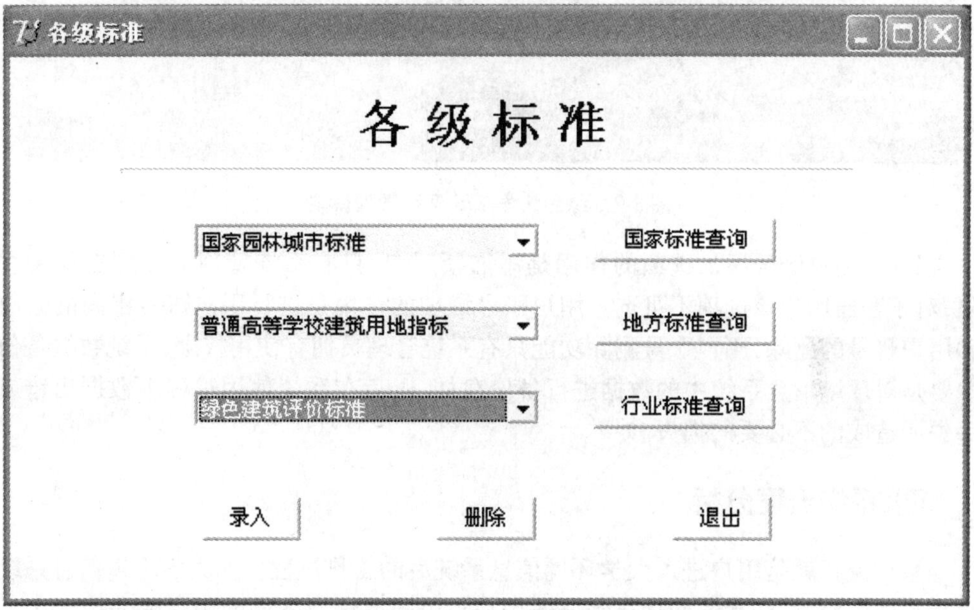

图 8-8　绿色大学 EIS 文件管理模块

5. 系统管理模块

对于所有的信息系统来说，系统管理是系统开发阶段非常重要的一个环节。通过系统管理，可以实现对系统用户和系统数据的有效管理和维护。系统管理模块的主要功能是：系统用户账号的添加与维护，系统介绍以及系统注销与退出。

在绿色大学的环境信息系统中，系统管理模块由“用户账号添加”、“用户账号维护”、“系统数据备份”、“注销系统”、“退出系统”和“关于系统”六个部分组成。如图 8-9 所示。

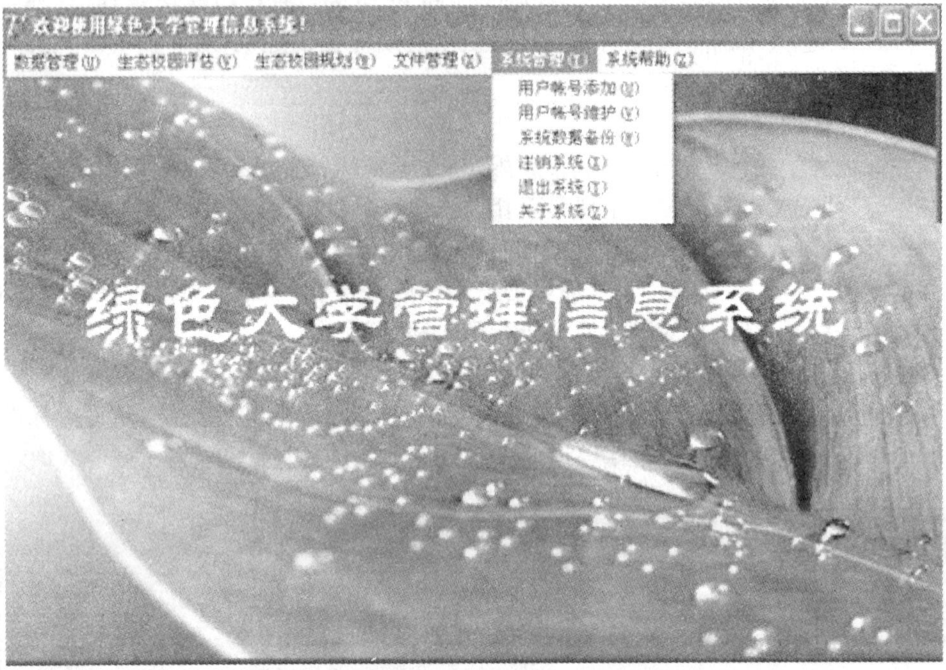

图 8-9　绿色大学 EIS 系统管理模块

其中，用户账号添加选项的作用是添加新用户，只有系统管理员才拥有使用权限，对于普通用户该选项不可选。用户账号维护的作用是进行用户账号密码的修改和用户账号的删除，用户账号删除功能只有系统管理员拥有使用权限；系统数据备份主要是对环境信息系统中的数据进行备份存档，避免在系统使用过程中数据出错或丢失所造成的不必要的损失。

四、系统流程分析

系统流程就是用户进入大学环境信息系统后的工作过程。而大学环境信息系统将用户分为两类，即系统管理员和普通用户。由于系统对不同的用户账号设置了不同的操作权限，因此不同的用户使用环境信息系统时操作流程会有所不同。

绿色大学环境信息系统的操作流程主要分为用户登录操作和业务操作两部分。用户登录操作主要是对用户的账号（包括用户名和密码）进行身份验证，通过验证的用户可以进入系统操作界面，而未通过验证的用户则给出错误提示，引导用户正确登录。业务操作则是根据用户账号的权限允许或限制用户的行为。整个系统流程如图 8-10 所示。

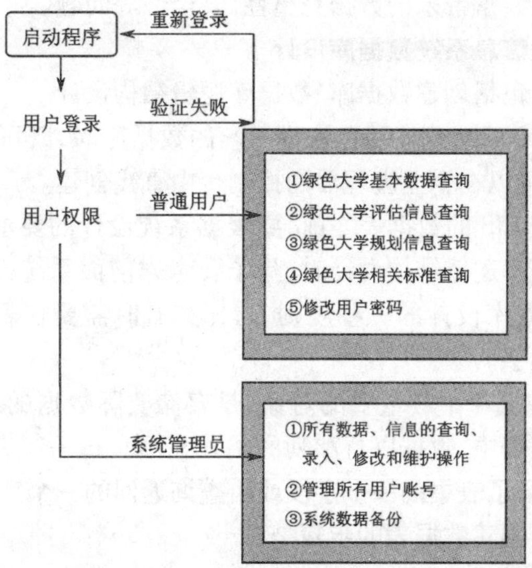

图 8-10　绿色大学环境信息系统功能模块图

五、数据库设计与管理

根据系统设计的要求对数据库进行逻辑结构设计，通过设计字段名称、指定数据类型、确定主关键字、确定表之间的关系等步骤完成，根据关系型数据模型和规范化规则，以用户需求为基准，设计出相互关联、结构符合 BCNF 范式的数据表作为数据库管理系统的基础，包括用户账号表和校园建设数据、校园运行数据、绿色大学评估指标三个子模块对应的数据表。把对数据库的各种操作集成到菜单和按钮上进行统一管理，同时考虑对数据的保护功能、实现对数据库的安全性检查、数据库的完整性检查、数据库的并发控制、数据库的备份与恢复和效率。

1. 数据库设计原则

数据库是管理信息系统的核心，是存储数据的实体，也是整个系统信息资源共享的基础。数据库设计的任务是按照用户应用的要求，为某一部门或组织设计一个结构合理、使用方便、效率较高的数据库及其应用系统。

在设计数据库系统时，要把现实世界的事物通过认识和抽象转换为信息世界的概念模型，再把概念模型转换为机器世界的数据模型[8]。数据库设计的原则：

①设计的数据库与信息逻辑模型吻合，符合用户的实际要求；

②冗余度最小；

③实现数据的独立性，即在数据库修改或扩充之后，不影响用户的使用，不必修改或重写应用程序；

④实现数据共享；

⑤解决由于数据共享带来的数据完整性、安全性等问题。

2. 绿色大学环境信息系统数据库设计

数据库设计主要包括创建数据库、数据库逻辑结构设计。

在 SQL Server 2000 中,创建绿色大学 EIS 的数据库时,既可通过 SQL 语句在查询分析器中创建,也可以在企业管理器的控制台中直接创建。

在创建绿色大学 EIS 的数据表之前,要根据系统设计的要求对数据库进行逻辑结构设计。进行数据库逻辑结构设计时,除了要考虑前面系统设计阶段提出的需求之外,还必须考虑数据库设计的一些规则[9],比如有时需要在表中加入一些自动变化的记录号作为关键字。

数据表是 SQL 数据库中最重要的对象,是存储实际数据的地方,是整个数据库系统的基础。在数据表中,数据以行和列的格式显示。每一行表示表或查询结果的一条记录,每一列表示了表中的一个字段或由查询返回的一个字段。

使用数据表视图创建数据表的步骤是:

①设计字段名称;

②指定数据类型;

③确定主关键字;

④确定表之间的关系。

绿色大学 EIS 数据库根据关系型数据模型和规范化规则,以用户需求为基准,共设计出 14 个相互关联、结构符合 BCNF 范式的数据表作为数据库管理系统的基础。其中,绿色大学 EIS 的用户账号表如表 8-1 所示,其余 13 个数据表又分为校园建设数据表、绿色大学评价指标明细表、校园运行数据表三个类型,如表 8-2 至表 8-4 所示。

表 8-1　绿色大学 EIS 用户账号表

列名	数据类型	备注	列名	数据类型	备注
用户名	varchar(30)	关键字	用户权限级别	varchar(10)	
密码	varchar(30)		上次登陆日期	datetime	

表 8-2　绿色大学 EIS 校园建设数据表

校园土地使用信息表

列名	数据类型	备　注	列名	数据类型	备　注
年份	int(4)	关键字	道路两旁绿化带宽度	float (8)	
校园占地总面积	float (8)		教学科研建筑占地面积	float (8)	
校园绿地面积	float (8)		建筑物总面积	float (8)	
校园水域面积	float (8)		学生宿舍总面积	float (8)	
校园道路面积	float (8)		非节能教学楼建筑面积	float (8)	
建筑物占地面积	float (8)		节能教学楼建筑面积	float (8)	

续表

列名	数据类型	备　注	列名	数据类型	备　注
学生宿舍占地面积	float (8)		硬化广场面积	float (8)	
服务业建筑占地面积	float (8)		道路宽度	float (8)	

校园人数信息表

列　名	数据类型	备　注	列　名	数据类型	备　注
年份	int(4)	关键字	年毕业大专生人数	int(4)	
在校生总人数	int(4)		年毕业本科生人数	int(4)	
全校大专生人数	int(4)		年毕业硕士生人数	int(4)	
全校本科生人数	int(4)		年毕业博士生人数	int(4)	
全校硕士生人数	int(4)		教职员工总人数	int(4)	
全校博士生人数	int(4)		教师总人数	int(4)	
年毕业总人数	int(4)				

校园投资信息表

列　名	数据类型	备　注	列　名	数据类型	备　注
年份	int(4)	关键字	地热工程投资	float (8)	
校园建设总投资	float (8)		太阳能运行成本	float (8)	
生态环境保护投资	float (8)		太阳能使用年限	float (8)	
生活和服务业投资	float (8)		地热运行成本	float (8)	
教学科研投资	float (8)		地热使用年限	float (8)	
再生水处理站投资	float (8)		校园建筑总投资	float (8)	
自来水管投资	float (8)		固定资产	float (8)	
污水管投资	float (8)		生活和服务业固定资产	float (8)	
再生水管投资	float (8)		环保固定资产	float (8)	
节能建筑单位投资	float (8)		教学科研固定资产	float (8)	
太阳能工程投资	float (8)		用于建筑节能资金总量	float (8)	

校园环保管理信息表

列　名	数据类型	备　注	列　名	数据类型	备　注
年份	int(4)	关键字	是否有生态环境保护奖项	varchar(2)	
是否有生态环境管理机构和相应资金投入	varchar(2)		实验室危险品有无安全存储、使用及回收处理	varchar(2)	
是否有校园环境管理制度	varchar(2)		实验室有毒废液、废气有无回收处理	varchar(2)	
是否建立生态、资源、环保信息交流的网站	varchar(2)		是否通过 ISO 14001 环境管理体系的认证	varchar(2)	
是否设立环保建议箱	varchar(2)		水污染物排放总量是否达标	varchar(2)	
是否有生态教育计划	varchar(2)				

表 8-3　校园运行数据表

年能源运行数据表

列　名	数据类型	备　注	列　名	数据类型	备　注
年份	int（4）	关键字	服务业地热能耗量	float（8）	
校园内电能使用量	float（8）		教学及科研地热能耗量	float（8）	
生活电能耗量	float（8）		年太阳能使用量	float（8）	
服务业电能耗量	float（8）		生活太阳能耗量	float（8）	
教学科研电能耗量	float（8）		服务业太阳能耗量	float（8）	
电费价格	float（8）		教学及科研太阳能耗量	float（8）	
各教学楼灯具总功率	float（8）		年风能使用量	float（8）	
各教学楼空调总功率	float（8）		生活风能耗量	float（8）	
校园内天然气使用量	float（8）		教学科研风能耗量	float（8）	
生活天然气耗量	float（8）		服务业风能耗量	float（8）	
服务业天然气耗量	float（8）		生活生物能耗量	float（8）	
教学及科研天然气耗量	float（8）		教学及科研生物能耗量	float（8）	
年地热能使用量	float（8）		服务业生物能耗量	float（8）	
生活地热能耗量	float（8）				

年水运行数据表

列　名	数据类型	备　注	列　名	数据类型	备　注
年份	int(4)	关键字	其他再生水用量	float（8）	
校园内自来水使用量	float（8）		总供水量	float（8）	
生活和服务业自来水用量	float（8）		自来水可供应量	float（8）	
教学及科研自来水用量	float（8）		再生水可供应量	float（8）	
生态环境自来水用量	float（8）		污水排放总量	float（8）	
其他用水（自来水）	float（8）		生活污水排放量	float（8）	
年再生水使用量	float（8）		教学及科研污水排放量	float（8）	
生活和服务再生水用量	float（8）		服务业污水排放量	float（8）	
教学及科研自来水用量	float（8）		COD 年允许限值	float（8）	
生态环境再生水用量	float（8）				

年固废排放数据表

列　名	数据类型	备　注	列　名	数据类型	备　注
年份	int(4)	关键字	服务业固废排放量	float（8）	
总固废量	float（8）		教学及科研固废排放量	float（8）	
生活垃圾排放量	float（8）		年垃圾允许排放限值	float（8）	

其他运行数据表

列　名	数据类型	备　注	列　名	数据类型	备　注
年份	int(4)	关键字	员工年平均工资	float（8）	
学生年平均花费	float（8）		修环境课程学生人数	int(4)	
学校年培训人数	int(4)		参加环保讲座、培训学生人数	int(4)	
学校年培训费用	float（8）		参加环保活动学生人数	int(4)	

表 8-4　绿色大学评估指标明细表

生态适宜指标数据表

列名	数据类型	备注	列名	数据类型	备注
年份	int(4)	关键字	学校师生总数	float (8)	
空气质量	varchar(10)		空气环境质量满意度	varchar(20)	
噪声达标面积	float (8)		水环境质量满意度	varchar(20)	
卫生环境质量	varchar(10)		声环境质量满意度	varchar(20)	
室内空气质量	varchar(10)		卫生环境质量满意度	varchar(20)	
室内声环境	float (8)		基础设施满意度	varchar(20)	
室内温度	float (8)		校园绿地景观满意度	varchar(20)	
总建筑面积	float (8)		校园水域景观满意度	varchar(20)	
规划建设用地面积	float (8)		校园建筑景观满意度	varchar(20)	
学校总绿地面积	float (8)				

绿色景观指标数据表

列名	数据类型	备注	列名	数据类型	备注
年份	int(4)	关键字	水体水质指标	varchar(8)	
校园绿地面积之和	float (8)		校园内水面面积	float (8)	
校园总面积	float (8)		道路绿化程度	float (8)	
校园总人数	float (8)		校园内道路面积	float (8)	
植被绿当量	float (8)		校园内建筑基底面积之和	float (8)	
树种多样性	float (8)		校园总建设用地面积	float (8)	

绿色技术指标数据表

列名	数据类型	备注	列名	数据类型	备注
年份	int(4)	关键字	节水器具使用量	float (8)	

水污染物排放

列名	数据类型	备注	列名	数据类型	备注
总量是否达标	varchar(8)		实验室危险品有无安全存储、使用及回收处理	varchar(2)	
再生水使用量	float (8)		高效节电器具使用量	float (8)	
学校用水总量	float (8)		学校用电器具使用总量	float (8)	

实验室有毒废液

列名	数据类型	备注	列名	数据类型	备注
是否全部回收	varchar(2)		有无生活垃圾分类收集系统	varchar(2)	
实验室有毒废气排放前是否 100% 无害化处理	varchar(2)		学校建筑物总面积	float (8)	
自然采光建筑物面积	float (8)		可再生能源使用量	float (8)	
用水器具总量	float (8)		学校能源总耗	float (8)	

绿色管理指标数据表

列名	数据类型	备注	列名	数据类型	备注
年份	int(4)	关键字	校园建筑总面积	float (8)	

续表

列名	数据类型	备注	列名	数据类型	备注
校园年消耗总水量	float (8)		学校是否通过 ISO 14001 环境管理体系认证	varchar(8)	
在校学生总当量	float (8)		生态管理机构建设	varchar(8)	
校园年消耗总电量	float (8)		校园环境管理制度	varchar(8)	
校园建筑总面积	float (8)		信息平台的完善度	varchar(8)	
在校生总人数	int(4)		公众参与情况	varchar(8)	
校园建筑总投资	float (8)				

绿色文化指标数据表

列名	数据类型	长度	列名	数据类型	长度
年份	int(4)	关键字	参与环保讲座与培训学生数	int(4)	
生态教育计划	varchar(4)		参与环保活动学生数	int(4)	
修环境课程学生数	int(4)		生态意识普及率	varchar(8)	
全学校总人数	int(4)		获环保专项奖励	int(4)	

3. 绿色大学 EIS 数据库管理

绿色大学 EIS 把对数据库的各种操作,集成到菜单和按钮上进行统一管理。用户可以从菜单或按钮上完成查询、录入、修改、删除、统计和报表打印等操作。而绿色大学 EIS 作为一个专业的应用系统,它有自身的特殊性。

绿色大学 EIS 对数据的要求很严格,必须保证数据的准确和可靠。为此,在程序设计中着重考虑对数据的保护功能,实现对数据库的安全性检查、数据库的完整性检查、数据库的并发控制、数据库的备份与恢复和效率。这些目标反映了用户的需求,是数据库设计者在整个设计过程中始终要遵循的。

六、系统开发环境和开发工具

系统开发环境,即系统平台,是指环境信息系统开发与运行的硬件、软件环境。环境管理信息系统是以计算机为核心建立起来的,因此,系统平台的选择对环境信息系统的实现及性能的优劣至关重要。一般来说,系统平台的选择取决于两个因素:环境信息系统的目标和信息处理模式。而对于系统结构,可采用的是 C/S 模式,即客户机/服务器(Client/Server)模式。

为了实现系统的需求,本系统采用如下的环境。

(1)系统平台:Microsoft Windows 2000 Advanced Server

选用 Microsoft Windows 2000 Advanced Server 作为操作系统平台,是因为它具有稳定性、可靠性、安全性和高扩充性等优点。它与客户机系统(包括 Windows 系统、Macintosh 和 UNIX)、服务器系统(包括 Novell NetWare 和 UNIX)、目录(包括 Microsoft Exchange、Novell NDS 和其他)以及与外围设备的协同工作能力可以确保 Microsoft Windows 2000 Advanced Server 与用户现有的系统一起顺利完成开发需要。

Microsoft Windows 2000 Advanced Server 对系统的要求如下。

①处理器：133Mhz Intel Pentium 或更高级别的处理器。

②内存：最低为 256 M 字节的内存。

③可用硬盘空间：1.0 GB 硬盘空间。

④显示器：VGA 或更高分辨率的监视器。

(2)系统开发工具：Delphi 7.0

由著名的 Borland 公司推出的 Delphi 是全新的可视化编程环境，为绿色大学环境信息系统的建设提供了一种方便、快捷的 Windows 应用程序开发工具。它使用 Microsoft Windows 图形用户界面的许多先进特性和设计思想，采用弹性可重复利用的完整的面向对象程序语言、当今世界上最快的编辑器、最为领先的数据库技术。对于广大的程序开发人员来讲，使用 Delphi 开发应用软件，会大大地提高编程效率。

Delphi 被称为第四代编程语言，简单、高效、功能强大。它拥有一个可视化的 IDE 集成开发环境[10]，采用面向对象的编程语言 Object Pascal 和基于部件的开发结构框架。Delphi 提供了 100 多个可供使用的构件，利用这些部件，开发人员可以快速地构造出应用系统。开发人员也可以根据自己的需要修改部件或用 Delphi 本身编写自己的部件。它在数据库方面的特长显得尤为突出：适应于多种数据库结构，从客户机/服务器模式到多层数据结构模式；高效率的数据库管理系统和新一代更先进的数据库引擎；最新的数据分析手段和提供大量的企业组件。而 Delphi 7.0 是 Borland 公司最新推出的一套无论是界面还是功能都近乎完美的应用程序开发工具。与以前的 Delphi 版本相比，Delphi 7.0 使用更简便，效率也更高。

(3)数据库开发工具：Microsoft SQL Server 2000

SQL Server 是 Microsoft 公司提供的一款高性能、大容量、客户/服务器的关系数据库管理系统，是当前非常流行的数据库管理系统之一，拥有较大的市场占有率和广泛的用户群体。

SQL Server 2000 版本继承了 SQL Server 7.0 版本的优点，同时在其基础上对性能、可靠性、质量以及易用性进行了扩展，具有使用方便、可伸缩性好、与相关软件集成程度高等优点。SQL Server 2000 中包含许多新特性，这些特性使其成为针对电子商务、数据仓库和在线商务解决方案的卓越的数据库平台。其增强的特性包括对丰富的扩展标记语言(XML)的支持、综合分析服务以及便捷的数据库管理[11]。

(4)模型开发工具：数值计算软件 MATLAB 7.0

MATLAB 是由美国 Math Works 公司推出的一套高性能的数值计算和可视化软件。MATLAB 集数值分析、矩阵运算、信号处理和图形显示于一体，构成了一个方便的、界面友好的用户环境。在这个环境下，对所要求解的问题，用户只需简单地列出数学表达式，其结果便以数值或图形方式显示出来。

MATLAB 既是一种编程环境，又是一种程序设计语言。它在环境科学与工程中有着广泛的应用，比如，仿真和建模、数据分析与科学计算、图像处理与优化、神经网络等。它的矩阵计算及其图形处理功能,在解决复杂的问题时都能凸显优势。利用MATLAB算法,可以对以往的历史数据进行处理,获得算法产生的相关数据的精美图形输出,从而得到一个具有科学理论依据的方案。

参考文献

[1] 叶文虎. 环境管理学[M]. 北京：高等教育出版社,2001.
[2] 郭幸斐. 生态校园建设评估与 ECMIS 软件开发[D]. 天津:天津大学,2009.
[3] 田静毅,王立新,储健,等. 环境信息系统研究[J]. 科学技术与工程,2006,6(4):500-510.
[4] 姚岚. 杭嘉湖东部平原地区河网水环境模拟模型与 EIS 集成系统[D]. 南京:河海大学,2006.
[5] 高雁斌. 客户/应用/数据库三层结构石油环境管理信息系统设计与实现[D]. 北京:中国地质大学,2002.
[6] 赵健. 大学城空间布局模式的思考——以西安为例[D]. 西安:西安建筑科技大学,2002
[7] 王大中. 创建绿色大学 实现可持续发展[J]. 清华大学教育研究,1998(4)：1-4
[8] DATE, C. J. An Introduction to Database System(Ed. 6)[M]. Addison-Wesley,1995.
[9] 刘浩. Delphi +SQL Server 数据库应用系统开发与实例[M]. 北京:人民邮电出版社, 2005.
[10] 江义华. Delphi7 完美经典[M]. 北京：中国铁道出版社,2003.
[11] 申时凯,李海雁. 数据库应用技术 SQL Server 2000[M]. 北京：中国铁道出版社, 2003.

第九章　实践中的绿色大学建设

一、天津工业大学新校区概况

天津工业大学新校区，坐落于外环线西侧第三高教区内，东西长约 1.2 公里，南北长约 1.6 公里，学校总规划用地 186.7 公顷，在校学生规模按天津市规划将达 3 万人。

在新校区的谋划和概念设计阶段，天津工业大学就把绿色大学建设作为思考和行动的重点，在借鉴国内外先进经验的基础上，运用自身的多学科优势，在绿色大学实践中先行一步。从 2004 年起，紧锣密鼓地开展了舆论准备、思想动员和经验借鉴等工作，同时将一些重点项目提前安排预研。在绿色理念和绿色规划指导下，新校区建设已初具规模，并产生了一定的社会经济与生态环境效益。在宽阔的校园内，环路通畅，两侧依次栽种了法国泡桐、国槐、银杏，形成了一个错落有致的绿色通道。这里有建筑风格古朴典雅的教学楼，有大面积的天然绿地，有建筑过程中自然形成的水面，多水源技术和多种节能新技术也在这里得以应用，整体校园体现着人文、绿色、以人为本和可持续的科学发展理念，展示着绿色大学的绿色育人环境、绿色科技的创新和应用。置身于这样的校园，绿色科技所创造的高效率和低排放，使你有宜居舒适之感；“天人合一”的自然纯朴设计，使你有身处自然之感。这是一个充满生机的绿色和谐的新型校园，她已经成为一个可持续发展功能示范区。

二、天津工业大学新校区整体规划

新校区在整体布局上规划为“一核，两带，两轴，三区，五节点”。一核指校园中部以湖为中心的生态绿核；两带指新校区周围的生态绿化带和主环路两侧的休闲景观带；两轴指贯穿南北入口的生态景观轴和贯穿东西入口的人文景观轴；三区指湿地生态景观区、校园人文景观区和自然丛林景观区；五节点指被景观轴串联的五个开放空间。构成景观框架的各个区域之间相互衔接，自然过渡，形成一个完整和谐的整体[1]。

三、天津工业大学新校区能源系统

天津工业大学新校区建设注重技术创新和集成创新，太阳能、水热泵、地源热泵、燃气供热和制冷等新技术在这里得到综合应用。

在天津工业大学新校区建设中，规划、设计、建设、运营的全过程，始终贯彻节能科技、节能运行管理、节能教育三位一体的绿色大学节约型校园建设模式。土壤源热泵被国家住房和城乡建设部列为第二批可再生能源建筑应用示范项目。能源多样化创新性技术集成应用示范工程，被列为国土资源部 2008 年度矿产资源保护开发项目，总体水平达到国内领先。多种可再生能源的利用方面达到国际先进水平。学校获准成立“大功率半导体照明教育部工程研究中心”和“天津市半导体照明工程研发及产业联盟”。

1. LED 半导体照明系统研发和应用

天津工业大学 LED 新光源的研究成果已通过鉴定，达到国际先进和国内领先水平。功率为 30 W 的 LED 路灯，亮度相当于传统光源 150 W；功率为 6 W 的 LED 庭院灯，相当于传统光源 50 W；5 W LED 筒灯相当于传统光源 40 W；3 W LED 草坪灯相当于传统光源 24 W。LED 光源采用美国进口色温约 5 500 K，显色指数大于 85%，使用寿命可达 5 万小时以上，节能效果达到 80% 以上；LED 灯具通过了国家技术标准局防尘防潮保护认证，达到 IP65 标准（欧洲最高防护等级），使用寿命超过 20 年。

天津工业大学新校区内主环路、支路以及 7 个主要入口、学生公寓、教学区安装了 1 500 余盏 LED 路灯，如图 9-1 所示；在教学楼、学生宿舍的公共部位安装 LED 室内照明筒灯 2 000 盏；LED 庭院灯 500 余盏，如图 9-2 所示；LED 地埋灯 200 余盏，如图 9-3 所示；LED 草坪灯 200 余盏，如图 9-4 所示，并在湖区安装了 20 余盏太阳能作为能源的 LED 庭院灯，建成世界上规模最大的半导体照明示范工程，每年可节约用电 130 万千瓦时。

2. 能源多样化创新型技术集成

（1）地热深井及梯级利用系统

天津市的地热资源非常丰富，利用也非常好，在国内处于领先地位，国际上也有很大的影响。天津工业大学新校区建设过程中，在地质资料比较少、没有成功案例的条件下，进行充分调查，科学分析，经主管部门同意，于 2006 年 3 月获得了天津市行政许可，在校区内钻一对地热深井，并于 2007 年 8 月完成。这对井为奥陶系地热井，目前开采井温度 66℃，流量 100 m^3/h。该地热水配合锅炉实现对校区（A 区）18.15 万平方米建筑的供暖。

为使地热资源得到高效利用，对地热水采用梯级利用方案。地热水经过一次换热后，尾水温度 41 ℃，流量 100 m^3/h，二级利用后温度 8 ℃。一级换热提供的热量作为供暖的基本热负荷，二级水源热泵提供的供热热量作补充负荷。热泵的水源由地热尾水提供，经二级换热器换热，制备 8 ~ 20 ℃热水进入热泵蒸发器。地热尾水经过

图 9-1　LED 照明灯实景

图 9-2　LED 庭院灯

温度进一步降低至 8 ℃后进行回灌，从而实现地热梯级利用。梯级利用地热水充分挖掘了地热能的资源供应量，最大限度地发挥了投资效益，符合国家对矿产资源保护性开发的要求，实现了可持续发展的目标，得到国资委和天津市国土资源和房管局的肯定。此项目被批准为 2008 年度国家矿产资源保护性开发支持项目，获 400 万元支持。由于梯级利用使热能得到充分利用，降低地热尾水温度，提高资源利用率，在节约利用资源和环境保护方面成效突出，被联合国开发计划署列为重点跟踪项目。

2009 年 9 月，天津工业大学又一对地热井通过天津市国土资源和房屋管理局地

图 9-3　LED 地埋灯

图 9-4　LED 草坪灯

热处组织的验收。这对地热井位于新校区东北部，井深 2 400 m，分开采井和回灌井，水温 63℃，出水量大于 100 m^3/h，为新校区 D 区的工科学院楼、行政中心、科研中心等建筑提供热源，同时配合水源热泵、土壤源热泵、冷却塔等设备满足这些建筑的供冷需求。图 9-5 为天津工业大学新校区水源热泵系统。

（2）太阳能利用系统

天津地区属于二类太阳能资源丰富地区，年均太阳照射幅度为 5 425.1 mJ/m^2，年均日照时数为 2 610 ~ 3 090 小时，取之不完用之不尽，是运行费用非常低的清洁能源，环保、洁净、无污染、不会散发有害有毒物质。在充分调查研究的基础上，在学生

图 9-5　水源热泵系统

公寓屋顶安装了 1 500 m^2 的玻璃真空管集热器系统，生产生活热水。

太阳能生活用水系统由太阳能集热器、蓄热水箱及其附属设备组成。每天供给食堂非饮用生活用水和学生淋浴用水，同时为大学生活动中心和国际交流中心提供 24 小时生活热水。系统经过一年的运行，效果非常好，师生非常满意，仅此一项每年节省运行费用 100 万元以上。

（3）浅层地温能利用系统

地表浅层像一个巨大的太阳能集热器，收集了 47% 的太阳能，比人类每年利用能量的 500 倍还多。这种近乎无限、不受地域、资源限制的低焓热能，是人类可以利用的清洁可再生能源。并且地表能不像太阳能受气候的影响，也不像深层地热受资源和地质结构的限制。

土壤源热泵系统如图 9-6 所示，是通过输入少量的高品位能源（比如：电能），实现低品位热能向高品位热转移的热泵空调系统。土壤源热泵冬季供暖时，把土壤中的热量"取"出来，供给室内采暖，同时向土壤中蓄冷，以备夏用；夏季空调时，把室内的热量"取"出来，释放到地表土壤中，向土壤中蓄存热量，以备冬用。因此，土壤源热泵是可再生能源利用技术。

埋地换热器土壤源热泵系统只取热不取水，没有地下水位下降和地面沉降问题，不存在腐蚀和开凿回灌井问题，也不存在对大气排热、排冷的污染和排烟、排尘、排水

图 9-6　土壤源热泵系统

等污染，是真正的绿色能源利用。

天津工业大学新校区的东南侧（A 区）规划有运动场，学校充分利用这一条件，在运动场下打了 588 口浅水井，实现埋地换热器土壤源热泵系统与土壤的冷热交换，如图 9-7 所示。地下换热部分，设计为 120 m 深的换热孔，换热间距 5 ~ 6 m。换热孔直径 150 ~ 200 mm，每个换热孔内均为 D32 的 PE100 的双 U 管。可以为 8 万 m^2 建筑供热、供冷，每年节约运行费 160 万元以上。

天津工业大学土壤源热泵系统技术先进、投资合理、运行费用低廉，被评为国家第二批可再生能源建筑应用示范项目，并获得住房和城乡建设部专项资金 640 万元支持。

（4）燃气锅炉调峰系统

根据天津最寒冷的季节在每年 1 月份，此时学校已经放寒假，系统维持低温运行就满足要求的特点，设计采用了削峰设计的方法，降低了设计冷负荷，在设备站内锅炉房设 2 台 2 800 kW 燃气热水锅炉作为冬季采暖系统的调峰热源，应对极端气温的出现，有效降低了一次性投资。

（5）能源创新性技术集成

天津工业大学新校区的能源系统中，各个部分都具有非常充分的理论基础和成熟的技术支持，同时具备非常多的工程案例支持，属于成熟技术，但是将这几种技术

图 9-7　运动场下土壤源热交换系统

集成到一个系统中，协调工作，发挥各自的优势，使有限的资源发挥出更大的作用，实现更好的经济效益，意义就非常大。因此天津工业大学新校区的能源系统集成了太阳能系统、水源热泵系统、燃气热水锅炉调峰系统和土壤源热泵系统并实现综合利用，形成完整的能源多样化创新性技术集成供应系统，如图 9-8 所示。

能源多样化创新性技术集成供应系统，经过 2 年的运行，节能效果非常明显，相比于天津市常规能源系统 36 元/m^2的供热费用，每年可节约供热费用 65%，经济效益明显。

此外，由于创新型集成系统全部采用了清洁新能源，节约了常规能源，减少了 CO_2排放量。经计算，每年可节约标准煤 1.24 万吨，减排 CO_2量 2.21 万吨，有着显著的环保效益。

2009 年 5 月 8 日，由天津市国土资源和房屋管理局地热处主持，在天津工业大学召开了“天津工业大学新校区能源多样化创新性技术集成应用示范工程项目设计审查会”。会议认为该项目设计思路清晰、目的任务明确，适合本地的自然环境和气候，符合天津工业大学的实际，总体水平高，处于国内领先，具有很高的推广价值。

2009 年 8 月 31 日上午，由天津市国土资源和房屋管理局承办的“全国浅层地热能和地热资源管理大会”的代表，来我校设备站参观学习。

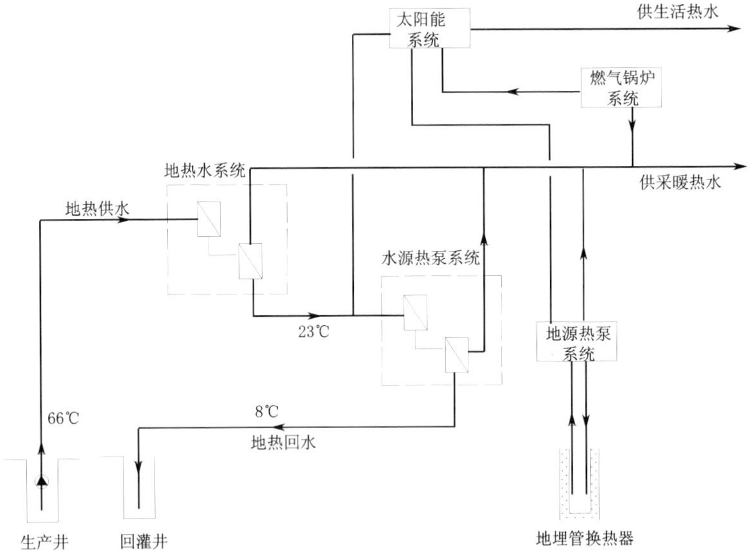

图 9-8　能源系统集成利用示意图

四、天津工业大学新校区水系统

天津工业大学水系统规划建设与校园整体规划建设相一致，节约投资、实现土方平衡、改善局域环境的建设方针，在建筑施工取土过程中，形成水域面积为 370 亩的校园人工湖（周边水深 1.5 米左右，中心区水深 3～4 米），已经发挥了雨水调蓄、美化校园环境、改善局域小气候的作用。

同时，针对大学校园内多种水源并存、需求水质存在梯级变化空间的特点，以"循序利用—按需处理—零排放"为总体方针，集成研发转化多项水资源综合利用技术与成果，建设集自来水、直饮水、再生水、雨水、景观水多水源开发利用于一体的水生态良性循环型绿色大学。

1. 校园内水资源综合利用成套技术

（1）校园分散式与集中式再生水回用技术

针对大学校园内宿舍生活污水、食堂污废水、实验室废水等多种污废水源的水质特征，分别应用多种再生水处理技术，实现校园污废水的安全、有效回用。针对实验室废水，综合应用化学法、生物法和膜集成技术，重点应用新型 BMS 生物环保技术与基于"RO/EDI"的新型全膜法纯水制备、回用技术；应用生物减量化膜过滤处理技术，处理学校食堂高浓度有机废水；针对学生宿舍生活污水重点开展强化脱氮除磷的膜生物反应器的研发和应用研究，同时开展适用于分散式楼宇处理的 STMBR 技术的应用研究。

(2)校园直饮水供给技术

集成开发管道直饮水和分散直饮净水器两套供水技术与设施,集成开发以纳滤为主要工艺的直饮水处理设施和设备,研究水质达标和水质保持的最优组合工艺和运行模式,研究工艺联合控制技术。

(3)结合校园景观的雨水生态利用技术

根据示范校园各功能单元特征,研究典型区域的雨水产汇流规律、雨水径流的水质特性以及降雨产流过程中污染物浓度的变化规律,将雨水生态利用与生态校园建设相结合,开展校园雨水利用于生态用途的前处理以及小尺度调蓄工程的关键技术研究,包括生态型雨水收集及存储技术、分质分流技术、弃流技术等,建立雨水生态化综合利用示范工程,如图 9-9 所示。

图 9-9　现有湖面完成雨水调蓄功能

(4)校园景观水体生态保持与自净技术

将喷泉、跌水建设与植物修复、生态墙技术、人工湿地、生物操纵技术相结合,有效地维护生态校园湖泊水质。如图 9-10 所示,形成集科研教育和绿地景观于一体的新型教学园区湿地教育中心,为提升教学园区生态质量提供技术支撑。

5. 基于 GIS 的生态校园水资源优化配置技术

在多水源的优化配置方面,以天津工业大学各用水单元用水特性分析为基础,对自来水、直饮水、再生水、雨水、景观水体在内的多种水源进行联合优化配置。首先,以“循序利用—按需处理—零排放”为目标,对各种水源及用水途径进行水质—水量综合评价,确定不同用水的实际可利用量和用水量,建立供水—用水匹配模型;然后,建立动态水资源价值评估体系,采用系统工程、最优化理论与方法建立多水源优化配置模型,统筹考虑技术经济因素,逐步构建生态校园多水源优化配置模式。最后,结

图 9-10　现有湖面成为生态湖

合上述研究成果，基于 GIS 研发生态校园多水源利用—用水许可交易管理信息系统。

五、天津工业大学绿色教育实践

1. 课堂教育

天津工业大学已经着手绿色教育普及工作，已经开始绿色教育课程体系设计的研究论证，即将开课。与此同时，学校党委书记张宏伟教授亲自挂帅组织编写大学生环保知识普及手册（图 9-11）。

图 9-11　天津工业大学党委书记张宏伟教授的环保前沿知识讲座

在相当一部分的专业课程中,已经增加了环保知识,可持续发展理论,以及可持续发展科学技能的渗透,并开展了形式不同、层次各异的环保知识讲座。

2. 课外教育

(1)行为规范的培养

逐渐完善能源管理制度,规范节能管理和节能行为。目前学校已颁布《天津工业大学用水用电管理办法》津工大(2003)48 号、《关于加强学校空调设备使用管理的通知》津工大校办(2004)6 号、《天津工业大学关于校内若干收费事宜的实施办法》津工大(2006)188 号、《天津工业大学关于加强节约用电、实行计量监督的暂行办法》津工大(2007)143 号、《天津工业大学空调设备使用管理补充办法》津工大校办(2008)11 号等文件。学生宿舍安装了智能电表,学生用电基本实现了定量包干、超量自负的管理机制,各类经济实体、科研中心、基建维修工程等也实行了"能源计量收费"、"谁使用谁付费"、"收支两条线"的管理机制和用水用电申请制度。

学校新校区的公共区域已安装各类计量仪表共 526 块(机械表,人工抄录),包括中水表、电表、热水表和蒸汽表四种类型。针对各类计量仪表做到定期校验和维修,各类计量仪表安全无误,运行完好率达 99%,并且能准确计量各类实体的能源消耗并收取费用。

这些制度和措施是最好的节能环保宣传,在执行节能环保的工作过程中,培养了学生的环保行为规范。

(2)新技术的环保宣传作用

西苑公共教学楼采用远红外感应式开关控制照明灯具,在管理学院的一间教室进行节能试验,经试验证明,节电率可达 40%;校区全部采用节能灯具、水具;3 000 只路灯全部采用 LED 光源节能路灯,且按季节天气变化随时调整路灯的开启时间,并根据夜间校区活动人员稀少的实际情况,采取分路控制。

对供水管网进行了水平衡测试、供水管网检测漏水、引湖区水浇灌绿地,绿化用水实现了登记许可制度等;学校投入约 5 万元引进安装新型的 360°摇臂式喷灌器具进行绿化浇灌,这种器具不仅绿化面积大,灌溉均匀透彻,还能节约大量的水资源,节省费用的支出。如新校区景观带绿化面积约 27 637.8 平方米,按每平方米平均浇地用水 0.5 吨计算,全年绿化浇地用水就需要 13 818.9 吨,在使用这种新型器具后,可使景观水利用率提高 40% 以上,全年可节省水费约 2.16 万元。

(3)加强宣传,师生员工全员节能

在教室、食堂、水房等地张贴宣传单,号召广大师生"以节水为荣,随时关上水龙头,别让水空流;随手关灯,省一度电,少一份污染"。

举办有专业人士参加的节能减排报告会、节能环保知识讲座以及相关座谈会,普及节能知识,提高广大师生节能环保意识。

学生社团下设环保协会,通过举办知识竞赛、环保创意大赛等活动,引导广大学生积极投身节能环保活动。

学生在暑期社会实践活动中，走出校门，宣传节能环保知识，参加节能环保活动，号召大家从自我做起、从身边小事做起。大学生延安精神研究会暨大学生时代精神研究会，联合河东区环保局，赴河东区大直沽街道汇贤里社区举行“低碳、节约、环保”系列活动之社区行。此次活动是该协会为践行“两会”倡导的节能减排、发展低碳经济的理念的宣传活动，旨在增强广大社区居民低碳、节约、绿色、环保的意识，减少在日常生活中浪费资源、污染环境的不良行为，为发展低碳经济与建设资源节约型、环境友好型社会贡献自己的力量。

六、天津工业大学规划与建设效果评价

1. 天津工业大学绿色大学指标评估结果及分析

(1)常规建设模式与绿色建设模式的指标得分情况对比

表 9-1 天津工业大学新老校区分指标得分对比表

代 号	指 标	单 位	A 级指标要求	常规建设模式			绿色建设模式		
				指标值	得分	对策建议	指标值	得分	对策建议
A1	校园绿地率	%	≥35	13.7	0	-1	40.2	1	
A2	绿化覆盖率	%	≥38	15	0	-2	48.2	1	
A3	人均绿当量		≥8.75	0.17	0	-3	8.75	1	
A4	树种多样性		≥2.5	1.69	0.68	-4	1.69	0.68	-4
A5	水体水质指标		达标	达标	1		达标	1	
A6	校区水面覆盖率	%	≥7	0.88	0	-5	12.5	1	
A7	道路绿化	%	≥25	33	1		33	1	
A8	道路面积率	%	15~20	21.85	0	-6	18.64	1	
A9	建筑物覆盖率	%	26~32	31.17	1		29.19	1	
B1	空气质量		达标	达标	1		达标	1	
B2	噪声达标区覆盖率	%	≥95	100	1		100	1	
B3	卫生环境质量		达标	达标	1		达标	1	
B4	室内空气质量		达标	达标	1		达标	1	
B5	室内声环境	dB	≤50	46	1		45	1	
B6	室内温度	℃	20~24	20	1		20	1	
B7	建筑容积率	%	0.65~1	0.75	1		0.67	1	
B8	生均绿地面积	m^2	≥7	1.72	0	-1	16.5	1	
B9	空气环境质量满意度	%	≥95	88	0	-7	95	1	
B10	水环境质量满意度	%	≥95	89	0	-5	90	0.95	
B11	声环境质量满意度	%	≥95	90	0.95		90	0.95	

续表

代号	指标	单位	A级指标要求	常规建设模式			绿色建设模式		
				指标值	得分	对策建议	指标值	得分	对策建议
B12	卫生环境质量满意度	%	≥95	92	0.97		92	0.97	
B13	基础设施满意度	%	≥95	93	0.98		95	1	
B14	校园绿地景观满意度	%	≥95	96	1		96	1	
B15	校园水域景观满意度	%	≥95	96	1		96	1	
B16	校园建筑景观满意度	%	≥95	97	1		97	1	
C1	水污染物排放总量是否达标		达标	达标	1		达标	1	
C2	中水使用率	%	≥35	0	0	-8	38.6	1	
C3	实验室有毒废液有无回收处理		有	有	1		有	1	
C4	实验室有毒废气有无回收处理		有	有	1		有	1	
C5	生活垃圾分类收集系统		无	无	0	-9	无	0	-9
C6	实验室危险品有无安全存储、使用及回收处理		有	有	1		有	1	
C7	节水器具使用率	%	≥95	94	0.99	-10	94	0.99	-10
C8	节电器具使用率	%	≥80	76	0.95	-11	90	1	
C9	自然采光建筑面积比率	%	≥95	50	0	-12	50	0	-12
C10	可再生能源使用比例	%	≥20	0	0	-13	11	0.55	-13
D1	当量生均消耗水量	m^3/当量生	≤50	29.94	1		18.4	1	
D2	当量生均消耗电量	千瓦时/当量生	≤400	352.59	1		352.59	1	
D3	单位科研经费消耗水量	m^3/万元	≤25	69.25	1		42.55	1	
D4	单位科研经费消耗电量	千瓦时/万元	≤150	815.44	0	-14	815.44	0	-14
D5	生均建筑面积	m^2/人	≥38	9.42	0	-15	12	0	
D6	单位建筑面积投资	元/m^2	≥2 500	5 925.6	1		3 000	1	
D7	学校通过ISO 14001环境管理体系认证		是	否	0	-16	否	0	-16
D8	生态管理机构建设		有	无	0	-17	无	0	-17
D9	校园环境管理制度		有	有	1		有	1	
D10	信息平台完善		有	无	0	-18	无	0	-18
D11	公众参与情况		有	有	1		有	1	
E1	生态教育计划		有	有	1		有	1	
E2	修环境教育课程学生比率	%	≥80	0	0	-19	0	0	-19
E3	参与环保讲座与培训学生比率	%	≥50	80	1		80	1	
E4	参与环保活动学生比率	%	≥50	60	1		60	1	

续表

代号	指标	单位	A级指标要求	常规建设模式			绿色建设模式		
				指标值	得分	对策建议	指标值	得分	对策建议
E5	生态意识普及率	%	≥95	90	0.95	-20	90	0.95	-20
E6	获环保专项奖励		有	无	0		无	0	

(2)天津工业大学新校区建设均衡性评价分析

以天津工业大学为评估对象,对校园建设的常规模式和生态校园模式进行评估。采用校园指标体系中生态景观(9 项指标)、生态舒适(16 项指标)、生态技术(10 项指标)、生态管理(11 项指标)和生态文化(6 项指标)五个指标[2]。

1)建设等级的评价

根据建设等级评价的步骤,得到天津工业大学常规模式下:

$F_{景观}=40.89$;$F_{舒适}=80.56$;$F_{技术}=59.40$;$F_{管理}=54.55$;$F_{文化}=65.83$。得出 $F_{综合}=60.25$。

天津工业大学生态校园模式下:

$F_{景观}=96.44$;$F_{舒适}=99.13$;$F_{技术}=75.40$;$F_{管理}=72.73$;$F_{文化}=82.50$。得出 $F_{综合}=85.24$。

比较常规建设模式和生态校园建设模式全部 52 个指标与各个指标值 A 级标准(优秀生态校园的标准)的差距,根据相对差距的大小进行定量化评估,很显然,生态校园模式的综合等级分数远高于常规模式下的综合等级分数,生态校园模式中的校园绿地率、绿化覆盖率、人均绿当量、校区水面覆盖率、生均绿地面积这些代表校园生态景观的具体指标有了大幅度的改善;生态技术也在规划中得到了重视,中水和可再生能源的使用量从无到有,表现在中水使用率、可再生能源使用比例的指标值与 A 级标准差距的减小;生态管理和文化类指标,如生态管理机构建设、信息平台都得到了完善,同时在生态校园建设模式下,通过设置环境教育类课程提高学生的生态意识等措施,培养学生的生态文明素质。上述校园环境的改善使师生对于校园环境质量的满意程度都有所提高。

2)利用多边形图法评价天津工业大学的建设均衡性

数据的标准化方法与建设等级评价的方法相同,做出多边形图并对一级指标进行综合指标值的计算,多边形图如图 9-12 和图 9-13 所示。

且计算得到:常规模式下综合指标值 $S=0.36$,生态校园模式下综合指标值 $S=0.72$。即常规模式下均衡性一般,而生态校园模式下均衡性较好。

(3)评价结果分析

☞ 必须保证必要的绿化面积,校园的绿化设计以植物造景为主。

☞ 布置整个校园的乔、灌、草的立体布局时,要避免大量使用人工植被以及空间的不合理分割,尽量依靠生态系统自维持能力,降低人工维护的成本。

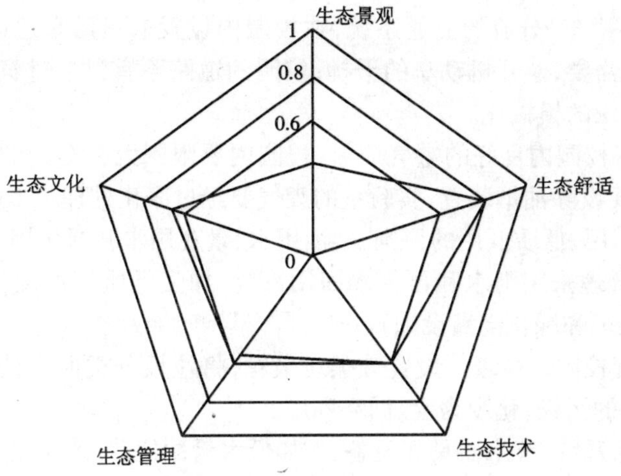

图 9-12　常规模式下大学建设均衡性多边形图

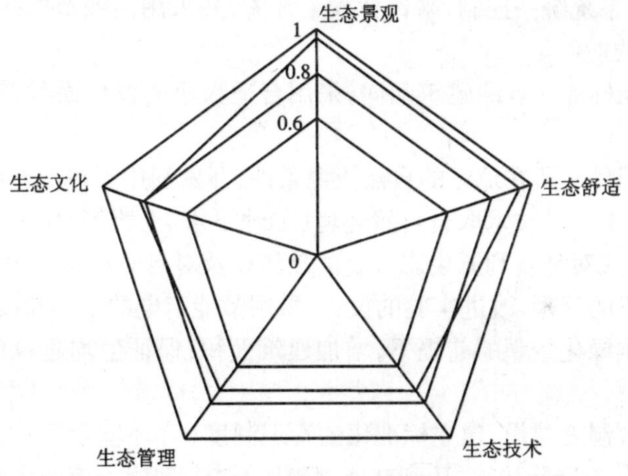

图 9-13　绿色模式下绿色大学建设均衡性多边形图

☞ 根据学校的自然地理条件因地制宜进行绿地景观建设，最大限度地提高绿地覆盖率。根据不同物种的生态位，综合利用空间和环境资源，乔、灌、草、藤结合，快生与慢长结合，常绿与落叶结合，针阔结合，水陆结合。

☞ 有效地保护生物多样性，避免盲目引进外来物种，尽量保持原有的生态系统，以乡土物种为主。通过物种的立体合理配置，实现群落结构的优化，发挥最大的生态功能。

☞ 根据校园所在地区条件，尽量保证一定的水域面积，同时注意水体水质的保持，更多依靠水体的自净能力，保持水中生物的多样性，水域景观设计应纳入校园的总体规划中，与校园景观协调一致；沉水植物、挺水植物要合理搭配，选择湿地植物既要考虑植物的净化效果，也要考虑景观效果。

☞ 设计“人”“车”分流的交通系统，在校园内设置非机动车道以满足步行交通和自行车交通的需要，避开机动车的干扰；校园的道路不宜过多过宽，以避免生境的破碎化和斑块边缘的模糊化。

☞ 努力保持校园内良好的空气质量，校园内要限制无关车辆的通行，减少废气的排放量；食堂要设除油烟装置；实验室的废气要经过净化处理。

☞ 按高质高用、低质低用的原则，生活用水、景观用水和绿化用水等按用水水质要求分别提供；合理采用雨水和再生水回用系统，加强低质用水设备的改造及更换（如：冲便器及景观和绿化浇灌设施）。

☞ 及时处理校园区垃圾。设置分类垃圾箱，将垃圾分类回收处理，最大限度地降低垃圾对环境的污染，化废为宝、循环利用。

☞ 采用节水系统、节水器具和设备，例如低水量冲便器、感应出水龙头或缓闭冲洗阀等。

☞ 校园内主要教学楼内部可以安置被动式红外线移动探测器和日照传感器，并由智能照明中央系统统一控制，来代替人工开关，并采用高效节能的光源、灯具和电器附件，从而节约能源。

☞ 设计采光性能最佳的建筑朝向，采用合适大小的窗户面积，室内照明尽量利用自然光。

☞ 充分利用校园所在地区的自然资源条件，开发利用可再生能源，如太阳能、风能以及通过热泵等先进技术取自自然环境（如地下水、土壤等）中的能量。可再生能源的使用不应造成对环境和原生态系统的破坏以及对自然资源的污染。

☞ 加强科研的管理，改进实验的设计，采用节能节电的仪器和设备。

☞ 在不影响绿化景观的前提下，增加建筑面积，保证生均建筑面积达到教育部规定标准。

☞ 加强学校制度建设，建立标准化的管理制度（含环境管理），并进行管理制度和技术上的革新，与国际接轨，达到节能、降耗、减排，创建一流的大学及和谐的校园环境。

☞ 加强校园环境监督，完善管理制度和措施，以生态校园建设为目标，设立专门的生态管理机构，配置相应的负责人和相应的资金。

☞ 通过互联网等技术手段，建立完善的信息交流平台，将校园的环境数据公开化、透明化，加强宣传，提高公众的参与意识及参与水平。

☞ 培养学生的可持续发展观念。开设环境教育课程，使学生树立可持续发展的价值观、道德观、资源观、人生观。

利用校园网络、广播、电视节目宣传，提高师生的环保节能意识。

2. 天津工业大学基于能值的结论分析

基于能值分析的理论与计算模型，得出天津工业大学新校区、老校区的指标横向对比结果，如表 9-2。

表 9-2　不同建设模式的能值分析结果

评价指标	计算公式	常规建设模式	绿色建设模式	评价结果差异比较
可更新资源能值比	E_{INR}/E_I	3.194E-06	4.673E-06	-1.479E-06
人均能值输入量	E_I/P	5.667E+18	5.667E+18	1.200E+14
废弃物与总输入能值比	E_W/E_I	3.331E-04	1.461E-04	1.870E-04
环境承载力	$E_{INR}/(E_I/P)$	9.900E-02	1.449E-01	-4.586E-02
正有效输出能值密度	E_Y/S	1.214E+15	1.214E+15	0.000E+00
输入能值密度	E_I/S	5.667E+18	5.667E+18	1.200E+14
能值产出率	E_Y/E_I	1.203E-02	1.203E-02	-2.546E-07
净能值产出率	E_Y/E_{IP}	1.169E-02	1.188E-02	-1.870E-04
环境负载率	$(E_{IP}+E_{INN})/E_{INR}$	3.13E+05	2.140E+05	9.913E+04

表 9-2 中,评价结果差异比较值等于常规建设模式指标计算值减去绿色建设模式的指标计算值(即规划实施结果的预评估值)。

分析表 9-2 中所给出的各项综合评价指标值可知,绿色建设模式可以降低校园人均资源能源消耗量,减小学校活动对环境施加的压力,提高能值利用效率,达到了绿色大学环境系统的规划总目标。

为了从整体上评价绿色大学建设所能产生的经济效益,更直观地说明绿色建设模式较常规建设模式的优势性,我们还计算了规划基准年(2004 年)至规划水平年(2020 年)年间,绿色模式较常规模式的能值节余量。所计算的能值节余总量包括以下两个部分:①由于开发利用清洁能源及多水源,减少了能值输入量而产生的能值节余量。这部分的计算结果为规划期内人均可减少能值输入 174E+13sej,如图 9-14 所示;②由于废弃物排放量减少,负的能值输出量减少而产生的能值节余量,这部分的计算结果为规划期内人均可减少废弃物排放的能值为 1 236E+13sej,如图 9-15 所示。

如果将节余能值转换为电量,则减少输入能值量的所产生的节约(174.3E+13sej)相当于节电 2 419 kW·h,再进行年平均,则相当于每人每年在不降低生活舒适度的前提下可节电 142 kW·h。减少废弃物排放也意味着节约了资源,避免了资源的浪费也就保留了资源成为有用输入的机会,这部分节约的能值(1 236E+13sej)相当于节电 17 170 kW·h,再进行年平均,这意味着每人每年又节电 1 010 kW·h。两项节约相加后,年均每人节电 1 152 kW·h,按目前电价计算,由于校园供水结构和供能结构的改善,每人每年可节约近 600 元人民币[3]。由此可见,环境系统规划所设计的大学的绿色建设规划方案效果明显,符合节能降耗减排的原则和实现可持续发展的需要,系统具有较好的生态性。

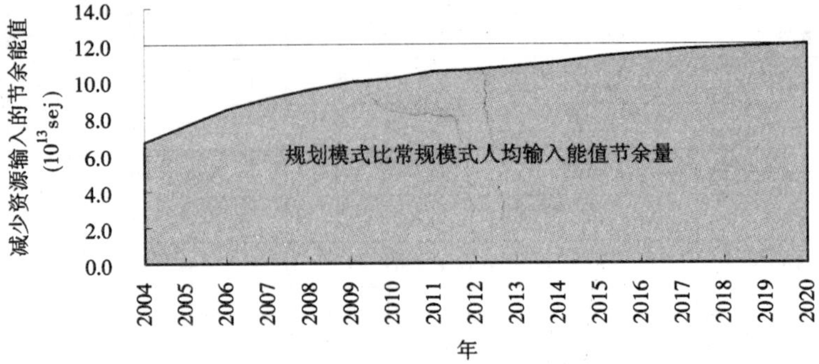

图 9-14　规划模式比常规模式减少资源输入的节余能值

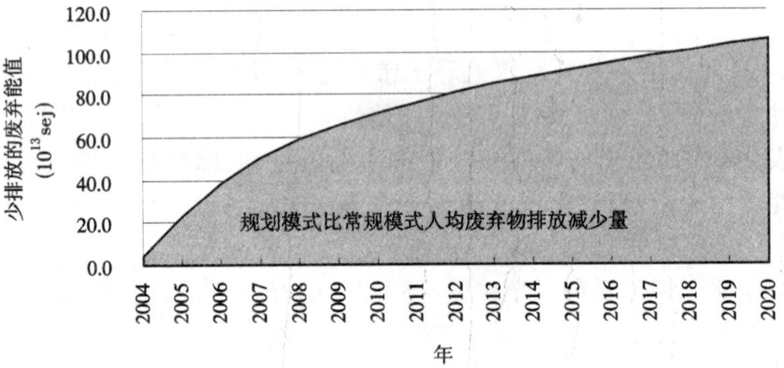

图 9-15　规划模式比常规模式减少废弃物排放的节余能值

参考文献

[1]　张犟. 论大学校园环境的构建与创新[D]. 天津:天津大学,2007.
[2]　郭幸斐. 生态校园建设评估与 ECMIS 软件开发[D]. 天津:天津大学,2009.
[3]　张雪花. SEE 复杂系统技术与环境规划方法研究[D]. 天津:天津大学,2007.